존 캐리, 셰리안 도시,
파야스 라잔 지음
황선규 옮김

# 코딩 테스트를 위한
# 자료 구조와 알고리즘
# with C++

**C++ DATA STRUCTURES
AND ALGORITHM DESIGN
PRINCIPLES**

길벗

## 존 캐리(John Carey)

작곡가이자 피아니스트이며, 음악적 영역에 기반한 정규 교육 과정을 밟았습니다. 자신의 예술 활동에서 컴퓨터와 다양한 최신 기술을 광범위하게 사용하면서 수년간 프로그래밍과 수학을 독학했고, 현재는 전문 소프트웨어 엔지니어로 일하고 있습니다. 그는 자신의 남다른 이력이 소프트웨어 개발에 있어서 독특하고 교과서적인 관점에만 머무르지 않도록 해준다고 생각합니다. 현재 소방 스프링클러 시스템의 유압 계산, 설계 효용성 및 적법성 검증 CAD 소프트웨어를 개발하는 하이드라텍 인더스트리(Hydratec Industries)에서 일하고 있습니다.

## 셰리안 도시(Shreyans Doshi)

인도 아마다바드(Ahmedabad)에 있는 니르마 대학(Nirma University)에서 컴퓨터 공학으로 학사 학위를 받았습니다. 졸업 후에는 금융 업계에 입사했고, 최신 C++ 응용 프로그램을 이용한 초저지연(ultra-low latency) 거래 시스템을 개발했습니다. 최근 3년 동안은 C++를 사용한 거래 인프라(trading infrastructure) 설계를 맡고 있습니다.

## 파야스 라잔(Payas Rajan)

NIT 알라하바드(NIT Allahabad)에서 컴퓨터 과학 기술 학사 학위를 받았습니다. 이후 삼성리서치 인도연구소(Samsung Research India)에 입사하여 타이젠(Tizen) 멀티미디어 프레임워크 개발에 참여했습니다. 현재는 캘리포니아 대학 리버사이드(University of California Riverside)에서 지리 공간 데이터베이스 및 경로 계획 알고리즘을 전공하는 박사 과정을 밟으면서 교육 및 연구 조교로 일하고 있으며, 10년 동안 C++를 사용하여 응용 프로그램을 개발해왔습니다.

언제나 그렇듯이, 세상은 변하고 기술은 진화합니다. IT 분야에서도 끊임없이 새로운 기술이 생겨나고, 예전에는 낯설던 신기술이 어느덧 누구나 알고 있어야 하는 기본 개념으로 자리잡아가고 있습니다. C++ 언어도 C++11, C++14, C++17 등의 이름과 함께 새로운 문법이 추가되고 있고, 데이터 구조와 알고리즘 분야에서도 좀 더 효율적이고 확장성 있는 이론이 보편화되고 있습니다. 평생 공부하는 사람의 입장에서 벅찬 느낌마저 듭니다.

과거에는 유명 외국계 IT 회사에서만 실시하던 코딩 테스트가 이제는 많은 국내 회사에서도 시행되고 있습니다. 연결 리스트 구현 같은 단순한 형태의 질문이 아니라 이미 구현되어 있는 C++ STL 자료 구조 컨테이너와 알고리즘 함수를 활용하여 고차원적인 문제를 풀 수 있는지를 테스트하는 것이 현실입니다. 이 책은 전통적인 자료 구조와 C++ STL 클래스 구현 사이의 관계를 설명함으로써 주어진 문제에 가장 적합한 자료 구조를 선택할 수 있도록 도와줍니다. 또한 분할 정복, 그래프 탐색, 최단 경로, 동적 계획법 등 최근 코딩 테스트에서 자주 나오는 문제를 C++ 언어를 사용하여 효율적으로 해결하는 방법을 제시합니다. 이 책은 C++ 언어로 코딩 테스트를 준비하는 취업 준비생과 최신 C++ 문법으로 알고리즘을 새로 공부하는 분들께 매우 적합한 학습서가 될 것입니다.

이 책은 저의 두 번째 번역서입니다. 가급적 번역서 느낌이 나지 않도록 많은 부분에서 직역보다 자연스러운 문장을 만들려고 노력했습니다. 원서의 저자가 세 명이라서 책 전체적으로 제각각으로 사용되던 용어와 코드 구성도 적절하게 통일하려고 했습니다. 그럼에도 여전히 표현이 어색한 부분이 있다면 너그러이 읽어 주시면 감사하겠습니다.

개인적으로 2019년 여름부터 '프로그래머스' 사이트를 통해 코딩 테스트 강의를 진행하고 있습니다. 저를 믿고 강의를 맡겨 주신 프로그래머스 김슬기 팀장님께 감사드립니다. 또한 좋은 책을 번역할 기회를 제공해주신 길벗출판사의 서형철 팀장님과 안윤경 차장님께도 감사드립니다. 번역에 매진하는 동안 많이 놀아주지 못했던 채원이와 시원이, 그리고 아빠 대신 두 아들과 놀아주느라 체력적으로 힘들었을 아내 건하에게 사랑한다는 말을 남깁니다.

황선규

여기서는 이 책에서 다루는 내용과 대상 독자, 필요한 선행 학습, 연습 문제와 실습 문제를 해결하기 위한 소프트웨어 요구 사항에 대해 간략하게 기술합니다.

## 책에서 다루는 내용

C++는 성숙한 다중 패러다임 프로그래밍 언어로, 이를 이용하여 높은 수준의 하드웨어 제어 코드를 작성할 수 있습니다. 오늘날 데이터베이스, 브라우저, 멀티미디어 프레임워크, GUI 툴킷 등의 소프트웨어 인프라(software infrastructure) 상당 부분이 C++로 작성되었습니다.

이 책은 먼저 C++ 자료 구조를 소개하고, 연결 리스트, 배열, 스택, 큐에 데이터를 저장하는 방법에 대해 설명합니다. 이후 그리디 알고리즘, 분할 정복 알고리즘과 같이 다양한 계산 문제에서 사용되는 기본적인 알고리즘의 설계 패러다임을 설명합니다. 마지막 부분에서는 이 책에서 논의된 여러 알고리즘을 최적으로 구현하기 위해 필요한 동적 계획법의 고급 기법에 대해 배울 것입니다.

이 책을 다 읽은 후에는 효율적이고 확장 가능한 C++14 코드를 사용하여 표준 자료 구조와 알고리즘을 구현할 수 있게 될 것입니다.

## 학습 목표

이 책을 다 읽으면 다음을 수행할 수 있습니다.

- 해시 테이블, 맵, 세트를 사용하여 응용 프로그램을 만들 수 있습니다.
- 블룸 필터(bloom filter)를 사용하여 URL 단축 서비스를 구현할 수 있습니다.
- 문자열 데이터에 대해 힙 정렬이나 병합 정렬 같은 일반적인 알고리즘을 적용할 수 있습니다.
- C++ 템플릿 메타프로그래밍을 사용하여 코드 라이브러리를 작성할 수 있습니다.
- 최신 하드웨어가 프로그램의 실제 런타임 성능에 어떤 영향을 미치는지 확인할 수 있습니다.
- C 스타일 배열 대신 std::array 같은 최신 C++ 문법을 사용할 수 있습니다.

## 대상 독자

이 책은 기본적인 자료 구조와 알고리즘 설계 기술을 다시 공부하고 싶은 개발자 또는 학생을 대상으로 합니다. 수학적 배경이 필요하지는 않지만 알고리즘 수업을 들어본 경험과 시간 복잡도 및 빅오(Big O) 표기법에 대한 기본 지식이 있으면 이 책을 효과적으로 활용할 수 있을 것입니다. C++14 표준에 익숙하다고 가정합니다.

## 이 책의 접근 방법

이 책은 다양한 개념을 설명하기 위해 실용적이고 실제적인 접근법을 사용합니다. 연습 문제를 통해 서로 다른 자료 구조가 이론적으로는 비슷한 성능으로 동작해야 하지만 실제 컴퓨터에서 실행될 때는 매우 큰 차이가 발생할 수 있다는 점을 보여줄 것입니다. 이 책은 이론적 분석에 대해서는 깊이 다루지 않으며, 대신 실제 동작 결과와 벤치마킹에 중점을 둡니다.

## 소프트웨어 요구 사항

다음에 나열된 소프트웨어가 설치되어 있어야 합니다.

- **운영 체제:** Windows 7 SP1 32/64비트, Windows 8.1 32/64비트, Windows 10 32/64 비트, Ubuntu 14.04 이상, macOS Sierra 이상
- **브라우저:** 구글 크롬(Google Chrome) 또는 모질라 파이어폭스(Mozilla Firefox)
- C++14 표준을 지원하는 최신 컴파일러와 IDE(선택 사항)

# 설치와 환경 설정

이 책을 시작하기에 앞서, 이 책에서 사용되는 다음 라이브러리를 설치하세요. 링크를 참고하세요.

## Boost(부스트) 라이브러리

이 책의 몇몇 연습 문제와 실습 문제는 Boost C++ 라이브러리를 필요로 합니다. 다음 링크에서 라이브러리 파일과 설치 방법을 찾을 수 있습니다.

- **Windows:** https://www.boost.org/doc/libs/1_71_0/more/getting_started/windows.html
- **Linux/macOS:** https://www.boost.org/doc/libs/1_71_0/more/getting_started/unix-variants.html

## OpenSSL 라이브러리

- **Windows:** https://slproweb.com/products/Win32OpenSSL.html
- **Linux/macOS:** https://www.openssl.org

## 예제 파일 내려받기

책에서 사용하는 예제 파일은 길벗출판사 웹 사이트에서 도서 이름으로 검색하여 내려받거나 깃허브에서 내려받을 수 있습니다.

- **길벗출판사 웹 사이트:** http://www.gilbut.co.kr
- **길벗출판사 깃허브:** https://github.com/gilbutITbook/080239

## 예제 파일 구조 및 참고 사항

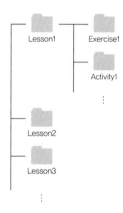

```
├── Lesson1 ─── Exercise1
│              │
│              └── Activity1
│                    ⋮
├── Lesson2
│
└── Lesson3
      ⋮
```

- 책의 모든 예제 코드는 Visual Studio 2019, C++14 버전에서 테스트했습니다.

- 각 장의 연습 문제는 Exercise1, Exercise2, …처럼 하위 폴더로 구분되어 있습니다.

- 각 장의 실습 문제는 Activity1, Activity2, …처럼 하위 폴더로 구분되어 있습니다.

- OpenSSL과 Boost 라이브러리를 설치해야 실습할 수 있는 코드들이 있습니다.

## 베타테스터 실습 후기

실리콘밸리의 이름 있는 IT 회사들은 코딩 테스트&인터뷰를 합니다. 한국 또한 많은 회사에서 코딩 테스트와 인터뷰를 도입하고 있습니다. 몇 년 전만 하더라도 코딩 테스트는 학교에서 배운 알고리즘, 자료 구조 등 인터넷에 떠도는 기출 문제를 외우기만 하면 통과할 수 있는 수준이었습니다. 하지만 코딩 테스트가 어느 정도 정착되고 수준 또한 높아져서 그냥 암기만 해서는 통과하기 힘들어졌습니다. 이 책은 단순히 알고리즘 문제를 푸는 것이 아닌 프로그램 개발 시 어떤 알고리즘을 적용하고 해결하는지를 배울 수 있습니다. 연습 문제와 실습 문제로 앱을 만들 때 필요한 알고리즘을 어떻게 적용하는지, 문제 해결은 어떻게 하는지 자세하게 알려주고 있습니다. 코딩 테스트를 준비하는 개발자, 프로그램 개발 시 문제 해결 능력을 향상하고 싶은 분들에게 추천드립니다.

**실습 환경** Ubuntu 18.04 LTS, GCC/G++ 9.1.0, GDB 8.2, Clang/Clang++ 6.0.0, goormIDE | 1~5장

이석곤_엔컴(주) 프로젝트 팀

C++로 자료 구조와 알고리즘을 학습한 후, 실제 코딩 테스트를 하듯이 문제 풀이를 하면서 다시 한 번 자료 구조와 알고리즘을 학습할 수 있어 좋습니다. 실제 실무에서 사용하듯이 템플릿과 모던 C++를 사용하여 배울 수 있는 점 역시 좋습니다. 이 책으로 자료 구조와 알고리즘을 학습하고 모던 C++를 적용한 코딩 스킬 향상에도 도움이 많이 되리라 생각됩니다.

**실습 환경** Windows 10, Visual Studio 2019 Community | 1~5장

이승표_로그웨이브, 서버 프로그래머

기존 자료 구조 도서에서 내용의 대부분을 차지하는 리스트, 스택, 큐, 트리, 그래프만을 다루지 않고, 문제에 대한 해결을 다양한 접근과 그에 따른 효율성에 중점으로 두고 있습니다. 또한, STL 컨테이너에서 제공하는 자료 구조를 그냥 사용하는 것이 아니라, 독자가 직접 자료 구조를 설계하게 하여 C++ 템플릿을 이해하고 사용하는 방법을 배울 수 있습니다. 매 실습마다 시간 복잡도를 고려하고 알고리즘의 효율성을 되묻는 방식을 통해 독자는 구현에 대해 한 번 더 생각하고 방식을 선택할 수 있는데, 본인 스스로 이러한 기본을 지켰는지 자기 반성을 하게 됩니다. 3장 해시 테이블이나 4장부터 이어지는 알고리즘은 비교적 심도 있게 내용을 다루고 있어서 재차 반복해서 읽으면 개발에 대한 시야가 많이 넓어질 것으로 기대합니다.

**실습 환경** Ubuntu 18.04, gcc-7.5.0 | 1~5장

이진_임베디드 SW 개발자

개발자 채용에서 코딩 테스트는 필수가 되었습니다. 코딩 테스트를 준비하기 위해서는 기본적인 프로그래밍 지식, 자료 구조, 알고리즘을 전반적으로 이해하고 있어야 합니다. 이 책은 컴퓨터 공학에서 다루는 자료 구조와 알고리즘을 전반적으로 크게 다루고 있습니다. 많은 책이 자료 구조를 구현하기 위하여 직접 자료 구조를 작성하는 일이 많습니다. 물론 이는 학습 과정에서 매우 큰 도움이 되겠지만, 시험을 보는 입장에서는 시간이 부족할 것입니다. 이 책의 장점은 C++의 최신 문법으로 코드를 단순화시켰고, 또한 적절한 표준 라이브러리를 활용하여 자료 구조를 직접 작성하는 일을 충분히 줄였다는 점입니다. 그렇지만 책에서 설명하는 코드를 그대로 시험 환경에서 사용하기에는 부담스러울 수 있습니다. 이 책을 통하여 알고리즘 전반에 대해 이해한 후, 코드그라운드 노트(https://www.codeground.org/common/popCodegroundNote), geeksforgeeks(https://www.geeksforgeeks.org)의 자료들을 참고하면서 시험 환경에 맞는 코드를 익힌다면 도움이 많이 될 것입니다.

**실습 환경** Windows Visual Studio 2019, WSL(Ubuntu g++ 9.3.0) | 6~9장

김령진_상명대학 컴퓨터과학과 4학년

대부분의 알고리즘 책은 파이썬으로 설명되어 있는데, 이 책은 C++로 설명되어 있어서 저에게 필요해 실습에 참여했습니다. 알고리즘 개념을 단계별로 그림으로 자세하게 설명하고 있어서 알고리즘 기초 지식이 없더라도 쉽게 이해할 수 있습니다. 또한, 개념을 바탕으로 직접 구현해 보는 예제들을 통해 직관적으로 개념을 이해할 수 있고 실제로 어떻게 적용할 수 있는지 알 수 있습니다. 이전에는 그래프와 동적 계획법을 공부하면서 개념을 이해하더라도 코딩에 적용할 때 어려움을 많이 겪었는데, 이 책으로 공부하면서 알고리즘을 어떻게 구현할 수 있는지 배울 수 있었습니다. 개념과 예제 모두 자세히 설명되어 있어 기초를 다지기에 굉장히 좋은 책입니다.

**실습 환경** Windows 10, Visual Studio 2017 | 6~9장

김정은_대구경북과학기술원 기초학부 4학년

## 2장 트리, 힙, 그래프 ····· 073

# 1<sup>장</sup>

# 리스트, 스택, 큐

이 장을 마치면 다음 작업을 수행할 수 있습니다.

- 응용 프로그램에 적합한 자료 구조를 사용하는 것이 얼마나 중요한지 설명할 수 있습니다.
- 주어진 문제에 적합한 C++ 내장 자료 구조를 이용하여 응용 프로그램을 더욱 쉽게 개발할 수 있습니다.
- C++에서 제공하는 기능이 주어진 상황에 충분한 역할을 수행하기 어려운 경우, 적절한 사용자 정의 선형 자료 구조를 구현할 수 있습니다.
- 다양한 유형의 선형 자료 구조가 사용될 수 있는 실제 문제를 분석할 수 있고, 주어진 문제에 가장 적합한 자료 구조를 선택할 수 있습니다.

이 장에서는 응용 프로그램 작성 시 적절한 자료 구조를 사용하는 것이 얼마나 중요한가에 대해 설명합니다. C++에서 널리 사용되는 자료 구조의 사용 방법에 대해 알아보고, 이들 자료 구조를 구현한 C++ 내장 컨테이너와 사용자 정의 컨테이너에 대해 설명하겠습니다.

# 1.1 / 들어가며

응용 프로그램을 설계할 때 가장 중요하게 고려해야 할 항목 중에 하나는 데이터 관리입니다. 모든 응용 프로그램은 데이터를 입력으로 받아 연산을 하거나 또는 처리한 후, 그 결과를 다시 데이터로 내보냅니다. 예를 들어 병원 관리 시스템을 생각해보겠습니다. 병원 관리 시스템이라면 의사와 환자, 그리고 보관 기록 등의 데이터가 있을 것입니다. 병원 관리 시스템은 환자를 입원시키는 처리를 할 수 있어야 하고, 새로운 의사를 고용하거나 또는 퇴직시키는 등의 관리도 할 수 있어야 합니다. 병원 관리 시스템의 사용자 인터페이스는 병원 관리자가 사용하기 편한 형식으로 제공되겠지만, 시스템 내부적으로는 다양한 항목에 대한 기록을 체계적으로 관리해야 합니다.

프로그래머는 데이터를 메모리에 저장하기 위해 여러 자료 구조를 사용할 수 있습니다. 응용 프로그램에서 필요한 기능을 구현하고, 동작 성능과 안정성을 확보하려면 적절한 **자료 구조**(data structure)를 선택하는 것이 매우 중요합니다. 적절한 자료 구조를 사용하는 것뿐만 아니라, 데이터 조작에 적합한 알고리즘을 선택하는 것 또한 최적의 응용 프로그램 동작을 위해 필수적입니다. 이 책은 여러분이 만드는 응용 프로그램이 확장 가능하면서도 잘 최적화될 수 있도록 적절한 자료 구조 및 알고리즘 구현 방법을 제공할 것입니다.

이 장에서는 C++에서 제공되는 기본적이고 널리 사용되는 선형 자료 구조(linear data structures)를 소개합니다. 그리고 각각의 설계 구조와 장단점에 대해 알아볼 것입니다. 또한 연습 문제를 통해 다양한 자료 구조를 구현해볼 것입니다. 자료 구조를 제대로 이해하고 있으면 응용 프로그램의 성능 향상, 표준화, 가독성, 유지 보수 등의 관점에서 유리하게 데이터를 관리할 수 있습니다.

선형 자료 구조는 크게 연속된 구조와 연결된 구조로 분류할 수 있습니다. 이제 이 두 가지 구조에 대해 알아보겠습니다.

STRUCTURES & ALGORITHMS

# 1.2 / 연속된 자료 구조와 연결된 자료 구조

응용 프로그램에서 데이터를 처리하기에 앞서 먼저 데이터를 어떻게 저장할 것인가를 결정해야 합니다. 이 질문에 대한 답은 데이터를 이용하여 수행할 작업의 종류와 작업 빈도에 따라 달라집니다. 응용 프로그램이 제대로 동작해야 한다는 점은 기본이고, 동시에 지연 시간, 사용 메모리, 또는 기타 매개변수 측면에서 최선의 성능을 제공하도록 구현 방법을 선택해야 합니다.

어떠한 자료 구조를 선택할 것인가를 결정함에 있어 적합한 지표로, 알고리즘 복잡도 또는 **시간 복잡도**(time complexity)가 있습니다. 시간 복잡도는 특정 작업을 수행하는 데 걸리는 시간을 데이터 크기에 대한 수식으로 표현하는 방식입니다. 따라서 시간 복잡도는 데이터 크기가 변경되면 연산 시간이 어떻게 변하는지를 보여줍니다. 서로 다른 연산의 시간 복잡도는 그 내부에서 데이터를 어떻게 저장하여 사용하는가에 따라 달라집니다.

자료 구조는 크게 연속된 자료 구조와 연결된 자료 구조로 구분할 수 있습니다. 다음 절에서 이 두 가지 구조에 대해 자세히 살펴보겠습니다.

## 1.2.1 연속된 자료 구조

연속된 자료 구조(contiguous data structures)는 모든 원소를 단일 메모리 청크(chunk)에 저장합니다.[1] 그림 1-1은 연속된 자료 구조에 데이터가 저장되는 방법을 보여주는 다이어그램입니다.

---

1 **역주** 메모리 청크는 하나의 연속된 메모리 덩어리를 의미합니다.

❤ 그림 1-1 연속된 자료 구조를 표현한 다이어그램

| data[0] | data[1] | data[2] | data[3] |
|---|---|---|---|
| BA | BA+sizeof(type) | BA+2*sizeof(type) | BA+3*sizeof(type) |

BA       = 시작 주소
sizeof(type) = 원소 하나에 필요한 메모리 크기

그림 1-1에서 바깥쪽 큰 사각형은 모든 원소가 저장되어 있는 단일 메모리 청크를 나타내고, 안쪽 작은 사각형들은 각각의 원소가 저장된 메모리 공간을 의미합니다. 이 그림에서 각각의 원소는 모두 같은 타입(type)을 사용합니다. 그러므로 모든 원소는 같은 크기의 메모리를 사용하고, 이는 sizeof(type)으로 표시됩니다. 첫 번째 원소의 메모리 주소를 **시작 주소**(BA, Base Address)라고 합니다. 모든 원소가 같은 타입이기 때문에 두 번째 원소의 위치는 BA + sizeof(type)이고, 그다음 원소의 위치는 BA + 2 * sizeof(type)이 됩니다. 나머지 원소 위치도 이와 같은 방식으로 계산할 수 있습니다. 즉, i번째 원소에 접근하려면 BA + i * sizeof(type) 수식을 사용합니다.

이러한 자료 구조에서는 배열의 전체 크기에 상관없이 앞서 설명한 수식을 이용하여 모든 원소에 곧바로 접근할 수 있습니다. 따라서 데이터 접근 시간은 항상 일정합니다. 이러한 경우를 빅오(Big-O) 표기법으로 나타내면 O(1)로 표시합니다.

배열의 유형은 크게 정적 배열(static array)과 동적 배열(dynamic array) 두 가지로 나눌 수 있습니다. 정적 배열은 선언된 블록이 끝나면 소멸되는 반면, 동적 배열은 프로그래머가 생성할 시점과 해제할 시점을 자유롭게 결정할 수 있습니다. 두 가지 유형 중에서 필요에 따라 적절한 배열을 선택하여 사용하면 됩니다. 두 가지 유형 모두 다양한 연산에서 동일한 성능을 나타냅니다. 이러한 배열은 C 언어에서 도입되었기 때문에 C 스타일 배열이라고도 합니다. 실제로 배열을 선언하는 방법은 다음과 같습니다.

- 정적 배열은 int arr[size]; 형태로 선언합니다.
- C에서 동적 배열은 int* arr = (int*)malloc(size * sizeof(int)); 형태로 선언합니다.
- C++에서 동적 배열은 int* arr = new int[size]; 형태로 선언합니다.

정적 배열은 스택(stack) 메모리 영역에 할당되기 때문에 함수를 벗어날 때 자동으로 해제됩니다. 반면에 동적 배열은 힙(heap) 영역에 할당되며 사용자가 직접 해제하기 전까지 유지됩니다.

배열 같은 연속된 자료 구조에서 각 원소는 서로 인접해 있기 때문에 하나의 원소에 접근할 때 그 옆에 있는 원소 몇 개도 함께 캐시(cache)로 가져옵니다. 그러므로 다시 주변 원소에 접근할 때에는 해당 원소를 캐시에서 가져오게 되며, 이 작업은 매우 빠르게 동작합니다. 이러한 속성을 캐시 지역성(cache locality)이라고 합니다. 어떤 연산의 점근적 시간 복잡도(asymptotic time complexity) 계산에는 영향을 주지 않지만 실제 동작에서 배열처럼 연속된 원소에 매우 빠르게 접근할 수 있다는 점은 큰 장점이 됩니다. 배열에서 모든 원소에 순차적으로 접근하는 경우, 첫 번째 원소를 가져온 후 다음 원소는 캐시에서 바로 참조할 수 있으므로 배열은 캐시 지역성이 좋다고 말할 수 있습니다.

## 1.2.2 연결된 자료 구조

연결된 자료 구조(linked data structures)는 노드(node)라고 하는 여러 개의 메모리 청크에 데이터를 저장하며, 이 경우 서로 다른 메모리 위치에 데이터가 저장됩니다. 다음은 연결된 자료 구조에 데이터가 저장되는 방법을 나타내는 다이어그램입니다.

▼ 그림 1-2 연결된 자료 구조

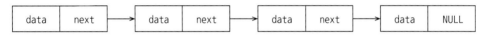

그림 1-2와 같은 형태로 구성된 자료 구조를 연결 리스트(linked list)라고 합니다. 연결 리스트의 기본 구조에서 각각의 노드는 저장할 데이터(data)와 다음 노드를 가리키는 포인터(next)를 가지고 있습니다. 맨 마지막 노드에서는 다음 노드의 포인터 대신 자료 구조의 끝을 나타내는 NULL을 가집니다. 연결 리스트에서 특정 원소에 접근하려면 리스트의 시작 부분, 즉 헤드(head) 부분부터 시작하여 원하는 원소에 도달할 때까지 next 포인터를 따라 이동해야 합니다. 그러므로 i번째 원소에 접근하려면 연결 리스트 내부를 i번 이동하는 작업이 필요합니다. 그러므로 원소 접근 시간은 노드 개수에 비례하며, 시간 복잡도로 표현하면 O($n$)입니다.

배열과 달리 연결 리스트는 포인터를 이용하여 원소의 삽입 또는 삭제를 매우 빠르게 수행할 수 있습니다. 연결 리스트에 새로운 원소를 추가하는 방법을 살펴보겠습니다. 그림 1-3은 연결 리스트 중간에 새로운 원소를 삽입하는 동작을 나타내는 다이어그램입니다.

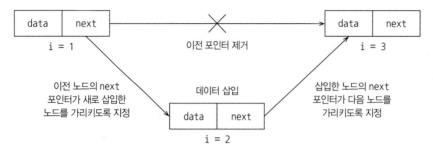
▼ 그림 1-3 연결 리스트에 새 원소 추가하기

새로운 원소를 삽입하려면 일단 새로운 노드를 생성하고, 각 노드의 next 포인터를 수정해야 합니다. 먼저 새로 추가한 노드(i = 2)의 next 포인터가 다음 노드(i = 3)를 가리키게 만듭니다. 그리고 이전 노드(i = 1)의 next 포인터가 다음 노드(i = 3)를 가리키던 것을 제거하고, 새로운 노드(i = 2)를 가리키도록 설정합니다. 이러한 방식으로 새로운 노드가 연결 리스트에 추가됩니다.

마찬가지로 기존 원소를 제거하려면 삭제할 원소가 더 이상 연결 리스트에 연결되어 있지 않도록 next 포인터를 수정하면 됩니다. 그런 다음 해당 노드의 메모리 할당을 해제하거나 또는 다른 적절한 처리를 수행할 수 있습니다.

연결 리스트에서는 원소가 메모리에 연속적으로 저장되지 않기 때문에 캐시 지역성을 기대할 수 없습니다. 즉, 현재 노드가 가리키는 다음 노드에 직접 방문하지 않고 다음 원소를 캐시로 가져올 수 있는 방법은 없습니다. 따라서 배열과 연결 리스트에서 모든 원소를 차례대로 방문하는 작업은 이론적으로 같은 시간 복잡도를 가지지만, 실제로는 연결 리스트의 성능이 조금 떨어집니다.

다음 절에서는 연속된 자료 구조와 연결된 자료 구조를 비교하여 요약해보겠습니다.

## 1.2.3 비교

그림 1-4는 연속된 자료 구조와 연결된 자료 구조의 중요한 차이점을 요약해서 보여줍니다.

그림 1-5는 관련된 배열과 연결 리스트의 성능을 다양한 관점에서 비교한 결과입니다.

구현할 작업의 요구 조건 및 사용 빈도에 따라 배열과 연결 리스트 중에서 하나를 선택하거나, 또는 두 개를 조합하여 응용 프로그램을 개발해야 합니다.

▼ 그림 1–4 연속된 자료 구조와 연결된 자료 구조의 비교

| 연속된 자료 구조 | 연결된 자료 구조 |
|---|---|
| 모든 데이터가 메모리에 연속적으로 저장됩니다. | 데이터는 노드에 저장되고, 노드는 메모리 곳곳에 흩어져 있을 수 있습니다. |
| 임의 원소에 즉각적으로 접근할 수 있습니다. | 임의 원소에 접근하는 것은 선형 시간 복잡도를 가지며 느린 편입니다. |
| 데이터가 연속적으로 저장되어 있고, 캐시 지역성 효과로 인해 모든 데이터를 순회하는 것이 매우 빠릅니다. | 캐시 지역성 효과가 없으므로 모든 데이터를 순회하는 것이 느린 편입니다. |
| 데이터 저장을 위해 정확하게 데이터 크기만큼의 메모리를 사용합니다. | 각 노드에서 포인터 저장을 위해 여분의 메모리를 사용합니다. |

▼ 그림 1–5 다양한 연산에 대한 배열과 연결 리스트의 시간 복잡도

| 파라미터 | 배열 | 연결 리스트 |
|---|---|---|
| 임의 접근 | O(1) | O(n) |
| 맨 뒤에 원소 삽입 | O(1) | O(1) |
| 중간에 원소 삽입 | O(n) | O(1) |
| 캐시 지역성 | 있음 | 없음 |

배열과 연결 리스트는 매우 범용적이며 많은 응용 프로그램에서 데이터를 저장하는 용도로 사용되고 있습니다. 그러므로 이들 자료 구조의 구현은 버그가 없어야 하며, 최대한 효율적으로 동작해야 합니다. 사용자가 직접 이들 자료 구조를 구현하지 않아도 되도록 C++는 std::array, std::vector, std::list 같은 다양한 자료 구조 클래스를 제공합니다. 이제부터 이들 자료 구조 클래스에 대해 자세히 알아보겠습니다.

## 1.2.4 C 스타일 배열의 제약 사항

C 스타일의 배열은 배열의 역할을 충분히 수행하지만 그다지 많이 사용되지는 않습니다. C 스타일 배열은 몇 가지 제약 사항을 가지고 있어서 더 나은 형태의 배열이 필요하기도 합니다. 다음은 C 스타일 배열의 단점 몇 가지를 나열한 것입니다.

- 메모리 할당과 해제를 수동으로 처리해야 합니다. 메모리를 해제하지 못하면 메모리 릭(memory leak)이 발생할 수 있고, 이 경우 해당 메모리 영역을 사용할 수 없습니다.

- [ ] 연산자에서 배열 크기보다 큰 원소를 참조하는 것을 검사하지 못합니다. 잘못 사용하면 세그멘테이션 결함(segmentation fault) 또는 메모리 손상으로 이어질 수 있습니다.

- 배열을 중첩해서 사용할 경우, 문법이 너무 복잡해서 코드를 이해하기 어렵습니다.

- 깊은 복사(deep copy)가 기본으로 동작하지 않습니다. 이러한 동작은 수동으로 구현해야 합니다.

위와 같은 문제점을 회피할 수 있도록 C++는 C 스타일 배열을 대체하는 std::array를 제공합니다.

# 1.3 / std::array

std::array는 메모리를 자동으로 할당하고 해제합니다. std::array는 원소의 타입과 배열 크기를 매개변수로 사용하는 클래스 템플릿입니다.

다음은 크기가 10인 int 타입의 std::array 배열을 선언한 후, 원소 값을 설정하거나 화면에 출력하는 예제 코드입니다.

```
std::array<int, 10> arr1;          // 크기가 10인 int 타입 배열 선언

arr1[0] = 1;                       // 첫 번째 원소를 1로 설정
std::cout << "arr1 배열의 첫 번째 원소: " << arr1[0] << std::endl;

std::array<int, 4> arr2 = {1, 2, 3, 4};
std::cout << "arr2의 모든 원소: ";

for (int i = 0; i < arr2.size(); i++)
    std::cout << arr2[i] << " ";
std::cout << std::endl;
```

이 예제 코드를 실행하면 다음과 같이 출력됩니다.

```
arr1 배열의 첫 번째 원소: 1
arr2의 모든 원소: 1 2 3 4
```

std::array는 C 스타일 배열과 똑같은 방식으로 배열 원소에 접근할 수 있는 [] 연산자를 제공합니다. [] 연산자에 접근하고자 하는 배열 원소 인덱스(index)를 지정할 경우, 빠른 동작을 위해 전달된 인덱스 값이 배열의 크기보다 작은지를 검사하지는 않습니다. 대신 std::array는 at(index) 형식의 함수도 함께 제공하며, 이 함수는 인자로 전달된 index 값이 유효하지 않으면 std::out_of_range 예외(exception)를 발생시킵니다. 그러므로 at() 함수가 [] 연산자보다 조금 느린 편이지만, at() 함수를 잘 이용하면 예외를 적절하게 처리할 수 있습니다. 배열 인덱스를 사용자 입력으로 받는다든가, 또는 다른 이유로 인해 유효하지 않은 인덱스에 접근할 수 있는 상황이라면 다음과 같은 예외 처리 코드를 만들 수 있습니다.

```cpp
std::array<int, 4> arr3 = {1, 2, 3, 4};

try
{
    std::cout << arr3.at(3) << std::endl;    // 에러 아님
    std::cout << arr3.at(4) << std::endl;    // std::out_of_range 예외 발생
}
catch (const std::out_of_range& ex)
{
    std::cerr << ex.what() << std::endl;
}
```

std::array 객체를 다른 함수에 전달하는 방식은 기본 데이터 타입을 전달하는 것과 유사합니다. 값 또는 참조(reference)로 전달할 수 있고, const를 함께 사용할 수도 있습니다. C 스타일 배열을 함수에 전달할 때처럼 포인터 연산을 사용한다거나 참조 또는 역참조(de-reference) 연산을 하지 않아도 됩니다. 그러므로 다차원 배열을 전달하는 경우에도 std::array를 사용하는 것이 가독성이 훨씬 좋습니다. 다음은 사용자 정의 함수 print()에 std::array 배열을 값으로 전달하는 예제 코드입니다.

```cpp
void print(std::array<int, 5> arr)
{
    for (auto ele : arr)
        std::cout << ele << ", ";
}

std::array<int, 5> arr = {1, 2, 3, 4, 5};
print(arr);
```

이 코드를 실행하면 다음과 같은 출력이 나타납니다.

```
1, 2, 3, 4, 5,
```

앞 예제에서는 print() 함수의 매개변수 데이터 타입에 전달받을 배열 크기가 고정되어 있기 때문에 다른 크기의 배열을 전달할 수 없습니다. 예를 들어 std::array<int, 10>을 전달하면 컴파일러는 함수 매개변수와 일치하지 않는다거나 또는 해당 매개변수 형식으로 변환할 수 없다는 에러 메시지를 출력할 것입니다. 만약 다양한 크기의 std::array 객체에 대해 동작하는 범용적인 배열 출력 함수를 만들고 싶다면 print()를 함수 템플릿으로 선언하고, 배열 크기를 템플릿 매개변수로 전달하면 됩니다. 즉, print() 함수를 다음과 같은 형태로 작성합니다.

```cpp
template <size_t N>
void print(const std::array<int, N>& arr);
```

함수에 std::array 객체를 전달할 경우, 기본적으로 새로운 배열에 모든 원소가 복사됩니다. 즉, 자동으로 깊은 복사가 동작합니다. 만약 이러한 동작을 피하고 싶다면 참조 또는 const 참조를 사용할 수 있습니다. 즉, 프로그래머의 선택에 따라 동작을 결정할 수 있습니다.

배열의 원소를 차례대로 접근하는 연산은 매우 자주 발생합니다. std::array는 반복자(iterator)와 범위 기반 for(range-based for) 문법을 이용하여 원소에 차례대로 접근할 수 있습니다. 배열의 모든 원소를 출력하는 코드는 다음과 같이 작성할 수 있습니다.

```cpp
std::array<int, 5> arr = {1, 2, 3, 4, 5};
for (auto element : arr)
{
    std::cout << element << ' ';
}
```

이 예제 코드의 출력은 다음과 같습니다.

```
1 2 3 4 5
```

배열의 모든 원소를 차례대로 출력하기 위해 인덱스 값을 사용하는 for 반복문을 사용할 수도 있지만, 이 경우에는 배열의 크기를 정확하게 지정해야 합니다. 만약 인덱스 값이 배열 크기보다 같거나 커지면 에러가 발생합니다.

범위 기반 for 반복문을 사용하여 std::array의 모든 원소에 접근할 수 있는 것은 반복자를 사용하기 때문입니다. std::array는 begin()과 end()라는 이름의 멤버 함수를 제공하며, 이들 함수는 가장 첫 번째 원소와 가장 마지막 원소의 위치(정확하게는 마지막 원소 다음 위치)를 반환합니다. 특정 원소 위치에서 다음 원소 위치로 이동하려면 반복자에 증가 연산자(++) 또는 덧셈 연산자(+) 같은 산술 연산을 수행할 수 있습니다. 즉, 범위 기반 for 반복문은 begin() 위치부터 시작하여 증가 연산자(++)를 통해 차례대로 원소를 이동하다가 end() 위치에 도달하면 종료합니다. 반복자는 std::array, std::vector, std::map, std::set, std::list처럼 반복 가능한 모든 STL 컨테이너에 대해 사용할 수 있습니다.

컨테이너 내부의 위치를 나타내는 데 필요한 모든 기능에 대해서도 반복자가 사용됩니다. 예를 들어 특정 위치에 원소를 삽입하거나, 특정 위치 또는 범위에 있는 원소를 삭제하는 등의 작업에서도 반복자가 사용됩니다. 반복자를 사용함으로써 소스 코드의 재사용성, 유지 보수, 가독성 측면에서 이점을 얻을 수 있습니다.

> **Note** ≡ C++에서 반복자를 이용하여 범위를 지정하는 함수들의 경우, 보통 start()가 반환하는 반복자는 보통 범위에 포함되고, 따로 명시하지 않았다면 end()가 반환하는 반복자는 범위에 포함되지 않습니다.

array::begin() 함수는 첫 번째 원소를 가리키는 반복자를 반환하고, array::end() 함수는 마지막 원소 다음을 가리키는 반복자를 반환합니다. 따라서 범위 기반 반복문은 다음과 같이 바꿔서 작성할 수 있습니다.

```cpp
for (auto it = arr.begin(); it != arr.end(); it++)
{
    auto element = (*it);
    std::cout << element << ' ';
}
```

const_iterator 또는 reverse_iterator 같은 형태의 반복자도 사용할 수 있습니다. const_iterator 반복자는 일반 반복자의 const 버전입니다. const로 선언된 배열에 대해 begin() 또는 end() 같은 함수를 사용하면 const_iterator를 반환합니다.

reverse_iterator를 사용하면 배열을 역방향으로 이동할 수 있습니다. 이 반복자를 ++ 같은 증가 연산자와 함께 사용할 경우, 일반 반복자와 반대 방향으로 이동하게 됩니다.

[] 연산자와 at() 함수 외에 std::array에서 원소 접근을 위해 사용할 수 있는 멤버 함수를 그림 1-6에 정리했습니다.

| 함수 | 설명 |
|------|------|
| front() | 배열의 첫 번째 원소에 대한 참조를 반환합니다. |
| back() | 배열의 마지막 원소에 대한 참조를 반환합니다. |
| data() | 배열 객체 내부에서 실제 데이터 메모리 버퍼를 가리키는 포인터를 반환합니다. 반환된 포인터를 이용하여 다양한 포인터 연산을 수행할 수 있습니다. 이 기능은 포인터를 함수의 인자로 받는 예전 스타일의 함수를 사용할 때 유용합니다. |

다음은 그림 1-6에서 소개한 함수의 사용 예제 코드입니다.

```
std::array<int, 5> arr = {1, 2, 3, 4, 5};
std::cout << arr.front() << std::endl;          // 1 출력
std::cout << arr.back() << std::endl;           // 5 출력
std::cout << *(arr.data() + 1) << std::endl;    // 2 출력
```

std::array는 깊은 비교(deep comparison)를 위한 관계 연산자(relational operator)와 깊은 복사를 위한 복사 할당 연산자(copy-assignment operator)도 지원합니다. std::array에 저장되는 데이터 타입에서 크기 비교(<, >, <=, >=, ==, !=)를 지원할 경우, 이들 관계 연산자를 이용하여 두 std::array 배열을 비교하는 용도로 사용할 수도 있습니다.

C 스타일 배열에 대해서도 관계 연산자를 사용할 수 있지만, 이 경우에는 배열 원소 값을 비교하는 것이 아니라 포인터 주소 값을 비교합니다. 즉, 깊은 비교 대신 얕은 비교(shallow comparison)를 수행하기 때문에 실용적이지 않습니다. 할당(assignment)에 대해서도 C 스타일 배열은 메모리를 새로 생성하여 값을 복사하지 않으며, 단순히 같은 배열 데이터를 가리키는 새로운 포인터를 생성할 뿐입니다.

> **Note ≡** std::array에 대해 관계 연산자를 사용할 경우, 두 배열의 크기가 같아야 합니다. 이는 std::array로 생성한 배열 객체의 경우, 배열의 크기가 데이터 타입 일부로 동작하기 때문입니다. 즉, 크기가 다른 배열은 서로 다른 타입으로 인식되므로 비교할 수 없습니다.

다음 연습 문제를 통해 C 스타일 배열을 대체하는 래퍼 클래스(wrapper class) 정의 방법에 대해 알아보겠습니다. 배열의 크기는 사용자 입력으로 정의할 것입니다.

## 1.3.1  연습 문제 1: 동적 크기 배열 구현하기

학교에서 학생 정보를 관리하는 간단한 응용 프로그램을 만들어보겠습니다. 한 반의 학생 수와 학생 정보는 프로그램 실행 시 입력으로 받을 것입니다. 학생 데이터를 관리하기 위해 배열과 유사한 자료 구조를 사용할 것이고, 이 배열은 다양한 크기를 지원해야 합니다. 또한 여러 반을 하나로 합치는 기능도 지원할 것입니다.

다음 순서로 연습 문제를 구현해보겠습니다.

1. 필요한 헤더 파일을 포함합니다.

```
#include <iostream>
#include <sstream>
#include <algorithm>
```

2. dynamic_array라는 이름의 클래스 템플릿을 작성하고, 주요 멤버 변수를 선언합니다.

```
template <typename T>
class dynamic_array
{
    T* data;
    size_t n;
```

3. 배열 크기를 인자로 받는 생성자(constructor)와 복사 생성자를 추가합니다.

```
public:
    dynamic_array(int n)
    {
        this->n = n;
        data = new T[n];
    }

    dynamic_array(const dynamic_array<T>& other)
    {
        n = other.n;
        data = new T[n];

        for (int i = 0; i < n; i++)
            data[i] = other[i];
    }
```

**4.** 멤버 데이터에 직접 접근하기 위한 [ ] 연산자와 at( ) 함수를 작성합니다. [ ] 연산자를 제공함으로써 std::array와 비슷한 방식으로 배열 원소에 접근할 수 있습니다.

```
T& operator[](int index)
{
    return data[index];
}

const T& operator[](int index) const
{
    return data[index];
}

T& at(int index)
{
    if (index < n)
        return data[index];
    throw "Index out of range";
}
```

**5.** 배열의 크기를 반환하는 size( ) 멤버 함수와 소멸자(destructor)를 구현합니다. 소멸자에서는 메모리 릭을 방지하기 위해 할당된 메모리를 해제합니다.

```
size_t size() const
{
    return n;
}

~dynamic_array()
{
    delete[] data;     // 메모리 릭 방지
}
```

**6.** dynamic_array의 배열 원소를 순회할 때 사용할 반복자 관련 함수를 정의합니다.

```
T* begin() { return data; }
const T* begin() const { return data; }
T* end() { return data + n; }
const T* end() const { return data + n; }
```

**7.** 두 배열을 하나로 합치는 연산을 수행하는 + 연산자 함수를 정의합니다. 이 함수는 friend로 선언합니다.

```
        friend dynamic_array<T> operator+(const dynamic_array<T>& arr1,
                                          dynamic_array<T>& arr2)
        {
            dynamic_array<T> result(arr1.size() + arr2.size());
            std::copy(arr1.begin(), arr1.end(), result.begin());
            std::copy(arr2.begin(), arr2.end(), result.begin() + arr1.size());

            return result;
        }
```

**8.** 배열에 저장된 모든 데이터를 문자열로 반환하는 to_string() 멤버 함수를 작성합니다. 이 함수는 데이터 구분을 위한 문자열 sep를 인자로 받으며, sep의 기본값은 쉼표(", ")로 지정합니다.

```
        std::string to_string(const std::string& sep = ", ")
        {
            if(n == 0)
                return "";

            std::ostringstream os;
            os << data[0];

            for (int i = 1; i < n; i++)
                os << sep << data[i];

            return os.str();
        }
    };
```

**9.** 학생 정보를 저장할 구조체 student를 정의합니다. 이 구조체는 학생의 이름 name과 학생의 학급 정보를 담고 있는 standard 멤버를 가지고 있고, << 연산자를 이용한 표준 출력을 지원합니다.

```
struct student
{
    std::string name;
    int standard;
};

std::ostream& operator<<(std::ostream& os, const student& s)
{
    return (os << "[" << s.name << ", " << s.standard << "]");
}
```

**10.** 이제 main() 함수에서 dynamic_array를 사용하는 코드를 작성합니다.

```cpp
int main()
{
    int nStudents;
    std::cout << "1반 학생 수를 입력하세요: ";
    std::cin >> nStudents;

    dynamic_array<student> class1(nStudents);
    for (int i = 0; i < nStudents; i++)
    {
        std::string name;
        int standard;
        std::cout << i + 1 << "번째 학생 이름과 나이를 입력하세요: ";
        std::cin >> name >> standard;
        class1[i] = student{name, standard};
    }

    // 배열 크기보다 큰 인덱스의 학생에 접근
    try
    {
        // 아래 주석을 해제하면 프로그램이 비정상 종료합니다.
        // class1[nStudents] = student {"John", 8};    // 예상할 수 없는 동작

        class1.at(nStudents) = student{"John", 8};      // 예외 발생
    }
    catch (...)
    {
        std::cout << "예외 발생!" << std::endl;
    }

    // 깊은 복사
    auto class2 = class1;
    std::cout << "1반을 복사하여 2반 생성: " << class2.to_string() << std::endl;

    // 두 학급을 합쳐서 새로운 큰 학급을 생성
    auto class3 = class1 + class2;
    std::cout << "1반과 2반을 합쳐 3반 생성: " << class3.to_string() << std::endl;

    return 0;
}
```

**11.** 앞에서 작성한 프로그램을 실행하고, Kim(15), Lee(15), Park(16)을 입력으로 사용하겠습니다. 다음은 프로그램을 실행한 후 학생 정보 입력 화면과 프로그램 실행 결과입니다.

```
1반 학생 수를 입력하세요: 3
1번째 학생 이름과 나이를 입력하세요: Kim 15
2번째 학생 이름과 나이를 입력하세요: Lee 15
3번째 학생 이름과 나이를 입력하세요: Park 16
예외 발생!
1반을 복사하여 2반 생성: [Kim, 15], [Lee, 15], [Park, 16]
1반과 2반을 합쳐 3반 생성: [Kim, 15], [Lee, 15], [Park, 16], [Kim, 15], [Lee, 15],
[Park, 16]
```

연습 문제 1에서 구현했던 기능은 std::array 클래스에 유사한 방식으로 정의되어 있습니다.

다음 연습 문제 2에서는 다양한 형태의 데이터를 저장하고, 공통된 형식으로 접근할 수 있는 컨테이너 구현 방법에 대해 알아보겠습니다.


## 1.3.2 연습 문제 2: 빠르고 범용적인 데이터 저장 컨테이너 만들기

이번 연습 문제에서는 다양한 타입의 데이터 여러 개를 인자로 받아 공통 타입으로 변환하는 함수를 만들어보겠습니다. 이 함수가 반환하는 컨테이너는 모든 인자를 공통 타입으로 변환하여 저장하며, 전체 원소를 빠르게 순회할 수 있어야 합니다.

**1.** 먼저 필요한 헤더 파일을 포함합니다.

```
#include <array>
#include <iostream>
#include <type_traits>
```

**2.** 컨테이너를 생성하는 build_array() 함수를 선언하겠습니다. 이 함수는 빠른 원소 순회를 보장하는 std::array를 반환합니다. 그리고 임의 개수의 매개변수를 허용하기 위해 가변 템플릿을 사용합니다.

```
template<typename ... Args>
std::array<?,?> build_array(Args&&... args)
```

반환된 컨테이너는 빠르게 순회할 수 있어야 한다는 조건이 있으므로 배열 또는 벡터(vector)

를 사용할 수 있습니다. 이 예제에서는 컴파일 시간에 함수의 인자 개수로부터 원소 개수를 유추할 수 있으므로 std::array를 사용합니다.

3. std::array를 사용하려면 원소의 타입과 원소 개수를 지정해야 합니다. std::array에 저장할 원소의 타입을 결정하기 위해 std::common_type 템플릿을 사용할 수 있습니다. 이 작업은 함수 인자에 의존적이기 때문에 함수 반환형을 후행 리턴 타입(trailing return type)으로 지정합니다.

```
template<typename ... Args>
auto build_array(Args&&... args) -> std::array<typename std::common_type
<Args...>::type, ?>
{
    using commonType = typename std::common_type<Args...>::type;
    // 배열 생성
}
```

4. 앞서 작성한 코드에 추가로 원소 개수를 알아내는 코드와 commonType을 이용하여 배열을 생성하는 코드를 입력합니다.

```
template<typename ... Args>
auto build_array(Args&&... args) -> std::array<typename std::common_type
<Args...>::type, sizeof...(args)>
{
    using commonType = typename std::common_type<Args...>::type;
    return {std::forward<commonType>((Args&&)args)...};
}
```

5. 이제 main() 함수를 작성하여 앞서 만든 build_array() 함수가 잘 동작하는지 확인하겠습니다.

```
int main()
{
    auto data = build_array(1, 0u, 'a', 3.2f, false);

    for (auto i: data)
        std::cout << i << " ";
    std::cout << std::endl;
}
```

6. 지금까지 작성한 프로그램을 실행하면 다음과 같은 출력이 나타납니다.

```
1 0 97 3.2 0
```

함수에 전달된 인자들이 모두 float 자료형으로 변환될 수 있기 때문에 최종 출력은 float 형식으로 나타납니다.

**7.** 추가적으로 main( ) 함수에 다음 코드를 추가하여 테스트를 해보겠습니다.

```
auto data2 = build_array(1, "Packt", 2.0);
```

소스 코드를 이와 같이 작성할 경우, 모든 데이터 타입을 하나의 공통 타입으로 변환할 수 없어서 에러가 발생합니다. 정확한 에러 메시지는 "template argument deduction/substitution failed" 같은 문자열을 포함합니다.[2] 이는 문자열과 숫자를 모두 표현할 수 있는 공통의 자료형이 존재하지 않기 때문입니다.

연습 문제 2의 build_array( ) 같은 빌더 함수(builder function)는 입력 데이터 타입이 모호할 때에도 효과적으로 사용할 수 있습니다.

std::array는 더 많은 유용한 기능을 제공하도록 설계할 수도 있지만 그렇게는 하지 않고 있습니다. 이는 C 스타일 배열과의 유사성을 유지하면서 동시에 더 빠르고 메모리 효율적으로 동작하게 만들기 위함입니다.

std::array보다 유연하고 향상된 기능이 필요하다면 C++에서 제공하는 또 다른 컨테이너인 std::vector를 사용할 수 있습니다. std::vector에 대해서는 다음 절에서 자세히 알아보겠습니다.

STRUCTURES & ALGORITHMS

# 1.4 std::vector

앞서 살펴본 바와 같이 std::array는 C 스타일 배열의 향상된 버전입니다. 그러나 std::array는 실제 응용 프로그램 개발에서 유용하게 사용할 수 있는 몇몇 기능을 제공하지 않는다는 단점이 있습니다. std::array의 주요 단점은 다음과 같습니다.

- std::array의 크기는 컴파일 시간에 결정되는 상수이어야 합니다. 따라서 프로그램 실행 중에는 변경할 수 없습니다.
- 크기가 고정되어 있어서 원소를 추가하거나 삭제할 수 없습니다.

---

2 역주 Ubuntu 18.04에서 gcc 7.4.0 버전 기준입니다.

- std::array의 메모리 할당 방법을 변경할 수 없습니다. 항상 스택 메모리를 사용합니다.

대부분의 실제 응용 프로그램에서 데이터는 동적이며 고정 크기가 아닙니다. 예를 들어 앞에서 언급했던 병원 관리 시스템의 경우, 더 많은 의사를 고용할 수도 있고 응급 환자가 급격하게 증가할 수도 있습니다. 따라서 데이터의 크기를 미리 알고 있기가 그리 쉽지 않습니다. 그러므로 std::array를 사용하는 것이 항상 좋은 것은 아니며, 가변 크기의 데이터를 처리할 수 있는 컨테이너가 필요하기도 합니다.

이제 이러한 문제를 std::vector가 어떻게 해결하는지 살펴보겠습니다.

## 1.4.1 std::vector – 가변 크기 배열

제목에서 알 수 있듯이 std::vector는 C 스타일 배열 또는 std::array가 가지고 있는 가장 두드러진 문제 중 하나인 '고정 크기' 문제를 해결합니다. std::vector는 초기화 과정에 데이터의 크기를 제공하지 않아도 됩니다.

다음은 벡터를 초기화하는 몇 가지 방법입니다.

```
// 크기가 0인 벡터 선언
std::vector<int> vec;

// 지정한 초깃값으로 이루어진 크기가 5인 벡터 선언
std::vector<int> vec = {1, 2, 3, 4, 5};

// 크기가 10인 벡터 선언
std::vector<int> vec(10);

// 크기가 10이고, 모든 원소가 5로 초기화된 벡터 선언
std::vector<int> vec(10, 5);
```

첫 번째 초기화 코드처럼 벡터는 원소 크기를 지정하지 않고 선언할 수 있습니다. 만약 벡터의 크기를 명시적으로 지정하지 않거나 또는 초깃값을 지정하여 크기를 유추할 수 있게 코드를 작성하지 않을 경우, 컴파일러 구현 방법에 따른 용량(capacity)을 갖는 벡터가 생성됩니다. 벡터의 크기는 벡터에 실제로 저장된 원소 개수를 나타내는 용어이며, 용량과는 다른 의미입니다. 그러므로 첫 번째 초기화의 경우, 크기는 0이지만 용량은 0 또는 작은 양수일 수 있습니다.

벡터에 새로운 원소를 추가하려면 push_back() 또는 insert() 함수를 사용합니다. push_back() 함수는 벡터의 맨 마지막에 새로운 원소를 추가합니다. insert() 함수는 삽입할 위치를 나타내는 반복자를 첫 번째 인자로 받음으로써 원하는 위치에 원소를 추가할 수 있습니다. push_back()은 벡터에서 자주 사용되는 연산이며, 매우 빠르게 동작합니다. push_back() 함수의 동작을 의사 코드(pseudocode)로 나타내면 다음과 같습니다.

```
push_back(val):
    if size < capacity          // 새 원소를 추가할 공간이 있는 경우
        - 마지막 원소 다음에 val 저장
        - 벡터 크기를 1만큼 증가
        - return;

    if vector is already full    // 할당된 메모리 공간이 가득 차 있는 경우
        - 2*size 크기의 메모리를 새로 할당
        - 새로 할당한 메모리로 기존 원소 전부를 복사/이동
        - 데이터 포인터를 새로 할당한 메모리 주소로 지정
        - 마지막 원소 다음에 val을 저장하고, 벡터 크기를 1만큼 증가
```

실제 구현은 약간 다를 수 있지만 동작 방식은 거의 같습니다. 맨 뒤에 원소를 삽입할 때, 뒤쪽에 남아 있는 공간이 있다면 $O(1)$의 시간이 걸립니다. 그러나 공간이 충분하지 않으면 모든 원소를 복사/이동해야 하며, 이때는 $O(n)$의 시간이 걸립니다. 대부분의 구현에서는 용량이 부족할 때마다 벡터 용량을 두 배로 늘립니다. $O(n)$ 시간 동작은 $n$개의 원소를 추가한 후에만 발생하며, 이러한 경우는 많지 않으므로 push_back() 연산의 평균 시간 복잡도는 $O(1)$에 가깝습니다. 즉, push_back()은 매우 빠르게 동작하며, 이 때문에 벡터를 많이 사용합니다.

insert() 함수의 경우, 지정한 반복자 위치 다음의 모든 원소를 이동시키는 연산이 필요합니다. 필요한 경우 메모리를 새로 할당하는 작업도 수행됩니다. 원소들을 이동하는 연산 때문에 insert() 함수는 $O(n)$의 시간이 걸립니다. 다음 예제를 통해 벡터에서 원소를 삽입하는 방법을 살펴보겠습니다.

일단 다섯 개의 정수를 갖는 벡터를 정의하겠습니다.

```
std::vector<int> vec = {1, 2, 3, 4, 5};
```

> **Note ≡** 벡터는 push_front() 함수를 지원하지 않습니다. 맨 앞에 새로운 원소를 추가하려면 원소 삽입 위치를 인자로 받는 insert() 함수를 사용해야 합니다.

벡터의 맨 앞에 새로운 원소를 추가하려면 insert() 함수를 다음과 같이 사용합니다.

```
vec.insert(vec.begin(), 0);
```

push_back()과 insert() 함수를 사용하는 예제 코드를 좀 더 살펴보겠습니다.

```
std::vector<int> vec;        // 비어 있는 벡터 생성: {}

vec.push_back(1);            // 맨 뒤에 1 추가: {1}

vec.push_back(2);            // 맨 뒤에 2 추가: {1, 2}

vec.insert(vec.begin(), 0);  // 맨 앞에 0 추가: {0, 1, 2}

vec.insert(find(vec.begin(), vec.end(), 1), 4); // 1 앞에 4 추가: {0, 4, 1, 2}
```

예제 코드에서 볼 수 있듯이 push_back() 함수는 벡터의 맨 뒤에 원소를 추가합니다. insert() 함수는 원소를 삽입할 위치를 반복자 타입의 인자로 받습니다. 그러므로 insert()와 begin() 함수를 함께 사용하여 벡터 맨 앞에 새로운 원소를 삽입할 수 있습니다.

이번에는 push_back() 또는 insert() 함수와 비교하여 좀 더 효율적인 원소 추가 방법에 대해 알아보겠습니다. push_back() 또는 insert() 함수의 단점 중 하나는 이들 함수가 추가할 원소를 먼저 임시로 생성한 후, 벡터 버퍼 내부 위치로 복사 또는 이동을 수행한다는 점입니다. 이러한 단점은 새로운 원소가 추가될 위치에서 해당 원소를 생성하는 방식으로 최적화할 수 있으며, 이러한 기능이 emplace_back() 또는 emplace() 함수에 구현되어 있습니다. 그러므로 push_back() 또는 insert() 같은 일반적인 삽입 함수 대신 emplace_back() 또는 emplace() 함수를 사용하는 것이 성능 향상에 도움이 됩니다. 이 경우 새 원소 위치에서 곧바로 객체가 생성되기 때문에 이들 함수 인자에 생성된 객체를 전달하는 것이 아니라 생성자에 필요한 매개변수를 전달해야 합니다. 그러면 emplace_back() 또는 emplace() 함수가 전달된 생성자 인자를 적절하게 사용하여 객체를 생성하고 삽입합니다.

std::vector는 원소 제거를 위해 pop_back()과 erase() 함수를 제공합니다. pop_back() 함수는 벡터에서 맨 마지막 원소를 제거하며, 그 결과 벡터 크기는 1만큼 줄어듭니다. erase() 함수는 두 가지 형태로 오버로딩되어 있습니다. 한 가지 형태는 반복자 하나를 인자로 받아 해당 위치 원소를 제거하고, 다른 형태는 범위의 시작과 끝을 나타내는 반복자를 받아 시작부터 끝 바로 앞 원소까지 제거합니다. 즉, 시작 위치 원소는 제거되지만 끝 위치 원소는 제거되지 않습니다. C++ 표준에서는 이들 함수 동작 시 벡터의 용량이 감소할 필요가 없지만, 컴파일러 구현에 따라 달라질 수 있습니다. pop_back() 함수는 남아 있는 위치를 조정할 필요가 없으므로 매우 빠르게 동작하고, 시간 복잡도는 O(1)입니다. 그러나 erase() 함수는 특정 위치 원소를 삭제한 후, 뒤쪽의 원소들을 모두 앞으로 이동해야 하기 때문에 O(n)의 시간이 소요됩니다.

벡터에서 원소를 제거하는 다양한 방법에 대해 알아보겠습니다.

10개의 데이터 {0, 1, 2, 3, 4, 5, 6, 7, 8, 9}를 가지고 있는 벡터 vec이 있다고 가정하겠습니다.

```
std::vector<int> vec = {0, 1, 2, 3, 4, 5, 6, 7, 8, 9};

// 맨 마지막 원소 하나를 제거합니다: {0, 1, 2, 3, 4, 5, 6, 7, 8}
vec.pop_back();

// 맨 처음 원소를 제거합니다: {1, 2, 3, 4, 5, 6, 7, 8}
vec.erase(vec.begin());

// 1번째 원소부터 4번째 앞 원소까지 제거합니다: {1, 5, 6, 7, 8}
vec.erase(vec.begin() + 1, vec.begin() + 4);
```

몇 가지 유용한 std::vector 멤버 함수를 추가로 소개하겠습니다.

- **clear()**: 모든 원소를 제거하여 완전히 비어 있는 벡터로 만듭니다.
- **reserve(capacity)**: 벡터에서 사용할 용량을 지정합니다. 매개변수로 지정한 값이 현재 용량보다 크면 메모리를 매개변수 크기만큼 재할당합니다. 매개변수 값이 현재 용량보다 같거나 작으면 아무런 동작을 하지 않습니다. 이 함수는 벡터의 크기를 변경하지는 않습니다.
- **shrink_to_fit()**: 여분의 메모리 공간을 해제하는 용도로 사용됩니다. 이 함수를 호출하면 벡터의 용량이 벡터 크기와 같게 설정됩니다. 벡터 크기가 더 이상 변경되지 않을 때 사용하면 유용합니다.

## 1.4.2 std::vector 할당자

std::vector는 템플릿 매개변수에서 데이터 타입 다음에 할당자(allocator)를 전달할 수 있습니다. 이 기능을 이용하면 std::array의 단점을 해결할 수 있습니다.

사용자 정의 할당자를 사용하려면 정해진 인터페이스를 따라야 합니다. 벡터는 메모리 접근과 관련된 대부분의 동작에서 할당자 함수를 사용하므로 할당자는 allocate(), deallocate(), construct(), destroy() 등의 함수를 제공해야 합니다. 할당자는 메모리 할당과 해제, 그리고 여타 동작에서 데이터를 손상시키지 않도록 주의해야 합니다. 일반적인 힙 메모리 대신 자체적인 메모리 풀(memory pool) 또는 이와 유사한 자원을 사용하거나 자동 메모리 관리가 필요한 응용 프로그램을 만들어야 하는 경우에 사용자 정의 할당자를 사용하면 유용합니다.

결국 std::vector는 std::array에 대한 정말 좋은 대안이고, 크기, 증분 등의 관점에서 더욱 많은 유연성을 제공합니다. 배열과 벡터에서 공통으로 제공하는 기능은 서로 같은 점근적 시간 복잡도를 갖습니다. 다만 추가적인 기능에 대해서는 합리적인 수준의 추가 연산 비용이 필요합니다. 평균적으로 벡터의 성능은 배열에 비해 그리 나쁘지 않습니다. 그러므로 std::vector는 성능과 유연성으로 인해 실전에서 널리 사용되는 STL 컨테이너 중 하나입니다.

# 1.5 std::forward_list

지금까지 살펴본 배열, 벡터 같은 연속된 자료 구조에서는 데이터 중간에 자료를 추가하거나 삭제하는 작업이 매우 비효율적입니다. 그래서 연결 리스트와 같은 형태의 자료 구조가 등장합니다. 많은 응용 프로그램에서 자료 구조 중간에 삽입 또는 삭제 작업을 필요로 합니다. 예를 들어 탭을 지원하는 브라우저는 언제든 새로운 탭을 임의의 위치에 옮길 수 있어야 하며, 음악 플레이어는 재생 목록 중간에 새로운 노래를 추가할 수 있어야 합니다. 이러한 경우 빠른 동작을 위해 연결 리스트를 사용할 수 있습니다. 뒷부분에서 음악 플레이어를 만드는 '실습 문제 1: 음악 재생 목록 구현하기'에서 연결 리스트의 사용 예를 볼 수 있을 것입니다. 일단 C++에서 제공하는 연결 리스트 관련 컨테이너에 대해 알아보겠습니다.

기본적인 연결 리스트를 구성하려면 포인터를 하나 가지고 있어야 하고, new와 delete 연산자를 이용하여 메모리를 할당하고 해제할 수 있어야 합니다. 이러한 기능을 구현하는 것이 그리 어렵지는 않지만 자칫 잘못하면 찾기 어려운 버그를 양산할 수 있습니다. C++는 C 스타일 배열에 대한 래퍼 클래스 std::array를 제공하듯이 기본적인 연결 리스트에 대한 래퍼 클래스인 std::forward_list 클래스를 제공합니다.

std::forward_list는 기본적인 연결 리스트의 성능을 유지하면서 추가적인 기능을 제공합니다. 성능 유지를 위해 std::forward_list는 전체 리스트의 크기를 반환하거나 또는 첫 번째 원소를 제외한 나머지 원소에 직접 접근하는 기능을 제공하지 않습니다. 즉, 맨 처음 원소에 접근하는 front() 함수를 제공하지만, 반대 방향의 원소로 이동하는 back() 같은 함수는 제공하지 않습니다. 원소의 삽입, 삭제, 순서 뒤집기, 분할을 위한 기능은 제공합니다. 이러한 기능은 기본적인 연결 리스트의 메모리 사용량이나 성능에 영향을 주지 않습니다.

std::vector와 마찬가지로 std::forward_list도 두 번째 템플릿 매개변수에 사용자 지정 할당자를 지정할 수 있습니다. 따라서 맞춤형 메모리 관리가 필요한 고급 응용 프로그램에서도 std::forward_list를 사용할 수 있습니다.

## 1.5.1 std::forward_list에서 원소 삽입과 삭제

std::forward_list에서 원소를 삽입할 때에는 push_front()와 insert_after() 함수를 사용합니다. 이 두 함수는 std::vector에서 원소를 삽입할 때와는 조금 다른 동작을 수행합니다. push_front() 함수는 연결 리스트 맨 앞에 새로운 원소를 삽입합니다. std::forward_list는 마지막 원소에 직접 접근할 수 없으므로 push_back() 함수를 제공하지 않습니다. 특정 위치에 원소를 삽입하려면 insert()가 아니라 insert_after() 함수를 사용해야 합니다. 이는 연결 리스트에서 새로운 원소를 삽입한 후, 해당 위치 앞에 있는 원소의 next 포인터를 수정해야 하기 때문입니다. std::forward_list에서 반대 방향으로 이동하는 것이 허용되지 않으므로 특정 원소 뒤에 새로운 원소를 삽입한 후, 해당 원소의 next 포인터를 수정하는 것이 타당합니다.

연결 리스트에서 원소 삽입은 노드의 포인터 조작으로 구현되므로, 삽입 후 다른 원소를 이동할 필요가 없습니다. 그러므로 std::forward_list의 삽입 함수는 모두 배열 기반 구조에서의 삽입 함수에 비해 매우 빠르게 동작합니다. std::forward_list의 삽입 함수는 리스트의 원소 크기에 영향을 받지 않으며, 시간 복잡도는 O(1)입니다. 다음 예제에서 이들 함수의 사용 방법에 대해 알아보겠습니다.

다음은 연결 리스트에 원소를 삽입하는 다양한 코드 예제입니다.

```
std::forward_list<int> fwd_list = {1, 2, 3};

fwd_list.push_front(0);          // 맨 앞에 0 추가: {0, 1, 2, 3}

auto it = fwd_list.begin();

fwd_list.insert_after(it, 5);    // 맨 처음 원소 뒤에 5 추가: {0, 5, 1, 2, 3}

fwd_list.insert_after(it, 6);    // 같은 위치에 6 추가: {0, 6, 5, 1, 2, 3}
```

std::forward_list는 std::vector의 emplace() 함수와 유사한 emplace_front()와 emplace_after() 함수도 제공합니다. 이 두 함수는 삽입 함수와 같은 기능을 수행하지만 추가적인 복사 또는 이동을 하지 않기 때문에 더 효율적입니다.

std::forward_list에서 원소를 삭제할 때에는 pop_front()와 erase_after() 함수를 사용합니다. pop_front() 함수는 리스트의 맨 처음 원소를 제거합니다. 이 작업은 원소 이동이 필요하지 않으므로 매우 빠르게 동작하며 시간 복잡도는 O(1)입니다. erase_after()는 두 가지 형태로 제공됩니다. 하나는 특정 원소를 가리키는 반복자를 인자로 받아서 바로 다음 위치의 원소를 삭제합니다. 일련의 원소를 제거할 때에도 erase_after() 함수를 사용할 수 있으며, 이 경우에는 삭제할 범위의 시작 원소 앞을 가리키는 반복자와 삭제할 범위 끝 원소를 가리키는 반복자를 인자로 받습니다.

erase_after() 함수를 사용하여 일련의 원소를 삭제하는 시간 복잡도는 삭제할 원소 개수의 선형 함수 형태로 나타납니다. 이는 연결 리스트에서 각각의 노드는 전체 메모리의 임의 위치에 산재되어 있으며, 각각의 노드에 사용된 메모리를 개별적으로 해제해야 하기 때문입니다.

리스트에서 원소를 삭제하는 코드 예제를 살펴보겠습니다.

```
std::forward_list<int> fwd_list = {1, 2, 3, 4, 5};

fwd_list.pop_front();        // 맨 앞 원소를 삭제: {2, 3, 4, 5}

auto it = fwd_list.begin();

fwd_list.erase_after(it);    // 맨 앞의 다음 원소를 삭제: {2, 4, 5}

fwd_list.erase_after(it, fwd_list.end());
// 맨 앞 원소 다음부터 맨 마지막 원소까지 삭제: {2}
```

다음 절에서 std::forward_list를 이용하여 수행할 수 있는 연산에 대해 좀 더 살펴보겠습니다.

## 1.5.2 std::forward_list의 기타 멤버 함수

반복자로 원소 위치를 지정하여 삭제하는 erase() 함수 외에도 std::forward_list는 원소 값을 검사하여 삭제하는 remove()와 remove_if() 함수도 제공합니다. remove() 함수는 삭제할 원소 값 하나를 매개변수로 받습니다. 이 함수는 저장된 데이터 타입에 정의된 등호 연산자를 사용하여 전달된 값과 일치하는 모든 원소를 찾아 삭제합니다. 저장된 데이터 타입에서 등호 연산이 지원되지 않으면 remove() 함수를 사용할 수 없으며, 이 경우 컴파일러는 에러를 발생시킵니다. remove() 함수는 오직 등호 연산에 근거하여 원소를 삭제하며, 다른 조건에 근거하여 삭제 여부를 결정할 수 없습니다. 좀 더 유연한 조건부 삭제를 수행하려면 remove_if() 함수를 사용할 수 있습니다. remove_if()는 데이터 원소 값 하나를 인자로 받아 bool 값을 반환하는 조건자(predicate) 함수를 인자로 받습니다. 그리고 조건자가 true를 반환하는 모든 데이터 원소를 리스트에서 삭제합니다. 최신 C++ 버전을 사용한다면 조건자 자리에 람다 표현식(lambda expression)을 사용할 수 있습니다. remove()와 remove_if() 함수 사용법을 익히기 위해 다음 예제를 살펴보겠습니다.

## 1.5.3 연습 문제 3: 연결 리스트에서 remove_if() 함수를 이용한 조건부 원소 삭제

이번 연습 문제에서는 선거 기간에 일부 시민들의 정보를 이용하여 선거권이 없는 사람을 가려내려고 합니다. 편의상 시민 정보는 이름과 나이만을 사용하겠습니다.

연결 리스트를 사용하여 데이터를 저장하고, remove_if() 함수를 사용하여 특정 원소를 제거할 것입니다. remove_if() 함수는 삭제할 원소 위치를 명시적으로 지정하는 것이 아니라 특정 조건에 해당하는 원소를 선별적으로 삭제할 때 사용합니다.

1. 먼저 필요한 헤더 파일을 포함시키고, citizen 구조체를 정의합니다.

```
#include <string>
#include <iostream>
#include <forward_list>

struct citizen
{
    std::string name;
    int age;
};

std::ostream &operator<<(std::ostream &os, const citizen &c)
{
    return (os << "[" << c.name << ", " << c.age << "]");
}
```

2. main() 함수를 작성하고, std::forward_list를 사용하여 몇몇 시민 정보를 초기화합니다. 나중에 다시 초기화하는 것을 피하기 위해 복사본을 만들어둡니다.

```cpp
int main()
{
    std::forward_list<citizen> citizens = {
        {"Kim", 22}, {"Lee", 25}, {"Park", 18}, {"Jin", 16}
    };

    auto citizens_copy = citizens;     // 깊은 복사

    std::cout << "전체 시민들: ";
    for (const auto &c : citizens)
        std::cout << c << " ";
    std::cout << std::endl;
```

3. 나이 정보를 이용하여 투표권이 없는 시민을 리스트에서 제거하겠습니다.

```cpp
    citizens.remove_if([](const citizen &c) {
        // 나이가 19세보다 작으면 리스트에서 제거합니다.
        return (c.age < 19);
    });

    std::cout << "투표권이 있는 시민들: ";
    for (const auto &c : citizens)
        std::cout << c << " ";
    std::cout << std::endl;
```

remove_if() 함수는 주어진 조건에 대해 참을 만족하는 원소를 모두 제거합니다. 이 예제에서는 조건이 간단하므로 람다 표현식을 사용했습니다. 복잡한 조건이라면 리스트에 저장된 원소를 인자로 받아서 bool 값을 반환하는 일반 함수를 사용해도 됩니다.

4. 이번에는 내년에 새로 투표권이 생기는 사람을 알아보겠습니다.

```cpp
    citizens_copy.remove_if([](const citizen &c) {
        return (c.age != 18);
    });

    std::cout << "내년에 투표권이 생기는 시민들: ";
    for (const auto &c : citizens_copy)
        std::cout << c << " ";
    std::cout << std::endl;
}
```

이 코드에서는 나이가 18세인 사람을 제외한 나머지 시민들은 모두 리스트에서 삭제됩니다.

**5.** 연습 문제 3을 실행하면 다음과 같은 출력을 확인할 수 있습니다.

```
전체 시민들: [Kim, 22] [Lee, 25] [Park, 18] [Jin, 16]
투표권이 있는 시민들: [Kim, 22] [Lee, 25]
내년에 투표권이 생기는 시민들: [Park, 18]
```

remove()와 remove_if() 함수는 리스트 전체를 순회하면서 조건에 맞는 원소를 모두 삭제하므로 $O(n)$의 시간 복잡도를 갖습니다.

std::forward_list는 원소 데이터를 정렬하는 sort() 멤버 함수를 제공합니다. std::array, std::vector 등에 저장된 데이터는 범용적인 std::sort(first_iterator, last_iterator) 함수를 이용하여 원소를 정렬할 수 있습니다. 그러나 연결 리스트 같은 자료 구조는 특정 원소에 임의 접근이 불가능하므로 std::sort() 함수를 사용할 수 없습니다. 또한 std::forward_list에서 사용하는 반복자는 std::array 또는 std::vector의 반복자와 다릅니다. 반복자의 차이점에 대해서는 다음 절에서 따로 언급하겠습니다. std::forward_list에서 제공하는 sort() 함수는 두 가지 형태를 지원합니다. 하나는 < 연산자를 기반으로 정렬하고, 다른 하나는 매개변수로 전달된 비교자(comparator)를 사용합니다. 기본 sort() 함수는 std::less<value_type>을 비교자로 사용합니다. 이 비교자는 첫 번째 인자가 두 번째보다 작으면 true를 반환하며, 사용자 정의 타입 원소를 사용할 경우에는 < 연산자가 재정의되어 있어야 합니다.

이외에도 다른 기준을 이용하여 원소를 비교하고 정렬하려면 이항 조건자(binary predicate)를 지정할 수 있습니다. 두 가지 형태의 sort() 함수 모두 선형 로그 시간 복잡도 $O(n \log n)$을 갖습니다. 다음 예제 코드는 두 형태의 sort() 함수 사용법을 보여줍니다.

```
std::forward_list<int> list1 = {23, 0, 1, -3, 34, 32};

list1.sort();    // {-3, 0, 1, 23, 32, 34} 순서로 바뀝니다.

list1.sort(std::greater<int>());    // {34, 32, 23, 1, 0, -3} 순서로 바뀝니다.
```

앞 예제 코드에서 std::greater<int>는 표준으로 제공되는 비교 함수 객체이며, 결과 리스트에서 확인할 수 있듯이 원소를 내림차순으로 정렬하기 위한 > 연산자에 대한 래퍼입니다.

std::forward_list에서 제공하는 다른 멤버 함수로는 reverse()와 unique()가 있습니다. reverse() 함수는 저장된 원소의 순서를 역순으로 변경합니다. 이때 걸리는 시간은 리스트 원소 개수에 비례하며 시간 복잡도는 $O(n)$입니다. unique() 함수는 리스트에서 홀로 나타나는 원소는 놔두고, 인접하여 중복되는 원소에 대해서는 첫 번째만 남겨두고 나머지는 제거합니다. 이 함수는 두 원소가 같은지를 판단하는 방식에 따라 두 가지 형태로 제공됩니다. 하나는 인자가 없는 형태이며, 이때는 원소 타입의 등호 연산자를 사용하여 같은지를 판단합니다. 다른 하나는 bool 값을 반환하는 이항 조건자를 인자로 받으며, 이 조건자는 리스트 원소 타입의 인자를 두 개 받습니다. unique() 함수의 시간 복잡도도 선형 함수로 표현되는데, 이는 unique() 함수가 각각의 원소를 나머지 원소 전체와 비교하는 형태로 동작하는 것이 아님을 암시합니다. 실제로 unique() 함수는 서로 인접한 원소끼리 같은지를 판단하고, 만약 서로 같으면 앞에 있는 원소는 남기고 뒤의 원소는 제거합니다. 그러므로 리스트 전체에서 유일한 원소들만 남게 만들려면 먼저 리스트를 정렬한 후 unique() 함수를 사용해야 합니다.

실제 리스트에서 reverse(), sort(), unique() 함수를 사용하는 예제 코드를 살펴보겠습니다.

```
std::forward_list<int> list1 = {2, 53, 1, 0, 4, 10};
list1.reverse();    // 실행 결과: {10, 4, 0, 1, 53, 2}

list1 = {0, 1, 0, 1, -1, 10, 5, 5, 10, 0};
list1.unique();     // 실행 결과: {0, 1, 0, 1, -1, 10, 5, 10, 0}

list1 = {0, 1, 0, 1, -1, 10, 5, 5, 10, 0};
list1.sort();       // 실행 결과: {-1, 0, 0, 0, 1, 1, 5, 5, 10, 10}
list1.unique();     // 실행 결과: {-1, 0, 1, 5, 10}
```

다음 예제 코드는 리스트에서 특정 원소가 바로 앞 원소보다 2 이상 크지 않으면 삭제합니다.

```
list1.unique([](int a, int b) { return (b - a) < 2; });
// 실행 결과: {-1, 1, 5, 10}
```

다음 절에서는 std::forward_list 반복자와 std::vector, std::array 반복자의 차이점에 대해 알아보겠습니다.

# 1.6 반복자

앞에서 배열과 벡터를 설명할 때 반복자에 숫자를 더하여 사용한 것을 기억할 것입니다. 반복자는 포인터와 비슷하지만, STL 컨테이너에 대해 공통의 인터페이스를 제공합니다. 반복자를 이용한 연산은 어떤 컨테이너에서 정의된 반복자인지에 따라 결정됩니다. 벡터와 배열에서 사용되는 반복자는 기능 면에서 가장 유연합니다. 벡터와 배열은 연속된 자료 구조를 사용하기 때문에 특정 위치의 원소에 곧바로 접근할 수 있습니다. 이러한 반복자를 임의 접근 반복자(random access iterator)라고 합니다. 그러나 std::forward_list의 경우 기본적으로 역방향으로 이동하는 기능을 제공하지 않으며, 바로 이전 노드로 이동하려면 맨 처음 노드부터 시작해서 찾아가야 합니다. 따라서 std::forward_list에서는 증가 연산만 가능하며, 이러한 반복자를 순방향 반복자(forward iterator)라고 합니다.

반복자 타입에 따라 사용할 수 있는 함수 중에 advance(), next(), prev() 함수에 대해 알아보겠습니다. advance() 함수는 반복자와 거리 값을 인자로 받고, 반복자를 거리 값만큼 증가시킵니다. next()와 prev() 함수도 반복자와 거리 값을 인자로 받고, 해당 반복자에서 지정한 거리만큼 떨어진 위치의 반복자를 반환합니다. 이들 함수는 해당 반복자가 지원할 경우에만 동작합니다. 예를 들어 순방향으로만 이동 가능한 순방향 반복자에 대해 prev() 함수를 사용하면 에러가 발생합니다. 이들 함수의 동작 시간은 반복자 타입에 따라 결정됩니다. 예를 들어 임의 접근 반복자에서는 덧셈 또는 뺄셈이 상수 시간으로 동작하므로 next(), prev() 등의 함수도 상수 시간으로 동작합니다. 나머지 타입의 반복자에서는 주어진 거리만큼 순방향 또는 역방향으로 이동해야 하기 때문에 선형 시간이 소요됩니다. 다음 연습 문제에서 이러한 반복자 사용 방법에 대해 알아보겠습니다.

## 1.6.1 연습 문제 4: 다양한 반복자에서 이동하기

지난 몇 년간의 싱가포르 F1 그랑프리 수상자 명단이 있다고 가정해보겠습니다. 그리고 벡터 반복자를 사용하여 이 데이터로부터 유용한 정보를 검색하는 방법을 알아보겠습니다. 그런 다음 std::forward_list를 사용하여 같은 작업을 반복하고, 벡터 반복자와 다른 점을 살펴보겠습니다.

1. 필요한 헤더 파일을 포함합니다.

```
#include <iostream>
#include <forward_list>
#include <vector>

int main()
{
```

2. std::vector를 사용하여 최근 경기 우승자 명단을 작성합니다.

```
std::vector<std::string> vec = {
    "Lewis Hamilton", "Lewis Hamilton", "Nico Roseberg",
    "Sebastian Vettel", "Lewis Hamilton", "Sebastian Vettel",
```

```
                "Sebastian Vettel", "Sebastian Vettel", "Fernando Alonso"
        };

        auto it = vec.begin(); // 상수 시간
        std::cout << "가장 최근 우승자: " << *it << std::endl;

        it += 8;               // 상수 시간
        std::cout << "8년 전 우승자: " << *it << std::endl;

        advance(it, -3);       // 상수 시간
        std::cout << "그후 3년 뒤 우승자: " << *it << std::endl;
```

**3.** std::forward_list를 이용하여 같은 작업을 수행하고, 벡터 사용 방법과의 차이점을 살펴보겠습니다.

```
        std::forward_list<std::string> fwd(vec.begin(), vec.end());

        auto it1 = fwd.begin();
        std::cout << "가장 최근 우승자: " << *it1 << std::endl;

        advance(it1, 5);       // 선형 시간
        std::cout << "5년 전 우승자: " << *it1 << std::endl;

        // std::forward_list는 순방향으로만 이동할 수 있으므로
        // 아래 코드는 에러가 발생합니다.
        // advance(it1, -2);
}
```

**4.** 위 예제 코드를 실행하면 다음과 같은 출력이 나타납니다.

```
가장 최근 우승자: Lewis Hamilton
8년 전 우승자: Fernando Alonso
그후 3년 뒤 우승자: Sebastian Vettel
가장 최근 우승자: Lewis Hamilton
5년 전 우승자: Sebastian Vettel
```

**5.** 만약 다음 코드처럼 std::forward_list 반복자에서 숫자 값을 더하면 어떻게 될까요?

```
it1 += 2;
```

이 경우 다음과 같은 에러 메시지가 나타납니다.

```
no match for 'operator+=' (operand types are std::_Fwd_list_iterator<int>' and 'int')
```

이번 연습 문제에서 살펴본 다양한 반복자 사용 방법은 전체 데이터셋에서 특정 데이터에 접근할 때 매우 유용하게 사용할 수 있습니다.

std::array가 C 스타일 배열의 래퍼인 것처럼, std::forward_list는 단일 연결 리스트(singly-linked list)를 구현해 놓은 래퍼일 뿐입니다. std::forward_list는 성능이나 메모리를 크게 낭비하지 않으면서 간단하고 에러를 유발하지 않는 인터페이스를 제공합니다.

벡터에서는 특정 원소에 즉각적으로 접근할 수 있으므로 벡터 반복자의 덧셈과 뺄셈 연산은 $O(1)$입니다. 반면에 std::forward_list는 연속적인 순회를 통해서만 특정 원소에 접근할 수 있습니다. 그러므로 std::forward_list 반복자의 덧셈 연산 시간 복잡도는 $O(n)$이고, 여기서 $n$은 순회할 횟수를 나타냅니다.

다음 연습 문제에서는 std::forward_list와 비슷한 방식으로 동작하지만 약간 개선된 형태의 사용자 정의 컨테이너를 만들어보겠습니다. std::forward_list에서 제공하는 많은 함수를 비슷하게 구현할 것입니다. 이러한 연습을 통해 해당 기능이 어떻게 작동하는지 이해하는 데 도움이 될 것입니다.

## 1.6.2 연습 문제 5: 기본적인 사용자 정의 컨테이너 만들기

이번 연습 문제에서는 std::forward_list와 유사하면서 더 많은 기능을 제공하는 사용자 정의 컨테이너를 만들어보겠습니다. 먼저 singly_ll이라는 이름의 기본적인 컨테이너 클래스를 구현하고 여러 기능을 추가해보겠습니다.

1. 필요한 헤더 파일을 포함하고, singly_ll 구현에 필요한 단일 노드 클래스 singly_ll_node를 정의합니다.

```cpp
#include <iostream>
#include <algorithm>

struct singly_ll_node
{
    int data;
    singly_ll_node* next;
};
```

2. singly_ll 클래스를 구현합니다. 이 클래스는 singly_ll_node를 사용하는 연결 리스트 클래스입니다.

```
class singly_ll
{
public:
    using node = singly_ll_node;
    using node_ptr = node*;

private:
    node_ptr head;
```

3. std::forward_list 클래스에도 있는 push_front()와 pop_front() 함수를 구현합니다.

```
public:
    void push_front(int val)
    {
        auto new_node = new node {val, NULL};
        if (head != NULL)
            new_node->next = head;
        head = new_node;
    }

    void pop_front()
    {
        auto first = head;
        if (head)
        {
            head = head->next;
            delete first;
        }
    }
}
```

4. singly_ll 클래스의 기본 반복자를 구현합니다. 이 반복자는 생성자(constructor)와 접근자 (accessor)를 가집니다.

```
struct singly_ll_iterator
{
private:
    node_ptr ptr;

public:
    singly_ll_iterator(node_ptr p) : ptr(p) {}

    int& operator*() { return ptr->data; }

    node_ptr get() { return ptr; }
```

**5.** 선행 증가와 후행 증가를 위한 ++ 연산자 함수를 구현합니다.

```cpp
singly_ll_iterator& operator++()      // 선행 증가
{
    ptr = ptr->next;
    return *this;
}

singly_ll_iterator operator++(int)     // 후행 증가
{
    singly_ll_iterator result = *this;
    ++(*this);
    return result;
}
```

**6.** 두 반복자가 같은지를 판단하는 관계 연산자 함수를 friend로 정의합니다.

```cpp
friend bool operator==(const singly_ll_iterator& left,
                       const singly_ll_iterator& right)
{
    return left.ptr == right.ptr;
}

friend bool operator!=(const singly_ll_iterator& left,
                       const singly_ll_iterator& right)
{
    return left.ptr != right.ptr;
}
};
```

**7.** 다시 singly_ll 클래스 구현으로 돌아오겠습니다. 앞에서 singly_ll 클래스를 위한 반복자를 정의했으므로, begin()과 end() 함수를 추가합니다. 두 함수의 const 버전도 함께 추가합니다.

```cpp
singly_ll_iterator begin() { return singly_ll_iterator(head); }
singly_ll_iterator end() { return singly_ll_iterator(NULL); }
singly_ll_iterator begin() const { return singly_ll_iterator(head); }
singly_ll_iterator end() const { return singly_ll_iterator(NULL); }
```

**8.** 기본 생성자, 깊은 복사를 위한 복사 생성자, 초기화 리스트(initialize list)를 사용하는 생성자를 추가합니다.

```cpp
singly_ll() = default;
```

```cpp
        singly_ll(const singly_ll& other) : head(NULL)
        {
            if (other.head)
            {
                head = new node{0, NULL};
                auto cur = head;
                auto it = other.begin();
                while (true)
                {
                    cur->data = *it;

                    auto tmp = it;
                    ++tmp;
                    if (tmp == other.end())
                        break;

                    cur->next = new node{0, NULL};
                    cur = cur->next;
                    it = tmp;
                }
            }
        }

        singly_ll(const std::initializer_list<int>& ilist) : head(NULL)
        {
            for (auto it = std::rbegin(ilist); it != std::rend(ilist); it++)
                push_front(*it);
        }
    };
```

9. main() 함수를 만들고 앞서 구현한 클래스를 사용하는 코드를 추가합니다.

```cpp
    int main()
    {
        singly_ll sll = {1, 2, 3};
        sll.push_front(0);

        std::cout << "첫 번째 리스트: ";
        for (auto i : sll)
            std::cout << i << " ";    // 출력: 0 1 2 3
        std::cout << std::endl;

        auto sll2 = sll;
```

```
        sll2.push_front(-1);
        std::cout << "첫 번째 리스트를 복사한 후, 맨 앞에 -1을 추가: ";
        for (auto i : sll2)
            std::cout << i << ' ';     // 출력: -1 0 1 2 3
        std::cout << std::endl;

        std::cout << "깊은 복사 후 첫 번째 리스트: ";

        for (auto i : sll)
            std::cout << i << ' ';     // 출력: 0 1 2 3
        std::cout << std::endl;
    }
```

**10.** 위 예제 코드를 실행하면 다음과 같은 출력이 나타납니다.

```
첫 번째 리스트: 0 1 2 3
첫 번째 리스트를 복사한 후, 맨 앞에 -1을 추가: -1 0 1 2 3
깊은 복사 후 첫 번째 리스트: 0 1 2 3
```

이번 연습 문제에서 std::initializer_list를 이용하여 연결 리스트를 초기화하는 방법을 사용했습니다. push(), pop_front(), back() 같은 함수를 사용할 수도 있으며, 이 예제에서는 sll2 리스트에 push_front() 함수로 새로운 원소를 추가했습니다. sll2가 깊은 복사에 의해 생성되었기 때문에 sll2에 새 원소를 추가해도 sll 리스트에는 여전히 네 개의 원소가 있음을 확인할 수 있습니다.

## 1.6.3 실습 문제 1: 음악 재생 목록 구현하기

이번 실습 문제에서는 일반적인 이중 연결 리스트를 사용하기가 애매한 응용 프로그램을 만들어 볼 것입니다. 이를 위해 수정된 형태의 연결 리스트를 새로 만들 것입니다. 이처럼 기본적인 자료 구조를 변경해서 사용해야 하는 경우가 종종 발생합니다. 여러 명의 사용자가 순서대로 진행하는 방식의 게임이나 재생 목록에 있는 모든 음악을 반복적으로 재생하는 음악 재생 프로그램이 그러한 예가 될 수 있습니다.

이러한 응용 프로그램들은 하나의 공통된 속성을 가지고 있는데, 모든 데이터에 순환적으로 접근해야 한다는 점입니다. 즉, 리스트의 원소에 차례대로 접근할 경우, 마지막 노드의 다음은 다시 첫 번째 노드가 되어야 합니다. 이러한 구조를 원형 연결 리스트(circular linked list)라고 합니다.

여기서는 음악 재생 프로그램에 대해 생각해보겠습니다. 이 프로그램은 다음의 기능을 제공해야 합니다.

1. 여러 개의 음악을 이용하여 재생 목록을 생성할 수 있습니다.

2. 재생 목록에 음악을 추가할 수 있어야 합니다.

3. 재생 목록에서 음악을 제거할 수 있어야 합니다.

4. 음악을 순환적으로 재생할 수 있어야 합니다(이 기능의 구현은 노래 제목 출력으로 대신합니다).

> Note ≡ 비슷한 기능의 컨테이너를 처음부터 구현한 '연습 문제 5: 기본적인 사용자 정의 컨테이너 만들기'를 참고하세요.

응용 프로그램 개발 순서는 다음과 같습니다.

1. 먼저 원형 데이터 표현을 지원하는 기본 구조를 설계합니다.

2. 앞에서 만든 구조에 데이터 삽입 및 삭제 기능을 구현합니다.

3. 사용자 정의 반복자를 작성합니다. 이 부분이 조금 까다로울 수 있습니다. 범위 기반 for 반복문을 사용하여 모든 원소에 접근할 수 있도록 반복자를 설계해야 합니다. 그러므로 자료 구조는 원형이지만 begin()과 end() 함수는 각각 다른 주소를 반환해야 합니다.

4. 기본 컨테이너를 만든 후, 이 컨테이너를 기반으로 재생 목록에 여러 음악을 저장하고 next(), previous(), printall(), insert(), remove() 같은 함수를 작성합니다.

std::forward_list는 제한된 기능만을 제공합니다. std::forward_list의 제한을 벗어나서 좀 더 유연한 연결 리스트 기능을 원한다면 std::list를 사용하세요.

# 1.7 std::list

앞에서 설명했듯이 std::forward_list는 아주 기본적인 형태로 구현된 연결 리스트입니다. std::forward_list는 다른 유용한 기능 중에서도 리스트 끝에 원소 추가, 역방향 이동, 리스트 크기 반환 등의 기능은 제공하지 않습니다. 이는 메모리를 적게 쓰고 빠른 성능을 유지하기 위함입니다. 이외에도 std::forward_list의 반복자는 매우 적은 기능만 지원합니다. 컨테이너의 크기를 얻어오거나 또는 자료 구조 맨 뒤에 새로운 데이터를 추가하는 등의 기능은 매우 유용하고 빈번하게 사용되지만 std::forward_list에서는 지원되지 않습니다. 그러므로 std::forward_list는 빠른 원소 삽입이 필요한 모든 경우에 어울리는 컨테이너는 아닙니다. 이러한 std::forward_list의 단점을 보완하기 위해 C++는 std::list를 제공합니다. std::list는 양쪽 방향으로 연결된 리스트, 즉 이중 연결 리스트(doubly-linked list) 구조로 되어 있으며, 덕분에 std::forward_list에 비해 더 많은 기능을 제공합니다. 다만 std::forward_list에 비해 메모리를 조금 더 사용합니다.

이중 연결 리스트에서 사용하는 노드의 기본 형태는 다음과 같습니다.

```
struct doubly_linked_list_node
{
    int data;
    doubly_linked_list_node* next;
    doubly_linked_list_node* prev;
};
```

앞 코드에서 볼 수 있듯이 이중 연결 리스트 노드는 이전 노드를 가리키는 포인터가 추가로 있습니다. 이 포인터를 이용하여 역방향으로 이동할 수 있으며, 맨 마지막 원소와 리스트 크기를 따로 저장하여 빠른 push_back() 또는 size() 함수를 지원할 수 있습니다. 또한 std::forward_list와 마찬가지로 템플릿 매개변수로 사용자 정의 할당자를 지정할 수도 있습니다.


## 1.7.1 std::list 멤버 함수

std::list에서 제공하는 대부분의 함수는 std::forward_list의 함수와 같거나 유사하며, 약간의 차이가 있습니다. 예를 들어 std::forward_list에서 _after로 끝나는 함수는 std::list에서 _after로 끝나지 않는 형태로 바뀝니다. 즉, insert_after()와 emplace_after() 함수는 insert()와 emplace() 함수와 대응됩니다. std::list에서는 원소 이동을 역방향으로도 할 수 있으므로 원소 삽입을 위해 특정 원소의 이전 원소 반복자를 제공하지 않아도 되며, 대신 정확하게 새로운 원소가 삽입될 위치를 가리키는 반복자를 함수 인자로 전달합니다. 이외에도 std::list는 빠른 push_back(), emplace_back(), pop_back() 함수를 제공합니다. 다음 연습 문제를 통해 std::list에서 원소 삽입 및 삭제를 위한 코드 작성 방법을 알아보겠습니다.

## 1.7.2 연습 문제 6: std::list의 삽입 또는 삭제 함수 사용하기

이번 연습 문제에서는 std::list를 이용하여 정수를 저장하는 리스트를 생성하고, 원소를 삽입하고 삭제하는 다양한 방법을 알아보겠습니다.

**1.** 필요한 헤더 파일을 포함합니다.

```
#include <iostream>
#include <list>

int main()
{
```

**2.** 초깃값을 갖는 리스트를 생성하고, 새로운 원소를 몇 개 추가합니다.

```
std::list<int> list1 = {1, 2, 3, 4, 5};
list1.push_back(6);                     // {1, 2, 3, 4, 5, 6}
list1.insert(next(list1.begin()), 0);   // {1, 0, 2, 3, 4, 5, 6}
list1.insert(list1.end(), 7);           // {1, 0, 2, 3, 4, 5, 6, 7}
```

이 코드에서는 push_back() 함수를 이용하여 리스트 맨 뒤에 원소 6을 삽입했습니다. 그다음 라인에서는 insert() 함수와 next(list1.begin()) 코드를 이용하여 리스트 맨 처음 원소 다음 위치에 0을 삽입했습니다. 마지막 줄에서는 list1.end() 코드를 이용하여 리스트 맨 뒤에 7을 추가했습니다.

**3.** 이번에는 pop_back() 함수를 이용하여 리스트 맨 뒤 원소를 제거해보겠습니다. pop_back()은 std::forward_list에서는 제공하지 않는 함수입니다.

```
list1.pop_back();         // {1, 0, 2, 3, 4, 5, 6}

std::cout << "삽입 & 삭제 후 리스트: ";
for (auto i : list1)
    std::cout << i << " ";
}
```

**4.** 지금까지 작성한 프로그램을 실행하면 다음과 같은 출력이 나타납니다.

삽입 & 삭제 후 리스트: 1 0 2 3 4 5 6

Note ≡  std::forward_list와 std::list의 push_front(), insert(), pop_front(), erase() 함수 시
간 복잡도는 서로 같지만, 실제로는 std::list에서 좀 더 많은 연산이 필요합니다. 왜냐하면 std::list는 각각의
노드에 두 개의 포인터를 가지고 있고, 삽입 또는 삭제 연산 시 두 개의 포인터를 관리해야 하기 때문입니다. 그러므로
이중 연결 리스트에서 포인터를 관리하기 위해서는 단일 연결 리스트보다 대략 두 배의 연산을 수행해야 합니다.

앞서 단일 연결 리스트에서 원소 삽입에 대해 살펴봤는데요, 이번에는 이중 연결 리스트에서 원소
삽입 시 포인터를 어떻게 관리하는지 다이어그램을 통해 알아보겠습니다.

▼ 그림 1-7 이중 연결 리스트에서 원소 삽입

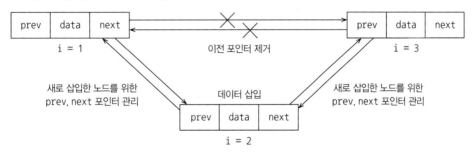

그림 1-7을 보면 std::list에서 원소 삽입도 std::forward_list와 같은 과정을 따르지만, prev와
next 두 개의 포인터 값을 적절하게 수정해야 하기 때문에 std::forward_list와 비교하면 두 배의
연산량이 필요합니다. 이와 같은 개념이 다른 기능에도 유사하게 적용됩니다.

remove(), remove_if(), sort(), unique(), reverse() 등의 함수도 std::list에서 제공되며,
std::forward_list와 같은 형태로 동작합니다.

### 1.7.3 양방향 반복자

앞서 반복자에 대해 설명할 때, 배열 기반의 임의 접근 반복자와 std::forward_list 기반의 순방
향 반복자의 유연성 차이에 대해 알아봤습니다. std::list의 반복자는 이 두 반복자 중간 정도의
유연성을 가지고 있습니다. std::list의 반복자는 역방향으로 이동할 수 있으므로 std::forward_
list보다 제약이 적습니다. 즉, std::list는 역방향으로의 연산이 필요한 경우에는 역방향 반
복자(reverse iterator)를 사용할 수 있습니다. 그러나 std::list 반복자는 임의 접근 반복자보다
는 유연하지 않습니다. std::list 반복자를 이용하여 어느 방향으로든 원하는 만큼 이동할 수 있
지만, 임의 접근 반복자의 경우처럼 특정 위치로 한 번에 이동하는 것은 불가능합니다. 그러므

로 std::list 반복자를 이용하여 특정 위치로 이동하는 작업은 선형 시간 복잡도를 가집니다. std::list 반복자는 어느 방향으로든 이동할 수 있으므로 양방향 반복자(bidirectional iterators)라고 부릅니다.

## 1.7.4 반복자 무효화

지금까지 어떤 컨테이너든 원소 접근, 순회, 삽입, 삭제 등의 작업을 반복자를 사용하여 모두 같은 방식으로 처리한다는 점을 확인했습니다. 반복자는 메모리 주소를 가리키는 포인터를 이용하여 구현되었기 때문에 경우에 따라 컨테이너가 변경될 경우 제대로 동작하지 않을 수 있습니다. 그러 므로 컨테이너가 변경되어 특정 노드 또는 원소의 메모리 주소가 바뀌면 사용하던 반복자가 무효 화될 수 있고, 이 경우 예측할 수 없는 동작이 발생할 수 있습니다.

벡터에서 맨 뒤에 원소를 추가하는 vector::push_back() 함수를 예로 들어보겠습니다. 이 함수는 경우에 따라 새로 메모리 공간을 할당하고 기존의 모든 원소를 새 메모리 공간으로 복사하는 동작 이 발생합니다. 이 경우 기존에 사용하던 모든 반복자와 포인터, 참조는 모두 무효화됩니다. 마찬 가지로 vector::insert() 함수를 수행할 때 메모리 재할당이 필요한 경우라면, 이 경우에도 기존 의 반복자, 포인터, 참조는 모두 사용하면 안 됩니다. vector::insert() 함수에서 메모리 재할당 없이 원소를 삽입하는 경우라면, 원소 삽입 위치 이후에 있는 원소를 모두 이동해야 하므로 이 위 치를 가리키는 반복자는 모두 무효화됩니다.

벡터와 달리 연결 리스트에서는 삽입 또는 삭제 동작에서 원소를 이동할 필요가 없으므로 반복자 가 무효화되지 않습니다. 즉, std::list 또는 std::forward_list에서 삽입 동작은 반복자의 유효 성에 영향을 미치지 않습니다. 다만 특정 원소를 삭제하는 경우, 삭제되는 원소를 가리키던 반복 자는 당연히 무효화되지만 나머지 원소를 가리키는 반복자는 그대로 사용할 수 있습니다. 다음은 다양한 연산이 반복자에 어떤 영향을 주는지 확인하기 위한 예제 코드입니다.

```
std::vector<int> vec = {1, 2, 3, 4, 5};

auto v_it4 = vec.begin() + 4;        // v_it4는 vec[4] 원소를 가리킵니다.

vec.insert(vec.begin() + 2, 0);      // v_it4 반복자는 무효화됩니다.
```

앞 코드에서 마지막 문장이 수행되면 v_it4 반복자는 무효화되며, v_it4를 이용하여 원소에 접근 하려고 하면 예상하지 못한 에러가 발생할 수 있습니다.

```
std::list<int> lst = {1, 2, 3, 4, 5};

auto l_it4 = next(lst.begin(), 4);

lst.insert(next(lst.begin(), 2), 0);     // l_it4 반복자는 여전히 유효합니다.
```

std::list는 size(), push_back(), pop_back() 등의 더 많은 함수를 제공하며, 이들 연산은 O(1) 시간 복잡도로 동작합니다. 그러므로 std::list가 std::forward_list보다 더 자주 사용됩니다. std::forward_list는 데이터를 역방향으로 이동하며 접근하지 않아도 되는 경우에 메모리 또는 성능을 최적화하고 싶을 때에만 제한적으로 사용됩니다. 즉, 대부분의 경우에는 std::list를 사용하는 것이 더 나은 선택입니다.

## 1.7.5 실습 문제 2: 카드 게임 시뮬레이션

이번 실습 문제에서는 주어진 상황을 분석하고 최적의 성능을 내기 위해 가장 적합한 자료 구조를 찾는 연습을 해보겠습니다.

카드 게임을 시뮬레이션하려고 합니다. 한 게임에 네 명의 플레이어가 있고, 각각 임의의 카드 13 장을 가지고 게임을 시작합니다. 그리고 각 플레이어의 카드에서 임의의 카드 한 장을 선택합니다. 그렇게 하면 비교할 카드가 네 장 생기게 되고, 이 중 서로 중복되는 카드 쌍은 제거합니다. 세 장의 카드가 같을 경우에는 이 중 임의로 두 장만 제거합니다. 네 장의 카드가 모두 같으면 네 장을 모두 제거합니다. 남겨진 카드는 카드를 낸 플레이어가 다시 가져갑니다. 일치하는 카드 쌍이 없으면 플레이어의 카드 세트를 섞을 수 있습니다.

이제 이 과정을 어느 한 사람의 카드가 다 없어질 때까지 반복합니다. 제일 먼저 자신의 카드를 모두 없앤 사람이 게임의 승자입니다. 최종적으로 승자를 화면에 출력하고 게임이 끝납니다.

이 문제를 해결하기 위해 다음 단계를 수행합니다.

1. 먼저 각 플레이어가 가지고 있는 카드를 저장하기에 적합한 컨테이너를 결정해야 합니다. 네 명의 플레이어가 각기 여러 장의 카드를 가지고 있으므로 네 개의 컨테이너 객체를 생성해야 합니다.

2. 카드를 초기화하고 섞는 함수를 작성합니다.

3. 네 명의 플레이어에서 각각 무작위로 카드를 선택하는 함수를 작성합니다.

4. 서로 일치하는 카드가 있는지 검사하는 매칭 함수를 작성합니다. 이 함수는 각 플레이어로부터 카드를 한 장씩 선택하고, 선택된 네 장의 카드를 서로 비교합니다. 그리고 일치하는 카드를 제거합니다. 카드를 제거하는 작업이 빠르게 동작할 수 있도록 카드를 선택해야 합니다. 처음에 카드를 저장할 컨테이너를 선정할 때 이러한 점도 고려해야 합니다.

5. 승자가 있는지를 검사하는 함수를 작성합니다.

6. 이제 게임의 핵심 로직(logic)을 구현합니다. 이 단계에서는 이전에 작성한 함수들을 이용하여 승자가 나타날 때까지 매칭 작업을 반복적으로 수행합니다.

# 1.8 std::deque

지금까지 배열 기반과 연결 리스트 기반 컨테이너를 살펴봤습니다. std::deque은 두 가지 방식이 섞여 있는 형태이며, 각각의 장점을 적당히 가지고 있습니다. 앞서 살펴봤듯이 벡터는 가변 길이 배열이고, push_front() 또는 pop_front() 같은 함수는 비용이 많이 드는 작업입니다. std::deque을 사용하면 이런 단점을 극복할 수 있습니다. 덱(deque)은 양방향 큐(double-ended queue)의 약자입니다.

## 1.8.1 덱의 구조

C++ 표준은 어떤 기능의 동작만을 정의할 뿐이며, 어떻게 구현해야 하는지는 정의하지 않습니다. 앞에서 살펴본 컨테이너들은 매우 단순해서 그 구현을 충분히 예측할 수 있습니다. 그러나 덱은 약간 더 복잡합니다. 먼저 덱의 필요조건을 살펴본 후, 실제 구현 방법에 대해 알아보겠습니다.

C++ 표준은 덱의 동작에 있어서 다음 조건을 만족해야 한다고 규정합니다.

- push_front(), pop_front(), push_back(), pop_back() 동작이 $O(1)$ 시간 복잡도로 동작해야 합니다.
- 모든 원소에 대해 임의 접근 동작이 $O(1)$ 시간 복잡도로 동작해야 합니다.
- 덱 중간에서 원소 삽입 또는 삭제는 $O(n)$ 시간 복잡도로 동작해야 하며, 실제로는 최대 $n/2$ 단계로 동작합니다. 여기서 $n$은 덱의 크기입니다.

이 요구 사항을 살펴보면 덱은 양방향으로 매우 빠르게 확장할 수 있어야 하며, 모든 원소에 임의 접근을 제공해야 합니다. 그러므로 자료 구조가 벡터와 비슷하지만, 앞쪽과 뒤쪽으로 모두 확장할 수 있다는 점이 다릅니다. 원소 삽입과 삭제 시 $n/2$ 단계를 허용한다는 점에서 이 연산이 모든 원소를 이동시키는 동작을 수행한다는 점을 예상할 수 있으며, 이러한 원소 이동은 벡터에서 삽입 또는 삭제를 할 때에도 발생하는 연산입니다. 다만 덱은 어느 방향으로든 빠르게 확장할 수 있으므로 원소 삽입 시 나머지 원소를 항상 오른쪽으로 이동해야만 하는 것은 아닙니다. 원소 삽입 위치에서 가장 가까운 끝 쪽으로 나머지 원소를 이동해도 됩니다. 특정 위치에서 가장 가까운 끝은 컨테이너 내부의 삽입 위치에서 $n/2$ 이상 떨어져 있을 수 없기 때문에 최대 $n/2$ 단계의 시간 복잡도를 가집니다.

이번에는 원소의 임의 접근과 맨 앞에 원소 추가에 대해 생각해보겠습니다. 덱은 단일 메모리 청크를 사용하지 않습니다. 대신 크기가 같은 여러 개의 메모리 청크를 사용하여 데이터를 저장합니다. 이 경우, 청크의 인덱스 및 크기(또는 하나의 청크에 저장된 원소 개수)를 이용하여 특정 위치의 원소가 어느 청크에 저장되어 있는지를 알 수 있습니다. 모든 메모리 청크 주소를 연속적인 메모리 구조에 저장해놓고 사용하면 O(1)의 시간 복잡도로 원소의 임의 접근이 가능해집니다. 따라서 덱의 구조는 배열 또는 벡터와 유사하다고 가정합니다.

덱의 맨 앞에 새로운 원소를 추가할 경우, 만약 첫 번째 메모리 청크에 여유 공간이 없다면 새로운 청크를 할당하고, 이 메모리 청크 주소를 맨 첫 번째 메모리 청크 주소로 설정합니다. 이 작업을 수행하려면 청크 주소를 저장하는 메모리 공간은 새로 할당해야 하지만, 실제 원소 데이터는 전혀 이동시키지 않아도 됩니다. 메모리 재할당을 최소화하려면 첫 번째 청크부터 원소를 추가하지 않고 중간 위치의 청크부터 원소를 저장할 수 있습니다. 이러한 방식을 사용하면 일정 횟수의 push_front() 함수에 대해 메모리 재할당을 피할 수 있습니다.

> **Note ≡** 덱은 이 장에서 논의한 다른 컨테이너만큼 단순하지는 않기 때문에 실제 구현은 좀 더 다른 형태일 수 있고, 많은 최적화 기법이 적용되었을 수 있습니다. 그러나 기본 개념은 같습니다. 즉, 이러한 컨테이너를 구현하려면 연속된 메모리 청크가 필요합니다.

덱은 벡터와 리스트에서 제공되는 함수를 조합한 것 이상의 기능을 제공합니다. 덱은 push_front(), push_back(), insert(), emplace_front(), emplace_back(), emplace(), pop_front(), pop_back(), erase() 등의 함수를 제공합니다. 또한 벡터에서 저장 용량 최적화를 위해 사용하는 shrink_to_fit() 같은 함수도 지원합니다. 그러나 capacity() 함수는 구현 방법에 의존적일 수 있으므로 지원되지 않습니다. 그리고 벡터와 같은 임의 접근 반복자도 당연히 제공됩니다.

std::deque을 이용하여 원소를 삽입하거나 삭제하는 다양한 방법에 대해 알아보겠습니다.

```cpp
std::deque<int> deq = {1, 2, 3, 4, 5};

deq.push_front(0);      // 맨 앞에 0 추가: {0, 1, 2, 3, 4, 5}

deq.push_back(6);       // 맨 뒤에 6 추가: {0, 1, 2, 3, 4, 5, 6}

deq.insert(deq.begin() + 2, 10);
// 맨 앞에서 2칸 뒤에 10 추가: {0, 1, 10, 2, 3, 4, 5, 6}

deq.pop_back();         // 맨 뒤 원소 삭제: {0, 1, 10, 2, 3, 4, 5}

deq.pop_front();        // 맨 앞 원소 삭제: {1, 10, 2, 3, 4, 5}

deq.erase(deq.begin() + 1);                // {1, 2, 3, 4, 5}

deq.erase(deq.begin() + 3, deq.end());     // {1, 2, 3}
```

덱 구조는 항공기 탑승 대기열과 같은 경우에 사용될 수 있습니다.

각각의 컨테이너마다 유일하게 다른 점은 성능과 메모리 요구 사항입니다. 덱은 데이터 맨 뒤뿐만 아니라 맨 앞에서도 매우 빠르게 원소를 삽입하거나 삭제할 수 있습니다. 데이터 중간에서의 삽입 또는 삭제에 대한 시간 복잡도는 벡터와 동일하지만, 실제로는 벡터보다 약간 빠르게 동작합니다.

std::vector와 마찬가지로 std::deque도 사용자 정의 할당자를 지정할 수 있습니다. 덱을 초기화할 때 템플릿 두 번째 매개변수에 할당자를 지정할 수 있습니다. 주의할 점은 할당자가 객체의 일부가 아니라 타입의 일부라는 점입니다. 이는 서로 다른 할당자를 사용하는 두 개의 벡터 또는 두 개의 덱 객체를 서로 비교할 수 없음을 의미합니다. 마찬가지로 서로 다른 할당자를 사용하는 객체에 대해 할당 또는 복사 생성자를 사용할 수도 없습니다.

지금까지 살펴본 바와 같이 std::deque은 앞 절에서 나왔던 컨테이너에 비해 다소 복잡한 구조를 가지고 있습니다. 그렇지만 std::deque은 매우 빠른 push_front()와 push_back() 동작과 효과적인 임의 접근을 제공하는 유일한 컨테이너입니다. 덱은 이제부터 설명할 몇몇 자료 구조의 구현을 위한 용도로도 사용됩니다.

# 1.9 컨테이너 어댑터

지금까지 살펴본 컨테이너는 완전히 바닥부터 만들어졌습니다. 이 절에서는 이미 존재하는 컨테이너를 기반으로 만들어진 컨테이너에 대해 알아보겠습니다. 기존 컨테이너를 감싸는 래퍼를 제공하는 데에는 몇 가지 이유가 있습니다. 코드에 좀 더 의미를 부여하고 싶거나, 의도하지 않는 함수를 실수로 사용하지 못하도록 제한하고 싶거나, 또는 특별한 인터페이스를 새롭게 제공하고 싶은 경우가 대표적입니다.

이러한 자료 구조 중의 하나가 스택(stack)입니다. 스택은 데이터 처리와 보관을 위해 LIFO(Last In First Out, 후입선출) 구조를 사용합니다. 기능적인 측면에서 스택은 컨테이너의 한쪽 끝에서만 데이터를 삽입하거나 삭제할 수 있으며, 한쪽 끝이 아닌 위치에 있는 데이터는 접근하거나 변경할 수 없습니다. 벡터나 덱은 이러한 기능을 기본적으로 지원하기 때문에 스택을 구현하기 위한 용도로 사용할 수 있습니다. 그러나 벡터나 덱을 직접 스택처럼 사용하기에는 약간의 문제가 있습니다.

다음 예제 코드는 두 가지의 스택 구현 방법을 보여줍니다.

```
std::deque<int> stk1;
stk1.push_back(1);      // 스택에 1 추가: {1}
stk1.push_back(2);      // 스택에 2 추가: {1, 2}
stk1.pop_back();        // 스택에서 맨 위 원소 제거: {1}
stk1.push_front(0);     // 원래 스택에서는 지원하지 않는 동작입니다.: {0, 1}

std::stack<int> stk2;
stk2.push(1);           // 스택에 1 추가: {1}
stk2.push(2);           // 스택에 2 추가: {1, 2}
stk2.pop();             // 스택에서 맨 위 원소 제거: {1}
stk2.push_front(0);     // 컴파일 에러!
```

이 예제의 앞부분에서는 std::deque을 사용하여 스택 객체 stk1을 만들어 사용했습니다. 이 경우 push_front() 함수처럼 스택에서 사용하면 안 되는 명령 코드를 작성하는 것을 막을 수 없습니다. 또한 push_back()과 pop_back() 같은 함수 이름은 자료 구조 맨 뒤에 데이터를 추가하거나 삭제한다는 의미인데, 스택으로 사용할 때에는 어느 위치에 데이터가 저장되는지는 알 필요가 없습니다.

이와는 달리 std::stack을 사용하여 작성된 소스 코드는 어떤 작업을 하고 있는지 좀 더 직관적으로 알 수 있습니다. 또한 의도하지 않은 동작을 지시하거나 실수로 코드를 잘못 작성하는 경우가 발생하지 않게 됩니다.

std::stack은 std::deque으로 만든 간단한 래퍼로서 스택 자료 구조에서 꼭 필요한 인터페이스만을 제공합니다. 이러한 방식으로 만들어진 것을 컨테이너 어댑터(container adaptor)라고 합니다. C++에서 제공하는 컨테이너 어댑터는 std::stack, std::queue, std::priority_queue가 있습니다. 이제부터 각각에 대해 간략히 살펴보겠습니다.

## 1.9.1 std::stack

앞에서 설명한 것처럼 어댑터는 std::deque, std::vector 같은 다른 컨테이너를 사용하여 구성합니다. std::stack은 보통 std::deque을 기본 컨테이너로 사용합니다. std::stack은 스택이 기본적으로 제공해야 할 기능을 empty(), size(), top(), push(), pop(), emplace() 등의 함수로 제공합니다. push() 함수는 기본 컨테이너의 push_back() 함수를 사용하여 구현되고, pop() 함수는 pop_back() 함수를 사용하여 구현합니다. top() 함수는 기본 컨테이너의 back() 함수를 사용하는데, 이는 스택에서 맨 위에 있는 데이터가 덱 구조에서는 맨 끝에 있는 원소이기 때문입니다. 이처럼 기본 컨테이너의 한쪽 끝에서만 원소의 추가 및 삭제를 수행함으로써 LIFO 특징을 제공합니다.

스택의 구현을 위해 벡터가 아니라 덱을 기본 컨테이너로 사용한다는 점을 기억하십시오. 이는 덱을 사용하면 원소 저장 공간을 재할당할 때 벡터처럼 전체 원소를 이동할 필요가 없기 때문입니다. 그러므로 벡터보다 덱을 사용하는 것이 더 효율적입니다. 그러나 몇몇 경우에는 특정 컨테이너가 더 좋은 효율을 보여줄 수 있으며, 이러한 경우에는 std::stack 객체 생성 시 템플릿 매개변수로 사용할 컨테이너를 지정할 수 있습니다. 예를 들어 std::vector 또는 std::list를 기본 컨테이너로 사용하는 스택을 만들고 싶다면 다음과 같이 코드를 작성합니다.

```
std::stack<int, std::vector<int>> stk;
std::stack<int, std::list<int>> stk;
```

스택의 모든 연산은 시간 복잡도가 O(1)입니다. 스택에서 기본 컨테이너로 함수 호출을 전달하는 과정은 컴파일러의 최적화에 의해 모두 인라인(inline) 형식으로 호출될 수 있어서 여기서 발생하는 오버헤드는 없습니다.

## 1.9.2 std::queue

LIFO 구조를 사용하는 std::stack과 달리 FIFO(First In First Out, 선입선출) 구조가 필요한 경우도 많이 있으며, 이러한 경우에는 std::queue 어댑터를 사용할 수 있습니다. std::queue는 스택과 비슷한 형태의 함수를 지원하며, 다만 LIFO 대신 FIFO를 지원하기 위해 그 의미와 동작이 조금 다르게 정의되어 있습니다. 예를 들어 std::queue에서 push()는 std::stack에서의 push_back()을 의미하지만, pop() 명령은 pop_front()를 의미합니다. 원소를 제거하는 pop() 함수와 달리, 단순히 양 끝단에 있는 원소에 접근하고 싶을 때에는 front() 또는 back() 함수를 사용합니다.

다음은 std::queue를 사용하는 예제 코드입니다.

```
std::queue<int> q;
q.push(1);       // 맨 뒤에 1을 추가: {1}
q.push(2);       // 맨 뒤에 2를 추가: {1, 2}
q.push(3);       // 맨 뒤에 3을 추가: {1, 2, 3}
q.pop();         // 맨 앞 원소를 제거: {2, 3}
q.push(4);       // 맨 뒤에 4를 추가: {2, 3, 4}
```

앞 예제 코드에서는 큐(queue)에 원소 1, 2, 3을 차례대로 삽입합니다. 그다음에 큐에서 원소 하나를 제거합니다. 제일 먼저 추가된 원소가 1이므로 원소를 제거할 때에도 1이 먼저 제거됩니다. 그런 다음 4를 추가하면 큐의 맨 뒤에 들어가게 됩니다.

std::queue는 std::stack과 같은 이유로 std::deque을 기본 컨테이너로 사용하며, 앞서 사용한 모든 함수는 시간 복잡도 O(1)로 동작합니다.

## 1.9.3 std::priority_queue

우선순위 큐(priority queue)는 힙(heap)이라고 부르는 매우 유용한 구조를 제공합니다. 힙은 컨테이너에서 가장 작은(또는 가장 큰) 원소에 빠르게 접근할 수 있는 자료 구조입니다. 최소/최대 원소에 접근하는 동작은 O(1)의 시간 복잡도를 가집니다. 원소 삽입은 O(log $n$) 시간 복잡도로 동작하며, 원소 제거는 최소/최대 원소에 대해서만 가능합니다.

여기서 유의해야 할 점은 최대 또는 최소 둘 중 하나에 대해서만 적용할 수 있으며, 최대와 최소에 한꺼번에 빠르게 접근할 수는 없습니다. 최대와 최소 중 어느 것에 빠르게 접근할 것인지는 컨테이너 비교자에 의해 결정됩니다. std::stack이나 std::queue와는 달리 std::priority_queue는 기본적으로 std::vector를 기본 컨테이너로 사용하며, 필요한 경우 변경할 수 있습니다. 비교자는 기본적으로 std::less를 사용합니다. 그러므로 기본적으로는 최대 힙(max heap)으로 생성되며, 이는 최대 원소가 맨 위에 나타나게 됨을 의미합니다.

새로운 원소를 삽입할 때마다 최대 또는 최소 원소가 최상위에 위치하도록 설정해야 하기 때문에 단순하게 기본 컨테이너 함수를 호출하는 형태로 동작할 수 없습니다. 대신 비교자를 사용하여 최대 또는 최소 데이터를 맨 위까지 끌어올리는 히피파이(heapify) 알고리즘을 구현해야 합니다. 이러한 연산은 컨테이너 크기에 대한 로그 형태의 시간을 소요하며, $O(\log n)$ 시간 복잡도로 표현합니다. 여러 개의 원소를 이용하여 우선순위 큐를 초기화할 때에도 이러한 작업이 수행됩니다. 그러나 std::priority_queue 생성자는 단순히 초기화 원소에 대해 각각 삽입 함수를 호출하지 않습니다. 대신 $O(n)$ 시간 복잡도로 빠르게 동작하는 다른 힙 생성 알고리즘을 사용합니다.

### 1.9.4 어댑터 반복자

지금까지 살펴본 모든 어댑터는 각각의 자료 구조에서 꼭 필요한 기능만 지원합니다. 생각해보면 스택, 큐, 우선순위 큐에서 모든 원소를 순회하는 작업을 할 필요는 없습니다. 언제든 특정 위치에 있는 원소 하나만을 참조할 수 있으면 됩니다. 그러므로 STL은 이들 어댑터에 대해서는 반복자를 지원하지 않습니다.

# 1.10 / 벤치마킹

각각의 컨테이너는 다양한 장단점을 가지고 있으며, 모든 상황에 안성맞춤인 컨테이너는 존재하지 않습니다. 가끔은 주어진 상황에서 여러 컨테이너가 평균적으로 비슷한 성능을 내기도 합니다. 이러한 경우에는 벤치마킹(benchmarking)이 좋은 해결책일 수 있습니다. 벤치마킹은 통계 데이터를 기반으로 더 나은 접근 방식을 결정하는 방법입니다.

연속적인 메모리에 데이터를 저장하고, 다양한 함수를 이용하여 저장된 데이터에 접근하여 처리하는 시나리오를 생각해보겠습니다. 이러한 상황이라면 std::vector 또는 std::deque을 떠올릴 수 있습니다. 하지만 두 개 중 어느 것이 더 적합할지는 확신할 수 없습니다. 얼핏 보면 두 가지 모두 주어진 상황에서 좋은 성능을 낼 것 같습니다. 원소 접근, 삽입, push_back(), 특정 원소 수정과 같은 다양한 작업 중에서 몇몇은 std::vector를 사용하는 것이 좋으며, 어떤 작업은 std::deque이 더 나은 선택일 수 있습니다. 그럼, 어떻게 결정해야 할까요?

이러한 경우라면 실제 모델과 비슷한 작은 프로토타입을 만들고, 이를 std::vector와 std::deque 각각을 이용하여 구현해보는 것이 좋습니다. 그런 다음 각각의 성능을 측정합니다. 성능 테스트 결과에 따라 전반적으로 더 나은 결과를 나타내는 구현 방법을 선택하는 것이죠.

성능 측정을 위해 각각의 방법으로 구현한 프로토타입에 대해서 여러 작업을 실행해보고, 각각의 수행 시간을 비교해볼 수 있습니다. 다만 운영 체제의 스케줄링, 캐시, 인터럽트 등의 영향으로 인해 같은 작업을 수행한다 하더라도 매번 실행할 때마다 수행 시간이 조금씩 달라질 수 있습니다. 이러한 영향으로 인해 한 번 작업을 수행할 때 수백 나노초(nanosecond)만큼의 수행 시간 차이가 발생할 수 있으므로 부정확한 결과를 얻을 수 있습니다. 이러한 문제를 극복하기 위해 두 측정 시간에서 상당한 시간 차이가 발생할 때까지 작업을 여러 번(많게는 수백만 번) 반복하여 수행 시간을 측정하는 것이 좋습니다.

http://quick-bench.com/ 사이트처럼 벤치마킹을 쉽게 수행할 수 있는 벤치마킹 프로그램의 도움을 받을 수도 있습니다. 여기서 std::vector 또는 std::deque을 사용하여 구현한 소스 코드를 실행하고, 그 결과를 쉽게 비교할 수 있습니다.

## 1.10.1 실습 문제 3: 사무실 공유 프린터의 인쇄 대기 목록 시뮬레이션

이번 실습 문제에서는 사무실 프린터에서 인쇄 대기 목록을 시뮬레이션해보겠습니다. 보통의 회사 사무실에서는 한 대의 프린터를 공유하여 사용합니다. 보통 여러 대의 컴퓨터가 하나의 프린터에 연결되어 있습니다. 프린터는 한 번에 하나의 인쇄 요청을 수행할 수 있으며, 하나의 인쇄 작업을 완료하기까지는 얼마간의 시간이 필요합니다. 그러는 동안 다른 사용자가 인쇄 요청을 보낼 수 있습니다. 이 경우 프린터는 지연된 인쇄 요청 내역을 어딘가에 저장해 두어야 하며, 현재 인쇄 작업이 완료된 후 저장된 인쇄 요청을 처리해야 합니다.

이 문제를 해결하기 위해 다음 단계를 수행합니다.

1. Job이라는 이름의 클래스를 생성합니다. 이 클래스는 작업 ID, 인쇄 요청을 한 사용자 이름, 인쇄 페이지 수 등으로 구성됩니다.

2. Printer 클래스를 생성합니다. 이 클래스는 새 인쇄 작업을 추가하고, 현재까지 추가된 모든 인쇄 작업을 처리하는 기능을 제공합니다.

**3.** Printer 클래스를 구현하려면, 모든 지연되고 있는 인쇄 요청을 저장해야 합니다. 인쇄 요청은 먼저 요청된 순서대로 처리하는 방식을 따릅니다. 즉, 가장 빠른 인쇄 요청부터 처리하여 인쇄됩니다.

**4.** 마지막으로 여러 사람이 프린터에 작업을 추가하는 시나리오를 구현하고, 프린터는 차례대로 인쇄 작업을 수행합니다.

# 1.11 / 나가며

이 장에서는 요구 사항에 맞는 응용 프로그램을 설계함에 있어 데이터를 어떻게 저장할 것인지를 결정하는 것이 매우 중요하다는 사실을 배웠습니다. 데이터에 적용할 수 있는 다양한 연산에 대해 알아봤고, 이들 연산의 사용 빈도에 따라 다양한 자료 구조를 비교할 수 있게 되었습니다. 컨테이너 어댑터를 사용하면 의도를 파악하기 쉬운 소스 코드를 작성하는 데 도움이 된다는 사실도 배웠습니다. 더 많은 기능을 제공하는 기본 컨테이너를 사용하는 대신 컨테이너 어댑터를 사용하는 것이 유지 보수 측면에서 더 효과적이며 프로그래머의 코딩 실수도 줄일 수 있습니다. C++에서 기본으로 제공하는 컨테이너 중에서 다양한 응용 프로그램 개발에서 널리 사용되는 std::array, std::vector, std::forward_list, std::list에 대해 자세히 소개했습니다. 이를 이용하여 필요한 자료 구조를 새로 만들지 않고도 효율적인 코드를 작성할 수 있습니다.

이 장에서 설명한 모든 구조는 논리적 관점에서 선형입니다. 즉, 특정 원소에서 앞 또는 뒤로 이동할 수 있습니다. 다음 장에서는 지금까지 설명한 자료 구조로는 쉽게 해결할 수 없는 문제에 대해 알아보고, 이러한 문제를 해결하기 위해 필요한 새로운 형태의 자료 구조에 대해 알아보겠습니다.

# 2<sup>장</sup>

# 트리, 힙, 그래프

이 장을 마치면 다음 작업을 수행할 수 있습니다.

- 비선형 자료 구조를 사용해야 하는 경우를 판별할 수 있습니다.
- 데이터 표현과 문제 해결을 위해 트리 구조를 구현하여 사용할 수 있습니다.
- 다양한 방법으로 트리를 순회할 수 있습니다.
- 데이터 표현과 문제 해결을 위해 그래프 구조를 구현할 수 있습니다.
- 주어진 상황에 맞게 다양한 방법으로 그래프를 표현할 수 있습니다.

이 장에서는 트리와 그래프라는 두 개의 비선형 자료 구조에 대해 알아봅니다. 그리고 이들 자료 구조를 사용하여 실제 문제를 표현하고 해결하는 방법에 대해 설명합니다.

# 2.1 들어가며

이전 장에서는 다양한 유형의 선형 자료 구조를 구현하여 데이터를 저장하고 관리하는 방법에 대해 알아봤습니다. 선형 구조에서는 최대 두 가지 방향(순방향과 역방향)으로 자료를 순회할 수 있습니다. 그러나 이러한 구조는 매우 제한적이어서 복잡한 문제에는 적용하기 어렵습니다. 이 장에서는 좀 더 고수준의 문제를 다룰 것이며, 이 경우 이전 장에서 구현했던 방법들을 그대로 적용하기 어렵다는 것을 알게 될 것입니다. 그러므로 이전 장에서 배웠던 자료 구조를 확장하여 비선형 데이터를 표현할 수 있는 복잡한 자료 구조를 만들어보겠습니다.

이러한 문제를 살펴본 후, 트리 자료 구조를 사용하는 기본적인 솔루션에 대해 알아볼 것입니다. 다양한 종류의 문제를 해결하기 위해 여러 형태의 트리를 구현할 것입니다. 그리고 힙(heap)이라고 부르는 특별한 형태의 트리에 대해 알아보고, 실제 구현과 응용 방법에 대해서도 설명하겠습니다. 그리고 나서 좀 더 복잡한 형태의 자료 구조인 그래프에 대해 살펴볼 것입니다. 그래프는 두 가지 형태로 구현할 수 있습니다. 이들 구조는 실세계에서 접할 수 있는 문제를 수학적 형태로 표현합니다. 그런 다음 실제 프로그래밍을 통해 주어진 문제를 해결해보겠습니다.

트리와 그래프에 대해 제대로 이해하고 있어야 나중에 나올 더 복잡한 문제를 해결할 수 있습니다. 데이터베이스(B-트리(B-tree)), 데이터 인코딩/압축(허프만 트리(Huffman tree)), 그래프 컬러링(graph coloring), 할당 문제(assignment problem), 최소 거리 문제(minimum distance problem) 등의 많은 문제를 트리와 그래프 구조를 이용하여 해결할 수 있습니다.

그럼 우선 선형 자료 구조로 표현할 수 없는 문제들에 대해 알아보겠습니다.

## 2.2 / 비선형 문제

선형 자료 구조로 표현할 수 없는 대표적인 문제로는 계층적 문제(hierarchical problem)와 순환 종
속성(cyclic dependency) 문제가 있습니다. 이 두 가지 경우에 대해 자세히 살펴보겠습니다.

### 2.2.1 계층적 문제

계층적 속성을 갖는 몇 가지 예를 살펴보겠습니다. 그림 2-1은 어떤 회사의 조직도입니다.

▼ 그림 2-1 회사의 조직도

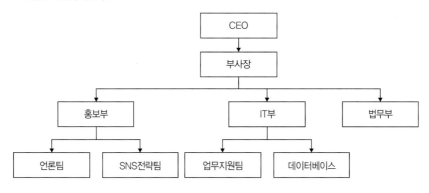

위 조직도에서 CEO는 회사의 최고관리자로서 부사장을 관리합니다. 부사장은 세 명의 임원을 이
끌고 있고, 각 임원들은 또 다른 조직을 이끌고 있습니다. 이러한 조직 구성은 계층적으로 표현되
며, 이러한 데이터는 배열, 벡터, 연결 리스트 같은 자료 구조로는 표현하기 어렵습니다. 다른 예
를 하나 더 살펴보겠습니다. 그림 2-2는 대학의 교과 과정 계층도입니다.

▼ 그림 2-2 대학의 교과 과정 계층도

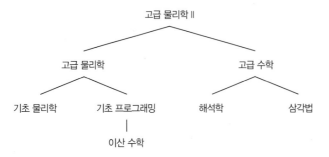

그림 2-2는 대학의 일부 과정에 대한 종속 관계를 보여줍니다. 이 그림에서 고급 물리학 II를 수강하려면 고급 물리학과 고급 수학 과정을 미리 이수해야 합니다. 마찬가지로 다른 과목에 대해서도 미리 선수강해야 하는 과목을 확인할 수 있습니다.

이러한 형태의 데이터가 주어지면 다양한 유형의 연산을 수행할 수 있어야 합니다. 예를 들어 고급 수학을 배우기 위해 어떤 과목을 미리 배워야 하는지를 알아낼 수 있어야 합니다.

이러한 문제를 풀기 위해서는 트리(tree)라고 부르는 자료 구조를 사용해야 합니다. 데이터가 저장된 부분을 보통 노드(node)라고 부르고, 노드와 노드 사이를 잇는 선을 에지(edge, 간선)라고 합니다. 노드와 에지에 대해서는 나중에 그래프 섹션에서도 자세히 다룰 예정입니다.

## 2.2.2 순환 종속성

비선형 구조를 사용하는 것이 더 좋은 시나리오를 하나 더 살펴보겠습니다. 다음은 몇몇 사람들의 친구 관계를 나타낸 그림입니다.

▼ 그림 2-3 친구 관계도

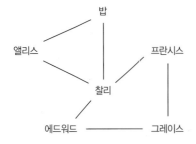

그림 2-3과 같은 구조를 그래프(graph)라고 합니다. 이 그래프에서 사람 이름(원소)이 노드에 해당

하고, 사람들 사이의 관계는 에지로 표현했습니다. 이러한 구조는 SNS에서 사람들과의 친구 관계를 나타내는 용도로 자주 사용됩니다. 이 그림에서 앨리스는 찰리의 친구이고, 찰리는 에드워드의 친구이고, 다시 에드워드는 그레이스의 친구임을 알 수 있습니다. 앨리스와 밥, 찰리는 서로 모두 친구입니다. 찰리는 그레이스와 한 다리 건너서 친구이고, 앨리스와 밥은 두 명을 거쳐야 그레이스와 아는 사이입니다.

또 다른 그래프 구조 예로는 도시와 도시를 잇는 도로망을 들 수 있으며, 이에 대해서는 나중에 2.6절 그래프에서 자세히 살펴보겠습니다.

## 2.3 트리: 상하 반전된 형태

STRUCTURES & ALGORITHMS

앞 절에서 설명한 것처럼 트리는 노드와 노드 사이를 연결하는 에지를 이용하여 계층을 구성합니다. 트리의 계층 구조를 화면에 도식적으로 나타내려면 말 그대로 나무 형태로 나타낼 수 있으며, 이때 에지는 나뭇가지처럼 표현됩니다. 트리의 중심이 되는 노드를 루트 노드(root node)라고 부르고, 이 노드는 보통 가장 맨 위에 나타냅니다. 즉, 트리 구조를 그림으로 나타낼 때는 실제 나무와는 반대로 뿌리가 맨 위에 나타나는 상하 반전된 형태로 표현합니다.

기본적인 형태의 회사 조직 계층 구조를 만들어보겠습니다.

### 2.3.1 연습 문제 7: 조직도 구조 만들기

이번 연습 문제에서는 그림 2-1과 비슷한 형태의 회사 조직도를 코드로 구현해보겠습니다.[1]

1. 먼저 필요한 헤더 파일을 포함합니다.

```
#include <iostream>
#include <queue>
```

2. 편의상 한 직원은 최대 두 명의 부하 직원을 거느릴 수 있다고 가정하겠습니다. 일단 이렇게

---

1 [역주] 이 장의 연습 문제와 실습 문제에서는 노드를 동적 생성한 후 해제를 하지 않아서 메모리 릭이 발생합니다. 그러므로 실제 사용 시에는 주의하기 바랍니다.

구현하고 나면 나중에 실제 회사와 비슷한 형태로 확장하는 것은 그렇게 어렵지 않을 것입니다. 이러한 형태의 트리를 이진 트리(binary tree)라고 합니다. 이진 트리를 위한 기본 구조를 만듭니다.

```
struct node
{
    std::string position;
    node* first;
    node* second;
};
```

각각의 노드는 다른 두 개의 노드(하위 노드)에 대한 링크를 가집니다. 이를 통해 데이터의 계층 구조를 나타낼 수 있습니다. 여기서는 노드에 조직도상의 직책(position)만을 저장했지만, 이는 여러분이 원하는 형태로 확장할 수 있습니다. 해당 직책의 담당자 이름을 추가할 수도 있고, 혹은 해당 부서의 모든 직원 정보를 담고 있는 구조체를 데이터에 저장할 수도 있습니다.

3. 프로그램 코드에서 이 노드를 직접 조작하지는 않을 것입니다. 그래서 org_tree라는 이름의 구조를 새로 정의하겠습니다.

```
struct org_tree
{
    node* root;
}
```

4. 루트 노드를 생성하는 함수를 만듭니다. 여기서 루트 노드는 회사 CEO를 나타냅니다.

```
static org_tree create_org_structure(const std::string& pos)
{
    org_tree tree;
    tree.root = new node {pos, NULL, NULL};
    return tree;
}
```

이 함수는 새로운 트리를 만드는 정적 함수(static function)입니다. 이제 트리 구조를 확장시키는 기능을 추가합시다.

5. 조직도에서 부하 직원을 추가하는 함수를 만들 것입니다. 이 함수는 상사의 직책 이름과 부하 직원의 직책 이름을 인자로 받으며, 이 중 상사의 직책은 이미 트리에 존재합니다. 그런데 이 함수를 구현하기에 앞서 특정 직책 이름에 해당하는 노드를 찾아서 반환하는 함수를 먼저 만들겠습니다.

```
static node* find(node* root, const std::string& value)
{
    if (root == NULL)
        return NULL;

    if (root->position == value)
        return root;

    auto firstFound = org_tree::find(root->first, value);

    if (firstFound != NULL)
        return firstFound;

    return org_tree::find(root->second, value);
}
```

특정 원소를 찾기 위해 트리를 탐색할 때, 해당 원소는 현재 노드이거나 왼쪽 또는 오른쪽 서
브 트리(subtree)에 있습니다. 가장 먼저 루트 노드를 검사하고, 만약 찾고자 하는 원소가 아니
라면 왼쪽 서브 트리에서 다시 찾으려고 시도합니다. 그래도 해당 원소를 찾지 못하면 오른쪽
서브 트리도 검사합니다.

6. 이제 새로운 원소(부하 직원)를 추가하는 삽입 함수를 만들겠습니다. 이 함수에서는 앞서 만
들었던 find() 함수를 활용합니다.

```
bool addSubordinate(const std::string& manager, const std::string& subordinate)
{
    auto managerNode = org_tree::find(root, manager);

    if (!managerNode)
    {
        std::cout << manager << "을(를) 찾을 수 없습니다: " << std::endl;
        return false;
    }

    if (managerNode->first && managerNode->second)
    {
        std::cout << manager << " 아래에 " << subordinate << "을(를) 추가할 수 없습니
다." << std::endl;
        return false;
    }
```

```
            if (!managerNode->first)
                managerNode->first = new node {subordinate, NULL, NULL};
            else
                managerNode->second = new node {subordinate, NULL, NULL};

            std::cout << manager << " 아래에 " << subordinate << "을(를) 추가했습니다." <<
    std::endl;

            return true;
        }
    };
```

이 함수는 원소(부하 직원)를 정상적으로 삽입하면 true를, 실패하면 false를 반환합니다.

**7.** 이제 main( ) 함수에서 트리를 구성하는 코드를 작성하겠습니다.

```
int main()
{
    auto tree = org_tree::create_org_structure("CEO");

    tree.addSubordinate("CEO", "부사장");
    tree.addSubordinate("부사장", "IT부장");
    tree.addSubordinate("부사장", "마케팅부장");
    tree.addSubordinate("IT부장", "보안팀장");
    tree.addSubordinate("IT부장", "앱개발팀장");
    tree.addSubordinate("마케팅부장", "물류팀장");
    tree.addSubordinate("마케팅부장", "홍보팀장");
    tree.addSubordinate("부사장", "재무부장");
}
```

지금까지 작성한 프로그램을 실행하면 다음과 같은 출력을 확인할 수 있습니다.

```
CEO 아래에 부사장을(를) 추가했습니다.
부사장 아래에 IT부장을(를) 추가했습니다.
부사장 아래에 마케팅부장을(를) 추가했습니다.
IT부징 아래에 보안팀장을(를) 추가했습니다.
IT부장 아래에 앱개발팀장을(를) 추가했습니다.
마케팅부장 아래에 물류팀장을(를) 추가했습니다.
마케팅부장 아래에 홍보팀장을(를) 추가했습니다.
부사장 아래에 재무부장을(를) 추가할 수 없습니다.
```

이번 연습 문제에서 구성된 트리를 그림으로 표현하면 그림 2-4와 같습니다.

▼ 그림 2-4 조직도 계층을 표현하는 이진 트리

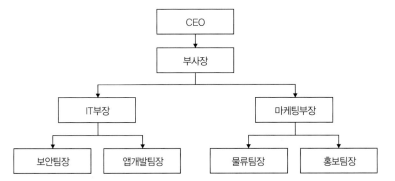

지금까지 트리에 원소를 삽입하는 방법을 알아봤습니다. 이제 트리의 원소를 순회하는 방법에 대해 알아보겠습니다. 이미 앞에서 만들었던 find( ) 함수에 트리를 순회하는 방법 중 하나가 구현되어 있습니다. 다음 절에서 트리를 순회하는 다양한 방법에 대해 알아보겠습니다.

## 2.3.2 트리 순회

일단 트리가 구성되어 있다면, 이 트리를 다양한 방법으로 순회하여 원하는 노드에 접근할 수 있습니다. 다양한 순회 방법에 대해 간략히 알아보겠습니다.

- **전위 순회**(preorder traversal): 이 방법은 현재 노드를 먼저 방문하고, 그다음은 현재 노드의 왼쪽 하위 노드를, 마지막으로는 현재 노드의 오른쪽 하위 노드를 재귀적인 방식으로 방문합니다. 여기서 '전위(pre)'는 상위 노드를 하위 노드보다 먼저 방문한다는 뜻입니다. 그림 2-4의 트리를 전위 순회 방식으로 탐색하면 다음과 같습니다.

  CEO, 부사장, IT부장, 보안팀장, 앱개발팀장, 마케팅부장, 물류팀장, 홍보팀장

  전위 순회는 항상 부모 노드를 방문한 다음 왼쪽 자식 노드, 오른쪽 자식 노드를 차례로 방문합니다. 이러한 방식의 순회를 루트 노드에서만 수행하는 것이 아니라 루트 노드 아래의 모든 서브 트리에 대해 적용합니다. 전위 순회는 다음과 같이 구현할 수 있습니다.

```
static void preOrder(node* start)
{
    if (!start)
        return;

    std::cout << start->position << ", ";
```

```
        preOrder(start->first);
        preOrder(start->second);
    }
```

- **중위 순회**(in-order traversal): 중위 순회 방법은 왼쪽 노드를 먼저 방문하고, 그다음에는 현재 노드, 마지막으로 오른쪽 노드를 방문합니다. 그림 2-4의 트리를 중위 순회로 방문하면 다음과 같습니다.

보안팀장, IT부장, 앱개발팀장, 부사장, 물류팀장, 마케팅부장, 홍보팀장, CEO

중위 순회는 다음과 같이 구현할 수 있습니다.

```
static void inOrder(node* start)
{
    if (!start)
        return;

    inOrder(start->first);
    std::cout << start->position << ", ";
    inOrder(start->second);
}
```

- **후위 순회**(post-order traversal): 후위 순회 방법은 두 자식 노드를 먼저 방문한 후, 현재 노드를 방문합니다. 그림 2-4의 트리를 후위 순위로 방문하면 다음과 같습니다.

보안팀장, 앱개발팀장, IT부장, 물류팀장, 홍보팀장, 마케팅부장, 부사장, CEO

후위 순위는 다음과 같이 구현할 수 있습니다.

```
static void postOrder(node* start)
{
    if (!start)
        return;

    postOrder(start->first);
    postOrder(start->second);
    std::cout << start->position << ", ";
}
```

- **레벨 순서 순회**(level order traversal): 레벨 순서 순회 방법은 트리의 맨 위 레벨부터 아래 레벨까지, 왼쪽 노드에서 오른쪽 노드 순서로 방문합니다. 즉, 트리의 루트 노드부터 단계별로

차례대로 나열하는 것과 같습니다. 그림 2-4의 트리를 레벨 순서 순회로 방문하면 다음과
같습니다.

```
CEO,
부사장,
IT부장,  마케팅부장,
보안팀장,  앱개발팀장,  물류팀장,  홍보팀장,
```

레벨 순서 순회는 다음 연습 문제에서 구현해보겠습니다.

### 2.3.3 연습 문제 8: 레벨 순서 순회 구현하기

이번 연습 문제에서는 연습 문제 7에서 만들었던 조직도 트리에 대해 레벨 순서 순회를 구현해보
겠습니다. 다른 트리 순회 방법과는 달리 레벨 순서 순회 방법은 현재 노드에 직접 연결되지 않은
노드로 이동합니다. 이러한 경우 재귀를 사용하지 않고 구현하는 것이 더 쉽습니다. 트리를 구성
하는 부분은 연습 문제 7의 코드를 그대로 사용하겠습니다.

1. 연습 문제 7에서 구현한 org_tree 구조체 안에 다음 함수를 추가합니다.

```cpp
static void levelOrder(node* start)
{
    if (!start)
        return;

    std::queue<node*> q;
    q.push(start);

    while (!q.empty())
    {
        int size = q.size();
        for (int i = 0; i < size; i++)
        {
            auto current = q.front();
            q.pop();

            std::cout << current->position << ", ";
            if (current->first)
                q.push(current->first);
            if (current->second)
```

```
                q.push(current->second);
        }

        std::cout << std::endl;
    }
}
```

위 소스 코드는 먼저 루트 노드를 방문하고, 그다음에 자식 노드를 방문합니다. 자식 노드를 방문할 때 해당 노드의 자식 노드를 모두 큐에 추가합니다. 그래서 현재 레벨의 모든 노드 방문이 끝나면 큐에 저장된 노드를 꺼내어 방문합니다. 즉, 현재 레벨의 노드를 방문할 때 다음 레벨 노드를 미리 큐에 추가하는 방식입니다. 이러한 작업을 큐가 완전히 빌 때까지 반복하면 레벨 순서 순회가 완료됩니다.

**2.** main() 함수에 다음과 같은 함수 호출을 추가합니다.

```
org_tree::levelOrder(tree.root);
```

**3.** 소스 코드를 실행하면 다음과 같은 출력을 확인할 수 있습니다.

```
CEO,
부사장,
IT부장,  마케팅부장,
보안팀장,  앱개발팀장,  물류팀장,  홍보팀장,
```

# 2.4 / 다양한 트리 구조

앞 절에서는 주로 이진 트리에 대해 알아봤습니다. 이진 트리는 각 노드가 최대 두 개의 자식 노드를 가질 수 있는 트리이며, 가장 널리 사용되는 트리 중 하나입니다. 그러나 평범한 이진 트리의 효용성은 그리 높지 않습니다. 이번에는 이진 검색 트리라고 부르는 특별한 형태의 이진 트리에 대해 알아보겠습니다.

## 2.4.1 이진 검색 트리

이진 검색 트리(BST, Binary Search Tree)는 널리 사용되는 형태의 이진 트리입니다. BST는 다음과 같은 속성이 있습니다.

- 부모 노드의 값 ≥ 왼쪽 자식 노드의 값
- 부모 노드의 값 ≤ 오른쪽 자식 노드의 값

즉, (왼쪽 노드 ≤ 부모 노드 ≤ 오른쪽 노드)의 관계를 가집니다.

이러한 관계식은 재미난 특징이 있는데, 부모 노드보다 작거나 같은 모든 원소는 항상 왼쪽에 있고, 부모 노드보다 크거나 같은 원소는 항상 오른쪽에 있게 됩니다. 따라서 원소 검색을 위해 루트 노드부터 차례대로 값을 비교하는 경우, 각 단계마다 검색 범위가 절반으로 줄어듭니다.

BST가 마지막 레벨을 제외한 모든 노드에 두 개의 자식 노드가 있을 경우, 이 트리의 높이는 $\log_2 N$이 됩니다. 여기서 $N$은 원소의 개수를 나타냅니다. 이로 인해 BST의 검색 및 삽입 동작은 $O(\log N)$의 시간 복잡도를 갖습니다. 이러한 형태의 이진 트리를 완전 이진 트리(complete binary tree)라고 합니다.

### BST에서 원소 검색

이진 검색 트리에서 원소 검색, 삽입, 삭제 방법에 대해 알아보겠습니다. 중복되지 않는 양수를 원소로 갖는 BST가 그림 2-5와 같이 구성되어 있다고 가정하겠습니다.

▼ 그림 2-5 이진 검색 트리에서 원소 검색

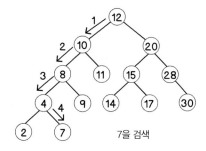

7을 검색

그림 2-5 트리에서 숫자 7을 검색하는 방법에 대해 알아보겠습니다. 그림 2-5에서 화살표로 표현된 것처럼 각 노드의 숫자와 7을 비교하여 어느 하위 노드로 이동할지를 결정해야 합니다. 이진 검색 트리에서 현재 노드보다 왼쪽 노드는 값이 작고, 오른쪽 노드는 값이 크다는 점을 기억해야 합니다.

먼저 루트 노드와 숫자 7을 비교합니다. 루트 노드 값은 12이고, 7은 12보다 작기 때문에 왼쪽 자식 노드로 이동해야 합니다. 왜냐하면 12보다 작은 값을 갖는 노드는 모두 루트 노드의 왼쪽에 있기 때문입니다. 이후 자식 노드에서도 그 값이 7보다 작으면 왼쪽, 7보다 크면 오른쪽 자식 노드로 이동합니다. 결국 그림 2-5에서는 4 노드에서 오른쪽으로 이동하여 숫자 7을 찾을 수 있습니다.

BST에서 원소를 검색할 때는 트리의 모든 원소를 방문하지 않아도 됩니다. 현재 노드가 찾고자 하는 노드가 아닐 때마다 검색 범위가 반으로 줄어듭니다. 이러한 특징은 선형 자료 구조에 대한 이진 검색에서도 유사하게 나타나며, 이에 대해서는 4장 분할 정복에서 자세히 다루겠습니다.

## BST에 새 원소 삽입하기

이번에는 원소 삽입에 대해 알아보겠습니다. BST에 새로운 원소를 삽입하는 과정을 그림 2-6에 나타냈습니다.

❤ 그림 2-6 이진 검색 트리에 원소 추가

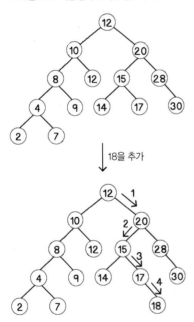

새로운 원소를 추가하려면 먼저 원소가 삽입될 위치의 부모 노드를 찾아야 합니다. 이 과정은 앞서 설명한 원소 검색과 비슷한 접근 방식을 사용하면 됩니다. 즉, 루트 노드부터 시작하여 각 노드를 추가할 원소와 비교하면서 원소가 삽입될 위치로 이동해야 합니다. 그림 2-6에서 새 원소 18을 추가하기 위해 먼저 17이 저장된 노드까지 이동했으며, 18이 17보다 크므로 17의 오른쪽 자식 노드에 18을 추가했습니다.

## BST에서 원소 삭제하기

이번에는 BST에서 원소를 삭제하는 방법에 대해 알아보겠습니다. 삭제 과정을 설명하기 위해 그림 2-7의 BST를 사용하겠습니다.

▼ 그림 2-7 루트 노드가 12인 이진 검색 트리

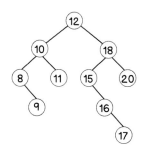

그림 2-7 트리에서 루트 노드 12를 삭제하려고 합니다. BST에서 원소를 삭제하는 작업은 단순히 노드를 삭제하는 것으로 끝나는 것이 아니라, 노드 삭제 후 전체 트리가 BST 속성을 만족하도록 다른 적절한 노드로 삭제된 노드를 대체해야 하기 때문에 삽입보다 좀 더 복잡합니다.

첫 번째 단계는 삭제할 노드를 찾는 것입니다. 그 후에는 다음과 같은 세 가지 경우를 따져봐야 합니다.

- **자식 노드가 없는 경우**: 단순히 해당 노드를 삭제하면 됩니다.
- **자식 노드가 하나만 있는 경우**: 노드 삭제 후, 부모 노드의 포인터가 해당 자식 노드를 가리키도록 조정합니다.
- **자식 노드가 두 개 있는 경우**: 노드 삭제 후, 현재 노드를 후속 노드(successor)로 대체합니다.

여기서 후속 노드란 현재 노드 다음으로 큰 숫자를 가진 노드를 말합니다. 즉, 현재 원소보다 큰 원소들 중에서 가장 작은 원소를 의미합니다. 따라서 현재 노드의 오른쪽 서브 트리로 이동한 후, 여기서 가장 작은 값의 노드를 찾으면 됩니다. 가장 작은 노드를 찾으려면 서브 트리에서 가장 왼쪽에 위치한 노드로 이동하면 됩니다. 그림 2-7에 나타난 트리에서 12의 오른쪽 서브 트리는 18 아래 부분의 트리입니다. 그러므로 여기부터 시작해서 왼쪽 자식 노드로 이동하면 15가 나타납니다. 15 위치의 노드는 왼쪽 자식이 없고, 오른쪽 자식 노드는 16을 가지고 있으므로 15보다 큽니다. 그러므로 12의 후속은 15가 됩니다.

12를 15로 교체하려면, 먼저 12를 지우고 후속 노드의 값으로 덮어씁니다. 이 과정을 그림 2-8에 나타냈습니다.

▼ 그림 2-8 후속 노드 값을 루트 노드에 복사

**1단계**

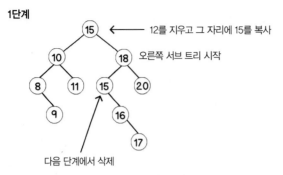

← 12를 지우고 그 자리에 15를 복사

오른쪽 서브 트리 시작

다음 단계에서 삭제

그런 다음, 원래 15가 있던 후속 노드를 삭제해야 합니다. 이 과정을 그림 2-9에 나타냈습니다.

▼ 그림 2-9 원래 후속 노드를 삭제

**2단계**

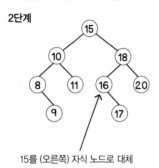

15를 (오른쪽) 자식 노드로 대체

그림 2-9의 2단계에서는 15를 삭제합니다. 이때 앞서 설명한 삭제 방법을 그대로 적용합니다. 15 노드는 하나의 자식만 가지고 있으므로, 18의 왼쪽 자식 위치에 15의 자식 노드를 지정합니다. 결국 16부터 시작하는 서브 트리가 18의 왼쪽 자식이 됩니다.

> **Note** ≡  후속 노드는 오른쪽 자식 노드 하나만 가질 수 있습니다. 만약 왼쪽 자식이 있었다면 해당 노드가 아닌 해당 노드의 왼쪽 자식 노드를 후속 노드로 선택했을 것입니다.

## 2.4.2 트리 연산의 시간 복잡도

이번에는 트리 연산의 시간 복잡도에 대해 알아보겠습니다. 검색의 경우 이론적으로 매번 검색 범위가 절반으로 줄어든다고 할 수 있습니다. 그러므로 $N$개의 노드를 가지고 있는 BST에서 검색에 필요한 시간은 $T(N) = T(N/2) + 1$ 수식으로 표현할 수 있습니다. 이 수식을 시간 복잡도로 표현하면 $T(N) = O(\log N)$입니다.

그러나 여기에 함정이 있습니다. 삽입 함수를 잘 분석해보면 트리의 모양이 원소 삽입 순서에 따라 결정된다는 점을 알 수 있습니다. 그리고 검색 범위가 앞서 사용한 수식처럼 $T(N/2)$ 형태로 줄어드는 것도 항상 성립하지는 않습니다. 그러므로 시간 복잡도가 $O(\log N)$이라는 것도 항상 정확하다고 볼 수 없습니다. 이후 균형 트리 부분에서 이 문제와 해결책에 대해 좀 더 자세히 살펴보고, 더불어 시간 복잡도를 좀 더 정확하게 계산하는 방법도 알아보겠습니다.

일단은 C++를 이용하여 BST를 직접 구현해보겠습니다.

## 2.4.3 연습 문제 9: BST 구현하기

이번 연습 문제에서는 그림 2-7의 BST를 구성하고, 원소 검색을 위한 find( ) 함수를 만들어보겠습니다. 또한, 이전 절에서 설명했던 원소 삽입과 삭제 기능도 만들겠습니다.

**1.** 먼저 필요한 헤더 파일을 포함합니다.

```
#include <iostream>
```

**2.** 노드 구조체를 작성합니다. 이 노드 정의는 이전 연습 문제에서 만들었던 것과 거의 같으며, 저장할 데이터가 문자열이 아니라 정수 값이라는 점만 다릅니다.

```
struct node
{
    int data;
    node* left;
    node* right;
};
```

**3.** 이번에는 bst 구조체를 작성합니다.

```
struct bst
{
    node* root = nullptr;
```

**4.** 삽입 함수를 만들기 전에 먼저 find( ) 함수를 작성하겠습니다.

```
node* find(int value)
{
```

```cpp
        return find_impl(root, value);
    }

private:
    node* find_impl(node* current, int value)
    {
        if (!current)
        {
            std::cout << std::endl;
            return NULL;
        }

        if (current->data == value)
        {
            std::cout << value << "을(를) 찾았습니다." << std::endl;
            return current;
        }

        if (value < current->data)     // value 값이 현재 노드 왼쪽에 있는 경우
        {
            std::cout << current->data << "에서 왼쪽으로 이동: ";
            return find_impl(current->left, value);
        }

        // value 값이 현재 노드 오른쪽에 있는 경우
        std::cout << current->data << "에서 오른쪽으로 이동: ";
        return find_impl(current->right, value);
    }
```

원소 검색은 재귀적으로 동작하기 때문에 실제 구현은 findImpl() 함수에 따로 작성했고, private으로 지정하여 외부에서 직접 호출할 수 없도록 설정했습니다.

5. 이번에는 insert() 함수를 작성하겠습니다. 이 함수는 find() 함수 구현처럼 재귀적으로 하위 노드로 이동하면서 삽입할 위치의 부모 노드를 찾습니다. 그리고 이 노드의 자식 노드로서 새 원소를 추가합니다.

```cpp
public:
    void insert(int value)
    {
        if (!root)
            root = new node {value, NULL, NULL};
```

```cpp
        else
            insert_impl(root, value);
    }

private:
    void insert_impl(node* current, int value)
    {
        if (value < current->data)
        {
            if (!current->left)
                current->left = new node {value, NULL, NULL};
            else
                insert_impl(current->left, value);
        }
        else
        {
            if (!current->right)
                current->right = new node {value, NULL, NULL};
            else
                insert_impl(current->right, value);
        }
    }
```

위 코드를 보면 왼쪽 또는 오른쪽 서브 트리 중에서 어디에 값을 삽입해야 하는지를 확인합니다. 만약 값을 삽입해야 할 쪽이 비어 있으면 새로운 노드를 추가합니다. 그렇지 않고 이미 다른 노드가 있다면 삽입 함수를 재귀적으로 호출합니다.

6. 이번에는 중위 순회 함수 inorder()를 작성하겠습니다. BST에서 중위 순회는 꽤 중요한 의미가 있습니다. 이에 대해서는 나중에 순회 결과를 보면서 다시 언급하겠습니다.

```cpp
public:
    void inorder()
    {
        inorder_impl(root);
    }

private:
    void inorder_impl(node* start)
    {
        if (!start)
            return;
```

```
        inorder_impl(start->left);         // 왼쪽 서브 트리 방문
        std::cout << start->data << " ";    // 현재 노드 출력
        inorder_impl(start->right);         // 오른쪽 서브 트리 방문
    }
```

**7.** 이번에는 후손 노드를 찾는 함수를 작성합니다.

```
public:
    node* successor(node* start)
    {
        auto current = start->right;
        while (current && current->left)
            current = current->left;
        return current;
    }
```

위 코드 구현은 앞서 'BST에서 원소 삭제하기' 부분에서 자세히 설명했습니다.

**8.** 이제 원소 삭제가 구현되어 있는 함수를 살펴보겠습니다. 특정 노드를 삭제하면, 해당 노드의 부모 노드 포인터를 조정해야 합니다. 그래서 삭제 구현 함수는 부모 노드 포인터가 새로 가리켜야 할 노드의 주소를 반환하도록 설정했습니다. 함수 이름을 deleteValue()로 설정한 것은 delete는 C++ 표준에 정의되어 있는 키워드이기 때문입니다.

```
    void deleteValue(int value)
    {
        root = delete_impl(root, value);
    }

private:
    node* delete_impl(node* start, int value)
    {
        if (!start)
            return NULL;

        if (value < start->data)
            start->left = delete_impl(start->left, value);
        else if (value > start->data)
            start->right = delete_impl(start->right, value);
        else
        {
            if (!start->left)    // 자식 노드가 전혀 없거나, 왼쪽 자식 노드만 없는 경우
```

```
                    {
                        auto tmp = start->right;
                        delete start;
                        return tmp;
                    }

                    if (!start->right)    // 오른쪽 자식 노드만 없는 경우
                    {
                        auto tmp = start->left;
                        delete start;
                        return tmp;
                    }

                    // 자식 노드가 둘 다 있는 경우
                    auto succNode = successor(start);
                    start->data = succNode->data;

                    // 오른쪽 서브 트리에서 후속(successor)을 찾아 삭제
                    start->right = delete_impl(start->right, succNode->data);
                }

                return start;
            }
    };
```

9. main() 함수를 작성하여 BST를 사용하는 코드를 추가합니다.

```
    int main()
    {
        bst tree;
        tree.insert(12);
        tree.insert(10);
        tree.insert(20);
        tree.insert(8);
        tree.insert(11);
        tree.insert(15);
        tree.insert(28);
        tree.insert(4);
        tree.insert(2);

        std::cout << "중위 순회: ";
        tree.inorder();    // BST의 모든 원소를 오름차순으로 출력합니다.
        std::cout << std::endl;
```

```
        tree.deleteValue(12);
        std::cout << "12를 삭제한 후 중위 순회: ";
        tree.inorder();        // BST의 모든 원소를 오름차순으로 출력합니다.
        std::cout << std::endl;

        if (tree.find(12))
            std::cout << "원소 12는 트리에 있습니다." << std::endl;
        else
            std::cout << "원소 12는 트리에 없습니다." << std::endl;
    }
```

지금까지의 프로그램을 실행하면 다음과 같은 출력을 확인할 수 있습니다.

```
중위 순회: 2 4 8 10 11 12 15 20 28
12를 삭제한 후 중위 순회: 2 4 8 10 11 15 20 28
15에서 왼쪽으로 이동: 10에서 오른쪽으로 이동: 11에서 오른쪽으로 이동:
원소 12는 트리에 없습니다.
```

BST 중위 순회 결과를 살펴보겠습니다. 중위 순회는 inorder_impl() 함수 코드에 나타난 주석처럼 왼쪽 서브 트리를 먼저 방문하고, 그다음에 현재 노드, 다음에는 오른쪽 서브 트리를 방문합니다. 그러므로 BST의 속성에 따라 현재 노드보다 작은 값을 먼저 방문하고, 그다음에 현재 노드, 그리고는 현재 노드보다 큰 값을 방문하게 됩니다. 이러한 과정이 재귀적으로 반복되기 때문에 결국 모든 데이터가 오름차순으로 정렬되어 나타나게 됩니다.


## 2.4.4 균형 트리

균형 트리(balanced tree)에 대해 설명하기에 앞서, 먼저 BST에 다음과 같은 순서로 원소를 삽입하는 경우에 대해 생각해보겠습니다.

```
bst tree;
tree.insert(10);
tree.insert(9);
tree.insert(11);
tree.insert(8);
tree.insert(7);
tree.insert(6);
tree.insert(5);
tree.insert(4);
```

이렇게 구성된 BST를 그림으로 표현하면 다음과 같습니다.

▼ 그림 2-10 편향된 이진 검색 트리

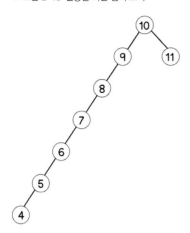

그림 2-10에서 전체 트리가 왼쪽으로 편향되어 있는 것을 확인할 수 있습니다. 이 상태의 트리에서 find() 함수를 사용하여 bst.find(4) 코드를 실행하면 그림 2-11과 같은 형태로 검색을 수행합니다.

▼ 그림 2-11 편향된 이진 검색 트리에서 원소 찾기

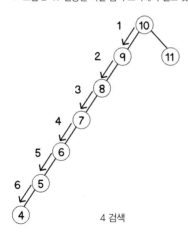

4 검색

이 경우, 비교 횟수가 원소 개수와 거의 같아집니다. 이번에는 같은 원소를 다른 순서로 추가하여 BST를 만들어보겠습니다.

```
bst tree;
tree.insert(7);
```

```
tree.insert(5);
tree.insert(9);
tree.insert(4);
tree.insert(6);
tree.insert(10);
tree.insert(11);
tree.insert(8);
```

이와 같은 순서로 만들어진 BST는 그림 2-12와 같은 형태로 구성되고, 이 경우 4를 찾는 단계가 크게 감소합니다.

▼ 그림 2-12 균형 잡힌 트리에서 원소 검색

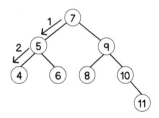

그림 2-12의 트리는 편향되지 않은 상태이며, 이러한 트리를 균형이 잡혔다고 합니다. 이 상태의 트리에서는 4를 찾는 단계가 크게 감소합니다. 즉, find() 함수의 시간 복잡도는 단순히 원소 개수에만 영향을 받는 것이 아니라 트리의 형태에 대해서도 영향을 받습니다. 검색 단계를 면밀히 살펴보면 항상 트리의 아래쪽으로 한 단계씩 나아가는 것을 알 수 있습니다. 그리고 결국에는 더 이상 자식 노드가 없는 리프 노드(leaf node)에서 끝나게 됩니다. 여기서 찾고자 하는 원소를 발견하면 해당 노드를 반환하고, 없으면 NULL을 반환합니다. 따라서 검색에 필요한 단계의 수는 BST의 최대 레벨 수보다는 작습니다. BST의 레벨 수를 BST의 높이(height)라고 부르기 때문에 원소 검색의 실제 시간 복잡도는 O(높이)로 표현할 수 있습니다.

결국 원소 검색의 시간 복잡도를 최적화하려면 트리의 높이가 최적화되어야 합니다. 이러한 작업을 트리의 균형 잡기라고 합니다. 트리의 균형을 잡기 위해서는 원소 삽입 또는 삭제 후에 트리 구성을 조정해야 합니다. 이렇게 조정되어 편향성이 줄어든 이진 검색 트리를 높이-균형 BST(height-balanced BST)라고 합니다.

트리의 균형을 잡는 방법은 여러 가지가 있으며, 이를 통해 AVL 트리, 레드-블랙 트리(Red-Black tree) 같은 다양한 트리를 만들 수 있습니다. AVL 트리의 기본 아이디어는 BST 속성을 유지하면서 트리 높이의 균형을 잡기 위해 약간의 회전을 수행하는 것입니다. 트리 회전의 예를 그림 2-13에 나타냈습니다.

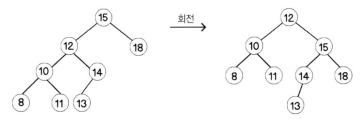

이 그림에서 오른쪽 트리가 왼쪽 트리보다 더 균형이 잡힌 상태입니다. 자세한 트리 회전 방법은 이 책의 범위를 벗어나므로 추가 설명은 생략합니다.

## 2.4.5 N–항 트리

지금까지는 주로 이진 트리에 대해 살펴봤습니다. 이번에 살펴볼 $N$-항 트리(N-ary tree)는 각 노드가 $N$개의 자식을 가질 수 있습니다. $N$은 임의의 양수이므로 $N$개의 자식 노드는 벡터를 이용하여 저장할 수 있습니다. 그러므로 $N$-항 트리는 다음과 같이 구현할 수 있습니다.

```
struct nTree
{
    int data;
    std::vector<nTree*> children;
};
```

위 코드에서 각각의 노드는 임의 개수의 자식을 거느릴 수 있습니다. 그러므로 전체 트리도 임의의 형태를 가지게 됩니다. 평범한 이진 트리를 많이 사용하지 않는 것처럼 평범한 $N$-항 트리도 그다지 유용하지 않습니다. 그러므로 응용 프로그램의 요구 사항에 맞는 형태의 트리를 만들어 사용해야 합니다. 앞서 그림 2-1에 나타냈던 회사의 조직도가 $N$-항 트리의 예입니다.

컴퓨터 분야에서 $N$-항 트리를 사용하는 대표적인 예는 다음과 같습니다.

- **컴퓨터 파일 시스템 구조**: 리눅스에서는 루트(/)부터, 윈도에서는 드라이브 이름(C:\)부터 시작해서 다수의 파일과 폴더를 가질 수 있습니다. 파일 시스템 구조와 관련해서는 바로 다음에 나오는 '실습 문제 4: 파일 시스템 자료 구조 만들기'에서 자세히 알아보겠습니다.

- **컴파일러**: 대부분의 컴파일러는 표준 문법에 근거하여 소스 코드로부터 추상 구문 트리(AST, Abstract Syntax Tree)를 구성합니다. 그리고 AST를 다시 분석하여 하위 레벨 코드를 생성합니다.

## 2.4.6 실습 문제 4: 파일 시스템 자료 구조 만들기

$N$-항 트리를 이용하여 디렉터리 이동, 파일/디렉터리 검색, 파일/디렉터리 추가, 파일/디렉터리 목록 출력 등의 기능을 지원하는 파일 시스템 자료 구조를 구성하세요. 이 트리는 파일 시스템의 모든 원소(파일 또는 디렉터리)에 대한 계층 구조(경로)와 정보를 가지고 있어야 합니다.

실습 문제를 해결하기 위해 다음 단계를 따라하세요.

1. 기본적인 $N$-항 트리를 생성합니다. 이 트리의 노드는 디렉터리 또는 파일의 이름, 그리고 이 것이 파일인지 디렉터리인지를 분간하는 플래그를 멤버로 갖습니다.

2. 현재 디렉터리를 저장할 데이터 멤버를 추가합니다.

3. 단일 디렉터리 루트(/)로 트리를 초기화합니다.

4. 경로명(path)을 인자로 받는 디렉터리/파일 검색 함수를 추가합니다. 경로명은 /부터 시작하는 절대 경로와 상대 경로를 모두 지원해야 합니다.

5. 지정된 경로에서 파일/디렉터리를 추가하는 함수와 파일/디렉터리 목록을 출력하는 함수를 추가합니다.

6. 현재 디렉터리를 변경하는 함수를 추가합니다.

부록과 깃허브에 나타난 실습 문제 해답에서는 파일과 디렉터리를 구분하기 위해 목록 출력 시 파일 앞에는 '-'를, 디렉터리 앞에는 'd'를 함께 출력했습니다. 절대 경로와 상대 경로를 섞어서 다수의 파일 및 디렉터리를 만들고 직접 테스트해보기 바랍니다.

실습 문제 해답에서는 '.'를 이용하여 현재 디렉터리를 나타낸다거나 '..'를 이용하여 상위 디렉터리를 나타내는 등의 리눅스 규칙은 지원하지 않았습니다. 이러한 작업은 기존 노드에 부모 노드를 가리키는 포인터 멤버 변수를 추가하여 구현할 수 있습니다. 이외에도 심볼릭 링크(symbolic link)를 지원한다거나 파일/디렉터리 이름을 지정할 때 '*' 문자를 지원하는 등의 기능을 추가할 수도 있습니다. 이러한 연습을 통해 프로그램에 필요한 기능을 추가할 수 있는 능력을 키우기 바랍니다.

# 2.5 / 힙

1장에서 std::priority_queue를 설명하면서 힙(heap)이 무엇인지에 대해 간략히 설명했습니다. 이 장에서는 힙에 대해 좀 더 깊이 있게 알아보려고 합니다. 복습의 의미로, 힙은 다음과 같은 시간 복잡도를 만족해야 합니다.

- O(1): 최대 원소에 즉각적으로 접근할 수 있어야 합니다.
- O(log N): 원소 삽입에 대한 시간 복잡도
- O(log N): 최대 원소 삭제에 대한 시간 복잡도

원소 삽입 또는 삭제에 대해 O(log $N$)의 시간 복잡도를 만족하기 위해 트리 구조를 사용해야 합니다. 다만 이 경우에는 특히 **완전 이진 트리**(complete binary tree)를 사용해야 합니다. 완전 이진 트리는 마지막 레벨의 노드를 제외하고는 모두 두 개의 자식 노드가 있고, 마지막 레벨에서는 왼쪽부터 차례대로 노드가 있는 트리입니다. 그림 2-14는 완전 이진 트리와 불완전 이진 트리의 예를 보여줍니다.

▼ 그림 2-14 완전 이진 트리와 불완전 이진 트리

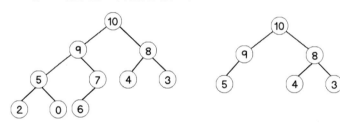

완전 이진 트리　　　　　　　　불완전 이진 트리

완전 이진 트리는 새로운 원소를 트리의 마지막 레벨에 추가하는 방식으로 구성할 수 있습니다. 만약 마지막 레벨의 모든 노드가 채워져 있다면 새로운 레벨을 하나 더 만들고, 맨 왼쪽 위치에 노드를 추가합니다. 완전 이진 트리는 트리의 데이터를 배열을 이용하여 저장할 수 있습니다. 즉, 루트 노드를 배열 또는 벡터의 맨 처음에 저장하고, 그다음 레벨의 모든 노드는 왼쪽부터 오른쪽 순서로 저장합니다. 이러한 방식의 완전 이진 트리 표현은 다른 노드를 가리키는 포인터를 저장할 필요가 없기 때문에 메모리 사용 측면에서 효율적입니다. 부모 노드로부터 자식 노드로 이동하는 것은 단순히 배열의 인덱스 계산으로 가능합니다. 만약 부모 노드가 $i$번째 배열 원소로 저장되어

있다면 자식 노드는 2*$i$ + 1 또는 2*$i$ + 2번째 인덱스로 접근하면 됩니다. 마찬가지로 자식 노드가 $i$번째 인덱스라면 부모 노드는 ($i$ - 1)/2번째 인덱스입니다. 이러한 공식은 그림 2-14에서 확인할 수 있습니다.

이제 원소를 삽입하거나 삭제할 때 유지해야 할 힙의 불변성(invariants) 또는 조건에 대해 알아보겠습니다. 첫 번째 조건은 최대 원소에 즉각적으로 접근 가능해야 한다는 점입니다. 이를 위해 최대 원소가 항상 고정된 위치에 있어야 합니다. 힙을 구현할 때는 항상 최대 원소가 트리의 루트에 있도록 설정합니다. 이를 위해 부모 노드가 두 자식 노드보다 항상 커야 한다는 불변성을 유지하도록 설정해야 합니다. 이렇게 구성한 힙을 **최대 힙**(max heap)이라고 합니다.

최대 원소에 빠르게 접근할 수 있다면 반대로 최소 원소에 빠르게 접근할 수 있도록 힙을 구성할 수도 있습니다. 이러한 힙을 만들려면 앞서 설명했던 모든 비교 연산을 반대로 설정하면 됩니다. 이렇게 만들어진 힙을 **최소 힙**(min heap)이라고 합니다.

## 2.5.1 힙 연산

이 절에서는 힙에서 사용되는 다양한 연산 동작에 대해 알아보겠습니다.

### 힙에 원소 삽입하기

힙의 가장 중요한 불변성은 완전 이진 트리를 유지해야 한다는 점입니다. 완전 이진 트리를 유지하고 있어야 배열 자료 구조를 이용하여 힙을 저장할 수 있습니다. 완전 이진 트리를 유지하는 힙에 새 원소를 삽입하려면 단순히 배열의 맨 마지막 위치에 원소를 추가하면 됩니다. 이 작업은 기존 트리의 마지막 레벨, 마지막 노드 바로 오른쪽에 새로운 노드를 추가하는 것과 같습니다. 만약 마지막 레벨이 꽉 차 있다면 새로운 레벨을 추가하여 노드를 추가합니다.

이번에는 다른 불변 조건에 대해 생각해보겠습니다. 모든 노드는 자식 노드보다 더 큰 값을 가지고 있어야 합니다. 일단 기존의 트리는 이미 이 불변 조건을 만족하고 있다고 가정하겠습니다. 그러나 새로운 원소를 트리의 맨 마지막 위치에 추가한 후에는 이 조건이 성립되지 않을 가능성이 생깁니다. 이를 해결하기 위해 새로 삽입한 원소의 부모 노드와 값을 비교하고, 만약 부모 노드가 더 작으면 서로 교환(swap)합니다. 만약 부모 노드에 다른 자식 노드가 있다 하더라도 이 자식 노드는 새로 추가한 원소보다 작습니다(새 원소 > 부모 노드 > 다른 자식 노드).

그러므로 새로 추가한 원소를 루트 노드로 간주하는 서브 트리는 힙 불변성을 만족하게 됩니다.

그러나 새 원소가 여전히 새 부모 노드보다 큰 값을 가질 수 있습니다. 따라서 전체 트리에서 불변 조건이 만족하도록 교환 작업을 반복해야 합니다. 완전 이진 트리의 높이는 최대 log N이므로, 삽입 연산의 시간 복잡도는 O(log N)으로 표현할 수 있습니다. 그림 2-15와 그림 2-16은 힙의 삽입 연산 동작을 보여줍니다.

▼ 그림 2-15 힙에 새로운 원소 삽입하기(한 번 교환)

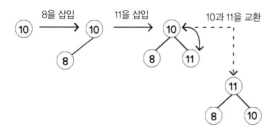

그림 2-15에서 11을 맨 마지막에 추가한 후에는 힙의 속성을 만족하지 못하게 됩니다. 그러므로 원소 10과 11을 서로 교환해야 합니다. 그림 2-16은 이러한 동작을 여러 레벨에 걸쳐서 수행하는 과정을 보여줍니다.

▼ 그림 2-16 힙에 새로운 원소 삽입하기(여러 번 교환)

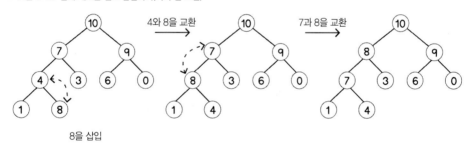

## 힙에서 원소 삭제하기

일단 힙에서는 가장 큰 원소만 삭제할 수 있습니다. 다른 원소에는 직접 접근할 수 없기 때문입니다. 최대 원소는 항상 트리의 루트에 존재하므로, 루트 노드를 삭제해야 합니다. 루트를 삭제할 경우, 어느 노드를 이용하여 루트를 대체할 것인지를 결정해야 합니다. 이를 위해 먼저 루트 노드와 트리의 맨 마지막 노드를 서로 교환한 후, 마지막 노드를 삭제합니다. 이렇게 하면 최대 원소를 삭제한 것이 되며, 다만 루트 위치에서 부모 노드가 자식 노드보다 커야 한다는 불변성을 만족하지 못하게 됩니다. 이 문제를 해결하기 위해 루트 노드와 두 자식 노드를 서로 비교하여 그중 더 큰

노드와 서로 교환합니다. 이제 루트 노드의 두 서브 트리 중 하나에 대해 불변 규칙이 깨진 상태가
되었을 것입니다. 그러므로 서브 트리에 대해서도 노드 교환 작업을 재귀적으로 반복합니다. 이러
한 방식으로 불변성을 만족하지 못하는 위치가 점차 트리 아래쪽으로 이동하게 됩니다. 교환 작업
의 최대 횟수는 트리의 높이와 같으므로 원소 삭제의 시간 복잡도는 O(log N)으로 표현할 수 있
습니다. 이러한 원소 삭제 과정을 그림 2-17에 나타냈습니다.

▼ 그림 2-17 힙에서 원소 삭제하기

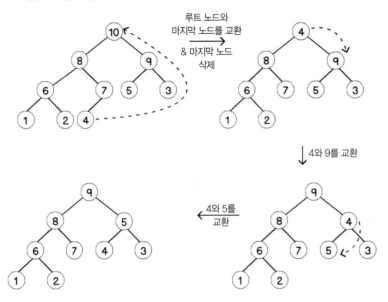

## 힙 초기화하기

이번에는 힙에서 중요한 연산 중 하나인 힙 초기화에 대해 알아보겠습니다. 벡터, 리스트, 덱과는
달리 힙은 불변성을 유지해야 하기 때문에 초기화가 간단하지 않습니다. 가장 간단한 해결책은 비
어 있는 힙에 하나씩 원소를 삽입하는 것입니다. 그러나 이 작업은 O(N log N)의 시간 복잡도를
가지며 효율적이지 않습니다.

그러나 힙 생성 알고리즘(heapification algorithm)을 사용하면 O(N) 시간에 힙을 초기화할 수 있습
니다. 이 알고리즘의 기본 개념은 매우 간단합니다. 전체 트리의 아래쪽 서브 트리부터 힙 불변 속
성을 만족하도록 힙을 업데이트하는 방식입니다. 일단 맨 마지막 레벨은 자식 노드가 없으므로 이
미 힙 속성을 만족한다고 간주합니다. 그리고 한 레벨씩 트리 위로 올라가면서 힙 속성을 만족하
도록 트리를 업데이트합니다. 이 작업은 O(N)의 시간 복잡도를 갖습니다. 다행히 C++ 표준은 배
열 또는 벡터의 반복자를 인자로 받아 힙을 구성하는 std::make_heap() 함수를 제공합니다.

## 2.5.2 연습 문제 10: 중앙값 구하기

이번 연습 문제에서는 머신 러닝(machine learning), 데이터 분석 응용 프로그램에서 접할 수 있는 문제를 풀어보려고 합니다. 어떤 소스로부터 한 번에 하나의 데이터를 연속적으로 받는다고 가정합시다. 그리고 매번 데이터를 받을 때마다 지금까지 받은 데이터의 중앙값(median)[2]을 계산해야 한다고 가정하겠습니다. 간단한 방법은 매번 데이터를 받을 때마다 모든 데이터를 정렬하고, 그 중 가운데 원소를 반환하는 것입니다. 그러나 이러한 작업은 정렬 연산 때문에 $O(N \log N)$의 시간 복잡도를 갖습니다. 들어오는 데이터양이 늘어날수록 이 방식은 매우 많은 리소스를 사용하게 됩니다. 여기서는 힙을 이용하여 최적화하는 방법을 알아보겠습니다.

**1.** 먼저 필요한 헤더 파일을 포함합니다.

```
#include <iostream>
#include <queue>
#include <vector>
```

**2.** 현재까지 받은 데이터를 저장할 컨테이너를 정의하겠습니다. 여기서는 두 개의 힙을 사용하여 데이터를 저장할 것입니다. 하나는 최대 힙이고, 다른 하나는 최소 힙입니다. 새로 들어오는 데이터가 기존 데이터의 중앙값보다 작으면 최대 힙에 저장하고, 크면 최소 힙에 저장할 것입니다. 이런 방식을 사용하면 두 힙의 최상단 원소를 이용하여 중앙값을 계산할 수 있게 됩니다.

```
struct median
{
    std::priority_queue<int> maxHeap;
    std::priority_queue<int, std::vector<int>, std::greater<int>> minHeap;
```

**3.** 새로 들어온 데이터를 저장하는 insert() 함수를 작성하겠습니다.

```
    void insert(int data)
    {
        if (maxHeap.size() == 0)
        {
            maxHeap.push(data);
            return;
```

---

2 [역주] 여기서 중앙값(median)은 데이터를 정렬하여 가운데 위치한 값을 의미합니다. 만약 데이터 개수가 짝수라면 가운데 위치한 두 데이터의 산술 평균을 반환합니다.

```
        }

        if (maxHeap.size() == minHeap.size())
        {
            if (data <= get())
                maxHeap.push(data);
            else
                minHeap.push(data);

            return;
        }

        if (maxHeap.size() < minHeap.size())
        {
            if (data > get())
            {
                maxHeap.push(minHeap.top());
                minHeap.pop();
                minHeap.push(data);
            }
            else
                maxHeap.push(data);

            return;
        }

        if (data < get())
        {
            minHeap.push(maxHeap.top());
            maxHeap.pop();
            maxHeap.push(data);
        }
        else
            minHeap.push(data);
    }
```

**4.** 저장된 원소로부터 중앙값을 구하여 반환하는 get() 함수를 작성합니다.

```
double get()
{
    if (maxHeap.size() == minHeap.size())
        return (maxHeap.top() + minHeap.top()) / 2.0;
```

```cpp
        if (maxHeap.size() < minHeap.size())
            return minHeap.top();

        return maxHeap.top();
    }
};
```

**5.** 앞서 만든 median 구조체를 사용하는 main() 함수를 작성합니다.

```cpp
int main()
{
    median med;

    med.insert(1);
    std::cout << "1 삽입 후 중앙값: " << med.get() << std::endl;

    med.insert(5);
    std::cout << "5 삽입 후 중앙값: " << med.get() << std::endl;

    med.insert(2);
    std::cout << "2 삽입 후 중앙값: " << med.get() << std::endl;

    med.insert(10);
    std::cout << "10 삽입 후 중앙값: " << med.get() << std::endl;

    med.insert(40);
    std::cout << "40 삽입 후 중앙값: " << med.get() << std::endl;
}
```

이 프로그램을 실행하면 다음과 같은 출력이 나타납니다.

```
1 삽입 후 중앙값: 1
5 삽입 후 중앙값: 3
2 삽입 후 중앙값: 2
10 삽입 후 중앙값: 3.5
40 삽입 후 중앙값: 5
```

이 방법은 새로운 데이터를 추가할 때 O(log $N$)의 시간 복잡도를 사용하며, 이는 정렬을 이용하는 방법의 시간 복잡도 O($N$ log $N$)보다 효율적입니다.

### 2.5.3 실습 문제 5: 힙을 이용한 데이터 리스트 병합

유전자 관련 생명의학 응용 프로그램에서 대용량 데이터셋을 처리하는 경우를 가정해보겠습니다. 유사성을 계산하려면 정렬된 DNA 순위가 필요합니다. 그러나 데이터셋이 너무 방대하기 때문에 단일 머신에서 처리할 수 없습니다. 그러므로 분산 클러스터에서 데이터를 처리하고 저장하며, 각각의 노드는 일련의 정렬된 값이 있습니다. 주 처리 엔진은 이들 데이터를 모아서 정렬된 단일 스트림으로 변환해야 합니다. 그러므로 다수의 정렬된 배열을 합쳐서 하나의 정렬된 배열을 만드는 기능이 필요합니다. 이제 벡터를 이용하여 이러한 상황을 시뮬레이션하는 프로그램을 작성하기 바랍니다.

실습 문제를 해결하기 위해 다음 단계를 따르세요.

1. 각각의 리스트는 이미 정렬되어 있기 때문에 각 리스트의 최소 원소는 맨 앞에 위치합니다. 이들 원소로부터 최솟값을 빠르게 선택하기 위해 힙을 사용할 것입니다.

2. 힙에서 최소 원소를 가져온 후 이를 제거하고, 최소 원소가 있던 리스트에서 그다음으로 작은 원소를 선택해 힙에 추가합니다.

3. 힙의 노드는 이 원소를 어느 리스트에서 가져왔는지, 또한 해당 리스트에서 몇 번째 원소인지를 저장해야 합니다.

이 알고리즘의 시간 복잡도를 계산해보겠습니다. 리스트가 $K$개 있다면 힙의 크기는 $K$가 되고, 모든 힙 연산의 시간 복잡도는 $O(\log K)$가 됩니다. 힙을 구성하는 데는 $O(K \log K)$가 소요됩니다. 그런 다음 각 원소에 대해 힙 연산을 수행해야 합니다. 전체 원소 개수는 $N \times K$입니다. 그러므로 전체 시간 복잡도는 $O(NK \log K)$입니다.

이 알고리즘에서 흥미로운 사실은 한꺼번에 $N \times K$개의 원소를 다 저장하여 사용하지 않아도 된다는 점입니다. 앞에 설명한 시나리오를 살펴보면 특정 시점에서는 $K$개의 원소만 저장하고 있어도 됩니다. 여기서 $K$는 리스트 개수이며, 분산 시스템의 노드 개수와 같습니다. 실제 $K$ 값은 그리 크지 않습니다. 힙을 사용함으로써 한 번에 하나의 결과 값을 얻을 수 있고, 이를 곧바로 처리하거나 또는 다른 곳으로 다시 스트리밍할 수 있습니다.

# 2.6 그래프

트리는 계층적 데이터를 표현하는 좋은 방법이지만, 하나의 노드에서 다른 노드로 이동하는 경로가 하나만 존재하기 때문에 원형 또는 순환적인 종속성을 표현할 수 없습니다. 그러나 실생활에서 순환 구조를 사용하여 표현해야 하는 시나리오도 많이 존재합니다. 예를 들어 도로망을 생각해 보면, 특정 장소(노드)에서 다른 장소로 이동하기 위한 다양한 경로가 존재할 수 있습니다. 이러한 경우에는 그래프(graph) 구조를 사용하는 것이 더욱 바람직합니다.

그래프는 노드 데이터뿐만 아니라 노드 사이의 에지 데이터도 저장해야 합니다. 도로망을 예로 들면 각각의 노드(장소)에 다른 어떤 노드들이 연결되어 있는지에 대한 정보를 가지고 있어야 합니다. 이런 방법으로 필요한 모든 노드와 에지가 있는 그래프를 만들 수 있으며, 이러한 그래프를 **비 가중 그래프**(unweighted graph)라고 합니다. 에지에 가중치(weight) 또는 더 많은 정보를 부여할 수도 있습니다. 예를 들어 도로망을 구성할 때 각각의 에지(도로)에 노드(장소)와 노드 사이의 거리를 저장할 수 있습니다. 이러한 형태의 그래프를 **가중 그래프**(weighted graph)라고 합니다. 도로망을 가중 그래프 형태로 표현함으로써 특정 장소에서 다른 장소로 이동하는 최단 거리 경로 탐색 같은 문제에서 이 그래프를 활용할 수 있습니다.

그래프는 방향성이 있는 그래프와 방향성이 없는 그래프로 구분할 수 있습니다. **무방향 그래프** (undirected graph)는 에지가 양방향임을 의미합니다. 양방향이라 함은 대칭적인, 또는 상호 교환적인 속성을 나타냅니다. 도로망을 예로 들면, A와 B 장소 사이에 양방향 에지가 있다는 것은 A에서 B로 이동할 수 있고, 동시에 B에서 A로도 이동할 수 있음을 나타냅니다. 만약 어떤 도로가 일방통행으로 제한되어 있다면 이때는 **방향 그래프**(directed graph)를 사용해야 합니다. 방향 그래프에서 양방향 에지를 표현하려면 A에서 B, 그리고 B에서 A로 향하는 두 개의 에지를 사용해야 합니다. 이 책에서는 주로 양방향 그래프에 초점을 맞출 것입니다. 그러나 여기서 설명하는 무방향 그래프의 구조와 순회 방법은 방향 그래프에도 적용할 수 있고, 다만 그래프에 에지를 추가하는 방법만 달라집니다.

그래프는 순환적 에지를 가질 수 있고 특정 노드에서 다른 노드로 이동하는 방법이 여러 개 있을 수 있으므로 각 노드를 고유하게 식별해야 합니다. 이를 위해 각 노드에 고유한 ID를 부여할 수 있습니다. 그래프의 데이터를 표현하기 위해 반드시 트리의 노드 같은 구조를 사용해야 하는 것은 아닙니다. 실제로 STL 컨테이너를 이용하여 그래프를 표현할 수 있습니다.

## 2.6.1 인접 행렬로 그래프 표현하기

간단하게 그래프를 표현하는 방법에 대해 알아보겠습니다. 노드의 집합이 있고, 노드끼리 서로 연결될 수 있다고 가정하겠습니다. 노드가 $N$개 있을 경우, 이 그래프는 $N \times N$ 크기의 2차원 배열로 표현할 수 있습니다. 이 배열에서 특정 원소는 해당 원소 인덱스에 해당하는 노드 사이의 가중치를 표현합니다. 즉, data[1][2]는 1번 노드와 2번 노드를 잇는 에지의 가중치를 나타냅니다. 이러한 방식으로 그래프를 표현하는 방법을 **인접 행렬**(adjacency matrix)이라고 합니다. 두 노드 사이에 에지가 존재하지 않으면 해당 원소에 –1을 설정합니다.

그림 2-18은 전 세계 주요 도시를 연결하는 항공 네트워크를 표현한 가중 그래프의 예입니다. 에지에 표현된 숫자는 두 도시 간의 가상의 거리를 나타냅니다.

▼ 그림 2-18 도시 간의 항공 네트워크

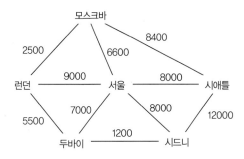

그림 2-18에서 런던에서 두바이로 가기 위해 직접 갈 수도 있고, 서울을 거쳐서 갈 수도 있습니다. 즉, 특정 도시에서 다른 도시로 이동하기 위한 다양한 경로가 존재합니다. 또한 특정 도시에서 다른 여러 도시를 거쳐, 중복되지 않은 에지를 통해 다시 출발 도시로 돌아올 수도 있습니다. 이러한 특징은 트리에서는 볼 수 없는 속성입니다.

그림 인접 행렬을 이용하여 그림 2-18의 그래프를 표현해보겠습니다.

## 2.6.2 연습 문제 11: 그래프를 구성하고 인접 행렬로 표현하기

이번 연습 문제에서는 그림 2-18에 나타낸 도시 네트워크를 그래프로 구성하고, 이를 인접 행렬을 이용하여 저장할 것입니다.

**1.** 먼저 필요한 헤더 파일을 포함합니다.

```
#include <iostream>
#include <vector>
```

**2.** enum 클래스를 이용하여 도시 이름을 저장합니다.

```
enum class city : int
{
    MOSCOW,
    LONDON,
    SEOUL,
    SEATTLE,
    DUBAI,
    SYDNEY
};
```

**3.** city enum에 대해 << 연산자를 정의합니다.

```
std::ostream& operator<<(std::ostream& os, const city c)
{
    switch (c)
    {
    case city::LONDON:
        os << "런던";
        return os;
    case city::MOSCOW:
        os << "모스크바";
        return os;
    case city::SEOUL:
        os << "서울";
        return os;
    case city::SEATTLE:
        os << "시애틀";
        return os;
    case city::DUBAI:
        os << "두바이";
        return os;
    case city::SYDNEY:
        os << "시드니";
        return os;
    default:
        return os;
```

```
        }
    }
```

**4.** 실제 데이터를 저장할 graph 구조체를 정의합니다.

```
struct graph
{
    std::vector<std::vector<int>> data;
```

**5.** 주어진 개수의 노드로 구성된 그래프를 구성하는 생성자를 추가합니다. 이 그래프는 에지가
전혀 없는, 비어 있는 그래프입니다.

```
graph(int n)
{
    data.reserve(n);
    std::vector<int> row(n);
    std::fill(row.begin(), row.end(), -1);

    for (int i = 0; i < n; i++)
    {
        data.push_back(row);
    }
}
```

**6.** 에지를 추가하는 addEdge() 함수를 정의합니다. 이 함수는 두 개의 도시와 에지의 가중치(도
시 사이의 거리)를 인자로 받습니다.

```
void addEdge(const city c1, const city c2, int dis)
{
    std::cout << "에지 추가: " << c1 << "-" << c2 << "=" << dis << std::endl;

    auto n1 = static_cast<int>(c1);
    auto n2 = static_cast<int>(c2);
    data[n1][n2] = dis;
    data[n2][n1] = dis;
}
```

**7.** 이번에는 에지를 제거하는 removeEdge() 함수를 추가합니다.

```
void removeEdge(const city c1, const city c2)
{
    std::cout << "에지 삭제: " << c1 << "-" << c2 << std::endl;
```

```
        auto n1 = static_cast<int>(c1);
        auto n2 = static_cast<int>(c2);
        data[n1][n2] = -1;
        data[n2][n1] = -1;
    }
};
```

**8.** 앞서 만든 함수를 이용하여 그래프를 구성하는 main() 함수를 작성합니다.

```
int main()
{
    graph g(6);
    g.addEdge(city::LONDON, city::MOSCOW, 2500);
    g.addEdge(city::LONDON, city::SEOUL, 9000);
    g.addEdge(city::LONDON, city::DUBAI, 5500);
    g.addEdge(city::SEOUL, city::MOSCOW, 6600);
    g.addEdge(city::SEOUL, city::SEATTLE, 8000);
    g.addEdge(city::SEOUL, city::DUBAI, 7000);
    g.addEdge(city::SEOUL, city::SYDNEY, 8000);
    g.addEdge(city::SEATTLE, city::MOSCOW, 8400);
    g.addEdge(city::SEATTLE, city::SYDNEY, 12000);
    g.addEdge(city::DUBAI, city::SYDNEY, 1200);

    g.addEdge(city::SEATTLE, city::LONDON, 8000);
    g.removeEdge(city::SEATTLE, city::LONDON);

    return 0;
}
```

**9.** 이 프로그램을 실행하면 다음과 같은 출력을 확인할 수 있습니다.

```
에지 추가: 런던-모스크바=2500
에지 추가: 런던-서울=9000
에지 추가: 런던-두바이=5500
에지 추가: 서울-모스크바=6600
에지 추가: 서울-시애틀=8000
에지 추가: 서울-두바이=7000
에지 추가: 서울-시드니=8000
에지 추가: 시애틀-모스크바=8400
에지 추가: 시애틀-시드니=12000
에지 추가: 두바이-시드니=1200
에지 추가: 시애틀-런던=8000
에지 삭제: 시애틀-런던
```

소스 코드를 보면 벡터의 벡터를 이용하여 데이터를 저장했고, 각 벡터의 크기는 노드 개수와 같습니다. 그러므로 노드 개수가 $V$라면, 전체 $V \times V$ 크기의 메모리 공간을 사용하게 됩니다.

### 2.6.3 인접 리스트로 그래프 표현하기

행렬을 이용하여 그래프를 표현할 때의 가장 큰 문제점은 노드 개수의 제곱에 비례하는 메모리를 사용한다는 점입니다. 노드 개수가 증가함에 따라 메모리 사용량은 크게 늘어납니다. 그러므로 메모리를 좀 더 적게 사용하는 방법을 생각해봐야 합니다.

어느 그래프에서나 정해진 수의 노드가 있고, 각 노드에서 연결될 수 있는 노드의 최대 개수는 전체 노드 개수와 같습니다. 행렬을 사용할 경우, 두 노드가 서로 연결되어 있지 않더라도 모든 노드 사이의 에지 정보를 저장해야 합니다. 이러한 방식 대신 각 노드에 직접 연결되어 있는 노드의 ID만 저장하는 방식으로 그래프를 표현할 수 있습니다. 이러한 방식을 **인접 리스트**(adjacency list)라고 합니다.

다음 연습 문제에서 인접 리스트를 사용하여 그래프를 표현해보고, 앞서 인접 행렬을 사용하는 방식과의 차이점에 대해 생각해보겠습니다.

### 2.6.4 연습 문제 12: 그래프를 구성하고 인접 리스트로 표현하기

이번 연습 문제에서는 그림 2-18의 도시 네트워크를 그래프로 구성하고, 이를 인접 리스트를 이용하여 저장할 것입니다.

1. 먼저 필요한 헤더 파일을 포함합니다.

```
#include <iostream>
#include <vector>
#include <algorithm>
```

2. enum 클래스를 이용하여 도시 이름을 저장합니다. << 연산자를 정의하는 코드는 연습 문제 11과 완전히 같으므로 여기에는 다시 표시하지 않겠습니다. 연습 문제 11의 코드를 참고하세요.

```
enum class city : int
{
    MOSCOW,
```

```
        LONDON,
        SEOUL,
        SEATTLE,
        DUBAI,
        SYDNEY
    };
```

**3.** city enum에 대해 << 연산자를 정의합니다.

```cpp
    std::ostream& operator<<(std::ostream& os, const city c)
    {
        switch (c)
        {
        case city::LONDON:
            os << "런던";
            return os;
        case city::MOSCOW:
            os << "모스크바";
            return os;
        case city::SEOUL:
            os << "서울";
            return os;
        case city::SEATTLE:
            os << "시애틀";
            return os;
        case city::DUBAI:
            os << "두바이";
            return os;
        case city::SYDNEY:
            os << "시드니";
            return os;
        default:
            return os;
        }
    }
```

**4.** 실제 데이터를 저장할 graph 구조체를 정의합니다.

```cpp
    struct graph
    {
        std::vector<std::vector<std::pair<int, int>>> data;
```

**5.** 인접 리스트를 사용하는 graph 구조체의 생성자가 어떻게 달라지는지 확인하세요.

```
graph(int n)
{
    data = std::vector<std::vector<std::pair<int, int>>>(n,
            std::vector<std::pair<int, int>>());
}
```

여기서도 2차원 벡터를 사용하여 데이터를 저장하지만, 처음에는 에지가 전혀 없으므로 모든 행은 비어 있는 형태로 초기화됩니다.

**6.** addEdge() 함수를 작성합니다.

```
void addEdge(const city c1, const city c2, int dis)
{
    std::cout << "에지 추가: " << c1 << "-" << c2 << "=" << dis << std::endl;

    auto n1 = static_cast<int>(c1);
    auto n2 = static_cast<int>(c2);
    data[n1].push_back({n2, dis});
    data[n2].push_back({n1, dis});
}
```

**7.** 에지를 제거하는 removeEdge() 함수를 추가합니다.

```
void removeEdge(const city c1, const city c2)
{
    std::cout << "에지 삭제: " << c1 << "-" << c2 << std::endl;

    auto n1 = static_cast<int>(c1);
    auto n2 = static_cast<int>(c2);
    std::remove_if(data[n1].begin(), data[n1].end(), [n2](const auto& pair) {
        return pair.first == n2;
        });
    std::remove_if(data[n2].begin(), data[n2].end(), [n1](const auto& pair) {
        return pair.first == n1;
        });
}
};
```

**8.** 앞서 만든 함수를 이용하여 그래프를 구성하는 main() 함수를 작성합니다.

```
int main()
{
    graph g(6);
    g.addEdge(city::LONDON, city::MOSCOW, 2500);
    g.addEdge(city::LONDON, city::SEOUL, 9000);
    g.addEdge(city::LONDON, city::DUBAI, 5500);
    g.addEdge(city::SEOUL, city::MOSCOW, 6600);
    g.addEdge(city::SEOUL, city::SEATTLE, 8000);
    g.addEdge(city::SEOUL, city::DUBAI, 7000);
    g.addEdge(city::SEOUL, city::SYDNEY, 8000);
    g.addEdge(city::SEATTLE, city::MOSCOW, 8400);
    g.addEdge(city::SEATTLE, city::SYDNEY, 12000);
    g.addEdge(city::DUBAI, city::SYDNEY, 1200);

    g.addEdge(city::SEATTLE, city::LONDON, 8000);
    g.removeEdge(city::SEATTLE, city::LONDON);

    return 0;
}
```

이 프로그램을 실행하면 다음과 같은 출력을 확인할 수 있습니다.

```
에지 추가: 런던-모스크바=2500
에지 추가: 런던-서울=9000
에지 추가: 런던-두바이=5500
에지 추가: 서울-모스크바=6600
에지 추가: 서울-시애틀=8000
에지 추가: 서울-두바이=7000
에지 추가: 서울-시드니=8000
에지 추가: 시애틀-모스크바=8400
에지 추가: 시애틀-시드니=12000
에지 추가: 두바이-시드니=1200
에지 추가: 시애틀-런던=8000
에지 삭제: 시애틀-런던
```

각 노드에 인접한 노드를 리스트로 저장하기 때문에 인접 리스트라고 합니다. 이 방법은 앞서 설명한 인접 행렬 방법과 마찬가지로 데이터 저장을 위해 벡터의 벡터를 사용합니다. 다만 안쪽 벡터의 크기가 전체 노드 개수가 아니라 해당 노드에 연결된 노드 개수와 같습니다. addEdge() 함수 구현을 보면 에지 끝에 있는 두 노드에 대해 각각 에지 연결을 설정하는 것을 확인할 수 있습니다. 인접 리스트에 의한 그래프 표현은 전체 에지 개수 $E$에 비례한 크기의 메모리를 사용합니다.

지금까지 그래프를 구성하는 방법 위주로 알아봤습니다. 그래프를 사용하여 어떤 연산을 수행하려면 그래프를 탐색하는 방법도 알아야 합니다. 그래프 탐색은 크게 너비 우선 탐색(BFS, Breadth-First Search)과 깊이 우선 탐색(DFS, Depth-First Search) 방법으로 나뉩니다. 이 두 방법에 대해서는 '6장 그래프 알고리즘 1'에서 자세히 다루겠습니다.

# 2.7 / 나가며

이 장에서는 1장에서 다룬 것보다 더 향상된 수준의 문제에 대해 알아봤으며, 이를 통해 좀 더 광범위한 실제 시나리오를 설명할 수 있었습니다. 이 장에서는 트리와 그래프라는 두 자료 구조에 대해 중점적으로 다뤘습니다. 또한 다양한 상황에서 사용할 수 있는 여러 종류의 트리에 대해서도 설명했습니다. 그리고 프로그램에서 이러한 자료 구조를 표현하는 다양한 방법도 검토했습니다. 이 장에서 설명한 것과 유사한 문제를 만나게 될 경우, 여러분이 배운 기법을 적절히 적용하여 문제 해결에 도움이 되기를 바랍니다.

지금까지 선형과 비선형 자료 구조에 대해 살펴봤으며, 다음 장에서는 룩업(lookup)이라는 매우 구체적이지만 널리 사용되는 개념에 대해 알아보겠습니다. 룩업은 컨테이너에 값을 저장하고, 매우 빠르게 검색하는 것을 목적으로 사용합니다. 또한 해싱(hashing)의 기본 개념과 컨테이너 구현 방법에 대해서 알아보겠습니다.

# 3<sup>장</sup>

# 해시 테이블과
# 블룸 필터

이 장을 마치면 다음 작업을 수행할 수 있습니다.

- 대용량 데이터를 다루는 응용 프로그램에서 발생할 수 있는 룩업 관련 문제에 대해 이해할 수 있습니다.
- 주어진 문제에 대해 결정적 룩업 솔루션이 적합한지, 또는 비결정적 룩업 솔루션이 적합한지를 구분할 수 있습니다.
- 시나리오에 근거한 효율적인 룩업 솔루션을 구현할 수 있습니다.
- C++ STL에서 제공되는 일반적인 솔루션을 구현할 수 있습니다.

이 장에서는 빠른 룩업과 관련된 문제에 대해 알아봅니다. 빠른 룩업 솔루션을 위한 다양한 접근 방법에 대해 알아볼 것이고, 주어진 상황에서 어떤 방법을 사용할 수 있는지 배울 것입니다.

# 3.1 / 들어가며

룩업(lookup, 조회)은 특정 원소가 컨테이너에 있는지 확인하거나 또는 컨테이너에서 특정 키(key)에 해당하는 값(value)을 찾는 작업을 의미합니다. 이전 장에서 예로 들었던 학생 데이터베이스 시스템이나 병원 관리 시스템에 저장된 방대한 자료 중에서 원하는 자료를 찾아 가져오는 작업은 매우 흔하게 일어납니다. 사전에서 단어의 뜻을 찾는다거나 또는 특정 시설에서 출입이 허가된 사람인지를 체크하는 작업도 흔히 접할 수 있는 룩업 관련 문제입니다.

모든 원소를 선형으로 검토하여 원하는 값을 찾는 작업은 일반적으로 매우 많은 시간이 소요됩니다. 특히 저장된 데이터가 많아질수록 검색 시간은 크게 증가합니다. 사전에서 단어를 찾는 것을 예로 들어보겠습니다. 대략 170,000개의 단어가 수록된 영어 사전이 있고 특정 단어의 뜻을 찾으려고 합니다. 가장 단순한 방법은 찾으려는 단어와 사전에 나타난 모든 단어를 차례대로 비교하는 것이며, 찾는 단어가 나타나거나 사전의 맨 마지막에 다다르면 종료합니다. 그러나 이 방법은 매우 느리고, $O(N)$의 시간 복잡도를 가집니다. 여기서 $N$은 사전에 저장된 영어 단어 수이며, 영어 단어 수는 나날이 증가하고 있습니다.

그러므로 이 작업을 훨씬 빠르게 수행할 수 있는 효과적인 알고리즘이 필요합니다. 이 장에서는 해시 테이블과 블룸 필터라는 두 가지 효과적인 구조에 대해 알아볼 것입니다. 이 두 방법을 직접 구현해보고, 장단점을 비교해보겠습니다.

# 3.2 / 해시 테이블

사전 검색의 기본적인 문제에 대해 알아보겠습니다. 옥스퍼드 영어 사전에는 약 170,000개의 단어가 수록되어 있습니다. 앞에서 언급했듯이 선형 검색은 O(*N*)의 시간을 필요로 합니다. 더 나은 방법은 BST와 같은 속성을 갖도록 높이 균형 트리에 데이터를 저장하는 것입니다. 이렇게 사용할 경우 시간 복잡도가 O(log *N*)이 되기 때문에 선형 검색보다 훨씬 빨라집니다. 그러나 검색 횟수가 크게 증가할 경우 이 정도 연산 속도도 만족스럽지 않을 수 있습니다. 특히 신경 과학 또는 유전자 데이터처럼 수백 수천만 이상의 데이터가 저장되어 있는 경우라면 문제가 더 심각해져서 자료 검색에 며칠이 소요될 수도 있습니다. 이러한 상황에서는 더욱 효율적인 방법이 필요하고, 그 중 **해시 테이블**(hash table)이 괜찮은 방법 중 하나입니다.

해시 테이블의 핵심은 **해싱**(hashing)입니다. 해싱은 각각의 데이터를 가급적 고유한 숫자 값으로 표현하고, 나중에 같은 숫자 값을 사용하여 데이터의 유무를 확인하거나 또는 해당 숫자에 대응하는 원본 데이터를 추출하는 작업입니다. 주어진 데이터로부터 고유한 숫자 값을 계산하는 함수를 **해시 함수**(hash function)라고 합니다. 몇 가지 예제를 통해 해시 함수가 왜 필요한지, 그리고 이를 이용하여 어떻게 값을 저장하고 검색하는지에 대해 알아보겠습니다.

## 3.2.1 해싱

해싱에 대해 자세히 설명하기에 앞서 한 가지 예를 살펴보겠습니다. 정수를 저장하고 있는 컨테이너가 있고, 이 컨테이너에 특정 정수가 들어 있는지를 빠르게 판단하고 싶다고 가정하겠습니다. 가장 간단한 방법은 부울 타입 배열을 하나 만들고, 입력 정수를 이 배열 원소의 인덱스로 취급하는 것입니다. 만약 새 원소를 삽입한다면 해당 인덱스의 배열 값을 1로 설정합니다. 즉, 새 원소 x를 삽입할 경우 data[x] = true로 설정합니다. 특정 정수 x가 있는지를 알고 싶다면 단순히 data[x] 값이 true인지를 확인하면 됩니다. 이런 방식을 사용할 경우, 원소 삽입, 삭제, 검색의 시간 복잡도는 O(1)입니다. 0부터 9 사이의 정수를 저장하는 용도의 간단한 해시 테이블을 그림 3-1에 나타냈습니다.

| | |
|---|---|
| 0 | 0 |
| 1 | 0 |
| 2 | 1 |
| 3 | 0 |
| 4 | 1 |
| 5 | 1 |
| 6 | 0 |
| 7 | 1 |
| 8 | 0 |
| 9 | 0 |

그러나 이 방법은 다음과 같은 경우에 문제가 발생할 수 있습니다.

- 데이터가 실수인 경우
- 데이터가 숫자가 아닌 경우
- 데이터 범위가 너무 큰 경우. 예를 들어 10억 개의 숫자를 사용한다면 10억 크기의 부울 타입 배열이 필요한데, 이는 좋은 방법이 아닙니다.

이 문제를 해결하기 위해 어떤 데이터 타입의 값이든 원하는 범위의 정수로 매핑하는 함수를 만들어 사용할 수 있습니다. 이 경우 원하는 정수 범위를 적절히 설정하면 부울 타입 배열을 만드는 것이 전혀 부담이 되지 않을 것입니다. 이러한 역할을 하는 함수가 바로 앞에서 언급했던 해시 함수입니다. 이 함수는 데이터 원소를 인자로 받고 정해진 범위의 정수를 반환합니다.

가장 간단한 해시 함수는 큰 범위의 정수를 인자로 받아 정해진 정수($n$)로 나눈 나머지를 반환하는 모듈로 함수(modulo function)이며, 보통 % 기호로 표시합니다. 이 경우 크기가 $n$인 배열을 사용할 수 있습니다.

만약 이 함수에 숫자 $x$를 입력으로 주면 ($x$ % $n$) 연산의 결과가 반환되고, 이 값은 0부터 ($n - 1$) 사이의 정수입니다. 그럼 $x$를 배열에서 ($x$ % $n$) 위치에 삽입하면 됩니다. 이처럼 해시 함수에 의해 반환되는 숫자 값을 **해시 값**(hash value)이라고 합니다.

모듈로 함수의 문제점은 이 함수가 서로 다른 데이터에 대해 같은 해시 값을 반환할 수 있다는 점입니다. 예를 들어 (9 % 7)과 (16 % 7)은 모두 해시 값으로 2를 반환합니다. 그러므로 해시 값 2에 해당하는 위치가 true(또는 1)로 채워져 있을 경우, 여기에 들어 있는 데이터가 9인지 혹은 16인지를 알 수 없습니다. 또는 $x$ % 7 = 2를 만족하는 다른 정수 $x$가 저장되어 있을 수도 있습니다. 이러한 문제를 **충돌**(collision)이라고 합니다. 즉, 충돌이란 해시 함수가 서로 다른 키에 대해 같은 해시 값을 반환함으로써, 다수의 키가 같은 값을 갖게 되는 현상을 말합니다.

해시 테이블에 부울 값 대신 실제 데이터를 저장하면 해당 키에 어떤 데이터가 저장되어 있는지를 바로 알 수 있지만 여전히 여러 데이터를 저장할 수는 없습니다. 이러한 문제를 어떻게 해결할 수 있는지에 대해서는 다음 절에서 설명하겠습니다. 그 전에 연습 문제 13에서 정수 값을 저장하는 간단한 사전을 구현해보겠습니다.

## 3.2.2 연습 문제 13: 정수 값을 저장하는 간단한 사전

이번 연습 문제에서는 부호 없는 정수를 사용하는 기본적인 해시 맵을 구현해보겠습니다.

**1.** 필요한 헤더 파일을 포함합니다.

```
#include <iostream>
#include <vector>
```

**2.** hash_map 클래스를 추가합니다. unsigned int 타입 이름 대신 짧게 uint로 사용하겠습니다.

```
using uint = unsigned int;

class hash_map
{
    std::vector<int> data;
```

**3.** hash_map 클래스의 생성자를 추가합니다. 이 생성자는 해시 맵에서 사용할 데이터 크기를 인자로 받습니다.

```
public:
    hash_map(size_t n)
    {
        data = std::vector<int>(n, -1);
    }
```

생성자에서는 data 벡터의 모든 원소를 -1로 초기화했습니다. 이 예제에서 음수 데이터는 사용하지 않으며, data 벡터 값이 -1이라는 것은 해당 위치에 저장된 원소가 없음을 나타냅니다.

**4.** 삽입 함수를 추가합니다.

```
    void insert(uint value)
    {
```

```
        int n = data.size();
        data[value % n] = value;
        std::cout << value << "을(를) 삽입했습니다." << std::endl;
    }
```

위 코드를 보면 계산된 해시 값 위치에 이미 다른 값이 존재하는지를 확인하지 않습니다. 즉, 특정 위치에 이미 다른 값이 존재하더라도 단순히 덮어쓰게 됩니다. 결국 해시 값이 중복될 경우 나중에 삽입한 값만 저장됩니다.

5. 특정 원소가 맵에 있는지를 확인하는 룩업 함수를 추가합니다.

```
    bool find(uint value)
    {
        int n = data.size();
        return (data[value % n] == value);
    }
```

해시 값 위치에 저장된 값이 value와 같은지를 검사합니다.

6. 삭제 함수를 구현합니다.

```
    void erase(uint value)
    {
        int n = data.size();
        if (data[value % n] == value)
        {
            data[value % n] = -1;
            std::cout << value << "을(를) 삭제했습니다." << std::endl;
        }
    }
};
```

7. main() 함수 내부에 룩업 결과를 출력하는 람다 함수(lambda function)를 정의하여 사용하겠습니다.

```
int main()
{
    hash_map map(7);

    auto print = [&](int value) {
        if (map.find(value))
```

```
            std::cout << "해시 맵에서 " << value << "을(를) 찾았습니다.";
        else
            std::cout << "해시 맵에서 " << value << "을(를) 찾지 못했습니다.";
        std::cout << std::endl;
    };
```

**8.** 이제 hash_map 클래스의 insert()와 erase() 함수를 사용하는 코드를 추가합니다.

```
    map.insert(2);
    map.insert(25);
    map.insert(10);
    print(25);

    map.insert(100);
    print(100);
    print(2);

    map.erase(25);
}
```

**9.** 실제 프로그램을 실행하면 다음과 같은 출력을 확인할 수 있습니다.

```
2을(를) 삽입했습니다.
25을(를) 삽입했습니다.
10을(를) 삽입했습니다.
해시 맵에서 25을(를) 찾았습니다.
100을(를) 삽입했습니다.
해시 맵에서 100을(를) 찾았습니다.
해시 맵에서 2을(를) 찾지 못했습니다.
25을(를) 삭제했습니다.
```

이번 연습 문제에서 이전에 삽입한 값 대부분을 찾을 수 있었습니다. 다만 숫자 100을 삽입하면 100 % 7 = 2이므로 기존에 삽입된 정수 2를 덮어쓰게 되고, 이후에는 2를 찾지 못합니다. 이것이 앞서 설명한 충돌입니다. 다음 절에서 이러한 충돌을 어떻게 해결하여 정확한 결과를 얻을 수 있는지에 대해 설명하겠습니다.

연습 문제 13의 동작을 그림 3-2와 그림 3-3에 나타냈습니다. 그림을 통해 연습 문제 13의 동작을 제대로 이해하기 바랍니다.

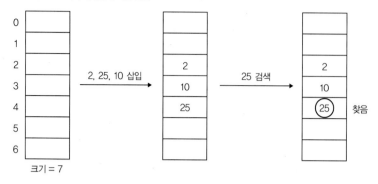

▼ 그림 3-2 해시 테이블의 기본 연산

크기 = 7

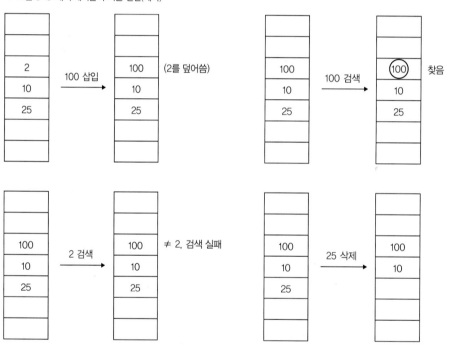

▼ 그림 3-3 해시 테이블의 기본 연산(계속)

그림 3-2와 그림 3-3에서 확인할 수 있듯이 연습 문제 13에서는 같은 해시 값을 갖는 두 원소를 한꺼번에 저장할 수 없고, 하나를 포기해야 했습니다.

앞서 언급했듯이 해시 테이블을 사용할 때 단순히 해당 키가 있는지를 확인하는 것이 아니라 해당 키에 대응하는 값이 있는지를 확인해야 합니다. 이를 위해 해시 테이블에 키만 저장하는 것이 아니라 키와 값을 함께 저장하는 방식을 사용해야 합니다. 그러므로 삽입, 삭제, 룩업 함수에서 키를 기반으로 해시 값을 계산하여 배열에서의 위치를 알아낸 후, 함께 저장된 값을 이용할 수 있어야 합니다.

# 3.3 / 해시 테이블에서 충돌

앞에서 해시 테이블을 이용하여 필요한 키를 저장하고 검색하는 방법에 대해 알아봤습니다. 그러나 다수의 키가 같은 해시 값을 갖는 충돌 문제가 발생한다는 점도 배웠습니다. '연습 문제 13: 정수 값을 저장하는 간단한 사전'에서는 같은 해시 값을 갖는 키에 대해서는 기존 키를 덮어써서 가장 최근에 추가된 키만 유지되도록 했습니다. 그러나 이 방식은 다수의 키를 저장할 수 없는 문제가 있습니다. 그러므로 이러한 문제를 해결하고 해시 테이블에 모든 키를 저장할 수 있는 몇 가지 방법에 대해 알아보겠습니다.

## 3.3.1 체이닝

앞에서는 하나의 해시 값에 대해 하나의 원소만을 저장했습니다. 그래서 특정 해시 값 위치에 이미 원소가 존재한다면 새로운 값과 예전 값 중 하나를 버릴 수밖에 없었습니다. **체이닝**(chaining)은 두 값을 모두 저장할 수 있는 여러 방법 중 하나입니다. 이 방법은 해시 테이블의 특정 위치에서 하나의 키를 저장하는 것이 아니라 하나의 연결 리스트를 저장합니다. 그러므로 새로 삽입된 키에 의해 충돌이 발생하면 리스트의 맨 뒤에 새로운 키를 추가합니다. 따라서 다수의 원소를 원하는 만큼 저장할 수 있습니다. 벡터 대신 연결 리스트를 사용하는 이유는 특정 위치의 원소를 빠르게 삭제하기 위함입니다. 다음 연습 문제에서 실제 체이닝 구현 방법을 살펴보겠습니다.

## 3.3.2 연습 문제 14: 체이닝을 사용하는 해시 테이블

이번 연습 문제에서는 해시 테이블을 구현하고 체이닝을 이용하여 충돌을 처리하겠습니다.

**1.** 필요한 헤더 파일을 포함합니다.

```
#include <iostream>
#include <vector>
#include <list>
#include <algorithm>
```

**2.** hash_map 클래스를 추가합니다. unsigned int 타입 이름 대신 짧게 uint로 사용하겠습니다.

```
using uint = unsigned int;

class hash_map
{
    std::vector<std::list<int>> data;
```

**3.** hash_map 클래스의 생성자를 추가합니다. 이 생성자는 해시 맵 또는 데이터 크기를 인자로 받습니다.

```
public:
    hash_map(size_t n)
    {
        data.resize(n);
    }
```

**4.** 삽입 함수를 추가합니다.

```
    void insert(uint value)
    {
        int n = data.size();
        data[value % n].push_back(value);
        std::cout << value << "을(를) 삽입했습니다." << std::endl;
    }
```

위 코드는 value 값을 항상 해시 맵에 추가합니다. 원한다면 해시 맵에 value 값이 이미 있는지를 먼저 확인한 후, 없는 경우에만 추가하는 형태로도 구현할 수 있습니다.

**5.** 특정 원소가 해시 맵에 있는지를 확인하는 룩업 함수를 추가합니다.

```
    bool find(uint value)
    {
        int n = data.size();
        auto& entries = data[value % n];
        return std::find(entries.begin(), entries.end(), value) != entries.end();
    }
```

이 룩업 함수는 아무래도 이전 구현보다는 살짝 느립니다. 이 함수는 단순히 n 값에만 영향을 받는 것이 아니라 입력 데이터에 대해서도 영향을 받습니다. 이 부분에 대해서는 연습 문제 이후에 다시 언급하겠습니다.

**6.** 삭제 함수를 구현합니다.

```cpp
void erase(uint value)
{
    int n = data.size();
    auto& entries = data[value % n];
    auto iter = std::find(entries.begin(), entries.end(), value);

    if (iter != entries.end())
    {
        entries.erase(iter);
        std::cout << value << "을(를) 삭제했습니다." << std::endl;
    }
}
};
```

**7.** 이전 연습 문제와 비슷한 방식으로 main() 함수를 작성하겠습니다.

```cpp
int main()
{
    hash_map map(7);

    auto print = [&](int value) {
        if (map.find(value))
            std::cout << "해시 맵에서 " << value << "을(를) 찾았습니다.";
        else
            std::cout << "해시 맵에서 " << value << "을(를) 찾지 못했습니다.";
        std::cout << std::endl;
    };
```

**8.** map에 대해 insert()와 erase() 함수를 사용하는 코드를 추가하겠습니다.

```cpp
    map.insert(2);
    map.insert(25);
    map.insert(10);

    map.insert(100);
    map.insert(55);

    print(100);
    print(2);

    map.erase(2);
}
```

**9.** 실제 프로그램을 실행하면 다음과 같은 출력이 나타납니다.

    2을(를) 삽입했습니다.
    25을(를) 삽입했습니다.
    10을(를) 삽입했습니다.
    100을(를) 삽입했습니다.
    55을(를) 삽입했습니다.
    해시 맵에서 100을(를) 찾았습니다.
    해시 맵에서 2을(를) 찾았습니다.
    2을(를) 삭제했습니다.

이제 리스트를 이용하여 다수의 값을 저장할 수 있기 때문에 값을 덮어쓰는 현상이 발생하지 않습니다. 그러므로 이 출력은 신뢰할 수 있습니다.

연습 문제 14의 동작을 그림 3-4에 나타냈습니다. 그리고 체이닝에 의한 원소 삽입을 그림 3-5에 추가적으로 나타냈습니다.

▼ 그림 3-4 체이닝을 사용하는 해시 테이블의 기본 연산

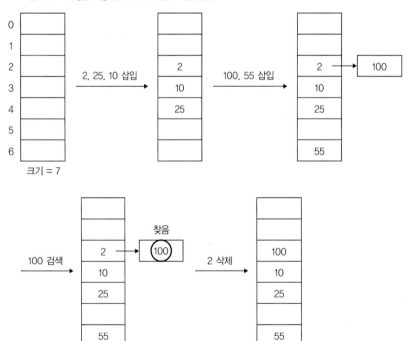

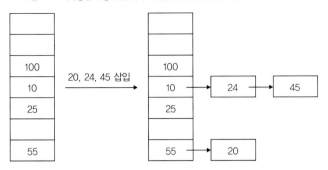

그림에서 볼 수 있듯이 특정 해시 값 위치에 하나의 원소만 저장되는 것이 아니라 여러 개의 원소가 리스트 형태로 저장됩니다.

이번에는 시간 복잡도에 대해 생각해보겠습니다. 일단 삽입 함수의 시간 복잡도는 O(1)입니다. 리스트에 노드를 추가하는 연산이 단순히 값을 설정하는 것보다는 조금 느릴 수 있지만 심하게 느려지지는 않습니다. 체이닝을 통해 얻을 수 있는 이점에 비하면 무시할 수 있는 수준입니다. 다만 룩업과 삭제는 데이터 크기와 해시 테이블 크기에 따라 상당히 느릴 수 있습니다. 예를 들어 모든 키가 같은 해시 값을 가질 경우, 룩업 연산은 연결 리스트에서 선형 검색을 수행하는 것과 같으므로 O(N)의 시간 복잡도를 갖게 됩니다.

만약 해시 테이블이 저장할 키 개수에 비해 매우 작다면 충돌이 많이 발생하게 되고, 리스트는 평균적으로 더 길어집니다. 반면에 너무 큰 해시 테이블을 가지고 있다면 실제 데이터는 듬성듬성 존재하게 되므로 메모리 낭비가 발생합니다. 그러므로 응용 프로그램의 동작 시나리오를 고려하여 해시 테이블 크기를 적절히 조절해야 합니다. 이를 위해 수식을 하나 정의할 수 있습니다.

**부하율**(load factor)은 해시 테이블에서 각각의 리스트에 저장되는 키의 평균 개수를 나타내며, 다음 수식을 이용하여 구할 수 있습니다.

❤ 그림 3-6 부하율

$$부하율 = \frac{전체\ 키\ 개수}{해시\ 테이블\ 크기}$$

만약 키 개수가 해시 테이블 크기와 같다면 부하율은 1입니다. 이는 매우 이상적인 상태로, 모든 연산이 O(1)에 가깝게 작동하고 모든 메모리 공간을 적절하게 활용합니다.

부하율이 1보다 작으면 리스트당 키가 하나도 저장되지 않은 경우가 있다는 것이고, 이는 메모리 낭비가 될 수 있습니다.

만약 부하율이 1보다 크면 이는 리스트의 평균 길이가 1보다 크다는 의미이고, 이 경우 검색, 삭제 등의 함수가 약간 느리게 동작할 수 있습니다.

부하율은 항상 O(1) 시간 복잡도로 계산할 수 있습니다. 몇몇 해시 테이블은 부하율이 1 근방의 특정 값보다 너무 크거나 작아지면 해시 함수를 변경하도록 구현되어 있으며, 이를 재해싱(rehashing)이라고 합니다. 즉, 해시 함수를 수정하여 부하율이 1에 가까운 값이 되도록 만드는 것입니다. 변경된 해시 함수에 의한 값의 분포와 부하율을 고려하여 해시 테이블의 크기도 변경할 수 있습니다.

그러나 부하율이 해시 테이블의 성능을 결정하는 유일한 지표는 아닙니다. 크기가 7인 해시 테이블에 일곱 개의 원소가 저장되어 있다고 가정해보겠습니다. 그런데 모든 원소가 같은 해시 값을 가져서 하나의 버킷(bucket)에 있습니다.[1] 그래서 검색 연산이 항상 O(1)이 아닌 O(N)의 시간 복잡도를 갖습니다. 그렇지만 부하율은 1로 계산되고, 이는 매우 이상적인 상태로 인식될 수 있습니다. 결국 이러한 경우에는 해시 함수가 문제입니다. 해시 함수는 서로 다른 키가 가급적이면 서로 겹치지 않고 골고루 분포되도록 해시 값을 만들어야 합니다. 기본적으로 버킷의 최대 크기와 최소 크기의 차이가 너무 크면 좋지 않습니다. 지금 설명한 예에서는 버킷의 크기 차이가 7입니다. 만약 해시 함수가 전체 일곱 개의 원소에 대해 서로 다른 해시 값을 반환한다면 검색 함수의 시간 복잡도는 O(1)이 되어 즉각적으로 결과를 반환할 수 있게 됩니다. 그리고 이때의 최대, 최소 버킷 크기 차이는 0입니다. 그러나 이렇게 만드는 작업은 해시 테이블 구현에서 수행되지 않습니다. 해시 테이블은 해시 함수 구현에 종속적이지 않기 때문에 해시 함수 자체에서 잘 고려해야 합니다.

### 3.3.3 열린 주소 지정

충돌을 해결하는 다른 방법으로 **열린 주소 지정**(open addressing)이 있습니다. 이 방법은 체이닝처럼 해시 테이블에 추가적인 리스트를 붙여서 데이터를 저장하는 방식이 아니라 모든 원소를 해시 테이블 내부에 저장하는 방식입니다. 그러므로 해시 테이블의 크기가 반드시 데이터 개수보다 커야 합니다. 열린 주소 지정 방법의 핵심은 특정 해시 값에 해당하는 위치가 이미 사용되고 있다면 테이블의 다른 비어 있는 위치를 탐색하는 것입니다. 이때 다른 비어 있는 위치를 찾는 방법은 여러 가지가 있을 수 있으며, 이제부터 여러 탐색 방법을 하나씩 알아보겠습니다.

---

1 　**역주** 버킷은 해시 테이블의 한 셀(cell) 또는 한 셀에 연결되어 있는 하나의 연결 리스트를 나타냅니다.

## 선형 탐색

선형 탐색(linear probing)은 가장 간단한 탐색 방법입니다. 선형 탐색은 특정 해시 값에서 충돌이 발생하면 해당 위치에서 하나씩 다음 셀(cell) 위치로 이동하면서 셀이 비어 있는지를 확인하고, 비어 있는 셀을 찾으면 원소를 삽입합니다. 즉, hash($x$)에 해당하는 셀이 이미 채워져 있다면 hash($x + 1$) 위치의 셀을 확인합니다. 만약 hash($x + 1$) 셀도 사용 중이라면 다시 hash($x + 2$) 셀을 검사합니다.

그림 3-7과 그림 3-8은 선형 탐색을 사용하는 해시 테이블의 삽입 및 검색 동작을 보여줍니다.

▼ 그림 3-7 선형 탐색을 사용하는 해시 테이블의 기본 동작

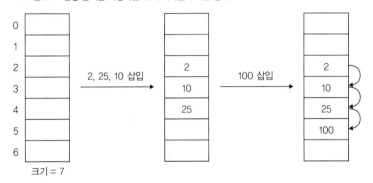

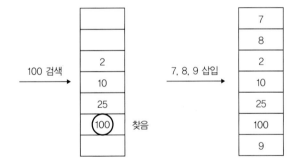

▼ 그림 3-8 해시 테이블이 가득 차서 새 원소를 삽입할 수 없음

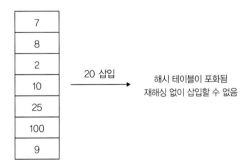

131

그림 3-7에 나타났듯이 주어진 데이터의 해시 값에 해당하는 위치가 이미 다른 값으로 채워져 있다면 다음으로 비어 있는 위치에 새 데이터를 삽입합니다. 그림 3-7에서 처음에 세 개의 원소를 삽입했더니 해시 테이블의 특정 위치에 서로 인접한 군집 형태로 값이 채워졌습니다. 만약 이 구간에 해시 값을 갖는 새 원소가 들어오면 이 군집은 더욱 커지게 됩니다. 만약 원소 검색을 할 경우, 해시 함수에서 반환한 위치가 큰 군집의 시작 위치를 가리킨다면 클러스터의 맨 마지막 위치까지 선형 검색을 해야 합니다. 그러므로 검색 속도가 크게 느려질 수 있습니다.

즉, 데이터가 특정 위치에 군집화(clustering)되는 경우에 문제가 발생하게 됩니다. 데이터가 군집화된다는 것은 특정 해시 값이 너무 자주 발생해서 데이터가 몇 개의 그룹으로 뭉치는 형태로 저장된다는 의미입니다. 예를 들어 크기가 100인 해시 테이블이 있는데, 대부분의 키가 3에서 7 사이의 해시 값으로 변환된다고 생각해보겠습니다. 이 경우 대부분의 데이터가 3~7 이후 위치에 차례대로 저장될 것이고, 이로 인해 검색 속도는 급격하게 느려질 것입니다.

## 이차함수 탐색

선형 탐색의 가장 큰 문제점은 군집화입니다. 충돌이 발생하면 군집을 차례대로 검사해야 하기 때문입니다. 이를 해결하기 위해 선형 방정식이 아닌 이차 방정식을 사용하여 탐색을 수행할 수 있습니다. 이러한 방식의 탐색을 이차함수 탐색(quadratic probing)이라고 합니다.

예를 들어 데이터 $x$를 hash($x$) 위치에 삽입하려고 합니다. 만약 이 위치가 이미 사용 중이라면 hash($x + 1^2$)으로 이동하고, 그다음은 hash($x + 2^2$)으로 이동합니다. 이처럼 이동 폭을 이차함수 형태로 증가시키면 데이터 군집이 나타날 확률은 상대적으로 줄어듭니다.

선형 탐색 및 이차함수 탐색은 모두 원소 위치가 기존에 삽입되어 있는 다른 원소들에 의해 영향을 받습니다. 이때 기존에 저장되어 있던 원소는 새로 삽입하는 원소와 서로 다른 해시 값을 가질 수도 있습니다. 즉, 특정 해시 값을 갖는 키가 오직 하나만 존재한다 하더라도 충돌이 발생할 수 있습니다. 예를 들어 선형 탐색에서 해시 값이 4인 키가 두 개 있는 경우, 하나는 4 위치에 삽입하고 다른 하나는 5 위치에 삽입합니다. 이후 해시 값이 5인 키를 새로 삽입해야 한다면 이는 6 위치에 삽입해야 합니다. 이 키는 다른 원소와 중복된 해시 값을 갖지 않았지만 저장되는 위치에는 영향을 받았습니다.

### 3.3.4 뻐꾸기 해싱

**뻐꾸기 해싱**(cuckoo hashing)은 완벽한 해싱 기법 중의 하나입니다. 앞에서 언급했던 방법들은 최악의 상황에서는 O(1)의 시간 복잡도를 보장하지 않지만 뻐꾸기 해싱은 구현만 제대로 한다면 O(1)을 만족합니다.

뻐꾸기 해싱은 크기가 같은 두 개의 해시 테이블을 사용하고, 각각의 해시 테이블은 서로 다른 해시 함수를 가집니다. 모든 원소는 두 해시 테이블 중 하나에 있을 수 있으며, 그 위치는 해당 해시 테이블의 해시 함수에 의해 결정됩니다.

뻐꾸기 해싱이 이전에 설명한 해싱 기법과 다른 점은 다음과 같습니다.

- 원소가 두 해시 테이블 중 어디든 저장될 수 있습니다.
- 원소가 나중에 다른 위치로 이동할 수 있습니다.

앞서 언급한 해싱 방법에서는 재해싱을 수행하지 않는 이상 원소가 최초 삽입된 위치에서 다른 위치로 이동할 수 없습니다. 그러나 뻐꾸기 해싱 방법에서는 모든 원소가 두 개의 저장 가능한 위치를 가지며, 상황에 따라 이동할 수 있습니다. 더 나은 성능을 얻고 재해싱 빈도를 줄이기 위해 저장 가능한 위치 개수를 증가시킬 수도 있지만 이 책에서는 두 개의 해시 테이블을 사용하는 뻐꾸기 해싱 방법에 대해서만 알아보겠습니다.

룩업의 경우, 특정 원소가 존재하는지를 알기 위해 저장 가능한 위치 두 군데만 확인해보면 됩니다. 그러므로 룩업 연산의 시간 복잡도는 항상 O(1)입니다.

그러나 삽입 연산은 좀 더 오래 걸릴 수 있습니다. A라는 원소를 삽입한다고 가정해보겠습니다. 삽입 함수는 먼저 첫 번째 해시 테이블에서 A를 삽입할 위치를 찾아 현재 비어 있는지를 검사합니다. 만약 해당 위치가 비어 있다면 그대로 A를 삽입하면 됩니다. 그러나 해당 위치에 이미 다른 원소 B가 저장되어 있다면, 해당 위치에 A를 저장하고 B를 두 번째 해시 테이블로 옮깁니다. 만약 B가 이동할 위치에 이미 다른 원소 C가 저장되어 있다면, 해당 위치에 B를 저장하고 C를 첫 번째 해시 테이블로 옮깁니다. 이러한 작업을 완전히 비어 있는 셀이 나타날 때까지 재귀적으로 반복합니다. 이러한 과정을 그림 3-9에 나타냈습니다.

▼ 그림 3-9 뻐꾸기 해싱

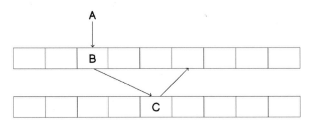

이러한 과정에서 만약 순환(cycle)이 발생한다면 무한 루프에 빠질 수 있습니다. 예를 들어 그림 3-9에서 C가 옮겨가야 할 위치에 다른 원소 D가 있고, D를 옮기다 보니 다시 A 위치를 방문한다고 가정하겠습니다. 이러한 경우가 순환이 발생하는 경우이며, 그림 3-10을 참고하기 바랍니다.

▼ 그림 3-10 뻐꾸기 해싱에서 발생한 순환

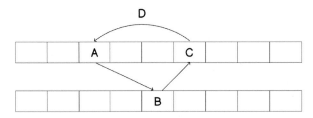

일단 순환이 발생했다면 새로운 해시 함수를 이용하여 재해싱을 수행해야 합니다. 새로운 해시 함수를 사용하여 해시 테이블을 새로 구성한 경우에도 다시금 순환이 발생할 수 있으므로 여러 번 재해싱을 수행해야 할 수도 있습니다. 그러나 적절한 해시 함수를 사용하면 높은 확률로 O(1)의 성능을 갖는 해시 테이블을 구성할 수 있습니다.

열린 주소 지정 방법과 마찬가지로 뻐꾸기 해싱도 전체 해시 테이블 크기 이상의 원소를 저장할 수는 없습니다. 높은 성능을 보장하려면 부하율이 0.5보다 작게끔 설정해야 합니다. 즉, 전체 원소 개수가 해시 테이블 크기의 절반보다 작아야 합니다.

다음 연습 문제에서 뻐꾸기 해싱을 직접 구현해보겠습니다.


### 3.3.5 연습 문제 15: 뻐꾸기 해싱

이번 연습 문제에서는 뻐꾸기 해싱을 이용하여 해시 테이블을 만들고 다양한 원소를 삽입해보겠습니다. 삽입 함수의 동작을 눈으로 확인하기 위하여 부가적인 문자열 출력 코드도 추가하겠습니다.

**1.** 먼저 필요한 헤더 파일을 포함합니다.

```
#include <iostream>
#include <vector>
```

**2.** 해시 맵 클래스를 정의합니다. 두 개의 해시 테이블을 사용할 것이고, 각 테이블 크기를 멤버로 저장하겠습니다.

```
class hash_map
{
    std::vector<int> data1;
    std::vector<int> data2;
    int size;
```

**3.** 두 개의 해시 함수를 정의합니다.

```
    int hash1(int key) const
    {
        return key % size;
    }

    int hash2(int key) const
    {
        return (key / size) % size;
    }
```

여기서는 단순한 형태의 해시 함수를 사용했습니다. 해시 함수는 필요에 따라 적절한 형태로 구성하면 됩니다.

**4.** 생성자를 추가하고, 해시 테이블을 초기화합니다.

```
public:
    hash_map(int n) : size(n)
    {
        data1 = std::vector<int>(size, -1);
        data2 = std::vector<int>(size, -1);
    }
```

해시 테이블을 모두 -1로 초기화했으며, 이는 모든 테이블이 비어 있음을 나타냅니다.

**5.** 룩업을 수행하는 lookup() 함수를 작성합니다.

```cpp
std::vector<int>::iterator lookup(int key)
{
    auto hash_value1 = hash1(key);
    if (data1[hash_value1] == key)
    {
        std::cout << "1번 테이블에서 " << key << "을(를) 찾았습니다." << std::endl;
        return data1.begin() + hash_value1;
    }

    auto hash_value2 = hash2(key);
    if (data2[hash_value2] == key)
    {
        std::cout << "2번 테이블에서 " << key << "을(를) 찾았습니다." << std::endl;
        return data2.begin() + hash_value2;
    }

    return data2.end();
}
```

룩업 함수는 양쪽 해시 테이블에서 키를 검색하고, 해당 위치를 나타내는 반복자를 반환합니다. 반복자가 항상 필요한 것은 아니지만, 여기서는 삭제 함수에서 이 반복자를 사용할 것입니다. 만약 원소를 찾지 못하면 data2 테이블의 마지막을 가리키는 반복자가 반환됩니다. 이 룩업 함수는 O(1)의 시간 복잡도를 가지며, 매우 빠르게 동작합니다.

**6.** 삭제 함수를 작성합니다.

```cpp
void erase(int key)
{
    auto position = lookup(key);
    if (position != data2.end())
    {
        *position = -1;
        std::cout << key << "에 해당하는 원소를 삭제했습니다." << std::endl;
    }
    else
    {
        std::cout << key << "키를 찾지 못했습니다." << std::endl;
    }
}
```

삭제 함수 동작에서 중요한 부분은 lookup() 함수 호출이 담당합니다. lookup() 함수가 반환한 값을 조사하여 실제 삭제 작업을 수행하거나 또는 단순히 문자열만 출력합니다.

**7.** 삽입은 재귀적으로 동작해야 하기 때문에 실제 삽입 구현 함수를 따로 만들겠습니다. 삽입 함수에서는 순환 여부를 검사해야 합니다. 그러나 방문한 위치의 모든 값을 기억하는 것은 부담이 클 수 있습니다. 그러므로 여기서는 단순히 재귀 호출 횟수가 몇 회 이상이 되면 순환으로 간주하겠습니다. 이때 최대 재귀 호출 횟수는 해시 테이블 크기와 같게 설정할 것이며, 이러한 방식의 구현은 좋은 성능을 보여줍니다.

```cpp
void insert(int key)
{
    insert_impl(key, 0, 1);
}

void insert_impl(int key, int cnt, int table)
{
    if (cnt >= size)
    {
        std::cout << key << " 삽입 시 순환 발생! 재해싱이 필요합니다!" << std::endl;
        return;
    }

    if (table == 1)
    {
        int hash = hash1(key);
        if (data1[hash] == -1)
        {
            std::cout << table << "번 테이블에 " << key << " 삽입" << std::endl;
            data1[hash] = key;
        }
        else
        {
            int old = data1[hash];
            data1[hash] = key;
            std::cout << table << "번 테이블에 " << key << " 삽입: 기존의 " << old
<< " 이동 -> ";
            insert_impl(old, cnt + 1, 2);
        }
    }
    else
    {
```

```
        int hash = hash2(key);
        if (data2[hash] == -1)
        {
            std::cout << table << "번 테이블에 " << key << " 삽입" << std::endl;
            data2[hash] = key;
        }
        else
        {
            int old = data2[hash];
            data2[hash] = key;
            std::cout << table << "번 테이블에 " << key << " 삽입: 기존의 " << old
<< " 이동 -> ";
            insert_impl(old, cnt + 1, 1);
        }
    }
}
```

실제 삽입 구현 함수는 세 개의 인자를 받습니다. key는 키를 의미하고, cnt는 재귀 호출 횟수이며, table은 키를 삽입할 테이블 번호입니다.

8. 해시 테이블에 저장된 모든 데이터를 출력하는 print() 함수도 만들겠습니다. 이 함수는 꼭 만들어야 하는 것은 아니지만, 여기서는 내부 동작을 쉽게 이해하기 위한 용도로 구현하겠습니다.

```
void print()
{
    std::cout << "Index: ";
    for (int i = 0; i < size; i++)
        std::cout << i << '\t';
    std::cout << std::endl;

    std::cout << "Data1: ";
    for (auto i : data1)
        std::cout << i << '\t';
    std::cout << std::endl;

    std::cout << "Data2: ";
    for (auto i : data2)
        std::cout << i << '\t';
    std::cout << std::endl;
}
};
```

**9.** main() 함수를 정의하고, 해시 맵 사용 코드를 추가합니다.

```
int main()
{
    hash_map map(7);
    map.print();
    std::cout << std::endl;

    map.insert(10);
    map.insert(20);
    map.insert(30);
    std::cout << std::endl;

    map.insert(104);
    map.insert(2);
    map.insert(70);
    map.insert(9);
    map.insert(90);
    map.insert(2);
    map.insert(7);
    std::cout << std::endl;

    map.print();
    std::cout << std::endl;

    map.insert(14);      // 순환 발생!
}
```

**10.** 지금까지 작성한 프로그램을 실행하면 다음과 같은 출력을 확인할 수 있습니다.

```
Index:  0      1      2      3      4      5      6
Data1: -1     -1     -1     -1     -1     -1     -1
Data2: -1     -1     -1     -1     -1     -1     -1
```

1번 테이블에 10 삽입
1번 테이블에 20 삽입
1번 테이블에 30 삽입

1번 테이블에 104 삽입: 기존의 20 이동 -> 2번 테이블에 20 삽입
1번 테이블에 2 삽입: 기존의 30 이동 -> 2번 테이블에 30 삽입
1번 테이블에 70 삽입
1번 테이블에 9 삽입: 기존의 2 이동 -> 2번 테이블에 2 삽입
1번 테이블에 90 삽입: 기존의 104 이동 -> 2번 테이블에 104 삽입: 기존의 2 이동 -> 1번 테이블에

2 삽입: 기존의 9 이동 -> 2번 테이블에 9 삽입

1번 테이블에 2 삽입: 기존의 2 이동 -> 2번 테이블에 2 삽입: 기존의 104 이동 -> 1번 테이블에 104

삽입: 기존의 90 이동 -> 2번 테이블에 90 삽입

1번 테이블에 7 삽입: 기존의 70 이동 -> 2번 테이블에 70 삽입

```
Index: 0        1        2        3        4        5        6
Data1: 7        -1       2        10       -1       -1       104
Data2: 2        9        20       70       30       90       -1
```

1번 테이블에 14 삽입: 기존의 7 이동 -> 2번 테이블에 7 삽입: 기존의 9 이동 -> 1번 테이블에 9 삽입: 기존의 2 이동 -> 2번 테이블에 2 삽입: 기존의 2 이동 -> 1번 테이블에 2 삽입: 기존의 9 이동 -> 2번 테이블에 9 삽입: 기존의 7 이동 -> 1번 테이블에 7 삽입: 기존의 14 이동 -> 14 삽입 시 순환 발생! 재해싱이 필요합니다!

프로그램 실행 결과를 보면 해시 테이블 내부에서 데이터가 어떻게 관리되고 있는지를 파악할 수 있습니다. 원소 삽입 시 기존의 원소가 어떻게 이동하는지도 자세히 보여줍니다. 마지막에 14를 입력할 때 순환이 발생한다는 것도 확인할 수 있습니다. 이 경우 일곱 번 이상의 내부 이동이 발생한 것입니다. 바로 위 print() 함수 출력 결과를 보면 이미 양쪽 테이블의 대부분이 채워져 있는 것을 확인할 수 있습니다. 즉, 전체 14개 셀 중에서 10개가 채워져 있는 상태이므로 원소 이동 가능성이 높은 상태입니다.

위 구현에서 삭제 연산은 lookup() 함수 호출과 벡터에서 특정 원소를 -1로 설정하는 형태로 구현되어 있으므로 시간 복잡도는 O(1)입니다. 원소 삽입에서만 어느 정도 시간을 필요로 할 뿐입니다. 그러므로 연습 문제 15의 구현 코드는 원소 삽입보다 룩업 연산이 훨씬 많은 응용 프로그램에 적합합니다.

뻐꾸기 해싱을 사용한 삽입, 검색, 삭제 연산의 예를 그림 3-11부터 그림 3-15까지 도식적으로 나타냈습니다.

▼ 그림 3-11 뻐꾸기 해싱을 사용하는 해시 테이블에 원소 삽입하기

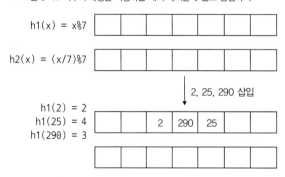

**▼ 그림 3-12 뻐꾸기 해싱을 사용하는 해시 테이블에서 충돌 처리하기**

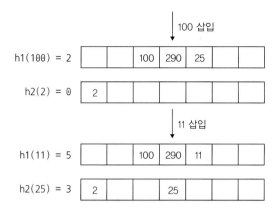

100 삽입

h1(100) = 2 | | | 100 | 290 | 25 | | |

h2(2) = 0 | 2 | | | | | |

11 삽입

h1(11) = 5 | | | 100 | 290 | 11 | | |

h2(25) = 3 | 2 | | | 25 | | |

**▼ 그림 3-13 뻐꾸기 해싱을 사용하는 해시 테이블에서 충돌 처리하기(계속)**

107 삽입

h1(107) = 2
h1(2) = 2 | | | 2 | 290 | 11 | | |

h2(100) = 0
h2(107) = 1 | 100 | 107 | | 25 | | |

**▼ 그림 3-14 뻐꾸기 해싱을 사용하는 해시 테이블에서 원소 검색**

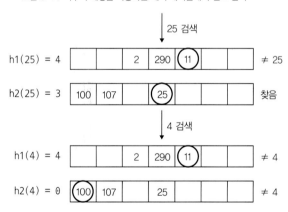

25 검색

h1(25) = 4 | | | 2 | 290 | ⑪ | | | ≠ 25

h2(25) = 3 | 100 | 107 | | ㉕ | | | 찾음

4 검색

h1(4) = 4 | | | 2 | 290 | ⑪ | | | ≠ 4

h2(4) = 0 | ⑩⓪ | 107 | | 25 | | | ≠ 4

**▼ 그림 3-15 뻐꾸기 해싱을 사용하는 해시 테이블에서 원소 삭제**

107 삭제

h1(107) = 2 | | | 2 | 290 | 11 | | |

h2(107) = 1 | 100 | | | 25 | | |

# 3.4 / C++ 해시 테이블

대부분의 응용 프로그램에서 룩업 연산은 매우 빈번하게 발생합니다. 그러나 해시 구현에서 항상 양의 정수만 취급할 수는 없습니다. 오히려 문자열 데이터를 다루게 되는 경우가 더 많습니다. 다시 영어 사전을 예로 들어보겠습니다. 영어 사전을 구현하려면 영어 단어를 키로 사용하고, 단어 뜻을 값으로 사용해야 합니다. 1장에서 언급했던 병원 기록 데이터베이스의 경우에도 환자 이름이 키가 되고, 환자와 관련된 정보는 값으로 취급해야 합니다.

정수로부터 해시 값을 계산하기 위해 사용했던 모듈로 함수는 문자열에는 적용할 수 없습니다. 간단한 해결책은 문자열의 모든 문자에 대한 ASCII 코드 값을 모두 더한 후에 모듈로 연산을 하는 것입니다. 그러나 같은 문자로 구성된 문자열이 너무 많아서 충돌이 빈번하게 발생할 수 있습니다.

C++는 문자열로부터 해시 값을 생성하는 용도로 `std::hash<std::string>(std::string)` 함수 객체를 제공합니다. 이 함수 객체 내부에는 해시 함수 알고리즘이 구현되어 있습니다. C++는 문자열 이외에도 모든 기본 데이터 타입에 대한 해시 값을 생성하는 기능도 제공합니다.

'연습 문제 14: 체이닝을 사용하는 해시 테이블'에서 구현했던 해시 테이블 코드를 템플릿 형태로 바꾸면 모든 데이터 타입에 대해 사용할 수 있는 형태로 만들 수 있습니다. STL은 이러한 기능을 `std::unordered_set<Key>`와 `std::unordered_map<Key, Value>` 형태로 미리 구현하여 제공합니다. `std::unordered_set`은 키만 저장할 수 있고, `std::unordered_map`은 키와 값을 함께 저장할 수 있습니다.

두 컨테이너 모두 체이닝을 사용하는 해시 테이블 형태로 구현되어 있습니다. 해시 테이블의 각 행은 키 또는 키와 값의 쌍을 저장하는 벡터입니다. 여기서 각 행을 **버킷**(bucket)이라고 부릅니다. 즉, 키로부터 해시 값을 구하면 이에 해당하는 버킷에 접근할 수 있습니다. 각 버킷은 하나의 리스트를 가집니다.

기본적으로 이들 컨테이너는 최대 1의 부하율을 가집니다. 해시 테이블 크기보다 원소 개수가 많아지게 되면 곧바로 해시 테이블 크기를 키우고, 해시 함수를 변경하는 재해싱이 일어납니다. 그 결과 부하율은 1보다 작아지게 됩니다. 사용자가 강제로 `rehash()` 함수를 호출하여 재해싱을 할 수도 있습니다. `max_load_factor(float)` 함수를 사용하여 기본값이 1로 되어 있는 부하율 최대 한계치를 변경할 수도 있습니다. 부하율이 지정된 최대 한계치를 넘어가면 재해싱이 발생합니다.

std::unordered_set과 std::unordered_map 컨테이너는 검색, 삽입, 삭제 등의 보편적인 기능을 제공합니다. 모든 원소에 차례대로 접근할 수 있도록 반복자 기능도 제공하고, 벡터나 배열 같은 다른 컨테이너로부터 곧바로 std::unordered_set 또는 std::unordered_map을 구성할 수 있는 생성자도 제공합니다. std::unordered_map은 [ ] 연산자를 이용하여 주어진 키에 해당하는 값을 받을 수도 있습니다.

다음 연습 문제를 통해 std::unordered_set과 std::unordered_map의 사용 방법에 대해 알아보겠습니다.

## 3.4.1 연습 문제 16: STL에서 제공하는 해시 테이블

이번 연습 문제에서는 std::unordered_set과 std::unordered_map을 사용하여 데이터 삽입, 삭제, 검색 등의 작업을 수행해보겠습니다.

**1.** 필요한 헤더 파일을 포함합니다.

```
#include <iostream>
#include <unordered_map>
#include <unordered_set>
```

**2.** 컨테이너에 들어 있는 모든 원소를 출력하는 print() 함수를 정의합니다.

```
void print(const std::unordered_set<int>& container)
{
    for (const auto& element : container)
        std::cout << element << " ";
    std::cout << std::endl;
}

void print(const std::unordered_map<int, int>& container)
{
    for (const auto& element : container)
        std::cout << element.first << ": " << element.second << ", ";
    std::cout << std::endl;
}
```

**3.** 원소 검색 결과를 효과적으로 화면에 출력하기 위해 find() 함수를 정의합니다.

```cpp
void find(const std::unordered_set<int>& container, const int element)
{
    if (container.find(element) == container.end())
        std::cout << element << " 검색: 실패" << std::endl;
    else
        std::cout << element << " 검색: 성공" << std::endl;
}

void find(const std::unordered_map<int, int>& container, const int element)
{
    auto it = container.find(element);
    if (it == container.end())
        std::cout << element << " 검색: 실패" << std::endl;
    else
        std::cout << element << " 검색: 성공, 값 = " << it->second << std::endl;
}
```

4. main() 함수를 만들고, 이 안에 unordered_set과 unordered_map을 사용하여 원소 삽입, 삭제, 검색을 수행하는 코드를 작성합니다.

```cpp
int main()
{
    std::cout << "*** std::unordered_set 예제 ***" << std::endl;
    std::unordered_set<int> set1 = {1, 2, 3, 4, 5};

    std::cout << "set1 초깃값: "; print(set1);

    set1.insert(2);
    std::cout << "2 삽입: "; print(set1);

    set1.insert(10);
    set1.insert(300);
    std::cout << "10, 300 삽입: "; print(set1);

    find(set1, 4);
    find(set1, 100);

    set1.erase(2);
    std::cout << "2 삭제: "; print(set1);

    find(set1, 2);

    std::cout << "*** std::unordered_map 예제 ***" << std::endl;
```

```
std::unordered_map<int, int> squareMap;

squareMap.insert({2, 4});
squareMap[3] = 9;
std::cout << "2, 3의 제곱 삽입: "; print(squareMap);

squareMap[20] = 400;
squareMap[30] = 900;
std::cout << "20, 30의 제곱 삽입: "; print(squareMap);

find(squareMap, 10);
find(squareMap, 20);
std::cout << "squareMap[3] = " << squareMap[3] << std::endl;
std::cout << "squareMap[100] = " << squareMap[100] << std::endl;
print(squareMap);
}
```

5. 지금까지의 코드를 실행하면 다음과 같은 출력이 나타납니다. 이들 컨테이너에서 저장된 원소 순서는 정해져 있지 않으며, 이 때문에 컨테이너 이름에 'unordered(정렬되지 않은)'가 들어갑니다.

```
*** std::unordered_set 예제 ***
set1 초깃값: 1 2 3 4 5
2 삽입: 1 2 3 4 5
10, 300 삽입: 1 10 2 300 3 4 5
4 검색: 성공
100 검색: 실패
2 삭제: 1 10 300 3 4 5
2 검색: 실패
*** std::unordered_map 예제 ***
2, 3의 제곱 삽입: 2 -> 4, 3 -> 9,
20, 30의 제곱 삽입: 2 -> 4, 3 -> 9, 20 -> 400, 30 -> 900,
10 검색: 실패
20 검색: 성공, 값 = 400
squareMap[3] = 9
squareMap[100] = 0
2 -> 4, 3 -> 9, 100 -> 0, 20 -> 400, 30 -> 900,
```

연습 문제 16에서 확인할 수 있듯이 두 컨테이너에서 삽입, 검색, 삭제가 정상적으로 동작합니다. 만약 벡터, 리스트, 배열, 덱 같은 다른 컨테이너에서 같은 연산을 실행하여 벤치마킹을 해보면 std::unordered_set과 std::unordered_map이 더 빠르게 동작한다는 것을 확인할 수 있을 것입니다.

연습 문제 16의 std::unordered_map 예제에서 키와 값의 쌍을 저장한 후, [] 연산자와 키를 이용하여 값을 받아올 수 있었습니다. 이 [] 연산자는 값에 대한 참조를 반환하므로 이를 이용하여 저장된 값을 변경할 수도 있습니다.

> **Note ≡** std::unordered_map의 [] 연산자는 참조를 반환하며, 만약 해당 키가 없다면 해당 위치에 기본값을 추가하여 반환합니다.

연습 문제 16에서 squareMap에 100을 삽입한 적이 없음에도 squareMap[100] = 0이 출력된 것을 볼 수 있습니다. 이는 [] 연산자가 실제 값이 없을 때는 기본값 0을 추가한 후 반환하기 때문입니다.

만약 현재 버킷의 개수를 알고 싶다면 bucket_count() 함수를 사용할 수 있습니다. 이외에도 load_factor(), max_bucket_count() 등의 함수를 이용하여 컨테이너 내부에서 사용되는 설정 값을 알 수 있습니다. 또한 rehash() 함수를 이용하여 수동으로 재해싱을 수행할 수 있습니다.

이들 컨테이너는 체이닝 기법을 사용하여 구현되었으므로 키와 값의 쌍을 서로 다른 버킷에 저장합니다. 그러므로 버킷에서 특정 키를 찾을 때 키가 같은지를 비교해야 합니다. 그러므로 키 타입에 대해 등호 연산이 정의되어 있어야 합니다. 또는 템플릿 매개변수로 비교자를 지정할 수 있습니다.

std::unordered_set과 std::unordered_map은 중복된 키를 허용하지 않습니다. 만약 중복된 값을 저장하고 싶다면 std::unordered_multiset 또는 std::unordered_multimap을 사용해야 합니다. 이 두 컨테이너의 삽입 함수는 주어진 키가 이미 존재하는지를 검사하지 않습니다. 또한 이들 컨테이너는 특정 키에 해당하는 모든 값을 얻을 수 있는 기능도 지원합니다. 이들 컨테이너에 대한 추가적인 사항은 이 책의 범위를 벗어나므로 더 이상 다루지 않겠습니다.

STL은 C++에서 지원하는 모든 기본 데이터 타입에 대한 해시 함수를 제공합니다. 따라서 앞서 언급했던 컨테이너에서 사용자 정의 클래스 또는 구조체를 키 타입으로 사용하려면 std 네임스페이스 안에서 해시 함수를 구현해야 합니다. 또는 컨테이너의 템플릿 매개변수로 해시 함수 객체를 지정할 수도 있습니다. 그러나 해시 함수를 직접 만드는 것은 그다지 좋은 생각이 아닙니다. 해시 함수를 어떻게 만드느냐가 성능에 큰 영향을 주기 때문입니다. 해시 함수를 잘 설계하려면 수학적 지식과 직면한 문제에 대한 상당한 연구와 이해가 필요합니다. 그러므로 해시 함수 설계는 이 책에서 다루지 않습니다. 다만 Boost 라이브러리에서 제공하는 hash_combine() 함수를 사용하여 원하는 해시 함수를 구성할 수 있습니다. 다음 예제를 참고하세요.

```
#include <boost/functional/hash.hpp>

struct Car
{
    std::string model;
    std::string brand;
    int buildYear;
};

struct CarHasher
{
    std::size_t operator()(const Car& car) const
    {
        std::size_t seed = 0;
        boost::hash_combine(seed, car.model);
        boost::hash_combine(seed, car.brand);
        return seed;
    }
};

struct CarComparator
{
    bool operator()(const Car& car1, const Car& car2) const
    {
        return (car1.model == car2.model) && (car1.brand == car2.brand);
    }
};

// 사용자 정의 구조체를 사용하는 unordered_set과 unordered_map 객체 생성하기
std::unordered_set<Car, CarHasher, CarComparator> carSet;
std::unordered_map<Car, std::string, CarHasher, CarComparator> carDescriptionMap;
```

이 코드에서 CarHasher 구조체는 () 연산자를 재정의한 함수 객체로, std::unordered_set 또는 std::unordered_map 객체를 생성할 때 템플릿 매개변수로 사용됩니다. 또한 CarComparator 구조체는 비교자의 역할을 하며, 마찬가지로 템플릿 매개변수로 사용됩니다. 이러한 방식을 사용하면 서로 다른 타입의 해시 함수와 비교자를 사용하는 여러 객체를 만들 수 있습니다.

해시 함수로 MD5, SHA-1, SHA-256 같은 복잡한 암호화 함수도 사용할 수 있습니다. 이들 알고리즘은 매우 복잡하며 파일 같은 다양한 종류의 데이터를 입력으로 받을 수 있습니다. 암호화 함수를 사용할 경우, 해시 값으로부터 원본 데이터를 알아내는 역해싱(reverse hashing)이 매우 어

렵기 때문에 보안 시스템에서 사용되기도 합니다. 예를 들어 비트코인 블록체인은 SHA-256 알고리즘을 사용하여 거래 내역의 진위 증명을 기록합니다.[2] 블록체인의 각 블록은 이전에 연결되었던 블록의 SHA-256 해시 값을 저장하고 있고, 현재 블록의 해시는 다음 블록에 저장됩니다. 특정 블록을 임의로 수정할 경우, 수정한 블록의 해시 값이 다음 블록에 저장된 값과 일치하지 않게 되므로 전체 블록체인이 무효화됩니다. 아무리 빠른 슈퍼 컴퓨터를 사용한다 하더라도 위조된 거래 내역을 만드는 데 수백 년의 시간이 걸릴 것입니다.

## 3.4.2 실습 문제 6: 긴 URL을 짧은 URL로 매핑하기

이번 실습 문제에서는 https://tinyurl.com/에서 제공하는 서비스와 비슷한 기능을 구현해보겠습니다. 이 사이트는 긴 URL을 짧은 길이의 단축 URL로 변환하는 서비스를 제공합니다. 이 단축 URL을 브라우저에 입력하면 이 사이트에서 원래 URL로 변환하여 제공합니다.

이를 위해 다음 기능을 구현해야 합니다.

- 사용자가 제공한 원본 URL과 단축 URL을 함께 저장해야 합니다.
- 주어진 단축 URL로부터 원본 URL을 검색할 수 있어야 합니다. 만약 원본 URL을 찾지 못하면 에러를 반환해야 합니다.

실습 문제를 해결하기 위해 다음 단계를 따라하세요.

1. unordered_map을 멤버로 갖는 새로운 클래스를 생성합니다.

2. 삽입 함수를 추가합니다. 이 함수는 원본 URL과 단축 URL 두 개를 인자로 받습니다.

3. 단축 URL로부터 원본 URL을 반환하는 검색 함수를 추가합니다.

---

2 **역주** SHA는 안전한 해시 알고리즘(Secure Hash Algorithm)을 의미하고, SHA-256은 256비트 해시 값을 생성하는 안전한 해시 알고리즘입니다.

# 3.5 블룸 필터

블룸 필터(bloom filter)는 해시 테이블에 비해 공간 효율이 매우 높은 방법이지만, 결정적(deterministic) 솔루션 대신 부정확한 결과를 얻을 수 있습니다. 블룸 필터는 거짓-부정(false negative)이 없다는 것은 보장하지만, 거짓-긍정(false positive)은 나올 수 있습니다. 즉, 특정 원소가 존재한다는 긍정적인 답변을 받을 경우, 이 원소는 실제로 있을 수도 있고 없을 수도 있습니다. 그러나 특정 원소가 존재하지 않는다는 부정적인 답변을 받았다면 이 원소는 확실히 없습니다.

뻐꾸기 해싱과 마찬가지로 블룸 필터도 여러 개의 해시 함수를 사용합니다. 보통 두 개의 해시 함수는 충분한 정확도를 기대하기 어렵기 때문에 세 개 이상을 사용해야 합니다. 블룸 필터는 실제 값을 저장하지는 않으며, 대신 특정 값이 있는지 없는지를 나타내는 부울 타입 배열을 사용합니다.

원소를 삽입할 경우, 모든 해시 함수 값을 계산하고 부울 타입 배열에서 이 해시 값에 대응되는 위치의 비트 값을 1로 설정합니다. 룩업의 경우, 모든 해시 함수 값을 계산하고 이에 대응되는 위치의 비트 값이 1로 설정되어 있는지를 검사합니다. 만약 검사한 모든 비트가 1이면 true를 반환합니다. 1이 아닌 비트가 하나라도 있다면 false를 반환하고, 이는 해당 원소가 없음을 의미합니다.

그럼 블룸 필터가 왜 결정적이지 않은 것일까요? 그 이유는 특정 비트가 다수의 원소에 의해 1로 설정될 수 있기 때문입니다. 즉, 특정 값 $x$와 연관된 모든 비트가 이전에 삽입된 다른 원소 값들에 의해 모두 1로 설정되어 있을 가능성이 있다는 뜻입니다. 이러한 경우 $x$에 대한 룩업 함수는 true를 반환할 것입니다. 이처럼 특정 원소가 있다고 잘못 판단하는 것을 거짓-긍정이라고 합니다. 원소 개수가 많아질수록 거짓-긍정이 발생할 가능성은 증가합니다. 그러나 $x$와 연관된 비트 중 하나라도 1로 설정되어 있지 않다면 $x$가 확실하게 없다고 말할 수 있습니다. 그러므로 거짓-부정은 발생할 수 없습니다.

부울 배열의 모든 원소가 true 또는 1로 설정될 경우, 이 배열은 포화 상태가 됩니다. 이 상태에서 룩업 함수는 항상 true를 반환하고, 삽입 함수는 블룸 필터 상태에 아무런 영향을 주지 못합니다.

블룸 필터를 이용한 원소 삽입과 검색 과정을 그림 3-16, 그림 3-17, 그림 3-18에 자세히 나타냈습니다.

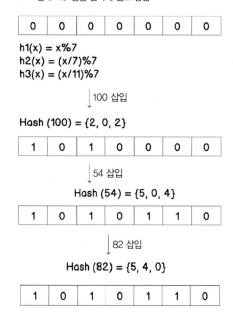

▼ 그림 3-16 블룸 필터에 원소 삽입

그림 3-17 블룸 필터에서 원소 검색

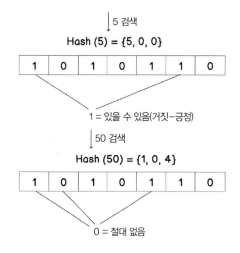

▼ 그림 3-17 블룸 필터에서 원소 검색

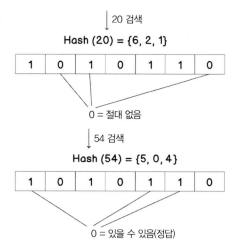

▼ 그림 3-18 블룸 필터에서 원소 검색(계속)

그림 3-16을 보면 원소를 삽입 시 세 개의 해시 함수를 이용하여 관련 비트를 모두 1로 설정한 것을 확인할 수 있습니다. 그림 3-17과 그림 3-18에서는 비트 단위 AND 연산을 이용하여 특정 원소가 있는지를 찾는 룩업 연산 과정을 확인할 수 있습니다.

다음 연습 문제에서는 C++를 이용하여 블룸 필터를 직접 구현해보겠습니다.

## 3.5.1 연습 문제 17: 블룸 필터 만들기

이번 연습 문제에서는 블룸 필터를 만들고 몇 가지 기본 연산을 수행해보겠습니다. 특히 거짓-긍정에 대한 테스트도 진행하겠습니다.

**1.** 필요한 헤더 파일을 포함합니다.

```
#include <iostream>
#include <vector>
```

**2.** 블룸 필터 구현 클래스를 정의하고 필요한 멤버를 추가합니다.

```
class bloom_filter
{
    std::vector<bool> data;
    int nBits;
```

**3.** 해시 함수를 추가합니다. 여기서는 매우 단순한 해시 함수를 사용하겠습니다.

```
    int hash(int num, int key)
    {
        switch (num)
        {
        case 0: return key % nBits;
        case 1: return (key / 7) % nBits;
        case 2: return (key / 11) % nBits;
        }

        return 0;
    }
```

이 함수의 인자 num은 내부에서 어떤 해시 함수를 사용할지 결정하는 역할을 합니다. 이렇게 함으로써 여러 개의 해시 함수를 따로 만들지 않아도 됩니다. 이 방법은 더 많은 해시 함수를 사용해야 하는 경우에도 쉽게 확장할 수 있습니다.

**4.** 블룸 필터의 생성자를 추가합니다.

```
public:
    bloom_filter(int n) : nBits(n)
    {
        data = std::vector<bool>(nBits, false);
    }
```

**5.** 룩업 함수를 추가합니다.

```cpp
void lookup(int key)
{
    bool result = data[hash(0, key)] & data[hash(1, key)] & data[hash(2, key)];

    if (result)
    {
        std::cout << key << ": 있을 수 있음" << std::endl;
    }
    else
    {
        std::cout << key << ": 절대 없음" << std::endl;
    }
}
```

lookup() 함수 구현은 매우 간단합니다. 이 함수는 필요한 모든 비트가 1로 설정되어 있는지를 검사합니다. 만약 가변 개수의 해시 함수를 사용한다면, 각각의 해시 함수와 연관된 비트가 모두 1로 설정되어 있는지를 반복문을 통해 확인하면 됩니다. 특정 키가 '있을 수 있음'이라고 출력하는 이유는 거짓-긍정이 발생할 수 있기 때문입니다. 반면에 result 값이 0인 경우에는 입력 키가 없음이 확실하기 때문에 '절대 없음'을 출력합니다.

**6.** 삽입 함수도 간단하게 구현할 수 있습니다.

```cpp
void insert(int key)
{
    data[hash(0, key)] = true;
    data[hash(1, key)] = true;
    data[hash(2, key)] = true;
    std::cout << key << "을(를) 삽입: ";

    for (auto a : data)
        std::cout << a << " ";
    std::cout << std::endl;
}
};
```

**7.** main() 함수를 작성하고 bloom_filter 클래스를 사용하는 코드를 추가합니다.

```cpp
int main()
{
```

```
        bloom_filter bf(7);
        bf.insert(100);
        bf.insert(54);
        bf.insert(82);

        bf.lookup(5);
        bf.lookup(50);
        bf.lookup(20);
        bf.lookup(54);
    }
```

**8.** 지금까지 작성한 코드를 수행하면 다음과 같은 출력이 나타납니다.

```
100을(를) 삽입: 1 0 1 0 0 0 0
54을(를) 삽입: 1 0 1 0 1 1 0
82을(를) 삽입: 1 0 1 0 1 1 0
5: 있을 수 있음
50: 절대 없음
20: 절대 없음
54: 있을 수 있음
```

출력 결과를 보면 거짓-긍정이 발견되지만, 거짓-부정은 나타나지 않는 것을 확인할 수 있습니다.

main() 함수와 bloom_filter 클래스 생성자 코드를 보면 이 프로그램에서 필요한 정보를 저장하기 위해 겨우 7비트만을 사용했습니다. 필터 크기를 좀 더 크게 설정하고 해시 함수를 보완하면 훨씬 더 나은 성능을 얻을 수 있습니다. 예를 들어 배열 크기를 소수인 1023으로 늘려도 실제로는 130바이트보다 작은 메모리를 사용하는 것이며, 이는 다른 방법보다는 훨씬 작은 메모리만 사용하는 것입니다. 해시 테이블 크기를 1023으로 늘렸다면 해시 함수도 $hash(x) = x \% 1023$ 같은 형태로 사용할 수 있고, 이 경우 더 나은 숫자들의 분포와 결과를 얻을 수 있습니다.

블룸 필터는 컨테이너에 실제 데이터를 저장하지 않기 때문에 다양한 타입의 데이터에 대해서도 사용할 수 있습니다. 해시 함수를 충분히 잘 만들었다면 하나의 블룸 필터에 정수, 문자열, 실수 등의 데이터를 섞어서 삽입할 수도 있습니다.

블룸 필터를 사용하기에 적합한 실제 상황을 꽤 많이 찾을 수 있습니다. 즉, 데이터양이 너무 많아서 해시 테이블조차도 사용하기가 버겁고, 거짓-양성이 있어도 괜찮은 경우가 있습니다. 예를 들어 Gmail이나 Outlook 같은 이메일 서비스 사이트에서 새로운 이메일 주소를 만들려고 할 때, 사용자가 입력한 이메일을 이미 다른 사람이 사용하고 있는지를 검사해야 합니다. 데이터베이스에 수십억 개의 이메일이 있을 경우, 이러한 기본적인 검사도 매우 빈번하게 수행해야 하기 때문에 성능에 영향을 줄 수 있습니다. 다행히 사용하고 있지 않은 이메일 주소를 사용 중이라고 판단한다고 해도 큰 문제는 없습니다. 사용자는 다른 이메일 주소를 새로 입력할 테니까요. 이러한 경우에 블룸 필터를 사용하는 것이 좋은 선택일 수 있습니다. 이에 대한 좀 더 자세한 내용은 '실습 문제 7: 이메일 주소 중복 검사'에서 살펴보겠습니다.

페이스북 광고와 같은 새로운 추천 광고 선택 알고리즘도 블룸 필터를 사용하기에 적합한 예입니다. 페이스북은 사용자가 매번 접속할 때마다 새로운 광고를 보여줍니다. 이 경우 사용자가 이미 보았던 모든 광고의 ID를 블룸 필터에 저장합니다. 그리고 사용자가 다음 번 접속했을 때 특정 광고의 ID를 블룸 필터에서 검색합니다. 만약 사용자가 보지 않았던 광고를 블룸 필터가 이미 보았다고 (거짓-긍정) 판단하더라도 단순히 해당 광고를 보여주지 않으면 그만입니다. 사용자는 자신이 어떤 광고를 보지 못했는지를 알 수가 없기 때문에 큰 문제가 되지 않습니다. 이러한 방식으로 매번 아주 빠르게 새로운 광고를 선택하여 보여줄 수 있습니다.

## 3.5.2 실습 문제 7: 이메일 주소 중복 검사

이번 실습 문제에서는 Gmail이나 Outlook 같은 이메일 서비스 사이트에 가입할 때 볼 수 있는 이메일 주소 중복 검사 프로그램을 만들어보겠습니다. 여기서는 블룸 필터를 이용하여 사용자가 입력한 이메일 주소가 이미 다른 사람이 사용하고 있는지 여부를 검사하겠습니다.

실습 문제를 해결하기 위해 다음 단계를 따라하세요.

1. 해시 함수 개수와 블룸 크기를 지정할 수 있는 BloomFilter 클래스를 생성합니다.

2. OpenSSL 라이브러리[3]의 MD5 알고리즘을 사용하여 주어진 이메일 주소로부터 해시 값을 생성합니다. MD5는 128비트(16바이트) 해싱 알고리즘입니다. MD5의 각 바이트를 해시 값으로 사용함으로써 해시 함수를 대체할 수 있습니다.

3. 블룸 필터에 이메일 주소를 추가하려면 2단계에서 계산한 해시 값의 모든 비트를 true로 설정해야 합니다.

4. 특정 이메일 주소를 검색하기 위해 2단계에서 계산한 해시 값의 모든 비트가 true로 설정되어 있는지를 확인해야 합니다.

---

3 [역주] 윈도에서는 https://slproweb.com/products/Win32OpenSSL.html에서 미리 빌드된 OpenSSL 라이브러리를 내려받아 설치할 수 있습니다. 리눅스는 https://www.openssl.org/source/에서 소스 코드를 내려받아 직접 빌드해야 합니다.

# 3.6 나가며

룩업 문제는 대부분의 응용 프로그램에서 어떤 식으로든 만나게 됩니다. 이 경우 필요에 따라 결정적 솔루션과 확률적 솔루션을 선택하여 사용할 수 있습니다. 이 장에서는 두 가지 방법을 모두 소개했습니다. 이 장의 뒷부분에서는 C++에서 제공하는 해싱 관련 컨테이너에 대해서도 알아봤습니다. 이들 컨테이너를 이용하면 응용 프로그램을 개발할 때 여러분이 직접 해시 테이블을 작성하지 않아도 되기 때문에 매우 유용합니다. 컨테이너에서 find() 함수를 많이 사용한다면 룩업 기반 솔루션을 고려해야 합니다.

지금까지 다양한 유형의 자료 구조에 데이터를 저장하고 기본적인 연산을 수행하는 방법에 대해 알아봤습니다. 다음 장부터는 다양한 알고리즘 설계 기법에 대해 알아보고, 주요 연산을 최적화하는 방법에 대해 설명하겠습니다.

memo

# 4<sup>장</sup>

# 분할 정복

이 장을 마치면 다음 작업을 수행할 수 있습니다.

- 분할 정복 설계 패러다임을 설명할 수 있습니다.
- 병합 정렬, 퀵 정렬, 선형 시간 선택 등의 대표적인 분할 정복 알고리즘을 구현할 수 있습니다.
- 맵리듀스 프로그래밍 모델을 사용하여 문제를 해결할 수 있습니다.
- 멀티스레드를 사용하는 C++ 맵리듀스 라이브러리의 사용 방법을 배울 수 있습니다.

이 장에서는 분할 정복 알고리즘 설계 패러다임에 대해 알아보고, 이를 이용한 다양한 계산 문제 해결 방법에 대해 설명하겠습니다.

# 4.1 들어가며

이전 장에서는 널리 사용되는 자료 구조에 대해 알아봤습니다. 자료 구조는 다양한 방식의 데이터 저장 방식을 의미하며, 그 안에 저장된 데이터에 접근하는 데 필요한 비용을 결정합니다. 그러나 데이터를 저장하고 검색하는 방법 외에도 계산 문제를 해결하기 위해 데이터를 변환하는 방법도 프로그램의 유용성을 결정하는 중요한 요소입니다. 주어진 문제가 있을 때, 데이터에 대한 정확한 정의와 데이터 변환 순서는 일련의 명령에 의해 결정되며, 이를 **알고리즘**(algorithm)이라고 합니다.

알고리즘은 문제 정의에 필요한 것들을 입력으로 받고, 일련의 변환을 수행하여 결과를 출력합니다. 이 결과가 주어진 문제에 대한 올바른 솔루션이라면 이 알고리즘이 적절하다고 말할 수 있습니다. 알고리즘의 좋고 나쁨은 알고리즘 동작의 효율성에 의해 결정됩니다. 또는 알고리즘 수행에 필요한 명령의 개수도 판단의 근거가 될 수 있습니다.

그림 4-1은 알고리즘 수행에 필요한 단계 수를 입력 크기에 대한 함수 형태로 나타낸 것입니다. 복잡한 알고리즘일수록 입력 크기가 증가함에 따라 급격한 증가세를 보여주며, 일정 크기 이상의 입력에 대해서는 최신 컴퓨터 시스템을 사용하더라도 실행이 불가능할 수 있습니다. 예를 들어 초당 100만 개의 연산을 수행할 수 있는 컴퓨터가 있고 입력 크기가 50인 경우, $N\log(N)$의 연산 횟수를 필요로 하는 알고리즘은 283마이크로초가 소요되고, $N^2$ 연산을 필요로 하는 알고리즘은 2.5밀리초가 필요합니다. 그러나 $N!$(팩토리얼, factorial)의 연산 횟수를 필요로 하는 알고리즘이라면 대략 9,637,644,561,599,544,267,027,654,516,581,964,749,586,575,812,734.82세기가 필요하게 됩니다.

"주어진 알고리즘의 연산 횟수를 입력 크기 $N$에 대한 다항식 형태로 표현할 수 있다면 이 알고리즘은 효율적이라고 할 수 있습니다."

❤ 그림 4-1 입력 크기에 따른 알고리즘 수행 단계 변화

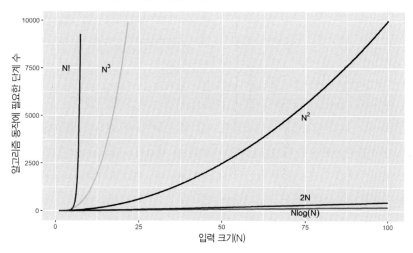

다항 시간(polynomial-time) 알고리즘을 이용하여 솔루션을 구할 수 있는 문제를 계산 복잡도 관점에서 클래스 P(Polynomial Time, 다항 시간) 문제라고 합니다. 이외에도 다른 형태의 계산 복잡도로 표현되는 문제들이 있으며, 다음은 대표적인 예입니다.

- **NP**(Non-Deterministic Polynomial Time, 비결정적 다항 시간) 문제는 특정 솔루션을 다항 시간으로 검증할 수는 있지만 알려진 다항 시간 솔루션은 없습니다.
- **EXPTIME**(Exponential Time, 지수 시간) 문제는 입력 크기에 대한 지수 함수 형태의 시간 복잡도 솔루션을 가집니다.
- **PSPACE**(Polynomial Space, 다항식 공간) 문제는 다항식 크기의 공간이 필요한 문제입니다.

P 문제 집합이 NP 문제 집합과 완전히 같은지를 알아내는 것을 P = NP 문제라고 합니다. 이 문제에는 100만 달러의 상금이 걸려 있지만 수십 년의 노력에도 아직 해결되지 않고 있습니다. '9장 동적 계획법 II'에서 P와 NP 유형 문제를 다시 살펴보겠습니다.

알고리즘은 수십 년 동안 컴퓨터 과학자에 의해 수학적 대상으로 연구되어 왔고, 효율적인 알고리즘을 설계하기 위한 일반적인 접근 방법(또는 패러다임)이 개발되어 다양한 문제 해결에 사용될 수 있게 되었습니다. 가장 널리 사용되는 알고리즘 설계 패러다임 중 하나는 분할 정복(divide-and-conquer)이며, 이 장에서 중점적으로 살펴볼 예정입니다.

분할 정복 유형의 알고리즘은 주어진 문제를 작은 부분 문제로 나누고, 나눠진 각 부분 문제의 솔루션을 구하고, 각 부분 문제 솔루션을 합쳐서 전체 문제에 대한 솔루션을 구하는 방식입니다. 널리 사용되고 있는 많은 알고리즘이 이 유형에 속하며, 이진 검색, 퀵 정렬, 병합 정렬, 행렬 곱셈, 고속 푸리에 변환(Fast Fourier Transform), 스카이라인 알고리즘(skyline algorithm) 등을 예로 들 수 있습니다. 이들 알고리즘은 데이터베이스, 브라우저, 자바 가상 머신 또는 V8 자바스크립트 엔진과 같은 언어 런타임 등 오늘날 사용되고 있는 대부분의 주요 응용 프로그램에서 찾아볼 수 있습니다.

이 장에서는 분할 정복을 사용하여 문제를 해결하는 방법을 설명하고, 주어진 문제가 분할 정복을 사용하기에 적합한지 식별하는 방법을 설명합니다. 그리고 문제를 재귀적으로 생각하는 연습을 하고, 주어진 문제를 분할 정복으로 해결하기 위해 사용할 수 있는 C++ 표준 라이브러리 함수에 대해 알아보겠습니다. 이 장의 뒷부분에서는 맵리듀스(MapReduce)에 대해 설명하고, CPU 레벨 및 시스템 레벨의 병렬화를 사용하도록 프로그램을 확장시키는 방법까지 알아봅니다.

그럼 먼저 분할 정복 방법을 사용하는 기본적인 알고리즘 중에서 먼저 이진 검색(binary search)에 대해 알아보겠습니다.

# 4.2 / 이진 검색

일반적인 검색 문제에 대해 생각해보겠습니다. 정렬되어 있는 정수 시퀀스가 있고, 여기에 숫자 $N$이 있는지 확인하려고 합니다. 이러한 형태의 검색 문제는 일상생활에서도 자주 나타납니다. 예를 들어 고객 ID 순서로 정렬된 파일 목록에서 특정 고객 ID의 파일을 찾는다든가 또는 선생님이 학생 등록부에서 학생들의 시험 점수를 확인하는 등의 문제가 검색과 관련이 있습니다.

이러한 검색 문제는 두 가지 방법으로 접근할 수 있습니다. 첫 번째 방법은 시퀀스 전체 원소를 방문하면서 해당 원소가 $N$과 같은지를 확인하는 것입니다. 이러한 방법을 **선형 검색**(linear search)이라고 하고, 다음과 같은 코드로 구현할 수 있습니다.

```cpp
bool linear_search(int N, std::vector<int>& sequence)
{
    for (auto i : sequence)
    {
```

```
        if (i == N)
            return true;    // 찾음!
    }

    return false;
}
```

이 방법의 장점은 입력 시퀀스의 정렬 여부와 상관없이 항상 잘 동작한다는 점입니다. 그러나 이 방법은 효율적이지 않으며, 주어진 배열이 정렬되어 있다는 점을 전혀 이용하지 못하고 있습니다. 선형 검색 알고리즘의 시간 복잡도는 $O(N)$입니다.

주어진 시퀀스가 정렬되어 있다는 사실을 이용하는 검색 방법은 다음과 같습니다.

1. 전체 시퀀스 범위를 range로 설정합니다.

2. 현재 range의 가운데 원소를 $M$이라고 하고, $M$과 $N$을 비교합니다.

3. 만약 $M = N$이면 시퀀스에서 $N$을 찾은 것이므로 검색을 중단합니다.

4. 그렇지 않으면 아래 두 규칙에 따라 range를 수정합니다.

    - 만약 $N < M$이면 $N$은 $M$의 왼쪽에 있을 것으로 예상할 수 있고, range에서 $M$ 오른쪽에 있는 모든 원소는 제거합니다.

    - 만약 $N > M$이면 range에서 $M$ 왼쪽에 있는 모든 원소를 제거합니다.

5. 만약 range에 한 개보다 많은 원소가 남아 있다면 2단계로 이동합니다.

6. 그렇지 않으면 주어진 시퀀스에 $N$이 존재하지 않는 것이며, 검색을 종료합니다.

1부터 9까지의 정수가 차례대로 증가하는 시퀀스 $S$에서 $N = 2$를 찾는 이진 검색 동작을 그림으로 확인해보겠습니다.

1. 먼저 $S$의 모든 원소를 range로 간주합니다. 현재 range에서 가운데 원소는 5입니다. 그러므로 $N$과 5를 비교합니다(그림 4-2).

♥ 그림 4-2 이진 검색 알고리즘 1단계

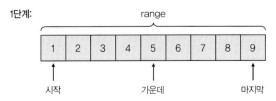

**2.** $N < 5$이므로, $N$이 시퀀스에 있다면 5 왼쪽에 있을 것입니다. 그러므로 입력 시퀀스에서 원소 5보다 오른쪽에 있는 원소들은 검색에서 고려하지 않아도 됩니다. 이제 검색 범위 range를 1에서 5 사이로 설정합니다. 그러면 가운데 원소가 3이 되며, 이제 $N$과 3을 비교합니다(그림 4-3).

▼ 그림 4-3 이진 검색 알고리즘 2단계

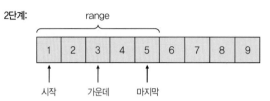

**3.** 현재 범위의 가운데 원소 3이 $N$보다 크므로, 시퀀스 시작 위치부터 원소 3이 있는 위치까지를 새로운 range로 설정합니다. 그러면 가운데 원소가 2가 되고, 이는 $N$과 같으므로 검색을 종료합니다(그림 4-4).

▼ 그림 4-4 이진 검색 알고리즘 3단계

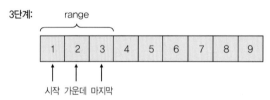

다음에 나오는 연습 문제 18에서 이진 검색을 직접 구현해보겠습니다.


## 4.2.1 연습 문제 18: 이진 검색 구현 및 성능 평가

이번 연습 문제에서는 이진 검색을 구현하고, 그 성능을 측정해보겠습니다.

**1.** 먼저 필요한 헤더 파일을 포함합니다.

```
#include <iostream>
#include <vector>
#include <chrono>
#include <random>
#include <algorithm>
```

**2.** 선형 검색 함수를 추가합니다.

```cpp
bool linear_search(int N, std::vector<int>& S)
{
    for (auto i : S)
    {
        if (i == N)
            return true;     // 원소를 찾음!
    }

    return false;
}
```

**3.** 이진 검색 함수를 추가합니다.

```cpp
bool binary_search(int N, std::vector<int>& S)
{
    auto first = S.begin();
    auto last = S.end();

    while (true)
    {
        // 현재 검색 범위의 중간 원소를 mid_element에 저장
        auto range_length = std::distance(first, last);
        auto mid_element_index = first + std::floor(range_length / 2);
        auto mid_element = *(first + mid_element_index);

        // mid_element와 N 값을 비교
        if (mid_element == N)
            return true;
        else if (mid_element > N)
            std::advance(last, -mid_element_index);
        if (mid_element < N)
            std::advance(first, mid_element_index);

        // 현재 검색 범위에 하나의 원소만 남아 있다면 false를 반환
        if (range_length == 1)
            return false;
    }
}
```

**4.** 이진 검색의 성능을 평가하기 위해 추가적으로 두 개의 테스트 함수를 만들겠습니다. 먼저 작은 크기의 배열에서 검색을 수행하는 테스트 함수를 작성하겠습니다.

```cpp
void run_small_search_test()
{
    auto N = 2;
    std::vector<int> S {1, 3, 2, 4, 5, 7, 9, 8, 6};

    std::sort(S.begin(), S.end());

    if (linear_search(N, S))
        std::cout << "선형 검색으로 원소를 찾았습니다!" << std::endl;
    else
        std::cout << "선형 검색으로 원소를 찾지 못했습니다." << std::endl;

    if (binary_search(N, S))
        std::cout << "이진 검색으로 원소를 찾았습니다!" << std::endl;
    else
        std::cout << "이진 검색으로 원소를 찾지 못했습니다." << std::endl;
}
```

**5.** 이번에는 큰 배열에서 검색을 수행하는 테스트 함수를 작성합니다.

```cpp
void run_large_search_test(int size, int N)
{
    std::vector<int> S;
    std::random_device rd;
    std::mt19937 rand(rd());

    // [1, size] 범위에서 정수 난수 발생
    std::uniform_int_distribution<std::mt19937::result_type> uniform_dist(1, size);

    // S에 난수 추가
    for (auto i = 0; i < size; i++)
        S.push_back(uniform_dist(rand));

    std::sort(S.begin(), S.end());

    // 검색 시간 측정 시작
    std::chrono::steady_clock::time_point begin = std::chrono::steady_clock::now();

    bool search_result = binary_search(N, S);
```

```
    // 검색 시간 측정 종료
    std::chrono::steady_clock::time_point end = std::chrono::steady_clock::now();

    auto diff = std::chrono::duration_cast<std::chrono::microseconds>(end - begin);
    std::cout << "이진 검색 수행 시간: " << diff.count() << std::endl;

    if (search_result)
        std::cout << "원소를 찾았습니다." << std::endl;
    else
        std::cout << "원소를 찾지 못했습니다." << std::endl;
}
```

6. 마지막으로 main() 함수에서 run_small_search_test()와 run_large_search_test() 함수를 호출하여 결과를 확인합니다. run_large_search_test() 함수에서는 서로 다른 크기의 난수 벡터에서 숫자 36543을 찾는 동작을 수행합니다.

```
int main()
{
    run_small_search_test();

    run_large_search_test(100000, 36543);
    run_large_search_test(1000000, 36543);
    run_large_search_test(10000000, 36543);

    return 0;
}
```

7. 이제 이 프로그램을 x64-Debug 모드에서 빌드하여 실행합니다. 그러면 다음과 같은 출력 결과를 확인할 수 있습니다.[1]

```
선형 검색으로 원소를 찾았습니다!
이진 검색으로 원소를 찾았습니다!
이진 검색 수행 시간: 16
원소를 찾았습니다.
이진 검색 수행 시간: 22
원소를 찾았습니다.
이진 검색 수행 시간: 25
원소를 찾지 못했습니다.
```

---

1  역주 배열 원소를 임의로 생성하기 때문에 원소 검색 결과가 다를 수 있으며, 실제 결과 화면은 책과 다를 수 있습니다.

main() 함수 코드를 보면 세 개의 입력 배열 크기는 각각 10배씩 커지고 있습니다. 그러므로 세 번째 배열은 첫 번째 배열보다 100배 많은 원소를 가지고 있지만 이진 검색에 걸린 시간은 약 10 마이크로초(us)밖에 증가하지 않았습니다.

앞선 테스트에서는 컴파일러의 최적화가 적용되지 않았고, 프로그램 동작 시 디버거(debugger)가 함께 동작하는 상태였습니다. 이번에는 디버깅 기능을 끄고, C++ 코드 최적화가 적용되면 어떻게 동작하는지 확인해보겠습니다. 연습 문제 18을 x64-Release 모드로 빌드하여 실행하면 다음과 같은 결과를 확인할 수 있습니다.

```
선형 검색으로 원소를 찾았습니다!
이진 검색으로 원소를 찾았습니다!
이진 검색 수행 시간: 1
원소를 찾았습니다.
이진 검색 수행 시간: 2
원소를 찾지 못했습니다.
이진 검색 수행 시간: 2
원소를 찾지 못했습니다.
```

입력 벡터 크기가 크게 증가했음에도 이진 검색 수행 시간이 거의 바뀌지 않은 것을 확인할 수 있습니다.[2]

앞선 이진 검색 구현에서는 std::distance()와 std::advance() 함수 같은 C++ 표준 라이브러리 함수와 반복자를 사용했습니다. 이러한 코딩 방식은 데이터 타입에 영향을 받지 않으면서 부정확한 배열 인덱스 사용 위험이 줄어들기 때문에 모던 C++에서 권장하는 방법입니다.

이번에는 부동소수점 숫자로 구성된 벡터를 검색하려고 합니다. 그러면 연습 문제 18에서 구현한 코드를 어떻게 변경해야 할까요? 이 물음에 대한 해답은 매우 간단합니다. 단순히 다음과 같은 형태로 함수 원형을 변경하면 됩니다.

```
bool linear_search(float N, std::vector<float>& S)
bool binary_search(float N, std::vector<float>& S)
```

이 두 함수의 내부 코드는 컨테이너의 동작에만 관여하고 실제 데이터 타입과는 무관하기 때문에 변경하지 않고 그대로 놔두어도 괜찮습니다. 이처럼 **알고리즘에서 사용하는 데이터 타입과 알고리즘 로직을 분리하는 것이 모던 C++에서 재사용 가능한 코드를 작성하는 기본 방침**입니다. 이 책에

---

2 **역주** 연습 문제 18에 나타난 실행 시간 분석은 사실 문제가 있습니다. 배열에서 원소를 찾은 경우와 찾지 못한 경우에 따라 실행 시간 차이가 발생할 수 있기 때문입니다. 일반적으로 배열에서 원소를 찾지 못한 경우에 더 많은 시간이 소요됩니다. 책에서는 원소를 찾지 못한 경우에도 이진 검색 시간이 크게 느리지 않다는 점에 주목하기 바랍니다.

서는 이러한 방식을 사용하는 예제 코드를 몇 개 더 소개할 것이며, 소스 코드를 안전하고 재사용 가능하게 작성하는 데 도움이 되는 표준 라이브러리 기능에 대해 좀 더 살펴볼 것입니다.

## 4.2.2 실습 문제 8: 예방 접종

독감이 유행하고 있어서 보건소 공무원이 학교에 방문하여 모든 아이에게 독감 예방 주사를 접종하려고 합니다. 그런데 문제가 하나 있습니다. 몇몇 어린이는 이미 독감 예방 주사를 맞았지만, 이 예방 주사가 보건소에서 접종할 종류의 백신인지 아닌지를 기억하지 못합니다. 다행히 보건소는 이미 예방 주사를 맞은 학생 목록이 담겨 있는 문서를 발견할 수 있었습니다. 이 문서에 나와 있는 목록의 일부를 그림 4-5에 나타냈습니다.

▼ 그림 4-5 예방 접종 기록의 일부

| 이름 | 성 | 독감 예방 주사 접종 여부 |
| --- | --- | --- |
| 1 | 3 | 예 |
| 2 | 2 | 아니요 |
| 2 | 3 | 예 |

이름과 성은 편의상 모두 정수로 표현했고, 이름 순서로 정렬되어 있다고 가정하겠습니다. 이제 목록에서 특정 학생의 예방 접종 상태를 조회하고, 해당 학생에게 예방 접종이 필요한지를 확인하는 프로그램을 작성해야 합니다.

다음 두 조건을 만족하는 학생은 예방 접종을 받아야 합니다.

- 목록에 없는 경우
- 목록에는 있지만 독감 예방 주사를 맞지 않은 경우

리스트에는 매우 많은 학생 기록이 저장되어 있어서 최대한 빠르고 효율적으로 동작하도록 프로그램을 만들어야 합니다. 이 프로그램의 출력 예는 다음과 같습니다.

```
이진 검색 소요 시간: 45us
(836 118) 학생은 예방 접종이 필요합니다.
이진 검색 소요 시간: 37us
(836 118) 학생은 예방 접종이 필요합니다.
이진 검색 소요 시간: 53us
(836 118) 학생은 예방 접종이 필요합니다.
```

실습 문제 8의 솔루션은 이진 검색 알고리즘을 조금 변형한 형태로 만들 수 있습니다. 다음 순서에 따라 실습 문제 솔루션을 작성하세요.

1. 학생을 표현하는 클래스 Student를 정의합니다.

```
class Student
{
    std::pair<int, int> name;
    bool vaccinated;
}
```

2. 표준 라이브러리의 std::sort() 함수를 이용하여 학생들의 벡터를 정렬할 수 있도록 Student 클래스의 크기 비교 연산자를 오버로딩합니다.

3. 학생이 리스트에 있는지 확인하기 위해 이진 검색을 수행합니다.

4. 만약 특정 학생이 리스트에 없다면 true를 반환합니다. 이 경우 해당 학생은 예방 접종을 맞아야 합니다.

5. 만약 특정 학생이 리스트에 있는데 아직 예방 접종을 받지 않았다면 true를 반환합니다.

6. 그 외의 경우에는 false를 반환합니다.

# 4.3 분할 정복 이해하기

분할 정복(divide-and-conquer) 접근 방법의 핵심 이론은 매우 단순하고 직관적입니다. 주어진 문제의 규모가 커서 한 번에 해결하기 어렵다면 이를 작은 부분 문제로 나눠서 해결하는 방식입니다. 부분 문제로 나누는 작업을 반복하여 그 해답을 찾고, 다시 그 해답을 합쳐서 처음 문제에 대한 해답을 유도하는 것이죠. 주어진 문제를 분할 정복 방법으로 해결하려면 다음과 같은 세 단계가 필요합니다.

1. **분할**(divide): 주어진 문제를 동일한 방식으로 해결할 수 있는 여러 부분 문제로 나눕니다.

2. **정복**(conquer): 각 부분 문제에 대한 해답을 구합니다.

3. **결합**(combine): 각 부분 문제의 해답을 결합하여 전체 문제에 대한 해답을 구합니다.

앞 절에서는 분할 정복을 사용하여 시퀀스에서 이진 검색을 수행하는 예를 살펴봤습니다. 이진 검색은 각 단계에서 전체 시퀀스의 일부에 대해서만 검색을 수행하며, 이 일부분의 시퀀스를 range로 표현했습니다. 원소를 찾았거나 또는 range를 더 작은 부분으로 나눌 수 없을 때 검색을 종료합니다. 그러나 이러한 이진 검색은 대부분의 분할 정복 알고리즘과는 조금 다른 면이 있습니다. 검색 문제에서는 시퀀스의 작은 range에서 원소를 찾을 수 있다면 전체 시퀀스에서도 원소를 찾을 수 있습니다. 즉, 전체의 일부에서 구한 해답이 전체에서 구한 해답과 같습니다. 그러므로 이 경우에는 일반적인 분할 정복 접근 방법에서 필요한 결합 과정이 필요하지 않습니다. 다만 이러한 특성은 분할 정복을 이용하여 해결할 수 있는 다수의 계산 문제에서 흔치 않은 경우입니다. 다음 절에서는 분할 정복 방법으로 문제를 해결하는 예제를 더 많이, 그리고 깊이 있게 살펴보겠습니다.

STRUCTURES & ALGORITHMS

# 4.4 / 분할 정복을 이용한 정렬 알고리즘

유명한 알고리즘 문제 중의 하나인 정렬(sorting)을 분할 정복으로 구현하는 방법에 대해 알아보겠습니다. 효율적인 정렬 알고리즘의 중요성은 아무리 강조해도 지나치지 않습니다. 1960년대 초기의 컴퓨터 제조업체는 CPU가 수행하는 작업 중 25%가 배열을 정렬하는 데 사용되었다고 추정했습니다. 그 후로 컴퓨팅 환경은 크게 변했지만 오늘날에도 정렬은 활발히 연구되고 있으며 여러 응용 프로그램에서 기본적인 연산으로 사용되고 있습니다. 예를 들어 데이터베이스의 인덱스에서도 정렬 알고리즘이 중요한 역할을 하고 있으며, 이를 통해 로그 함수 시간 복잡도로 저장된 데이터에 접근할 수 있습니다.

정렬 알고리즘 구현에 있어 필요한 요구 사항은 다음과 같습니다.

- 모든 데이터 타입에 대해 동작해야 합니다. 정수, 실수 등의 자료형에 모두 사용할 수 있어야 하고, 심지어 C++ 구조체 또는 클래스에 대해서도 서로 다른 멤버를 기준으로 정렬할 수 있어야 합니다.
- 정렬 알고리즘은 많은 양의 데이터를 처리할 수 있어야 합니다. 즉, 컴퓨터의 메인 메모리보다 큰 용량의 데이터에 대해서도 동작해야 합니다.
- 정렬 알고리즘은 점근적 시간 복잡도 측면이나 실제 동작 시에 빠르게 동작해야 합니다.

나열된 세 가지 조건을 모두 만족하면 바람직하지만, 현실적으로 두 번째와 세 번째 요구 사항을 동시에 만족하기는 어렵습니다. 두 번째 요구 사항은 외부 정렬(external sorting), 즉 컴퓨터의 메인 메모리에 데이터가 상주하지 않은 상태에서 수행되는 정렬을 필요로 합니다. 외부 정렬 알고리즘은 실행 중 임의 시점에서 전체 데이터의 일부만을 메모리에 올려놓고 동작할 수 있습니다.

이 장에서는 병합 정렬과 퀵 정렬을 소개합니다. 병합 정렬은 외부 정렬 알고리즘이고, 따라서 두 번째 조건을 만족합니다. 반면에 퀵 정렬은 이름에서 알 수 있듯이 가장 빠른 정렬 알고리즘으로 알려져 있으며, C++ 표준 라이브러리의 std::sort() 함수에서 사용됩니다.

## 4.4.1 병합 정렬

병합 정렬(merge sort)은 잘 알려진 정렬 알고리즘 중 하나이며 1940년대 후반에도 사용된 기록이 있습니다. 당시의 컴퓨터는 불과 수백 바이트의 메인 메모리를 가지고 있었으며, 복잡한 수학 문제 분석에 자주 사용되었습니다. 그러므로 모든 데이터를 메인 메모리에 불러올 수 없는 경우에도 정렬 알고리즘을 사용할 수 있어야 했습니다. 병합 알고리즘은 간단한 아이디어를 이용하여 이 문제를 해결했습니다. 즉, 많은 원소로 구성된 전체 집합을 작은 크기의 부분집합으로 나눠 각각을 정렬하고, 정렬된 부분집합을 오름차순 또는 내림차순 순서를 유지하면서 합치는 방식입니다.

❤ 그림 4-6 병합 정렬

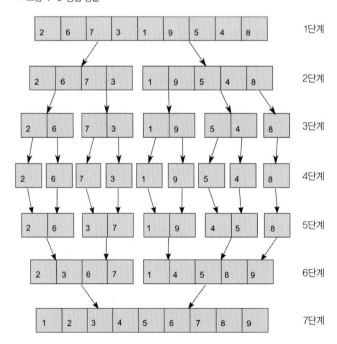

그림 4-6은 병합 정렬을 사용하여 정수 배열을 정렬하는 예를 보여줍니다. 이 알고리즘은 전체 배열을 여러 개의 부분 배열로 나누는 작업을 반복하며, 이 작업은 각 부분 배열이 하나의 원소만 가질 때 멈춥니다(1단계부터 4단계까지). 이후에는 다시 배열을 합치는 작업을 반복하며, 이때 합쳐진 배열의 원소 순서가 오름차순을 유지하도록 조정합니다.

## 4.4.2 연습 문제 19: 병합 정렬

이번 연습 문제에서는 병합 정렬 알고리즘을 구현해보겠습니다. 다음 단계를 차례대로 수행하세요.

**1.** 필요한 헤더 파일을 포함합니다.

```
#include <iostream>
#include <vector>
```

**2.** 두 개의 벡터를 병합하는 merge() 함수를 작성합니다.

```
template <typename T>
std::vector<T> merge(std::vector<T>& arr1, std::vector<T>& arr2)
{
    std::vector<T> merged;

    auto iter1 = arr1.begin();
    auto iter2 = arr2.begin();

    while (iter1 != arr1.end() && iter2 != arr2.end())
    {
        if (*iter1 < *iter2)
        {
            merged.emplace_back(*iter1);
            iter1++;
        }
        else
        {
            merged.emplace_back(*iter2);
            iter2++;
        }
    }
```

```
        if (iter1 != arr1.end())
        {
            for (; iter1 != arr1.end(); iter1++)
                merged.emplace_back(*iter1);
        }
        else
        {
            for (; iter2 != arr2.end(); iter2++)
                merged.emplace_back(*iter2);
        }

        return merged;
}
```

템플릿으로 구현된 merge() 함수는 T 타입의 벡터 두 개를 참조로 받고, 두 벡터의 원소를 하나로 병합한 새로운 벡터를 반환합니다. 이때 반환되는 벡터는 오름차순으로 정렬됩니다.

3. 앞서 구현한 merge() 함수를 사용하여 재귀적으로 병합 정렬을 구현합니다.

```
template <typename T>
std::vector<T> merge_sort(std::vector<T> arr)
{
    if (arr.size() > 1)
    {
        auto mid = size_t(arr.size() / 2);
        auto left_half = merge_sort<T>(std::vector<T>(arr.begin(),
            arr.begin() + mid));
        auto right_half = merge_sort<T>(std::vector<T>(arr.begin() + mid,
            arr.end()));

        return merge<T>(left_half, right_half);
    }

    return arr;
}
```

4. 벡터에 포함된 모든 데이터를 출력하는 함수를 작성합니다.

```
template <typename T>
void print_vector(std::vector<T> arr)
{
    for (auto i : arr)
```

```
        std::cout << i << " ";

    std::cout << std::endl;
}
```

**5.** 다음은 앞서 구현한 병합 정렬 알고리즘을 테스트하기 위한 함수입니다.

```
void run_merge_sort_test()
{
    std::vector<int>    S1 {45, 1, 3, 1, 2, 3, 45, 5, 1, 2, 44, 5, 7};
    std::vector<float>  S2 {45.6f, 1.0f, 3.8f, 1.01f, 2.2f, 3.9f, 45.3f, 5.5f,
                            1.0f, 2.0f, 44.0f, 5.0f, 7.0f};
    std::vector<double> S3 {45.6, 1.0, 3.8, 1.01, 2.2, 3.9, 45.3, 5.5,
                            1.0, 2.0, 44.0, 5.0, 7.0};
    std::vector<char>   C {'b', 'z', 'a', 'e', 'f', 't', 'q', 'u', 'y'};

    std::cout << "정렬되지 않은 입력 벡터:" << std::endl;
    print_vector<int>(S1);
    print_vector<float>(S2);
    print_vector<double>(S3);
    print_vector<char>(C);
    std::cout << std::endl;

    auto sorted_S1 = merge_sort<int>(S1);
    auto sorted_S2 = merge_sort<float>(S2);
    auto sorted_S3 = merge_sort<double>(S3);
    auto sorted_C = merge_sort<char>(C);

    std::cout << "병합 정렬에 의해 정렬된 벡터:" << std::endl;
    print_vector<int>(sorted_S1);
    print_vector<float>(sorted_S2);
    print_vector<double>(sorted_S3);
    print_vector<char>(sorted_C);
    std::cout << std::endl;
}

int main()
{
    run_merge_sort_test();
    return 0;
}
```

**6.** 지금까지의 소스 코드를 빌드하여 실행하면 다음과 같은 출력 결과를 확인할 수 있습니다.

```
정렬되지 않은 입력 벡터:
45 1 3 1 2 3 45 5 1 2 44 5 7
45.6 1 3.8 1.01 2.2 3.9 45.3 5.5 1 2 44 5 7
45.6 1 3.8 1.01 2.2 3.9 45.3 5.5 1 2 44 5 7
b z a e f t q u y

병합 정렬에 의해 정렬된 벡터:
1 1 1 2 2 3 3 5 5 7 44 45 45
1 1 1.01 2 2.2 3.8 3.9 5 5.5 7 44 45.3 45.6
1 1 1.01 2 2.2 3.8 3.9 5 5.5 7 44 45.3 45.6
a b e f q t u y z
```

이번 연습 문제에서 작성한 병합 정렬 코드는 정렬할 데이터 타입에 의존적이지 않으며, 오직 컨테이너에서 지원하는 함수만 사용하여 구현했습니다.


## 4.4.3 퀵 정렬

병합 정렬의 목적이 대용량의 데이터를 정렬하는 것이라면, 퀵 정렬(quick sort)은 평균 실행 시간을 줄이는 것이 목표입니다. 퀵 정렬의 기본 아이디어는 병합 정렬과 같습니다. 즉, 원본 입력 배열을 작은 크기의 부분 배열로 나누고, 각 부분 배열을 정렬한 후, 그 결과를 합쳐서 전체 정렬된 배열을 생성합니다. 다만 퀵 정렬의 핵심 연산은 병합이 아니라 분할입니다.


### 퀵 정렬의 분할 연산 방법

입력 배열이 주어지고 입력 배열 중 피벗(pivot) 원소 P를 선택했을 경우, 퀵 정렬을 위한 분할 연산은 다음 두 단계로 이루어집니다.

**1.** 입력 배열을 두 개의 부분 배열 L과 R로 나눕니다. L은 입력 배열에서 P보다 작거나 같은 원소를 포함하는 부분 배열이고, R은 입력 배열에서 P보다 큰 원소를 포함하는 부분 배열입니다.

**2.** 입력 배열을 L, P, R 순서로 재구성합니다.

그림 4-7은 정렬되지 않은 배열에서 첫 번째 원소를 피벗으로 선택하여 분할 연산을 적용한 결과를 보여줍니다.

▼ 그림 4-7 피벗 선택과 분할 연산

이러한 방식으로 분할 연산을 수행하면 피벗 P는 배열이 최종적으로 정렬되었을 때 P가 실제로 있어야 하는 위치로 이동하게 됩니다. 예를 들어 그림 4-7의 경우, 피벗 원소 5가 분할 연산 후 배열의 다섯 번째 위치로 이동했습니다. 이는 배열 전체를 오름차순으로 정렬했을 경우, 원소 5가 있어야 하는 위치와 같습니다.

이러한 특징은 퀵 정렬 알고리즘의 핵심 아이디어이며, 전체 퀵 정렬 알고리즘은 다음과 같습니다.

1. 입력 배열 A가 두 개 이상의 원소를 가지고 있다면 A에 분할 연산을 수행합니다. 그러면 부분 배열 L과 R이 생성됩니다.

2. 1단계의 입력으로 L을 사용합니다.

3. 1단계의 입력으로 R을 사용합니다.

여기서 2단계와 3단계는 분할 연산에 의해 생성된 부분 배열에 재귀적으로 적용됩니다. 이러한 분할 연산을 재귀적으로 반복할수록 모든 원소가 차츰 오름차순으로 정렬됩니다. 퀵 정렬 재귀 트리(recursion tree)는 빠르게 깊은 형태로 구성될 수 있으며, 여섯 개의 원소로 이루어진 배열 {5, 6, 7, 3, 1, 9}에 퀵 정렬을 적용한 예를 그림 4-8에 나타냈습니다.

그림 4-8은 이전 단계에서 분할된 부분 배열에 대해 새로 선택한 피벗을 이용하여 분할 연산이 반복적으로 적용되는 것을 보여줍니다. 이 예제에서는 배열의 첫 번째 원소를 피벗으로 선택하여 사용했습니다. 입력 배열이 어떤 순서로 되어 있는지를 알 수 없기 때문에 임의의 원소를 피벗으로 선택하여 사용해도 무방합니다.

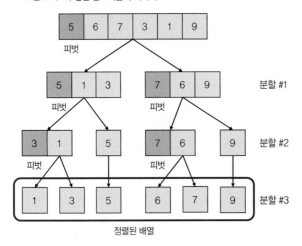

▼ 그림 4-8 퀵 정렬 알고리즘의 시각화

## 4.4.4 연습 문제 20: 퀵 정렬

이번 연습 문제에서는 퀵 정렬을 구현해보고, 실제 데이터에 대해 퀵 정렬 동작을 확인해보겠습니다.

**1.** 다음 헤더 파일을 포함합니다.

```
#include <iostream>
#include <vector>
```

**2.** 분할 동작을 위한 partition() 함수를 다음과 같이 작성합니다.

```
template <typename T>
auto partition(typename std::vector<T>::iterator begin,
    typename std::vector<T>::iterator end)
{
    // 세 개의 반복자를 생성합니다.
    // 하나는 피벗을 가리키고, 나머지 둘은 벡터의 시작과 마지막 원소를 가리킵니다.
    auto pivot_val = *begin;
    auto left_iter = begin + 1;
    auto right_iter = end;

    while (true)
    {
        // 벡터의 첫 번째 원소부터 시작하여 피벗보다 큰 원소를 찾습니다.
```

```
        while (*left_iter <= pivot_val && std::distance(left_iter, right_iter) > 0)
            left_iter++;

        // 벡터의 마지막 원소부터 시작하여 역순으로 피벗보다 작은 원소를 찾습니다.
        while (*right_iter > pivot_val && std::distance(left_iter, right_iter) > 0)
            right_iter--;

        // 만약 left_iter와 right_iter가 같다면 교환할 원소가 없음을 의미합니다.
        // 그렇지 않으면 left_iter와 right_iter가 가리키는 원소를 서로 교환합니다.
        if (left_iter == right_iter)
            break;
        else
            std::iter_swap(left_iter, right_iter);
    }

    if (pivot_val > *right_iter)
        std::iter_swap(begin, right_iter);

    return right_iter;
}
```

partition() 함수는 컨테이너 객체에서 분할 연산을 적용할 원소의 시작과 끝 반복자를 인자로 받고, 분할 연산에 의해 생성되는 오른쪽 부분 배열의 시작 원소를 가리키는 반복자를 반환합니다. 즉, 주어진 벡터가 분할되어 피벗보다 큰 원소는 오른쪽 부분에 위치하게 되고, 피벗보다 작거나 같은 원소는 왼쪽 부분에 나타나게 됩니다.

3. 퀵 정렬 알고리즘은 분할 연산을 재귀적으로 수행합니다. 다음은 퀵 정렬을 수행하는 quick_sort() 함수의 구현입니다.

```
template <typename T>
void quick_sort(typename std::vector<T>::iterator begin,
    typename std::vector<T>::iterator last)
{
    // 만약 벡터에 하나 이상의 원소가 있다면
    if (std::distance(begin, last) >= 1)
    {
        // 분할 작업을 수행
        auto partition_iter = partition<T>(begin, last);

        // 분할 작업에 의해 생성된 벡터를 재귀적으로 정렬
        quick_sort<T>(begin, partition_iter - 1);
```

```
            quick_sort<T>(partition_iter, last);
        }
    }
```

**4.** print_vector() 함수는 벡터의 모든 원소를 화면에 출력합니다.

```
template <typename T>
void print_vector(std::vector<T> arr)
{
    for (auto i : arr)
        std::cout << i << " ";

    std::cout << std::endl;
}
```

**5.** 병합 정렬을 구현한 연습 문제 19와 같은 데이터를 사용하여 퀵 정렬을 테스트하겠습니다.

```
void run_quick_sort_test()
{
    std::vector<int>    S1 {45, 1, 3, 1, 2, 3, 45, 5, 1, 2, 44, 5, 7};
    std::vector<float>  S2 {45.6f, 1.0f, 3.8f, 1.01f, 2.2f, 3.9f, 45.3f, 5.5f, 1.0f,
2.0f, 44.0f, 5.0f, 7.0f};
    std::vector<double> S3 {45.6, 1.0, 3.8, 1.01, 2.2, 3.9, 45.3, 5.5, 1.0, 2.0,
44.0, 5.0, 7.0};
    std::vector<char>   C {'b', 'z', 'a', 'e', 'f', 't', 'q', 'u', 'y'};

    std::cout << "정렬되지 않은 입력 벡터:" << std::endl;
    print_vector<int>(S1);
    print_vector<float>(S2);
    print_vector<double>(S3);
    print_vector<char>(C);
    std::cout << std::endl;

    // arr.end()는 맨 마지막 원소 다음을 가리키므로 arr.end() - 1 형태로 호출합니다.
    quick_sort<int>(S1.begin(), S1.end() - 1);
    quick_sort<float>(S2.begin(), S2.end() - 1);
    quick_sort<double>(S3.begin(), S3.end() - 1);
    quick_sort<char>(C.begin(), C.end() - 1);

    std::cout << "퀵 정렬 수행 후의 벡터:" << std::endl;
    print_vector<int>(S1);
    print_vector<float>(S2);
    print_vector<double>(S3);
```

```cpp
    print_vector<char>(C);
    std::cout << std::endl;
}
```

**6.** main() 함수에서는 run_quick_sort_test() 함수를 호출합니다.

```cpp
int main()
{
    run_quick_sort_test();
    return 0;
}
```

**7.** 지금까지의 프로그램을 실행하면 다음과 같은 출력을 볼 수 있습니다.

```
정렬되지 않은 입력 벡터:
45 1 3 1 2 3 45 5 1 2 44 5 7
45.6 1 3.8 1.01 2.2 3.9 45.3 5.5 1 2 44 5 7
45.6 1 3.8 1.01 2.2 3.9 45.3 5.5 1 2 44 5 7
b z a e f t q u y

퀵 정렬 수행 후의 벡터:
1 1 1 2 2 3 3 5 5 7 44 45 45
1 1 1.01 2 2.2 3.8 3.9 5 5.5 7 44 45.3 45.6
1 1 1.01 2 2.2 3.8 3.9 5 5.5 7 44 45.3 45.6
a b e f q t u y z
```

퀵 정렬의 실행 시간은 피벗을 어떻게 선택했는가에 따라 달라집니다. 최선의 경우는 주어진 배열에서 중간 위치의 원소를 피벗으로 사용하는 경우입니다. 이 경우, 각 단계에서 동일한 크기의 부분 배열로 나눠지므로 재귀 트리의 깊이는 정확하게 $\log(n)$입니다. 배열 중간 값을 피벗으로 선택하지 않으면 분할된 크기가 서로 불균형하게 되면서 재귀 트리가 깊어지게 되고, 그 결과 실행 시간이 증가합니다.

병합 정렬과 퀵 정렬의 점근적 시간 복잡도를 나타내면 다음과 같습니다.

▼ 그림 4-9 병합 정렬과 퀵 정렬의 점근적 시간 복잡도

| 알고리즘 | 최선의 경우 | 평균 | 최악의 경우 |
|---|---|---|---|
| 병합 정렬 | $O(n\log n)$ | $O(n\log n)$ | $O(n\log n)$ |
| 퀵 정렬 | $O(n\log n)$ | $O(n\log n)$ | $O(n^2)$ |

## 4.4.5 실습 문제 9: 부분 정렬

앞서 연습 문제 19와 연습 문제 20에서는 벡터의 모든 원소를 오름차순(또는 내림차순)으로 전체 정렬하는 코드를 작성했습니다. 그러나 이러한 전체 정렬이 필요하지 않은 경우도 있습니다. 예를 들어 전 세계 모든 사람의 나이를 저장한 벡터가 있고, 이 중에서 나이가 많은 10% 사람들 중에서 중앙값을 찾아야 한다고 생각해보겠습니다.

직관적인 방법은 전체 나이를 정렬하여 상위 10%만 추출하고, 이 중에서 중앙값을 찾으면 됩니다. 그러나 이 방법은 원하는 답을 구하기 위해 꼭 필요한 작업보다 더 많은 동작을 수행하기 때문에 낭비가 발생합니다. 왜냐하면 정렬된 전체 데이터에서 오직 10%만을 사용하기 때문입니다.

병합 정렬 또는 퀵 정렬과 같은 전체 정렬 알고리즘을 조금 변경하여 괜찮은 부분 정렬(partial sorting) 알고리즘을 유도할 수 있습니다. 부분 정렬 알고리즘은 입력 벡터에서 특정 개수의 원소만을 정렬하고 나머지는 정렬되지 않은 상태로 놔둡니다.

부분 퀵 정렬 알고리즘은 다음과 같이 정리할 수 있습니다.

1. 벡터 V가 주어지고, 이 중에서 $k$개 원소로 이루어진 정렬된 부분 벡터를 구해야 한다고 가정하겠습니다.

2. V의 첫 번째 원소를 피벗으로 선택하여 분할 연산을 수행합니다(첫 번째 원소를 피벗으로 선택한 것은 임의로 결정했습니다). 분할 연산의 결과로 두 개의 벡터 L과 R을 얻을 수 있습니다. 여기서 부분 벡터 L은 피벗보다 작은 원소만 가지고, R은 피벗보다 큰 원소만 가집니다. 이때 피벗이 이동하는 위치가 최종적으로 해당 피벗 원소가 있어야 하는 곳입니다.

3. L을 1단계의 입력으로 사용합니다.

4. 만약 2단계에서 구한 피벗 새 위치가 $k$보다 작으면 R을 1단계의 입력으로 사용합니다.

이번 실습 문제에서는 부분 퀵 정렬 알고리즘을 구현하고, 임의로 생성된 배열에 적용하여 출력을 확인할 것입니다. 크기가 100인 벡터에 대해 $k = 10$인 경우의 출력 예는 다음과 같습니다.

```
입력 벡터:
60 17 15 62 82 58 73 1 21 48 2 43 86 30 18 29 44 81 56 41 43 17 37 72 11 48 100 53 14
51 45 10 70 12 51 4 36 99 32 41 41 84 73 33 90 67 22 58 38 30 85 18 64 50 36 59 73 34
68 93 62 18 49 27 5 9 21 77 10 60 64 1 47 14 46 72 47 57 81 55 7 66 17 55 29 14 85 9
79 85 73 16 19 96 53 22 83 80 4 94

부분 퀵 정렬 수행 시간: 2us
(처음 10개 원소만) 부분 정렬된 벡터: 1 1 2 4 4 5 7 9 9 10 10 43 19 30 18 29 44 16 56 41
```

```
43 17 37 48 11 48 14 53 14 51 45 21 29 12 51 53 36 55 32 41 41 17 58 33 55 57 22 58
38 30 47 18 46 50 36 59 14 34 47 22 60 18 49 27 15 17 21 60 77 62 64 93 68 73 64 72
85 67 81 90 73 66 84 99 70 100 85 72 79 85 73 81 86 96 73 82 83 80 62 94

전체 퀵 정렬 수행 시간: 7us
전체 정렬된 벡터: 1 1 2 4 4 5 7 9 9 10 10 11 12 14 14 14 15 16 17 17 17 18 18 18 19 21
21 22 22 27 29 29 30 30 32 33 34 36 36 37 38 41 41 41 43 43 44 45 46 47 47 48 48 49
50 51 51 53 53 55 55 56 57 58 58 59 60 60 62 62 64 64 66 67 68 70 72 72 73 73 73 73
77 79 80 81 81 82 83 84 85 85 85 86 90 93 94 96 99 100
```

4

분할 정복분할 정복

## 4.4.6 선형 시간 선택

앞 절에서는 분할 정복 패러다임을 사용하는 알고리즘의 간단한 예를 살펴봤고, 분할과 병합 연산에 대해 소개했습니다. 지금까지 살펴본 분할 정복 알고리즘은 각 단계에서 문제를 정확하게 두개의 부분 문제로 나눴습니다. 그러나 각 단계에서 문제를 두 개 이상으로 분할하는 것이 더 유리한 경우도 있습니다. 이 절에서는 이러한 문제 중 하나인 선형 시간 선택(linear time selection)에 대해 알아보겠습니다.

학교에서 행진 밴드 퍼레이드를 계획하고 있다고 생각해보겠습니다. 이때 전체 학년의 학생들이 골고루 참여해야 하고, 선택된 학생들의 키가 들쑥날쑥하지 않아야 보기가 좋습니다. 이러한 문제를 해결하기 위해 다음과 같은 솔루션을 사용할 수 있습니다. 즉, 모든 학년에서 15번째로 키가 작은 학생만 선택하여 퍼레이드에 참여시키는 것입니다. 이 문제는 다음과 같이 해석할 수 있습니다. 정렬되지 않은 원소의 집합 S가 주어졌을 때, 여기서 $i$번째로 작은 원소를 찾아야 합니다. 단순한 방법은 전체 S를 정렬하고, 이 중 $i$번째 원소를 선택하는 것입니다. 그러나 이 방법의 시간복잡도는 O($n \log n$)입니다. 이 절에서는 분할 정복 방법을 사용하여 O($n$) 시간 복잡도를 갖는 솔루션을 구해보겠습니다.

이 솔루션은 분할 연산을 어떻게 사용하는가에 달려 있습니다. 여기서 소개하는 알고리즘은 다음과 같은 순서로 동작합니다.

**1.** 입력 벡터 V가 주어지면 여기서 $i$번째로 작은 원소를 찾으려고 합니다.

**2.** 입력 벡터 V를 $V_1$, $V_2$, $V_3$, ⋯, $V_{n/5}$으로 분할합니다. 각각의 부분 벡터 $V_i$는 다섯 개의 원소를 가지고 있고, 마지막 $V_{n/5}$은 다섯 개 이하의 원소를 가질 수 있습니다.

**3.** 각각의 $V_i$를 정렬합니다.

**4.** 각각의 $V_i$에서 중앙값 $m_i$를 구하고, 이를 모아서 집합 M을 생성합니다(그림 4-10).

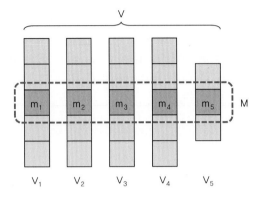

**5.** 집합 M에서 중앙값 $q$를 찾습니다(그림 4-11).

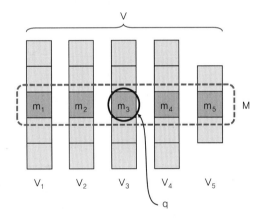

**6.** $q$를 피벗으로 삼아 전체 벡터 V를 L과 R의 두 벡터로 분할합니다(그림 4-12).

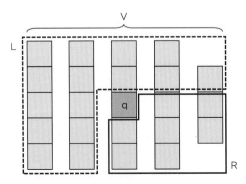

**7.** 이러한 방식으로 분할하면 부분 벡터 L은 $q$보다 작은 원소만을 가지고, 부분 벡터 R은 $q$보다 큰 원소만을 포함하게 됩니다. 이때 L에 $(k - 1)$개의 원소가 있다고 가정하겠습니다.

- 만약 $i = k$이면, $q$는 V의 $i$번째 원소입니다.
- 만약 $i < k$이면, V = L로 설정하고 1단계로 이동합니다.
- 만약 $i > k$이면, V = R로 설정하고 1단계로 이동합니다.

연습 문제 21에서 이 알고리즘을 C++로 구현해보겠습니다.

## 4.4.7 연습 문제 21: 선형 시간 선택

이번 연습 문제에서는 선형 시간 선택 알고리즘을 구현해보겠습니다.

**1.** 필요한 헤더 파일을 포함합니다.

```
#include <iostream>
#include <vector>
```

**2.** 두 반복자 사이의 중간 값을 찾는 함수를 작성합니다.

```
template<typename T>
auto find_median(typename std::vector<T>::iterator begin,
    typename std::vector<T>::iterator last)
{
    // 정렬
    quick_sort<T>(begin, last);

    // 가운데(median) 원소 반복자를 반환
    return begin + (std::distance(begin, last) / 2);
}
```

**3.** '연습 문제 20: 퀵 정렬'에서는 분할 과정에서 주어진 벡터의 첫 번째 원소를 피벗으로 사용했습니다. 여기서는 피벗 위치 반복자를 인자로 받는 형태의 분할 함수를 만들어 사용하겠습니다.

```
template <typename T>
auto partition_using_given_pivot(typename std::vector<T>::iterator begin,
    typename std::vector<T>::iterator end,
    typename std::vector<T>::iterator pivot)
```

```
{
    // 피벗 위치는 함수 인자로 주어지므로,
    // 벡터의 시작과 마지막 원소를 가리키는 반복자를 정의합니다.
    auto left_iter = begin;
    auto right_iter = end;

    while (true)
    {
        // 벡터의 첫 번째 원소부터 시작하여 피벗보다 큰 원소를 찾습니다.
        while (*left_iter < *pivot && left_iter != right_iter)
            left_iter++;

        // 벡터의 마지막 원소부터 시작하여 역순으로 피벗보다 작은 원소를 찾습니다.
        while (*right_iter >= *pivot && left_iter != right_iter)
            right_iter--;

        // 만약 left_iter와 right_iter가 같다면 교환할 원소가 없음을 의미합니다.
        // 그렇지 않으면 left_iter와 right_iter가 가리키는 원소를 서로 교환합니다.
        if (left_iter == right_iter)
            break;
        else
            std::iter_swap(left_iter, right_iter);
    }

    if (*pivot > *right_iter)
        std::iter_swap(pivot, right_iter);

    return right_iter;
}
```

4. 선형 시간 검색 알고리즘을 다음과 같이 구현합니다.

```
template<typename T>
typename std::vector<T>::iterator linear_time_select(
    typename std::vector<T>::iterator begin,
    typename std::vector<T>::iterator last,
    size_t i)
{
    auto size = std::distance(begin, last);

    if (size > 0 && i < size)
    {
        // 다섯 개 원소로 구분하여 만들 부분 벡터 Vi의 개수 계산
```

```cpp
        auto num_Vi = (size + 4) / 5;
        size_t j = 0;

        // 각각의 Vi에서 중앙값을 찾아 벡터 M에 저장
        std::vector<T> M;
        for (; j < size / 5; j++)
        {
            auto b = begin + (j * 5);
            auto l = begin + (j * 5) + 5;

            M.push_back(*find_median<T>(b, l));
        }

        if (j * 5 < size)
        {
            auto b = begin + (j * 5);
            auto l = begin + (j * 5) + (size % 5);

            M.push_back(*find_median<T>(b, l));
        }

        // Vi의 중앙값으로 구성된 벡터 M에서 다시 중앙값 q를 찾음
        auto median_of_medians = (M.size() == 1) ? M.begin() :
            linear_time_select<T>(M.begin(), M.end() - 1, M.size() / 2);

        // 분할 연산을 적용하고 피벗 q의 위치 k를 찾음
        auto partition_iter = partition_using_given_pivot<T>(begin, last, median_of_
medians);
        auto k = std::distance(begin, partition_iter) + 1;

        if (i == k)
            return partition_iter;
        else if (i < k)
            return linear_time_select<T>(begin, partition_iter - 1, i);
        else if (i > k)
            return linear_time_select<T>(partition_iter + 1, last, i - k);
    }
    else
    {
        return begin;
    }
}
```

**5.** 병합 정렬 구현 함수를 추가합니다. 이 함수는 선형 시간 선택 알고리즘에 의해 선택된 *i*번째 원소가 정확한지를 확인하기 위한 용도로 사용할 것입니다.

```cpp
template <typename T>
std::vector<T> merge(std::vector<T>& arr1, std::vector<T>& arr2)
{
    std::vector<T> merged;

    auto iter1 = arr1.begin();
    auto iter2 = arr2.begin();

    while (iter1 != arr1.end() && iter2 != arr2.end())
    {
        if (*iter1 < *iter2)
        {
            merged.emplace_back(*iter1);
            iter1++;
        }
        else
        {
            merged.emplace_back(*iter2);
            iter2++;
        }
    }

    if (iter1 != arr1.end())
    {
        for (; iter1 != arr1.end(); iter1++)
            merged.emplace_back(*iter1);
    }
    else
    {
        for (; iter2 != arr2.end(); iter2++)
            merged.emplace_back(*iter2);
    }

    return merged;
}

template <typename T>
std::vector<T> merge_sort(std::vector<T> arr)
```

```
{
    if (arr.size() > 1)
    {
        auto mid = size_t(arr.size() / 2);
        auto left_half = merge_sort(std::vector<T>(arr.begin(), arr.begin() + mid));
        auto right_half = merge_sort(std::vector<T>(arr.begin() + mid, arr.end()));

        return merge<T>(left_half, right_half);
    }

    return arr;
}
```

**6.** 마지막으로 실제 테스트를 수행하는 함수를 작성합니다.

```
void run_linear_select_test()
{
    std::vector<int> S1 {45, 1, 3, 1, 2, 3, 45, 5, 1, 2, 44, 5, 7};
    std::cout << "입력 벡터:" << std::endl;
    print_vector<int>(S1);

    std::cout << "정렬된 벡터:" << std::endl;
    print_vector<int>(merge_sort<int>(S1));

    std::cout << "3번째 원소: " << *linear_time_select<int>(S1.begin(), S1.end() - 1,
3) << std::endl;
    std::cout << "5번째 원소: " << *linear_time_select<int>(S1.begin(), S1.end() - 1,
5) << std::endl;
    std::cout << "11번째 원소: " << *linear_time_select<int>(S1.begin(), S1.end() - 1,
11) << std::endl;
}

int main()
{
    run_linear_select_test();
    return 0;
}
```

**7.** 지금까지 작성한 프로그램을 빌드하여 실행하면 다음과 같은 출력을 확인할 수 있습니다.

```
입력 벡터:
45 1 3 1 2 3 45 5 1 2 44 5 7
```

정렬된 벡터:
1 1 1 2 2 3 3 5 5 7 44 45 45
3번째 원소: 1
5번째 원소: 2
11번째 원소: 44

선형 시간 선택 알고리즘에 대한 자세한 이론적 분석은 이 책의 범위를 벗어나지만 알고리즘 동작
방식에 대해서는 조금 살펴보겠습니다. linear_time_select() 함수는 입력 벡터 V에 대해 분할
연산을 수행하고, 분할된 부분 벡터 중 하나에 대해서만 재귀적으로 자기 자신을 호출합니다. 매
번 재귀 호출이 일어날 때마다 벡터 크기는 적어도 30% 줄어듭니다. 다섯 개의 원소에서 중앙값
을 찾는 작업은 상수 시간 연산이기 때문에 이 알고리즘에 의한 재귀 방정식을 풀어서 시간 복잡
도를 구해보면 $O(n)$이 됩니다.

> **Note** ≡ 선형 시간 선택 알고리즘에서 흥미로운 점은 입력 벡터 V를 다섯 개의 원소로 구성된 부분 벡터들로 분
> 할할 때 점근적 선형 복잡도가 달성된다는 점입니다. 더 나은 점근적 시간 복잡도를 얻을 수 있는 부분 벡터 크기 결정
> 방법은 여전히 미해결 문제입니다.

# 4.5 분할 정복 기법과 C++ 표준 라이브러리 함수

앞 절에서는 분할 정복 알고리즘에 필요한 기능을 직접 구현해보았습니다. 그러나 C++ 표준 라
이브러리는 미리 정의된 다수의 알고리즘 함수를 제공하고 있고, 이를 이용하면 프로그래머의 작
업량을 크게 줄일 수 있습니다. 그림 4-13에 나타난 표는 분할 정복 패러다임 알고리즘을 구현할
때 사용할 수 있는 유용한 C++ 표준 라이브러리 함수와 간략한 설명을 보여줍니다. 이들 함수의
구체적인 사용 방법은 이 책에서 설명할 범위를 벗어나므로 좀 더 자세한 설명은 다른 C++ 문서
를 참고하고, 다만 이 장에서 다루고 있는 개념과 연관시켜 각 함수의 동작을 이해하기 바랍니다.

| STL 함수 | 함수 설명 |
|---|---|
| std::binary_search() | 이진 검색을 이용하여 컨테이너에서 원소 하나를 찾습니다. |
| std::search() | 컨테이너에서 일련의 원소들을 찾습니다. |
| std::upper_bound() | 컨테이너에서 주어진 값보다 큰 원소가 나타나기 시작하는 위치의 반복자를 반환합니다. |
| std::lower_bound() | 컨테이너에서 주어진 값보다 작은 원소가 나타나기 시작하는 위치의 반복자를 반환합니다. |
| std::partition() | 분할 연산을 수행하고, 주어진 피벗보다 작은 원소는 피벗 왼쪽으로 옮기고 피벗보다 큰 원소는 피벗 오른쪽으로 옮깁니다. |
| std::partition_copy() | 분할 연산을 수행하고, 그 결과를 별도의 두 배열로 반환합니다. |
| std::is_partitioned() | 주어진 피벗을 기준으로 분할이 되어 있는지를 검사합니다. |
| std::stable_partition() | 분할 연산을 수행하며, 각 파티션 원소는 원본 순서를 유지합니다. |
| std::sort() | 컨테이너 원소를 정렬합니다. 내부적으로 여러 정렬 알고리즘을 조합하여 사용합니다. |
| std::stable_sort() | 컨테이너 원소를 정렬하되, 서로 순위가 같은 원소에 대해 원본 순서가 변경되지 않도록 정렬합니다. |
| std::partial_sort() | 컨테이너 전체가 아니라 일부 구간에 대해서 정렬합니다. |
| std::merge() | 두 개의 입력 컨테이너를 합칩니다. 이때 두 컨테이너의 원소 순서는 그대로 유지됩니다. |
| std::nth_element() | 컨테이너에서 n번째로 작은 원소를 반환합니다. |
| std::accumulate() | 컨테이너 원소의 누적 합을 계산합니다. 이 함수는 다른 외부 함수를 지정하여 누적 합이 아닌 다른 연산을 수행할 수도 있습니다. |
| std::transform() | 컨테이너와 함수가 주어지면, 컨테이너의 모든 원소에 대해 해당 함수를 적용하여 값을 수정합니다. |
| std::reduce() (C++17 문법) | 지정한 범위의 원소에 대해 리듀스 연산을 수행하고 결과를 반환합니다.[3] |

---

**3** 역주 std::accumulate() 함수와 유사한 역할을 하지만 병렬 처리를 지원하기 때문에 일반적으로 실행 속도가 더 빠릅니다.

# 4.6 맵리듀스: 더 높은 추상화 레벨의 분할 정복 기법

지금까지는 분할 정복을 알고리즘 설계 기법의 하나로서 살펴봤고, 미리 정의된 분할-정복-결합 (병합) 단계를 통해 문제를 해결하는 용도로 사용했습니다. 이 절에서는 약간 다른 관점에서 분할 정복을 다룹니다. 소프트웨어를 단일 컴퓨터 계산 능력 이상으로 확장하고 컴퓨터 클러스터를 이 용하여 문제를 해결하고자 할 때 분할 정복 기법을 적용하는 방법에 대해 살펴보겠습니다.

**맵리듀스**(MapReduce)를 처음 소개한 논문은 다음과 같이 시작합니다.

> "맵리듀스는 대규모 데이터셋을 생성하고 처리하기 위한 프로그래밍 모델 및 구현입니다. 사용자는 키와 값의 쌍을 처리하여 중간 단계의 키/값 쌍을 생성하는 맵(map) 함수와 같은 중간 단계 키에 해 당하는 모든 중간 단계 값을 병합하는 리듀스(reduce) 함수를 지정합니다."

Note ≡ 2004년 발표된 Jeffrey Dean과 Sanjay Ghemawat의 맵리듀스 모델에 대한 연구 논문은 다음 링크 에서 확인할 수 있습니다.

https://static.googleusercontent.com/media/research.google.com/ko//archive/mapreduce-osdi04. pdf

처음 논문이 발표된 이후 맵리듀스 프로그래밍 모델에 대한 여러 오픈 소스 구현 코드가 등장 했으며, 그중 대표적인 것은 하둡(Hadoop)입니다. 하둡은 하둡 분산 파일 시스템(HDFS, Hadoop Distributed File System)에 저장된 데이터를 다루는 맵과 리듀스 함수를 작성할 때 필요한 프로그래 밍 툴킷을 제공합니다. HDFS는 네트워크를 통해 연결된 수천 대의 컴퓨터 클러스터로 쉽게 확장 할 수 있으므로 맵리듀스 프로그램은 클러스터 크기에 따라 확장할 수 있습니다.

이 책은 하둡에는 관심이 없으며, 프로그래밍 패러다임의 일환으로 맵리듀스만 다루려고 합니다. 그리고 맵리듀스와 분할 정복 기법과의 연관성에 대해 살펴보겠습니다. 하둡을 사용하지 않는 대 신, 단일 컴퓨터에서 멀티스레드를 사용하여 병렬화를 구현한 맵리듀스 오픈 소스를 사용할 것입 니다.

## 4.6.1 맵과 리듀스 추상화

맵과 리듀스라는 용어는 Lisp 같은 함수형 프로그래밍 언어에서 기원합니다.

**맵**은 컨테이너 $C$를 입력으로 받아, 컨테이너의 모든 원소에 함수 $f(x)$를 적용하는 연산입니다. 예를 들어 $f(x) = x^2$ 함수를 사용할 경우에 대한 맵 연산을 그림 4-14에 나타냈습니다.

▼ 그림 4-14 맵 연산의 예

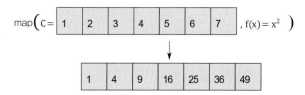

**리듀스**는 컨테이너 $C$의 모든 원소 $x$에 함수 $f(acc,x)$를 적용하여 하나의 값으로 축약하는 연산입니다. 예를 들어 $f(acc,x) = acc+x$ 함수를 사용할 경우에 대한 리듀스 연산의 예를 그림 4-15에 나타냈습니다.

▼ 그림 4-15 리듀스 연산의 예

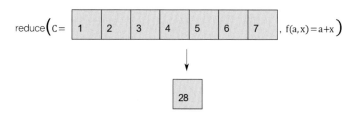

C++ 표준 라이브러리는 맵과 리듀스 연산을 std::transform()과 std::accumulate() 함수로 제공합니다(C++17에서는 std::reduce() 함수도 제공합니다).

> Note ≡ std::accumulate() 함수는 기본적으로 누적 연산을 수행하기 때문에 리듀스 연산의 제한된 형태라고 볼 수 있습니다. C++17을 지원하는 최신 컴파일러에서는 더 일반적이며 병렬 처리도 지원하는 std::reduce()를 사용할 수 있습니다.

다음 연습 문제에서는 C++ 표준 라이브러리를 이용하여 맵리듀스 기능을 구현해보겠습니다.

## 4.6.2 연습 문제 22: C++ 표준 라이브러리를 이용하여 맵과 리듀스 구현하기

이번 연습 문제에서는 맵과 리듀스 연산을 이해하기 위한 예제 코드를 작성해보겠습니다.

**1.** 필요한 헤더 파일을 포함합니다.

```cpp
#include <iostream>
#include <vector>
#include <algorithm>
#include <numeric>
#include <cmath>
```

**2.** 맵 연산 테스트 함수를 작성합니다. 여기서는 $f(x) = x^2$ 함수를 사용하여 인자로 넘어온 벡터의 모든 원소를 제곱합니다.

```cpp
void transform_test(std::vector<int> S)
{
    std::vector<int> Tr;
    std::cout << "[맵 테스트]" << std::endl;
    std::cout << "입력 배열, S: ";
    for (auto i : S)
        std::cout << i << " ";
    std::cout << std::endl;

    // std::transform() 함수 사용
    std::transform(S.begin(), S.end(), std::back_inserter(Tr),
        [](int x) { return std::pow(x, 2.0); });

    std::cout << "std::transform(), Tr: ";
    for (auto i : Tr)
        std::cout << i << " ";
    std::cout << std::endl;

    // std::for_each() 함수 사용
    std::for_each(S.begin(), S.end(),
        [](int& x) { x = std::pow(x, 2.0); });

    std::cout << "std::for_each(), S: ";
    for (auto i : S)
        std::cout << i << " ";
    std::cout << std::endl;
}
```

std::transform() 함수는 입력 벡터를 바꾸지 않고, 별도의 벡터를 만들어서 반환합니다. 반면에 std::for_each() 함수는 입력 벡터 자체를 변경합니다. 이 두 함수의 또 다른 차이점으로 std::transform() 함수는 입력 함수 f가 컨테이너의 첫 번째 원소부터 마지막 원소까지 순서대로 적용된다는 것이 보장되지 않습니다. C++17 부터는 std::transform() 함수도 ExecutionPolicy를 첫 번째 인자로 받아 병렬 처리를 수행할 수 있습니다.

3. 리듀스 연산 테스트 함수를 작성합니다.

```cpp
void reduce_test(std::vector<int> S)
{
    std::cout << std::endl << "[리듀스 테스트]" << std::endl;
    std::cout << "입력 배열, S: ";
    for (auto i : S)
        std::cout << i << " ";
    std::cout << std::endl;

    // std::accumulate() 함수 사용
    auto ans = std::accumulate(S.begin(), S.end(), 0,
        [](int acc, int x) { return acc + x; });
    std::cout << "std::accumulate(), ans: " << ans << std::endl;
}
```

4. main() 함수를 작성하고, 두 테스트 함수를 호출합니다.

```cpp
int main()
{
    std::vector<int> S {1, 10, 4, 7, 3, 5, 6, 9, 8, 2};

    transform_test(S);
    reduce_test(S);
}
```

5. 지금까지 작성한 프로그램을 실행하면 다음과 같은 결과를 확인할 수 있습니다.

```
[맵 테스트]
입력 배열, S: 1 10 4 7 3 5 6 9 8 2
std::transform(), Tr: 1 100 16 49 9 25 36 81 64 4
std::for_each(), S: 1 100 16 49 9 25 36 81 64 4

[리듀스 테스트]
입력 배열, S: 1 10 4 7 3 5 6 9 8 2
std::accumulate(), ans: 55
```

### 4.6.3 맵리듀스 프레임워크를 이용한 부분 통합

맵리듀스 모델을 사용하여 프로그램을 작성하려면 원하는 연산을 맵과 리듀스 두 단계로 표현할수 있어야 합니다. 맵(또는 파티션(Partition)) 단계에서는 입력을 중간 단계의 〈키, 값〉 쌍으로 표현하고, 리듀스 단계에서는 중간 단계의 〈키, 값〉 쌍을 원하는 방식으로 결합하여 최종 결과를 생성합니다. 이러한 과정을 그림 4-16에 나타냈습니다.

♥ 그림 4-16 일반적인 맵리듀스 프레임워크

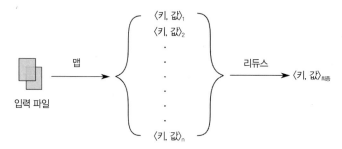

하둡은 맵과 리듀스 연산을 확장성 있고 분산 처리가 가능하게 만듦으로써 컴퓨터 클러스터에서동작할 수 있고 연산 시간을 크게 단축시킬 수 있습니다.

다음 연습 문제에서 맵리듀스 프레임워크를 사용하는 예제 코드를 만들어보겠습니다.

> **Note** ☰  연습 문제 23과 실습 문제 10은 Boost C++ 라이브러리를 사용합니다. 다음 링크에서 Boost 라이브러리를 내려받을 수 있습니다.
>
> - **윈도**: https://www.boost.org/doc/libs/1_71_0/more/getting_started/windows.html
> - **리눅스/맥OS**: https://www.boost.org/doc/libs/1_71_0/more/getting_started/unix-variants.html

### 4.6.4 연습 문제 23: 맵리듀스를 사용하여 소수 확인하기

양의 정수 $N$이 있을 때 1에서 $N$ 사이의 소수를 찾으려고 합니다. 이번 연습 문제에서는 맵리듀스프로그래밍 모델과 멀티스레드를 사용하여 이 문제를 해결해보겠습니다.

**1.** 우선 필요한 라이브러리를 포함하고, 소인수분해를 이용하여 주어진 정수가 소수인지를 확인하는 함수를 작성합니다.[4]

```cpp
#include <iostream>
#include "mapreduce.hpp"

namespace prime_calculator {

// 주어진 number가 소수인지를 확인
bool const is_prime(long const number)
{
    if (number > 2)
    {
        if (number % 2 == 0)
            return false;

        long const n = std::abs(number);
        long const sqrt_number = static_cast<long>(std::sqrt(
static_cast<double>(n)));

        for (long i = 3; i <= sqrt_number; i += 2)
        {
            if (n % i == 0)
                return false;
        }
    }
    else if (number == 0 || number == 1)
        return false;

    return true;
}
```

**2.** 지정한 범위 안에서 일정 간격의 정수를 생성하는 클래스를 정의합니다.

```cpp
// 정수 생성 클래스. first부터 last까지 step 간격의 정수를 생성
template<typename MapTask>
class number_source : mapreduce::detail::noncopyable
{
public:
```

---

4 **역주** 이 예제는 https://github.com/cdmh/mapreduce에서 제공하는 맵리듀스 프레임워크 라이브러리를 사용합니다. 이 중 연습 문제 실행에 필요한 파일은 예제 프로젝트 폴더 중 mapreduce 폴더 아래에서 찾을 수 있습니다.

```
number_source(long first, long last, long step)
    : sequence_(0), first_(first), last_(last), step_(step) {}

bool const setup_key(typename MapTask::key_type& key)
{
    key = sequence_++;
    return (key * step_ <= last_);
}

bool const get_data(typename MapTask::key_type const& key,
    typename MapTask::value_type& value)
{
    typename MapTask::value_type val;

    val.first = first_ + (key * step_);
    val.second = std::min(val.first + step_ - 1, last_);

    std::swap(val, value);
    return true;
}

private:
    long sequence_;
    long const step_;
    long const last_;
    long const first_;
};
```

**3.** 맵 연산을 수행하는 함수를 정의합니다.

```
struct map_task : public mapreduce::map_task<long, std::pair<long, long>>
{
    template<typename Runtime>
    void operator()(Runtime& runtime, key_type const& /*key*/, value_type const&
value) const
    {
        for (key_type loop = value.first; loop <= value.second; ++loop)
            runtime.emit_intermediate(is_prime(loop), loop);
    }
};
```

**4.** 리듀스 연산을 수행하는 함수를 정의합니다.

```cpp
struct reduce_task : public mapreduce::reduce_task<bool, long>
{
    template<typename Runtime, typename It>
    void operator()(Runtime& runtime, key_type const& key, It it, It ite) const
    {
        if (key)
            std::for_each(it, ite, std::bind(&Runtime::emit, &runtime, true,
std::placeholders::_1));
    }
};

typedef mapreduce::job<prime_calculator::map_task,
        prime_calculator::reduce_task,
        mapreduce::null_combiner,
        prime_calculator::number_source<prime_calculator::map_task>> job;

}    // prime_calculator 네임스페이스
```

prime_calculator 네임스페이스는 크게 세 가지 기능을 가지고 있습니다. 첫 번째는 전달된 정수가 소수인지를 판별하는 is_prime() 함수 정의입니다. 두 번째는 주어진 범위 내에서 정수를 생성하는 number_source() 클래스 정의입니다. 세 번째는 맵과 리듀스 연산을 수행하는 함수 객체 정의입니다. map_task는 long 타입으로 구성된 $\langle k, v \rangle$ 쌍을 발행합니다. $v$가 소수이면 $k$가 1이고, $v$가 소수가 아니면 $k$는 0입니다. reduce_task는 필터의 역할을 수행하며, $k$ = 1인 $\langle k, v \rangle$ 쌍을 출력으로 내보냅니다.

5. main() 함수를 작성하고, 맵리듀스를 이용하여 소수를 찾아내는 코드를 추가합니다.

```cpp
int main(int argc, char* argv[])
{
    mapreduce::specification spec;

    int prime_limit = 1000;

    // 스레드 개수 설정
    int cpu_cores = std::max(1U, std::thread::hardware_concurrency());
    spec.map_tasks = cpu_cores;
    spec.reduce_tasks = cpu_cores;

    // 지정한 범위의 정수 생성을 위한 객체
    prime_calculator::job::datasource_type datasource(0, prime_limit, prime_limit /
spec.reduce_tasks);
```

```
    std::cout << "0부터 " << prime_limit << " 사이의 정수에서 소수 판별:" << std::endl;
    std::cout << "CPU 코어 개수: " << cpu_cores << std::endl;

    // 맵리듀스 실행
    prime_calculator::job job(datasource, spec);
    mapreduce::results result;

    job.run<mapreduce::schedule_policy::cpu_parallel<prime_calculator::job> >(result);

    std::cout << "맵리듀스 실행 시간: " << result.job_runtime.count() << " sec." <<
std::endl;
    std::cout << "검출된 소수 개수: " << std::distance(job.begin_results(), job.end_
results()) << std::endl;

    // 결과 출력
    for (auto it = job.begin_results(); it != job.end_results(); ++it)
        std::cout << it->second << " ";
    std::cout << std::endl;

    return 0;
}
```

main() 함수에서는 맵리듀스 프레임워크에 필요한 매개변수를 설정한 후 계산 작업을 수행합니다. 그리고 리듀스 함수로부터 결과를 모아 화면에 출력합니다.

**6.** 지금까지 작성한 프로그램을 실행하면 다음과 같은 결과를 확인할 수 있습니다.

```
0부터 1000 사이의 정수에서 소수 판별:
CPU 코어 개수: 4
맵리듀스 실행 시간: 0.0072547 sec.
검출된 소수 개수: 168
2 3 5 7 11 13 17 19 23 29 31 37 41 43 47 53 59 61 67 71 73 79 83 89 97 101 103 107
109 113 127 131 137 139 149 151 157 163 167 173 179 181 191 193 197 199 211 223 227
229 233 239 241 503 509 521 523 541 547 557 563 569 571 577 587 593 599 601 607 613
617 619 631 641 643 647 653 659 661 673 677 683 691 701 709 719 727 733 739 743 251
257 263 269 271 277 281 283 293 307 311 313 317 331 337 347 349 353 359 367 373 379
383 389 397 401 409 419 421 431 433 439 443 449 457 461 463 467 479 487 491 499 751
757 761 769 773 787 797 809 811 821 823 827 829 839 853 857 859 863 877 881 883 887
907 911 919 929 937 941 947 953 967 971 977 983 991 997
```

맵리듀스 모델을 사용하는 프로그래밍의 주요 이점은 대규모로 확장 가능한 소프트웨어를 만들 수 있다는 점입니다. 연습 문제 23에서 사용한 맵리듀스 프레임워크는 단일 컴퓨터에서 병렬화를 달성하기 위해 멀티스레드를 사용합니다. 그러나 분산화를 지원할 수 있다면 이번 연습 문제에서 작성한 코드를 대규모 서버 클러스터에서 실행되도록 만들 수도 있고, 계산을 대규모로 확장할 수도 있습니다. 여기서 사용된 코드를 하둡과 같은 시스템으로 포팅하는 것은 자바에서는 간단한 작업이지만, 이 책의 범위를 벗어납니다.

## 4.6.5 실습 문제 10: 맵리듀스를 이용하여 워드카운트 구현하기

이 장에서는 분할 정복의 기본 개념이 알고리즘 설계 기법으로서 얼마나 강력한지 알아봤고, 또한 크고 복잡한 계산에서도 분할 정복 개념이 사용될 수 있다는 점을 배웠습니다. 이번 실습 문제에서는 큰 문제를 작은 부분 문제로 나누고, 각 부분 문제의 솔루션을 구한 후, 맵리듀스 모델을 사용하여 일련의 솔루션을 합치는 연습을 해보겠습니다.

여기서 다룰 문제는 맵리듀스 논문에서 소개된 것으로 내용은 다음과 같습니다. 텍스트가 저장된 파일이 여러 개 있을 때, 각각의 단어가 나타나는 횟수를 알아내려고 합니다. 이를 워드카운트 (WordCount) 문제라고 합니다. 예를 들어 다음과 같은 두 개의 파일이 있다고 가정하겠습니다.

**파일 1:**

```
The quick brown fox jumps over a rabbit
```

**파일 2:**

```
The quick marathon runner won the race
```

두 입력 파일을 분석하여 다음과 같은 결과를 출력해야 합니다.

```
The 2
quick 2
a 1
brown 1
fox 1
jumps 1
marathon 1
over 1
rabbit 1
race 1
runner 1
the 1
won 1
```

이러한 문제는 색인(indexing) 작업에서 자주 발생합니다. 즉, 대용량의 텍스트에 대해 내용을 인덱싱해야 추후 텍스트에 대한 검색이 빠르게 동작할 수 있습니다. 구글(Google) 또는 빙(Bing)과 같은 인터넷 검색 엔진에서 이러한 색인을 많이 사용합니다.

이번 실습 문제에서는 워드카운트 문제 해결을 위해 맵과 리듀스 기능을 구현해야 합니다. 이 실습 문제에서는 오픈 소스 맵리듀스 라이브러리를 사용하며, 이 라이브러리를 사용하기 위해 필요한 기본 뼈대 코드를 mapreduce_wordcount_skeleton.cpp 파일로 제공합니다.

다음의 가이드라인을 통해 문제를 해결하세요.

1. 먼저 mapreduce_wordcount_skeleton.cpp 파일을 충분히 읽고 이해해야 합니다. mapreduce.hpp 헤더 파일을 보면 Boost 라이브러리를 사용한다는 점을 확인할 수 있습니다. 제공되는 코드를 보면 맵 단계에서 $\langle k, v \rangle$ 쌍을 생성한다는 것을 확인할 수 있습니다. 여기서 $k$는 문자열이고, $v$는 1로 설정되어 있습니다. 예를 들어 입력 파일에 임의의 단어 $w_1$, $w_2$, $w_3$, ..., $w_n$이 저장되어 있다고 가정해보겠습니다. 이 경우 맵 단계는 $k = \{w_1, w_2, w_3, ..., w_n\}$인 $\langle k, 1 \rangle$ 쌍을 출력으로 내보내야 합니다. 이를 그림 4-17에 나타냈습니다.

▼ 그림 4-17 맵 단계

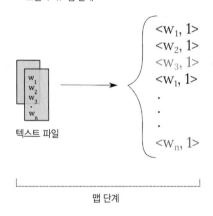

맵 단계

2. 맵 단계에서 필요한 코드의 골격은 다음과 같습니다.

```cpp
struct map_task : public mapreduce::map_task<
    std::string,                         // MapKey (filename)
    std::pair<char const*, std::uintmax_t>> // MapValue (memory mapped file contents)
{
    template<typename Runtime>
    void operator()(Runtime& runtime, key_type const& key, value_type& value) const
    {
```

```
            // 여기에 코드를 작성하세요.
            // runtime.emit_intermediate() 함수 사용
        }
    };
```

**3.** 맵 단계에서는 ⟨*k*, 1⟩ 쌍을 생성했으므로, 리듀스 단계에서는 같은 *k*에 해당하는 값을 모두 합치는 작업을 수행합니다(그림 4-18).

▼ 그림 4-18 리듀스 단계

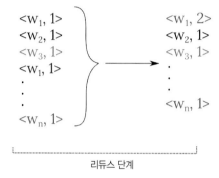

리듀스 단계

**4.** 제공되는 파일에서 리듀스 함수 객체는 두 개의 반복자를 인자로 받습니다. it 반복자부터 ite 반복자까지는 모두 같은 키를 갖는 원소 쌍으로 구성되어 있습니다. 리듀스 함수에서는 새로운 ⟨*k*, *v*⟩ 쌍을 생성해야 합니다. 여기서 *k*는 입력 원소 쌍의 키와 같고, *v*는 입력 원소 쌍의 개수입니다.

```
template<typename KeyType>
struct reduce_task : public mapreduce::reduce_task<KeyType, unsigned>
{
    using typename mapreduce::reduce_task<KeyType, unsigned>::key_type;

    template<typename Runtime, typename It>
    void operator()(Runtime& runtime, key_type const& key, It it, It const ite) const
    {
        // 여기에 코드를 작성하세요.
        // runtime.emit() 함수 사용
    }
};
```

**5.** 깃허브 예제 파일의 Lesson4/testdata 폴더에 두 개의 텍스트 파일을 넣어두었습니다. 이를 이용하여 실습 문제 10을 실행하면 다음과 같은 결과를 확인할 수 있습니다.

```
c:\Users\sunkyoo\source\repos\Lesson4>".\out\build\x64-Debug(기본값)\mapreduce_
wordcount.exe" .\testdata
맵리듀스를 이용한 워드카운트 프로그램
4개의 CPU 코어 사용
워드카운트를 위한 맵리듀스 병렬 실행...
맵리듀스 종료

MapReduce statistics:
   MapReduce job runtime                    : 0.002259s of which...
      Map phase runtime                     : 0.0016633s
      Reduce phase runtime                  : 0.0001734s

   Map:
      Total Map keys                        : 2
      Map keys processed                    : 2
      Map key processing errors             : 0
      Number of Map Tasks run (in parallel) : 4
      Fastest Map key processed in          : 0.0002585s
      Slowest Map key processed in          : 0.0002781s
      Average time to process Map keys      : 0.0002683s

   Reduce:
      Total Reduce keys                     : 4
      Reduce keys processed                 : 4
      Reduce key processing errors          : 0
      Number of Reduce Tasks run (in parallel): 4
      Number of Result Files                : 4
      Fastest Reduce key processed in       : 3.2e-06s
      Slowest Reduce key processed in       : 4.5e-05s
      Average time to process Reduce keys   : 3.575e-05s

맵리듀스 결과:
Goodbye 2
Hadoop  2
Hello   2
World   2

c:\Users\sunkyoo\source\repos\Lesson4>
```

# 4.7 나가며

이 장에서는 분할 정복을 두 가지 관점으로 살펴봤습니다. 처음에는 알고리즘 설계 패러다임의 하나로 살펴봤고, 그다음에는 소프트웨어를 확장시키는 도구로써 분할 정복을 사용했습니다. 병합 정렬과 퀵 정렬 같은 널리 사용되는 분할 정복 알고리즘에 대해 소개했습니다. 또한 단순한 분할 연산이 부분 정렬과 선형 시간 선택과 같은 다양한 문제를 해결하는 데 기초가 된다는 것도 배웠습니다.

이러한 알고리즘을 실제로 구현할 때 명심해야 할 사항은 알고리즘 자체에 대한 구현이 데이터 타입에 종속적이지 않아야 한다는 점입니다. C++의 템플릿을 사용하는 것도 좋은 방법이 될 수 있습니다. C++ 표준 라이브러리는 분할 정복 알고리즘을 구현할 때 사용할 수 있는 다양한 함수 또는 기능을 제공합니다.

분할 정복의 기본 개념은 매우 단순하기 때문에 주어진 문제를 해결하는 유용한 도구가 될 수 있고, 또한 맵리듀스 같은 병렬 프레임워크를 생성하는 데 도움이 되기도 합니다. 맵리듀스 프로그래밍 모델을 이용하여 주어진 범위에서 소수를 찾아내는 예제도 만들어보았습니다.

다음 장에서는 그리디 알고리즘 설계 패러다임을 다룰 것이며, 이를 이용하여 해결할 수 있는 분할 가능 배낭 문제와 그리디 그래프 컬러링 문제 등에 대해 살펴보겠습니다.

**4** 분할 정복

memo

# 5장

그리디 알고리즘

이 장을 마치면 다음 작업을 수행할 수 있습니다.

- 알고리즘 설계에서 그리디 접근 방식을 설명할 수 있습니다.
- 주어진 문제에서 최적 부분 구조와 그리디 선택 속성을 판별할 수 있습니다.
- 그리디 알고리즘을 구현하여 분할 가능 배낭 문제와 그래프 컬러링 문제를 해결할 수 있습니다.
- 디스조인트-셋 자료 구조를 이용하여 크루스칼 최소 신장 트리 알고리즘을 구현할 수 있습니다.

이 장에서는 알고리즘 설계에서 사용되는 다양한 '그리디' 접근 방식을 살펴보고 이를 실제 문제 해결에 적용하는 방법에 대해 알아보겠습니다.

# 5.1 들어가며

앞 장에서는 입력을 작은 부분 문제들로 나눠서 해결한 후, 그 결과를 병합하는 분할 정복 알고리즘에 대해 알아봤습니다. 이 절에서는 알고리즘 설계 패러다임의 다음 주제로 **그리디 알고리즘**(greedy algorithm)[1]에 대해 알아보겠습니다.

그리디 알고리즘은 매 단계에서 '가장 좋아 보이는' 해답을 선택하는 알고리즘입니다. 즉, 그리디 방법은 지역적인 최적의 해결 방법으로부터 전역적인 최적의 해결 방법을 구성하는 방식입니다. 예를 들어 그림 5-1은 인천국제공항에서 강남역까지 차로 이동하는 최단 경로를 보여줍니다. 이 경로상에 있는 임의의 두 지점을 선택할 경우, 이 두 지점의 최단 이동 거리는 처음에 구한 전체 최단 경로를 따라 이동함으로써 구할 수 있습니다.

---

1 　**역주** 그리디 알고리즘은 탐욕 알고리즘 또는 욕심쟁이 알고리즘 등으로 번역되고 있지만, 이 책에서는 원어 발음을 그대로 사용했습니다. 그리디 알고리즘은 특정한 순서로 구성된 알고리즘이라기보다는 매 순간 최선의 선택을 한다는 방법론에 가깝습니다. 그러므로 그리디 알고리즘이라는 용어 대신 그리디 접근 방법, 그리디 방식이라는 용어로도 많이 사용됩니다.

전체 최단 경로는 사실상 이 경로상에 존재하는 다수의 지점 사이를 최단 거리 경로로 모두 연결시켜 놓은 것이라고 볼 수 있습니다. 그러므로 어느 두 지점 사이의 최단 경로를 구하기 위하여 다음과 같은 방법을 사용할 수 있습니다. 즉, 출발 지점에서 아직 방문하지 않은 가장 가까운 지점까지의 경로를 찾고, 이를 목적 지점에 다다를 때까지 반복하는 것입니다. 이 방법이 구글 지도(Google Map) 또는 빙 지도(Bing Map) 같은 상용 소프트웨어에서 사용되는 다익스트라 최단 경로 알고리즘의 기본 개념입니다.

그리디 접근 방식은 너무 단순하기 때문에 몇몇 알고리즘 문제에만 적용할 수 있습니다. 그러나 이러한 그리디 방식의 단순함은 문제 해결을 위한 좋은 '첫걸음'이 될 수 있습니다. 이를 통해 주어진 문제의 속성과 행동을 이해할 수 있고, 이후 다른 복잡한 방법을 이용하여 문제를 해결할 수 있습니다.

이 장에서는 주어진 문제가 그리디 방식을 사용하기에 적합한지 판단하기 위해 사용되는 최적 부분 구조 속성과 그리디 선택 속성에 대해 알아보겠습니다. 그리고 주어진 문제가 이 두 가지 속성을 가지고 있을 경우, 그리디 방법에 의해 올바른 결과를 얻을 수 있다는 점을 알게 될 것입니다. 또한 실제로 그리디 솔루션이 사용되고 있는 몇몇 예제를 살펴볼 것입니다. 이 장의 뒷부분에서는 통신, 상수도관 네트워크, 전력 네트워크, 회로 설계 등에서 자주 발생하는 최소 신장 트리 문제에 대해 설명하겠습니다. 그러면 먼저 그리디 알고리즘을 이용하여 해결할 수 있는 몇몇 간단한 문제부터 살펴보겠습니다.

# 5.2 기본적인 그리디 알고리즘

이 절에서는 그리디 방식으로 해결할 수 있는 대표적인 두 문제인 **최단 작업 우선 스케줄링**(shortest-job-first scheduling)과 **분할 가능 배낭 문제**(fractional knapsack problem)에 대해 살펴보겠습니다.

## 5.2.1 최단 작업 우선 스케줄링

은행 창구에 줄을 서서 순서를 기다리는 사람들이 있습니다. 하필이면 은행이 바쁜 날이라서 하나의 창구에서만 업무를 보고 있고, 대기열에 $N$명의 사람이 기다리고 있습니다. 이들은 서로 다른 용무로 방문했기 때문에 일 처리에 필요한 시간은 사람들마다 서로 다릅니다. 대기열에 기다리고 있던 모든 사람이 매우 합리적이어서 평균 대기 시간이 최소화될 수 있도록 대기 순서를 다시 정하는 것에 동의했습니다. 그래서 이제 대기 순서를 어떻게 바꿔야 하는지를 결정해야 합니다.

이 문제를 좀 더 쉽게 이해하기 위해 예를 하나 들어보겠습니다. 그림 5-2는 은행의 대기열 순서를 보여줍니다. 여기서 $P_i$는 $i$번째 사람을 나타내고, $A_i$는 $P_i$의 일 처리 시간, $W_i$는 $P_i$가 기다려야하는 시간을 나타냅니다. 창구에서 가까운 사람이 먼저 일을 처리할 수 있으므로 첫 번째 사람 $P_0$의 대기 시간은 $A_0 = 0$입니다. 대기열에서 두 번째에 있는 사람은 첫 번째 사람의 일 처리 시간만큼 기다려야 하기 때문에 $A_1 = 8$입니다. 비슷한 방식으로 $i$번째 사람은 첫 번째 사람부터 $i - 1$번째 사람까지의 일 처리 시간의 합만큼 대기 시간이 필요합니다.

▼ 그림 5-2 처음 대기열 순서

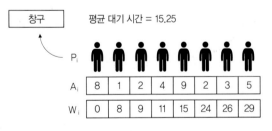

| 창구 | 평균 대기 시간 = 15.25 |
| --- | --- |

| $P_i$ | | | | | | | | |
| --- | --- | --- | --- | --- | --- | --- | --- | --- |
| $A_i$ | 8 | 1 | 2 | 4 | 9 | 2 | 3 | 5 |
| $W_i$ | 0 | 8 | 9 | 11 | 15 | 24 | 26 | 29 |

이 문제의 해답을 구하는 방식은 다음과 같습니다. 평균 대기 시간을 최소화하는 것이 목표이기 때문에 가능한 많은 사람의 대기 시간을 줄일 수 있는 방법을 찾아야 합니다. 모든 사람의 대기 시간을 줄이려면 일 처리가 가장 빨리 끝나는 사람을 맨 앞에 세워야 합니다. 이러한 방식을 반복하면 그림 5-3과 같은 형태의 순서를 재설정할 수 있습니다.

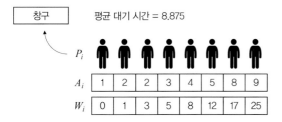

처음 대기열 순서에서는 평균 대기 시간이 15.25였지만, 대기열 순서를 조정한 후에는 평균 대기 시간이 8.875로 줄어들었습니다. 이는 거의 두 배로 성능이 향상된 것으로 볼 수 있습니다.

## 5.2.2 연습 문제 24: 최단 작업 우선 스케줄링

이번 연습 문제에서는 앞서 설명한 최단 작업 우선 스케줄링 문제를 구현해보겠습니다. 그림 5-2 와 같은 대기열이 있고, 이때 평균 대기 시간을 최소화하는 방법을 찾으려고 합니다.

1. 필요한 헤더 파일을 추가하고, 평균 대기 시간 계산 및 출력 함수를 추가합니다.

```cpp
#include <iostream>
#include <vector>
#include <algorithm>
#include <numeric>

template<typename T>
auto compute_waiting_times(std::vector<T>& service_times)
{
    std::vector<T> W(service_times.size());
    W[0] = 0;

    for (auto i = 1; i < service_times.size(); i++)
        W[i] = W[i - 1] + service_times[i - 1];

    return W;
}

template<typename T>
void print_vector(std::vector<T>& V)
{
    for (auto& i : V) {
```

```cpp
        std::cout.width(2);
        std::cout << i << " ";
    }
    std::cout << std::endl;
}


template<typename T>
void compute_and_print_waiting_times(std::vector<T>& service_times)
{
    auto waiting_times = compute_waiting_times<int>(service_times);

    std::cout << "- 처리 시간: ";
    print_vector<T>(service_times);

    std::cout << "- 대기 시간: ";
    print_vector<T>(waiting_times);

    auto ave_waiting_times = std::accumulate(waiting_times.begin(), waiting_times.
end(), 0.0) / waiting_times.size();
    std::cout << "- 평균 대기 시간: " << ave_waiting_times;

    std::cout << std::endl;
}
```

**2.** main() 함수를 추가하고 테스트 코드를 추가합니다.

```cpp
int main(int argc, char* argv[])
{
    std::vector<int> service_times {8, 1, 2, 4, 9, 2, 3, 5};

    std::cout << "[처음 일 처리 시간 & 대기 시간]" << std::endl;
    compute_and_print_waiting_times<int>(service_times);

    // 일 처리 시간을 오름차순으로 정렬
    std::sort(service_times.begin(), service_times.end());

    std::cout << std::endl;
    std::cout << "[정렬 후 일 처리 시간 & 대기 시간]" << std::endl;
    compute_and_print_waiting_times<int>(service_times);
}
```

**3.** 지금까지 작성한 프로그램을 실행하면 다음과 같은 출력을 확인할 수 있습니다.

```
[처음 일 처리 시간 & 대기 시간]
- 처리 시간:  8  1  2  4  9  2  3  5
- 대기 시간:  0  8  9 11 15 24 26 29
- 평균 대기 시간: 15.25

[정렬 후 일 처리 시간 & 대기 시간]
- 처리 시간:  1  2  2  3  4  5  8  9
- 대기 시간:  0  1  3  5  8 12 17 25
- 평균 대기 시간: 8.875
```

# 5.3 / 배낭 문제

이 절에서는 널리 알려져 있는 **배낭 문제**(knapsack problem)에 대해 알아보겠습니다. 먼저 **0-1 배낭 문제**(0-1 knapsack problem)라고도 부르는 일반 배낭 문제는 NP-완전 문제로 알려져 있어서 다항 시간 솔루션을 사용할 수 없습니다. 그러나 0-1 배낭 문제를 조금 변경한 **분할 가능 배낭 문제**(fractional knapsack problem)는 그리디 방식으로 해결할 수 있습니다. 이 두 가지 문제를 살펴보면서 문제 정의의 작은 차이가 문제 해결 방법에 큰 변화를 가져올 수 있다는 점을 확인하기 바랍니다.

## 5.3.1 0-1 배낭 문제

물건들의 집합 $O = \{O_1, O_2, ..., O_n\}$이 있고, 여기서 $i$번째 물건 $O_i$의 무게는 $W_i$이고 가격은 $V_i$입니다. 그리고 최대 무게를 $T$까지 견딜 수 있는 가방(배낭)이 하나 주어집니다. 이제 물건들을 가방에 담아야 하는데, 가방에 넣은 물건들의 가격 합이 최대가 되도록 물건을 선택하려고 합니다. 단, 물건들의 무게 합이 $T$를 넘지 않아야 합니다.

예를 들어 여러분이 무역을 하는 상인이고, 매출의 일정 비율을 이익으로 가져간다고 가정해보겠습니다. 이익을 극대화하려면 최대한 비싼 물건들을 가지고 다니면서 팔아야 하지만, 여러분이 사용할 수 있는 운송수단(또는 배낭)에는 최대 $T$ 무게까지의 물건만 실을 수 있습니다. 각각의 물건에 대한 무게와 가격은 이미 알고 있습니다. 물건들을 어떻게 조합해서 가지고 다녀야 전체 물건 가격이 최대가 될까요?

이러한 배낭 문제의 예를 그림 5-4에 나타냈습니다. 배낭 문제는 NP-완전 문제로 알려져 있으며, 이 문제에 대한 다항 시간 솔루션은 알려져 있지 않습니다. 결과적으로 모든 가능한 조합을 조사하여 무게가 $T$를 넘지 않는 가장 높은 가격을 찾아내야 합니다. 그림 5-4는 무게가 8이 되는 두 가지의 물건 조합을 보여줍니다. 그림의 왼쪽 표에서 회색으로 표시된 항목이 배낭에 넣을 물건입니다. 첫 번째 표에서는 전체 가격이 40이며, 두 번째 표에서는 전체 가격이 37입니다. 그러므로 첫 번째 표에 나타난 물건 선택 방법이 두 번째보다 더 나은 선택입니다. 최선의 물건 조합을 찾으려면 모든 가능한 물건 조합 목록을 만들고, 그중 가격이 최대인 조합을 찾아야 합니다.

▼ 그림 5-4 일반 배낭 문제의 예

## 5.3.2 분할 가능 배낭 문제

이번에는 앞서 설명한 일반 배낭 문제를 조금 바꿔보겠습니다. 즉, 주어진 물건을 원하는 형태로 얼마든지 분할할 수 있고, 각 물건의 일부분만을 배낭에 담을 수 있다고 가정하겠습니다.

실생활의 예를 들면, 상인이 기름, 곡물, 밀가루와 같은 품목을 다룬다고 생각하면 됩니다. 이 경우 각 품목을 원하는 양만큼 덜어내서 배낭에 담을 수 있습니다.

일반 배낭 문제가 NP-완전인 것과 달리 분할 가능 배낭 문제는 간단한 솔루션이 존재합니다. 각 물건을 단위 무게당 가격을 기준으로 정렬하고, 그리디 방식에 따라 단위 무게당 가격이 높은 순서로 물건을 선택합니다. 그림 5-5는 배낭 용량이 8인 경우에 선택할 수 있는 최선의 물건 조합을 보여줍니다. 그림의 왼쪽 표에서 단위 무게당 가격이 비싼 물건들 위주로 선택된 것을 확인할 수 있습니다.

▼ 그림 5-5 분할 가능 배낭 문제의 예

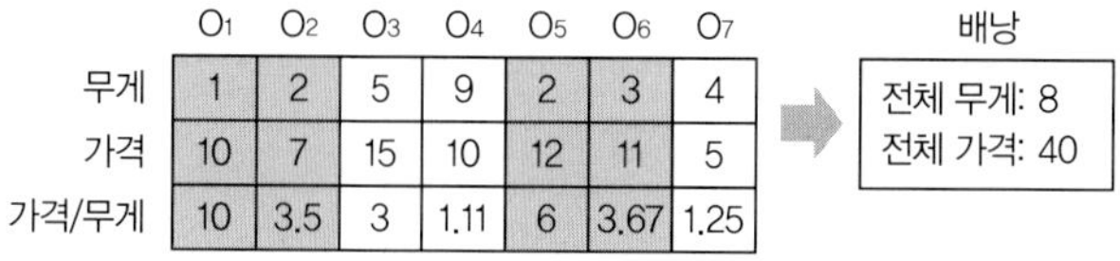

그림 5-5 분할 가능 배낭 문제의 예

|  | $O_1$ | $O_2$ | $O_3$ | $O_4$ | $O_5$ | $O_6$ | $O_7$ | | 배낭 |
|---|---|---|---|---|---|---|---|---|---|
| 무게 | 1 | 2 | 5 | 9 | 2 | 3 | 4 | → | 전체 무게: 8 |
| 가격 | 10 | 7 | 15 | 10 | 12 | 11 | 5 | | 전체 가격: 40 |
| 가격/무게 | 10 | 3.5 | 3 | 1.11 | 6 | 3.67 | 1.25 | | |

다음 연습 문제에서 이 문제에 대한 솔루션을 구해보겠습니다.

## 5.3.3 연습 문제 25: 분할 가능 배낭 문제

이번 연습 문제에서는 그림 5-5에서 예로 들었던 문제를 실제 C++ 프로그램으로 구현하여 결과를 확인해보겠습니다.

**1.** 먼저 필요한 헤더 파일을 포함하고, 객체를 표현할 Object 구조체를 정의합니다.

```cpp
#include <iostream>
#include <algorithm>
#include <vector>

struct Object
{
    int id;
    int weight;
    double value;
    double value_per_unit_weight;

    Object(int i, int w, double v) : id(i), weight(w), value(v),
        value_per_unit_weight(v / w) {}

    // std::sort()에서 사용
    inline bool operator< (const Object& obj) const
    {
        return this->value_per_unit_weight < obj.value_per_unit_weight;
    }

    // 콘솔 출력 지원. std::cout << obj << std::endl; 코드 사용 가능
    friend std::ostream& operator<<(std::ostream& os, const Object& obj);
};

std::ostream& operator<<(std::ostream& os, const Object& obj)
```

```cpp
{
    os << "[" << obj.id << "] 가격: " << obj.value
        << " \t무게: " << obj.weight
        << " kg\t단위 무게 당 가격: " << obj.value_per_unit_weight;
    return os;
}
```

Object 객체는 int 타입으로 무게와 가격 정보를 저장하고, 이로부터 단위 무게당 가격을 구하여 double 타입으로 저장합니다.

2. 다음은 분할 가능 배낭 문제의 솔루션을 구하는 함수입니다.

```cpp
// 분할 가능 배낭 문제 알고리즘 구현 함수
auto fill_knapsack(std::vector<Object>& objects, int knapsack_capacity)
{
    std::vector<Object> knapsack_contents;
    knapsack_contents.reserve(objects.size());

    // 물건들을 내림차순으로 정렬(단위 무게 당 가격 기준)
    std::sort(objects.begin(), objects.end());
    std::reverse(objects.begin(), objects.end());

    // '가장 가치 있는' 물건들 먼저 배낭에 추가
    auto current_object = objects.begin();
    int current_total_weight = 0;
    while (current_total_weight < knapsack_capacity && current_object != objects.end())
    {
        knapsack_contents.push_back(*current_object);

        current_total_weight += current_object->weight;
        current_object++;
    }

    // 마지막 추가한 물건에 의해 배낭 최대 허용 무게가 초과된 경우
    int weight_of_last_obj_to_remove = current_total_weight - knapsack_capacity;
    Object& last_object = knapsack_contents.back();
    if (weight_of_last_obj_to_remove > 0)
    {
        last_object.weight -= weight_of_last_obj_to_remove;
        last_object.value -= last_object.value_per_unit_weight * weight_of_last_obj_
to_remove;
    }
```

```
        return knapsack_contents;
}
```

이 함수에서는 단위 무게당 가격을 기준으로 물건들을 내림차순 정렬한 후, 배낭 최대 용량이
될 때까지 물건을 채워 넣습니다. 만약 배낭에 넣은 물건의 무게 합이 배낭 최대 무게를 초과
할 경우 마지막에 넣은 물건을 일부 덜어내어 배낭 최대 무게에 맞도록 설정합니다.

3. main() 함수에 테스트를 위한 코드를 추가합니다.

```cpp
int main(int argc, char* argv[])
{
    std::vector<Object> objects;
    objects.reserve(7);

    std::vector<int> weights {1, 2, 5, 9, 2, 3, 4};
    std::vector<double> values {10, 7, 15, 10, 12, 11, 5};
    for (auto i = 0; i < 7; i++)
    {
        objects.push_back(Object(i + 1, weights[i], values[i]));
    }

    // 사용할 수 있는 물건 정보 출력
    std::cout << "[사용할 수 있는 물건 정보]" << std::endl;
    for (auto& o : objects)
        std::cout << o << std::endl;
    std::cout << std::endl;

    // 분할 가능 배낭 문제 알고리즘 실행, 배낭의 최대 허용 무게는 7로 지정
    int knapsack_capacity = 7;
    auto solution = fill_knapsack(objects, knapsack_capacity);

    // 배낭에 넣을 물건 정보 출력
    std::cout << "[배낭에 넣을 물건들 (최대 용량 = " << knapsack_capacity << ")]" <<
std::endl;
    for (auto& o : solution)
        std::cout << o << std::endl;
    std::cout << std::endl;
}
```

main() 함수에서는 그림 5-5에 나타난 것과 같이 일곱 개의 물건 객체를 생성합니다. 그리고
앞서 구현한 분할 가능 배낭 문제 알고리즘 함수 fill_knapsack() 함수를 호출하여 문제를 해

결하고, 그 결과를 출력합니다. 다만 그림 5-5와는 조금 다르게 배낭의 최대 허용 무게를 7로 설정하여 결과를 확인해보겠습니다.

**4.** 지금까지 작성한 프로그램을 실행하면 다음과 같은 결과 화면을 확인할 수 있습니다.

```
[사용할 수 있는 물건 정보]
[1] 가격: 10    무게: 1 kg    단위 무게 당 가격: 10
[2] 가격: 7     무게: 2 kg    단위 무게 당 가격: 3.5
[3] 가격: 15    무게: 5 kg    단위 무게 당 가격: 3
[4] 가격: 10    무게: 9 kg    단위 무게 당 가격: 1.11111
[5] 가격: 12    무게: 2 kg    단위 무게 당 가격: 6
[6] 가격: 11    무게: 3 kg    단위 무게 당 가격: 3.66667
[7] 가격: 5     무게: 4 kg    단위 무게 당 가격: 1.25

[배낭에 넣을 물건들 (최대 용량 = 7)]
[1] 가격: 10    무게: 1 kg    단위 무게 당 가격: 10
[5] 가격: 12    무게: 2 kg    단위 무게 당 가격: 6
[6] 가격: 11    무게: 3 kg    단위 무게 당 가격: 3.66667
[2] 가격: 3.5   무게: 1 kg    단위 무게 당 가격: 3.5
```

프로그램 실행 결과를 보면 마지막 2번 물건을 전체 2kg이 아닌 1kg만 배낭에 담은 것을 확인할 수 있습니다. 분할 가능 배낭 문제는 이처럼 물건의 일부만을 배낭에 담을 수 있다는 점이 0-1 배낭 문제와 다릅니다.

## 5.3.4 실습 문제 11: 작업 스케줄링 문제

여러분이 앞으로 해야 할 작업 목록을 가지고 있다고 생각해보겠습니다. 예를 들어 설거지를 한다거나 마트에 가서 장을 본다거나, 세계 정복을 위한 비밀 프로젝트를 수행한다는 등의 일이 있을 수 있겠죠. 각각의 작업은 ID에 의해 구분되고, 특정 시작 시간과 종료 시간 사이에만 수행할 수 있습니다. 정해진 시간 안에 최대한 많은 수의 작업을 완료하는 것이 목표입니다. 이 경우 어떤 작업을, 어떤 순서로 수행해야 할까요? 여러분은 특정 시점에 오직 하나의 작업만 수행할 수 있습니다.

예를 들어 그림 5-6과 같은 형태의 작업이 있다고 가정해보겠습니다. 이 그림에는 네 개의 작업이 서로 다른 색상의 사각형으로 표현되어 있고, 각 사각형의 위치와 크기는 작업의 시작 시간과 종료 시간을 나타냅니다.

❤ 그림 5-6 해야 할 작업 목록

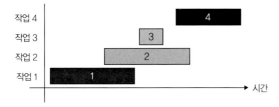

그림 5-7은 최적의 작업 스케줄링 결과를 보여줍니다. 이 그림처럼 작업을 진행해야 가장 많은 작업을 완료할 수 있습니다.

❤ 그림 5-7 최적의 작업 선택

작업 2를 수행하지 않음으로써 작업 3과 작업 4를 완료할 수 있었고, 그 결과로 완료한 작업 개수가 증가했습니다. 이번 실습 문제에서는 그리디 방식으로 작업 스케줄링 솔루션을 구현해보겠습니다.

다음 순서에 따라 실습 문제 솔루션을 작성하세요.

1. 각각의 작업은 고유한 ID, 시작 시간, 종료 시간을 가집니다. 이러한 작업을 표현할 구조체를 생성하세요. 이 구조체의 인스턴스로 각 작업을 표현합니다.

2. N개의 작업을 포함하는 std::list를 생성하세요. 각 작업은 1부터 N까지의 고유한 ID를 가지며, 시작 시간과 종료 시간은 임의의 정수로 설정하세요.

3. 다음과 같은 방식으로 스케줄링 함수를 작성하세요.

    a. 종료 시간을 기준으로 전체 작업 리스트를 정렬합니다.

    b. 그리디 방식으로 가장 빠른 종료 시간을 갖는 작업을 선택합니다.

    c. 현재 선택된 작업과 시간이 겹치는 작업은 모두 제거합니다. 즉, 현재 작업 종료 시간보다 먼저 시작하는 작업은 제거합니다.

    d. 리스트에 작업이 남아 있다면 b단계로 이동합니다. 그렇지 않으면 선택된 작업들로 구성된 벡터를 반환합니다.

이번 실습 문제의 실행 결과 예는 다음과 같습니다.

```
[전체 작업]
[1] 5 -> 9      |       ****          |
[2] 6 -> 20     |       **************|
[3] 16 -> 19    |                  *** |
[4] 7 -> 10     |       ***           |
[5] 9 -> 19     |       **********    |
[6] 10 -> 19    |          *********  |
[7] 6 -> 12     |       ******        |
[8] 2 -> 17     |   ***************    |
[9] 10 -> 13    |          ***         |
[10] 4 -> 7     |    ***               |

[스케줄 조정한 작업]
[10] 4 -> 7     |     ***              |
[4] 7 -> 10     |       ***            |
[9] 10 -> 13    |          ***         |
[3] 16 -> 19    |                  *** |
```

## 5.3.5 그리디 알고리즘의 요구 조건

앞 절에서는 그리디 접근 방식이 최적의 솔루션을 제공하는 문제의 예를 살펴봤습니다. 그러나 모든 문제에 그리디 방식을 적용할 수 있는 것은 아닙니다. 최적 부분 구조와 그리디 선택이라는 두 가지 속성을 모두 갖는 문제만 그리디 접근 방식으로 최적의 솔루션을 구할 수 있습니다. 이 절에서는 이러한 속성에 대해 이해하고, 주어진 문제가 이러한 속성을 가지고 있는지 확인하는 방법에 대해 알아보겠습니다.

**최적 부분 구조**(optimal substructure): 주어진 문제 P에 대한 최적의 솔루션이 P의 부분 문제들의 최적의 솔루션으로 구성될 경우, 문제 P가 최적의 부분 구조를 갖는다고 말합니다.

**그리디 선택**(greedy choice): 주어진 문제 P에 대한 지역적 최적 솔루션을 반복적으로 선택하여 전체 최적 솔루션을 구할 수 있을 경우, 문제 P가 그리디 선택 속성을 갖는다고 말합니다.

최적 부분 구조와 그리디 선택 속성에 대해 이해하기 위해, 크루스칼 최소 신장 트리 알고리즘에 대해 알아보겠습니다.

## 5.3.6 최소 신장 트리 문제

최소 신장 트리(MST, Minimum Spanning Tree) 문제는 다음과 같이 정의할 수 있습니다.

> "정점(vertex)의 집합 V와 가중치를 갖는 에지(edge)의 집합 E로 구성된 그래프 G = ⟨V, E⟩가
> 주어질 때, 모든 정점을 연결하고 연결된 에지의 가중치 합이 최소인 트리 T를 구하시오."

실생활에서 찾아볼 수 있는 MST 문제의 예로 상수도관 네트워크 또는 도로 네트워크 설계가 있습니다. 상수도관 네트워크 설계의 경우, 모든 사람에게 수돗물이 전달되어야 하고 전체 상수도관의 길이는 최소가 되는 것이 좋습니다. 도로 네트워크를 설계할 경우에는 모든 필요한 지점에 도로가 연결되어야 하고, 도로의 전체 길이는 최소가 되는 것을 목표로 합니다. 다음 예제를 보면서 최소 신장 트리 문제에 대해 자세히 알아보겠습니다.

지도상에 여덟 개의 마을이 있고, 모든 마을이 서로 연결될 수 있도록 도로를 만들려고 합니다. 이때 연결된 도로는 사이클(cycle)을 구성하면 안 되고, 연결된 도로의 전체 길이는 최소가 되어야 합니다. 모든 도로는 양방향으로 상호 이동할 수 있다고 가정하겠습니다. 이 문제에서 마을을 표현하려면 그래프 자료 구조를 사용하는 것이 좋습니다. 각 마을을 그래프의 정점으로 표현하고, 마을 사이의 거리를 에지의 가중치로 표현한 그래프의 예를 그림 5-8에 나타냈습니다.

▼ 그림 5-8 마을과 마을 사이의 거리를 표현한 그래프 G

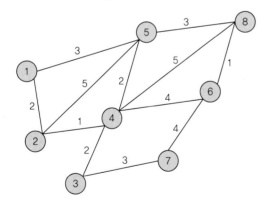

최소 신장 트리 T를 구하는 그리디 알고리즘은 다음과 같습니다.

**1.** 그래프 G의 모든 에지를 최소 힙 H에 추가합니다.

**2.** H로부터 에지 *e*를 하나 꺼냅니다. 당연히 *e*는 모든 에지 중에서 가장 가중치가 작은 에지입니다.

**3.** $e$의 양 끝 정점이 이미 T에 있을 경우, $e$로 인해 T에서 사이클이 발생할 수 있습니다. 그러므로 이런 경우에는 $e$를 버리고 2단계로 이동합니다.

**4.** 최소 신장 트리 T에 $e$를 추가하고, 2단계로 이동합니다.

이 알고리즘은 2단계부터 4단계까지를 반복하면서 가장 작은 가중치의 에지를 찾고, 이 에지에 의해 사이클이 발생하지 않으면 해당 에지와 양 끝 정점을 최종 솔루션에 추가합니다. 이렇게 선택된 에지와 정점은 최소 신장 트리를 구성합니다. 이 알고리즘은 매 반복마다 최소 에지 가중치를 선택하기 때문에 그리디 방식이라고 할 수 있습니다. 이 알고리즘은 1956년에 발표되었으며 **크루스칼 최소 신장 트리 알고리즘**(Kruskal's minimum spanning tree algorithm)이라고 부릅니다. 크루스칼 최소 신장 트리 알고리즘을 그림 5-8의 그래프에 적용한 결과를 그림 5-9에 나타냈습니다. 그림 5-9에서 빨간색 에지로 구성된 부분 그래프가 최소 신장 트리입니다.

▼ 그림 5-9 그래프 G와 최소 신장 트리 T

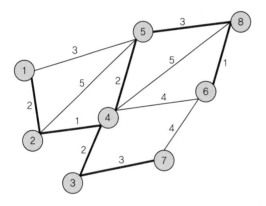

그림 5-9의 최소 신장 트리 T에서 에지의 전체 가중치는 2 + 1 + 2 + 3 + 2 + 3 + 1 = 14입니다. 그러므로 최소 14 길이의 도로를 건설해야 모든 마을을 연결할 수 있습니다.

이 알고리즘이 정말 제대로 동작하는지 어떻게 알 수 있을까요? 이를 위해서 MST 문제가 앞서 설명한 최적 부분 구조와 그리디 선택 속성을 갖는지를 확인해야 합니다. 이를 수학적으로 엄격하게 증명하는 것은 이 책의 범위를 벗어나지만, 직관적인 방법으로 분석할 수 있습니다.

**최적 부분 구조**: 귀류법을 사용하여 최적 부분 구조 속성을 증명해보겠습니다. 이를 위해 MST 문제가 최적 부분 구조 속성을 가지지 않는다고 가정하겠습니다. 즉, 최소 신장 트리가 더 작은 최소 신장 트리의 집합으로 구성되지 않는다고 가정하겠습니다.

1. 그래프 G의 정점으로 구성된 최소 신장 트리 T가 있다고 가정하겠습니다. T에서 에지 $e$를 하나 선택하여 제거합니다. $e$를 제거하면 T가 더 작은 트리인 $T_1$과 $T_2$로 나눠집니다.

2. MST 문제가 최적 부분 구조 속성을 갖지 않는다고 가정했으므로 $T_1$보다 작은 가중치를 갖는 신장 트리 $T_1'$이 존재해야 합니다. 이 신장 트리 $T_1'$과 $T_2$를 에지 $e$로 연결한 새로운 신장 트리를 $T'$이라고 하겠습니다.

3. $T'$의 전체 가중치가 T의 전체 가중치보다 작기 때문에 처음에 T가 최소 신장 트리라고 가정했던 가설이 틀리게 됩니다. 그러므로 MST 문제는 최적 부분 구조 속성을 만족해야 합니다.

**그리디 선택**: MST 문제가 그리디 선택 속성을 갖는다면 정점 $v$와 연결된 에지 중에서 최소 가중치 에지는 반드시 최소 신장 트리 T에 속해야 합니다. 귀류법을 사용하여 이 가설을 증명할 수 있습니다.

1. 정점 $v$에 연결되어 있는 에지 중에서 최소 가중치를 갖는 에지를 $(u, v)$라고 가정하겠습니다.

2. 만약 $(u, v)$가 T에 속하지 않는다면 T는 $v$와 연결되어 있는 다른 에지를 포함해야 합니다. 이 에지를 $(x, v)$라고 가정하겠습니다. $(u, v)$가 최소 가중치 에지이기 때문에 $(x, v)$의 가중치는 $(u, v)$의 가중치보다 커야 합니다.

3. T에서 $(x, v)$를 제거하고 $(u, v)$를 추가할 경우, 전체 가중치가 더 작은 트리를 얻을 수 있습니다. 이는 T가 최소 신장 트리라는 가정에 위배됩니다. 그러므로 MST 문제는 그리디 선택 속성을 만족해야 합니다.

Note ≡   앞서 언급했듯이 MST 문제가 최적 부분 구조 속성과 그리디 선택 속성을 갖는다는 것을 수학적으로도 증명할 수 있습니다. 이에 대한 내용은 다음 문서를 참고하세요.

https://ocw.mit.edu/courses/electrical-engineering-and-computer-science/6-046j-design-and-analysis-of-algorithms-spring-2015/lecture-notes/MIT6_046JS15_lec12.pdf

크루스칼 알고리즘의 구현 방법에 대해 생각해보겠습니다. 앞서 2장에서 그래프와 힙 자료 구조에 대해 설명했으므로 1단계와 2단계는 충분히 구현할 수 있습니다. 3단계는 다소 복잡합니다. 그래프 에지 정보를 저장할 자료 구조가 필요하고, 새로운 에지를 추가할 때 사이클이 발생하는지를 판단하는 기능이 필요합니다. 이 문제는 디스조인트-셋 자료 구조를 사용하여 해결할 수 있습니다.

## 5.3.7 디스조인트-셋 자료 구조

디스조인트-셋(Disjoint-Set)[2] 또는 유니온-파인드(Union-Find) 자료 구조는 트리 형태의 원소로 구성된 포레스트(forest)입니다. 각각의 원소는 숫자 ID에 의해 표현되며, 랭크(rank)와 부모에 대한 포인터를 가집니다. 디스조인트-셋 자료 구조가 초기화되면 랭크가 0인 $N$개의 독립적인 원소가 생성되며, 각각의 원소는 하나의 트리를 나타냅니다.

디스조인트-셋 자료 구조는 다음의 연산을 지원합니다.

- **make-set(x)**: 이 연산은 $x$를 ID로 갖는 원소를 디스조인트-셋 자료 구조에 추가합니다. 새로 추가한 원소의 랭크는 0이고, 원소의 부모 포인터는 자기 자신을 가리키도록 설정합니다. 그림 5-10은 다섯 개의 원소로 초기화된 디스조인트-셋 자료 구조의 예를 보여줍니다. 각각의 원 안에 적힌 숫자는 원소 ID를 나타내고, 괄호 안의 숫자는 랭크입니다. 그리고 부모 원소를 가리키는 포인터는 화살표로 나타냈고, 초기화 상태에서는 자기 자신을 가리킵니다.

▼ 그림 5-10 다섯 개의 원소로 초기화된 디스조인트-셋 자료 구조

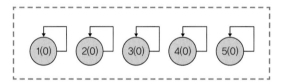

- **find(x)**: 이 연산은 원소 $x$에서 시작해서 부모 포인터를 따라 반복적으로 이동하여 트리의 루트를 반환합니다. 참고로 루트 원소의 부모는 루트 자신입니다. 그림 5-10에 나타난 각 원소는 트리의 루트이며, 그렇기 때문에 이들 원소에 대해 find() 연산을 수행하면 자기 자신이 반환됩니다.

- **union(x, y)**: 두 개의 원소 $x$와 $y$에 대해 union() 연산을 수행하면 먼저 $x$와 $y$의 루트를 찾습니다. 만약 두 루트가 같다면 이는 $x$와 $y$가 같은 트리에 속해 있음을 의미하며, 이 경우에는 아무런 작업도 하지 않습니다. 만약 두 개의 루트가 서로 다르면 높은 랭크 루트를 낮은 랭크 루트의 부모로 설정합니다. 그림 5-10의 초기화된 디스조인트-셋 자료 구조에 union(1, 2)와 union(5, 4) 연산을 적용한 결과를 그림 5-11에 나타냈습니다.

---

2　[역주] 디스조인트-셋 자료 구조는 서로소 집합 자료 구조 또는 상호 배타적 집합 자료 구조라고도 번역되고 있지만, 이 책에서는 원어 발음을 그대로 사용했습니다. 디스조인트-셋 자료 구조는 공통의 원소를 갖지 않는 원소 집합을 표현하기 위해 사용됩니다.

▼ 그림 5-11 그림 5-10에 union(1, 2)와 union(5, 4)를 적용한 결과

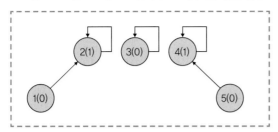

union(x, y) 연산을 거듭할수록 더 많은 트리가 병합되어 전체 트리 개수는 줄어들고, 대신 각 트리의 크기는 점점 거대해지게 됩니다. 그림 5-11에 union(2, 3)을 적용한 결과를 그림 5-12에 나타냈습니다. 그리고 다시 union(2, 4)를 적용한 결과를 그림 5-13에 나타냈습니다.

▼ 그림 5-12 그림 5-11에 union(2, 3)을 적용한 결과

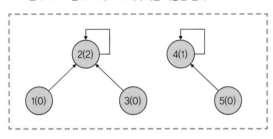

▼ 그림 5-13 그림 5-12에 union(2, 4)를 적용한 결과

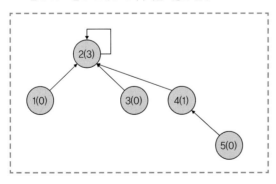

이제 디스조인트-셋 자료 구조를 사용하여 크루스칼 최소 신장 트리 알고리즘을 구현하는 방법에 대해 알아보겠습니다. 그래프의 정점 개수가 $N$이라면, 먼저 $N$개의 원소를 갖는 디스조인트-셋 자료 구조를 초기화합니다. 앞서 설명한 크루스칼 알고리즘 2단계와 3단계에서 최소 힙을 이용하여 가장 가중치가 작은 에지를 선택하고, 사이클 발생 여부를 검사한다고 했습니다. 이때 사이클 발

생 여부를 판단하기 위해 디스조인트-셋의 union(x, y) 연산을 활용할 수 있습니다. 즉, 에지 양 끝의 두 정점에 대해 union(x, y) 연산을 수행하여 실제로 두 트리가 병합하면 해당 에지를 MST 에 추가합니다. 만약 $x$와 $y$의 루트가 같으면 두 정점을 잇는 에지에 의해 사이클이 발생한다는 의 미입니다. 그러므로 이 경우에는 union(x, y) 연산은 아무 작업 없이 그대로 종료하고, 해당 에지 를 MST에 추가하지 않습니다. 앞에서 예로 들었던 그래프를 사용하여 실제 동작 과정을 살펴보 겠습니다.

1. 먼저 그래프에 있는 모든 정점을 이용하여 디스조인트-셋 자료 구조를 초기화합니다. 그림 5-14는 예제 그래프와 디스조인트-셋 자료 구조를 보여줍니다. 그림 아래에 나타난 DS 영역 은 디스조인트-셋 자료 구조를 나타냅니다.

❤ 그림 5-14 크루스칼 알고리즘 1단계 – 초기화

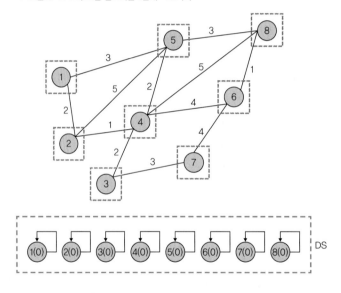

2. 가중치가 가장 작은 에지를 MST에 추가합니다. 그림 5-15를 보면 (2, 4) 에지가 선택되었고, DS 자료 구조에서는 union(2, 4)가 수행되었습니다.

❤ 그림 5-15 DS 자료 구조에 union(2, 4)를 수행하고 (2, 4) 에지를 MST에 추가

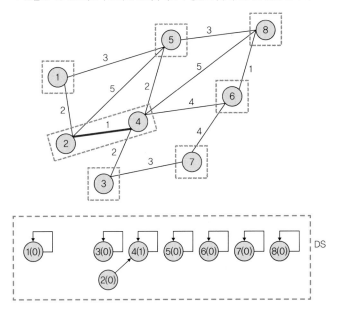

3. 크루스칼 알고리즘대로 MST에 에지를 추가하다보면 (1, 5) 에지를 검토할 차례가 나타납니다. 그림 5-16의 DS 자료 구조를 보면 1번과 5번 정점은 같은 트리에 존재합니다. 즉, (1, 5) 에지를 연결하면 사이클이 발생하기 때문에 (1, 5) 에지를 MST에 추가할 수 없습니다.

❤ 그림 5-16 1번과 5번 정점은 DS에서 같은 트리에 있으므로 (1, 5) 에지를 MST에 추가할 수 없음

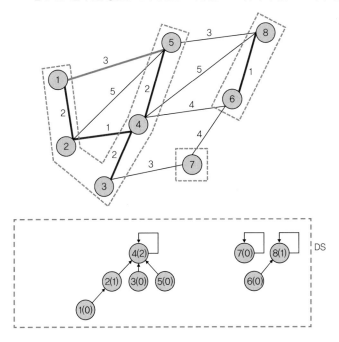

다음 연습 문제에서 디스조인트-셋 자료 구조를 이용하여 크루스칼 최소 신장 트리 알고리즘을
구현해보겠습니다.

## 5.3.8 연습 문제 26: 크루스칼 MST 알고리즘

이번 연습 문제에서는 디스조인트-셋 자료 구조를 구현하고, 이를 이용하여 최소 신장 트리를 구
하는 크루스칼 알고리즘까지 구현해보겠습니다.

1. 필요한 헤더 파일을 포함합니다. 그리고 코딩 편의를 위해 using namespace std; 문장을 추
   가합니다.

```
#include <iostream>
#include <vector>
#include <algorithm>
#include <queue>
#include <map>

using namespace std;
```

2. 디스조인트-셋 자료 구조를 구현한 SimpleDisjointSet 클래스를 정의합니다.

```
class SimpleDisjointSet
{
private:
    struct Node
    {
        unsigned id;
        unsigned rank;
        unsigned parent;

        Node(unsigned _id) : id(_id), rank(0), parent(_id) {}

        bool operator != (const Node& n) const
        {
            return this->id != n.id;
        }
    };

    // 디스조인트-셋 포레스트
    vector<Node> nodes;
```

**3.** SimpleDisjointSet 클래스의 생성자를 만들고, make-set(x)과 find(x) 연산을 구현합니다.

```cpp
public:
    SimpleDisjointSet(unsigned N)
    {
        nodes.reserve(N);
    }

    void make_set(const unsigned& x)
    {
        nodes.emplace_back(x);
    }

    unsigned find(unsigned x)
    {
        auto node_it = find_if(nodes.begin(), nodes.end(),
            [x](auto n) { return n.id == x; });
        unsigned node_id = (*node_it).id;

        while (node_id != nodes[node_id].parent)
        {
            node_id = nodes[node_id].parent;
        }

        return node_id;
    }
```

**4.** 디스조인트-셋 자료 구조에서 두 트리를 합치는 union(x, y) 연산을 구현합니다.

```cpp
    void union_sets(unsigned x, unsigned y)
    {
        auto root_x = find(x);
        auto root_y = find(y);

        // 만약 X와 Y가 같은 트리에 있다면 그대로 종료
        if (root_x == root_y)
            return;

        // 작은 랭크의 트리를 큰 랭크의 트리 쪽으로 병합
        if (nodes[root_x].rank > nodes[root_y].rank)
            swap(root_x, root_y);

        nodes[root_x].parent = nodes[root_y].parent;
```

```
            nodes[root_y].rank++;
        }
    };
```

**5.** 디스조인트-셋 자료 구조를 구현했으니, 이제 그래프 자료 구조를 구현해야 합니다. 그래프 표현은 에지 리스트 방식을 사용할 것이며, 이를 위해 먼저 에지 표현을 위한 Edge 구조체를 정의합니다.

```
template <typename T>
struct Edge
{
    unsigned src;
    unsigned dst;
    T weight;

    // Edge 객체 비교는 가중치를 이용
    inline bool operator< (const Edge<T>& e) const
    {
        return this->weight < e.weight;
    }

    inline bool operator> (const Edge<T>& e) const
    {
        return this->weight > e.weight;
    }
};
```

에지 구조체는 템플릿으로 구현했기 때문에 < 연산자와 > 연산자를 지원하는 모든 데이터 타입을 에지 가중치로 사용할 수 있습니다.

**6.** 그래프 자료 구조를 구현한 Graph 클래스를 정의합니다. Graph 클래스는 << 연산자를 이용하여 그래프 정보를 출력할 수 있습니다.

```
template <typename T>
class Graph
{
public:
    // N개의 정점으로 구성된 그래프
    Graph(unsigned N) : V(N) {}

    // 그래프의 정점 개수 반환
```

```cpp
    auto vertices() const { return V; }

    // 전체 에지 리스트 반환
    auto& edges() const { return edge_list; }

    // 정점 v에서 나가는 모든 에지를 반환
    auto edges(unsigned v) const
    {
        vector<Edge<T>> edges_from_v;
        for (auto& e : edge_list)
        {
            if (e.src == v)
                edges_from_v.emplace_back(e);
        }

        return edges_from_v;
    }

    void add_edge(Edge<T>&& e)
    {
        // 에지 양 끝 정점 ID가 유효한지 검사
        if (e.src >= 1 && e.src <= V && e.dst >= 1 && e.dst <= V)
            edge_list.emplace_back(e);
        else
            cerr << "에러: 유효 범위를 벗어난 정점!" << endl;
    }

    // 표준 출력 스트림 지원
    template <typename U>
    friend ostream& operator<< (ostream& os, const Graph<U>& G);

private:
    unsigned V;        // 정점 개수
    vector<Edge<T>> edge_list;
};

template <typename U>
ostream& operator<< (ostream& os, const Graph<U>& G)
{
    for (unsigned i = 1; i < G.vertices(); i++)
    {
        os << i << ":\t";
```

```
    auto edges = G.edges(i);
    for (auto& e : edges)
        os << "{" << e.dst << ": " << e.weight << "}, ";

    os << endl;
}

return os;
}
```

**7.** 이제 크루스칼 최소 신장 트리 알고리즘을 구현합니다.

```
// 트리도 그래프로 표현할 수 있으므로 최소 신장 트리도 Graph 객체로 반환합니다.
// 다만 여기에는 사이클이 있으면 안 됩니다.
template <typename T>
Graph<T> minimum_spanning_tree(const Graph<T>& G)
{
    // 에지 가중치를 이용한 최소 힙 구성
    priority_queue<Edge<T>, vector<Edge<T>>, greater<Edge<T>>> edge_min_heap;

    // 모든 에지를 최소 힙에 추가
    for (auto& e : G.edges())
        edge_min_heap.push(e);

    // 정점 개수에 해당하는 크기의 디스조인트-셋 자료 구조 생성 및 초기화
    auto N = G.vertices();
    SimpleDisjointSet dset(N);
    for (unsigned i = 0; i < N; i++)
        dset.make_set(i);

    // 디스조인트-셋 자료 구조를 이용하여 최소 신장 트리 구하기
    Graph<T> MST(N);
    while (!edge_min_heap.empty())
    {
        // 최소 힙에서 최소 가중치 에지를 추출
        auto e = edge_min_heap.top();
        edge_min_heap.pop();
```

```
            // 선택한 에지가 사이클을 생성하지 않으면 해당 에지를 MST에 추가
            if (dset.find(e.src) != dset.find(e.dst))
            {
                MST.add_edge(Edge <T>{e.src, e.dst, e.weight});
                dset.union_sets(e.src, e.dst);
            }
        }

        return MST;
    }
```

**8.** main() 함수에 테스트 코드를 추가합니다.

```cpp
    int main()
    {
        using T = unsigned;

        // 그래프 객체 생성
        Graph<T> G(9);

        map<unsigned, vector<pair<unsigned, T>>> edge_map;
        edge_map[1] = {{2, 2}, {5, 3}};
        edge_map[2] = {{1, 2}, {5, 5}, {4, 1}};
        edge_map[3] = {{4, 2}, {7, 3}};
        edge_map[4] = {{2, 1}, {3, 2}, {5, 2}, {6, 4}, {8, 5}};
        edge_map[5] = {{1, 3}, {2, 5}, {4, 2}, {8, 3}};
        edge_map[6] = {{4, 4}, {7, 4}, {8, 1}};
        edge_map[7] = {{3, 3}, {6, 4}};
        edge_map[8] = {{4, 5}, {5, 3}, {6, 1}};

        for (auto& i : edge_map)
            for (auto& j : i.second)
                G.add_edge(Edge<T>{ i.first, j.first, j.second });

        cout << "[입력 그래프]" << endl;
        cout << G << endl;

        Graph<T> MST = minimum_spanning_tree(G);
        cout << "[최소 신장 트리]" << endl;
        cout << MST;
    }
```

**9.** 지금까지 작성한 프로그램을 실행하면 다음과 같은 결과 화면을 볼 수 있습니다.

[입력 그래프]
```
1:    {2: 2}, {5: 3},
2:    {1: 2}, {5: 5}, {4: 1},
3:    {4: 2}, {7: 3},
4:    {2: 1}, {3: 2}, {5: 2}, {6: 4}, {8: 5},
5:    {1: 3}, {2: 5}, {4: 2}, {8: 3},
6:    {4: 4}, {7: 4}, {8: 1},
7:    {3: 3}, {6: 4},
8:    {4: 5}, {5: 3}, {6: 1},
```

[최소 신장 트리]
```
1:
2:    {4: 1}, {1: 2},
3:    {4: 2}, {7: 3},
4:
5:    {4: 2},
6:
7:
8:    {6: 1}, {5: 3},
```

문자열로 출력된 최소 신장 트리 결과와 그림 5-9에 그림으로 나타난 MST가 완전히 같음을 확인할 수 있습니다.

디스조인트-셋 자료 구조를 사용하지 않는 크루스칼 알고리즘의 시간 복잡도는 $O(E \log E)$입니다. 여기서 $E$는 그래프에서 에지 개수를 의미합니다. 그러나 디스조인트-셋 자료 구조를 사용하면 전체 복잡도가 $O(E\alpha(V))$로 줄어들며, 여기서 $\alpha(v)$는 아커만 함수(Ackermann function)의 역함수입니다. 아커만 함수의 역함수는 로그 함수보다 훨씬 느리게 증가합니다. 그러므로 정점 개수가 작은 그래프에서는 두 구현의 성능 차이가 작지만, 정점이 많은 그래프에서는 큰 성능 차이가 발생할 수 있습니다.

# 5.4 그래프 컬러링

그래프 컬러링(graph coloring) 문제는 다음과 같이 정의됩니다.[3]

> "주어진 그래프 G에서 서로 인접한 정점끼리 같은 색을 가지지 않도록 모든 정점에 색상을 지정해야 합니다."

앞서 그림 5-8에서 예로 들었던 그래프에 대해 그래프 컬러링을 수행한 예를 그림 5-17에 나타냈습니다. 그래프 컬러링에서는 에지의 가중치는 사용하지 않으므로 그림 5-17에는 표현하지 않았습니다.

❤ 그림 5-17 그래프 컬러링의 예

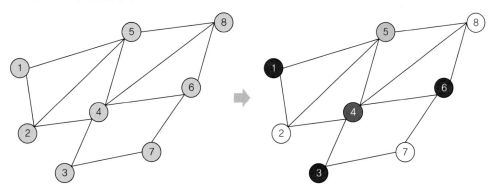

그래프 컬러링은 실생활의 다양한 문제에 적용될 수 있습니다. 택시 예약 스케줄 작성, 스도쿠 퍼즐 풀기, 시험 시간표 작성 등을 그래프로 모델링한 후 컬러링 문제 형태로 해결할 수 있습니다. 그러나 그래프 컬러링에 필요한 최소 개수의 색상 수[4]를 찾는 것은 NP-완전 문제로 알려져 있습니다. 다만 문제를 조금 변경함으로써 시간 복잡도를 크게 변경할 수 있습니다.

그래프 컬러링 문제의 응용 중에서 스도쿠 퍼즐에 대해 생각해보겠습니다. 스도쿠는 $9 \times 9$ 숫자판 위에 숫자를 채우는 퍼즐로서, 각각의 행과 열에 1부터 9까지의 숫자를 중복되지 않게 채워야 합니다. 또한 $3 \times 3$ 블록으로 구분된 구역에도 1부터 9까지 숫자가 중복되지 않게 채워져야 합니다. 스도쿠 퍼즐의 예를 그림 5-18에 나타냈습니다.

---

**3** 역주 그래프 컬러링은 정점에 서로 다른 색상을 칠하는 정점 컬러링(vertex coloring), 에지에 서로 다른 색상을 칠하는 에지 coloring) 등을 모두 포함합니다. 그러나 대부분의 경우 정점 컬러링을 그래프 컬러링과 같은 의미로 사용합니다. 이 책의 원서에서는 그래프 컬러링과 정점 컬러링을 혼용해서 사용했지만, 이 책에서는 그래프 컬러링으로 통일하여 기술합니다.

**4** 역주 이를 착색 수(chromatic number) 또는 채색 수라고 합니다.

| 5 | 3 |   |   | 7 |   |   |   |   |
|---|---|---|---|---|---|---|---|---|
| 6 |   |   | 1 | 9 | 5 |   |   |   |
|   | 9 | 8 |   |   |   |   | 6 |   |
| 8 |   |   |   | 6 |   |   |   | 3 |
| 4 |   |   | 8 |   | 3 |   |   | 1 |
| 7 |   |   |   | 2 |   |   |   | 6 |
|   | 6 |   |   |   |   | 2 | 8 |   |
|   |   |   | 4 | 1 | 9 |   |   | 5 |
|   |   |   |   | 8 |   |   | 7 | 9 |

| 5 | 3 | 4 | 6 | 7 | 8 | 9 | 1 | 2 |
|---|---|---|---|---|---|---|---|---|
| 6 | 7 | 2 | 1 | 9 | 5 | 3 | 4 | 8 |
| 1 | 9 | 8 | 3 | 4 | 2 | 5 | 6 | 7 |
| 8 | 5 | 9 | 7 | 6 | 1 | 4 | 2 | 3 |
| 4 | 2 | 6 | 8 | 5 | 3 | 7 | 9 | 1 |
| 7 | 1 | 3 | 9 | 2 | 4 | 8 | 5 | 6 |
| 9 | 6 | 1 | 5 | 3 | 7 | 2 | 8 | 4 |
| 2 | 8 | 7 | 4 | 1 | 9 | 6 | 3 | 5 |
| 3 | 4 | 5 | 2 | 8 | 6 | 1 | 7 | 9 |

스도쿠 퍼즐은 다음 과정을 통해 그래프 컬러링 문제로 모델링할 수 있습니다.

- 각각의 셀(cell)을 그래프 정점으로 표현합니다.
- 같은 행, 같은 열, 3×3 블록 안에 있는 모든 정점끼리 에지를 연결합니다.
- 생성된 그래프 G에 대해 그래프 컬러링을 수행하면 입력 스도쿠 퍼즐의 해답을 구할 수 있습니다.

다음 연습 문제에서 그래프 컬러링을 직접 구현해보겠습니다.

## 5.4.1 연습 문제 27: 그리디 그래프 컬러링

이번 연습 문제에서는 그리디 알고리즘을 이용하여 그림 5-17에 나타난 그래프에 대한 그래프 컬러링 결과를 구해보겠습니다. 이때 사용할 수 있는 최대 색상 수는 6으로 설정하겠습니다.

1. 필요한 헤더 파일을 포함하고, using namespace std; 문장을 추가합니다.

```
#include <string>
#include <vector>
#include <iostream>
#include <set>
#include <map>
#include <unordered_map>

using namespace std;
```

2. 그래프의 에지를 표현하는 Edge 구조체를 정의하고, 에지 리스트로 그래프를 표현하는 Graph 클래스를 정의합니다. Edge 구조체와 Graph 클래스 정의는 '연습 문제 26: 크루스칼 MST 알

고리즘'에서 구현했던 코드를 그대로 재사용하겠습니다. 자세한 구현 코드는 연습 문제 26의
5단계와 6단계 소스 코드를 참고하기 바랍니다.

**3.** 해시 맵을 이용하여 그래프 컬러링에 사용할 색상을 표현합니다.

```cpp
unordered_map<unsigned, string> color_map = {
    {1, "Red"},
    {2, "Blue"},
    {3, "Green"},
    {4, "Yellow"},
    {5, "Black"},
    {6, "White"}
};
```

**4.** 그래프 컬러링 알고리즘 구현 함수를 작성합니다.

```cpp
template<typename T>
auto greedy_coloring(const Graph<T>& G)
{
    auto size = G.vertices();
    vector<unsigned> assigned_colors(size);

    // 1번 정점부터 차례대로 검사합니다.
    for (unsigned i = 1; i < size; i++)
    {
        auto outgoing_edges = G.edges(i);

        // i번째 정점과 인접해 있는 정점들의 현재 색상
        set<unsigned> neighbours;

        for (auto& e : outgoing_edges)
        {
            neighbours.insert(assigned_colors[e.dst]);
        }

        // 인접한 정점에 칠해지지 않은 색상 중에서 가장 작은 숫자의 색상을 선택
        auto smallest = 1;
        for (; smallest <= color_map.size(); smallest++)
        {
            if (neighbours.find(smallest) == neighbours.end())
                break;
        }
```

```
            assigned_colors[i] = smallest;
        }
    }

    return assigned_colors;
}
```

**5.** 그래프 컬러링 결과를 화면에 출력하기 위한 함수를 추가합니다.

```
template <typename T>
void print_colors(vector<T>& colors)
{
    for (auto i = 1; i < colors.size(); i++)
    {
        cout << i << ": " << color_map[colors[i]] << endl;
    }
}
```

**6.** main() 함수에서 그래프를 정의하고, 그래프 컬러링 알고리즘 구현 함수를 호출합니다. 그래프 컬러링에서는 에지 가중치를 사용하지 않기 때문에 그래프 객체 G의 모든 에지 가중치에 0으로 설정했습니다.

```
int main()
{
    using T = unsigned;

    // 그래프 객체 생성
    Graph<T> G(9);

    map<unsigned, vector<pair<unsigned, T>>> edge_map;
    edge_map[1] = {{2, 0}, {5, 0}};
    edge_map[2] = {{1, 0}, {5, 0}, {4, 0}};
    edge_map[3] = {{4, 0}, {7, 0}};
    edge_map[4] = {{2, 0}, {3, 0}, {5, 0}, {6, 0}, {8, 0}};
    edge_map[5] = {{1, 0}, {2, 0}, {4, 0}, {8, 0}};
    edge_map[6] = {{4, 0}, {7, 0}, {8, 0}};
    edge_map[7] = {{3, 0}, {6, 0}};
    edge_map[8] = {{4, 0}, {5, 0}, {6, 0}};

    for (auto& i : edge_map)
        for (auto& j : i.second)
            G.add_edge(Edge<T>{ i.first, j.first, j.second });
```

```
cout << "[입력 그래프]" << endl;
cout << G << endl;

auto colors = greedy_coloring<T>(G);
cout << "[그래프 컬러링]" << endl;
print_colors(colors);
}
```

**7.** 지금까지 작성한 프로그램을 실행하면 다음과 같은 결과를 확인할 수 있습니다.

```
[입력 그래프]
1:      {2: 0}, {5: 0},
2:      {1: 0}, {5: 0}, {4: 0},
3:      {4: 0}, {7: 0},
4:      {2: 0}, {3: 0}, {5: 0}, {6: 0}, {8: 0},
5:      {1: 0}, {2: 0}, {4: 0}, {8: 0},
6:      {4: 0}, {7: 0}, {8: 0},
7:      {3: 0}, {6: 0},
8:      {4: 0}, {5: 0}, {6: 0},

[그래프 컬러링]
1: Red
2: Blue
3: Red
4: Green
5: Yellow
6: Red
7: Blue
8: Blue
```

연습 문제 27의 그래프 컬러링 구현은 1번 정점부터 색상 지정을 시작했으며, 이러한 순서는 임의로 결정한 것입니다. 다른 정점에서부터 그리디 컬러링 알고리즘을 시작하면 다른 개수의 색상을 사용하는 그래프 컬러링 결과를 얻을 수도 있습니다.

그래프 컬러링의 평가는 얼마나 적은 수의 색상을 사용했는가에 의해 결정됩니다. 가능한 적은 수의 색상을 사용하는 최적의 그래프 컬러링 방법 찾기는 NP-완전 문제이지만, 그리디 방식이 유용한 근사치를 제공하곤 합니다. 예를 들어 컴파일러를 설계할 경우, 컴파일하는 프로그램의 변수에 CPU 레지스터를 할당하기 위해 그래프 컬러링이 사용됩니다. 몇몇 휴리스틱 방법과 함께 그리디 방식의 컬러링 알고리즘을 사용하면 '충분히 괜찮은' 솔루션을 얻을 수 있으며, 이러한 방식은 컴파일러의 빠른 동작이 필요한 상황에서 바람직합니다.

## 5.4.2 실습 문제 12: 웰시-포웰 알고리즘

앞서 연습 문제 27에서는 1번 정점부터 그래프 컬러링을 시작했습니다. 이를 조금 향상시키는 방법은 차수(degree)[5]가 높은 정점부터 차례대로 그래프 컬러링을 수행하는 것입니다. 이를 웰시-포웰 알고리즘(Welsh-Powell algorithm)이라고 하며, 다음 순서를 따릅니다.

1. 모든 정점을 차수에 대한 내림차순으로 정렬하고 배열에 저장합니다.

2. 정렬된 배열에서 색상이 지정되지 않은 첫 번째 정점을 선택하고, 이 정점과 연결된 모든 정점을 조사하여 아직 사용되지 않은 색상을 해당 정점에 지정합니다. 이 색상을 C라고 지칭하겠습니다.

3. 정렬된 배열에서 색상이 지정되지 않은 정점을 모두 찾고, 만약 이 정점의 이웃이 C 색상을 가지고 있지 않다면 해당 정점에 C 색상을 지정합니다.

4. 배열에 색상이 지정되지 않은 정점이 남아 있다면 2단계로 이동합니다. 남아 있는 정점이 없다면 종료합니다. 이때까지 정점에 지정된 색상이 최종 결과입니다.

다음은 그림 5-17에 나타난 그래프에 대해 앞서 웰시-포웰 알고리즘을 적용하여 적절한 그래프 컬러링을 찾는 과정을 보여줍니다.

1. 다음은 그래프 컬러링에 사용할 그래프입니다(그림 5-19).

▼ 그림 5-19 색상이 지정되지 않은 초기 그래프

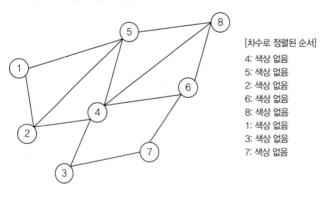

[차수로 정렬된 순서]
4: 색상 없음
5: 색상 없음
2: 색상 없음
6: 색상 없음
8: 색상 없음
1: 색상 없음
3: 색상 없음
7: 색상 없음

2. 정점을 차수를 기준으로 내림차순 정렬하고, 첫 번째 정점에 빨간색을 지정합니다. 그림 5-20에서는 4번 정점의 차수가 가장 높으므로 4번을 빨간색으로 지정하고, 4번과 연결되지 않은

---

5　[역주] 차수는 정점에 연결된 에지의 개수를 의미합니다.

1번과 7번 정점도 빨간색으로 지정합니다.

▼ 그림 5-20 빨간색 지정하기

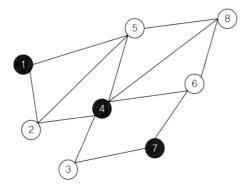

[차수로 정렬된 순서]
4: 빨간색 지정
5: 4번과 연결되어 있음
2: 4번과 연결되어 있음
6: 4번과 연결되어 있음
8: 4번과 연결되어 있음
1: 빨간색 지정
3: 4번과 연결되어 있음
7: 빨간색 지정

**3.** 다음으로 짙은 회색을 지정합니다(그림 5-21).

▼ 그림 5-21 짙은 회색 지정하기

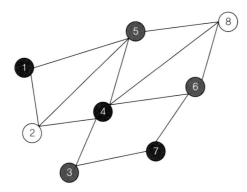

[차수로 정렬된 순서]
4: 빨간색
5: 짙은 회색 지정
2: 5번과 연결되어 있음
6: 짙은 회색 지정
8: 5~6번과 연결되어 있음
1: 빨간색
3: 짙은 회색 지정
7: 빨간색

**4.** 마지막으로 옅은 회색을 지정합니다(그림 5-22).

▼ 그림 5-22 옅은 회색 지정하기

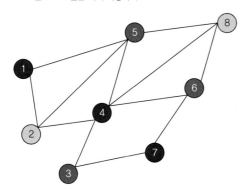

[차수로 정렬된 순서]
4: 빨간색
5: 짙은 회색
2: 옅은 회색 지정
6: 짙은 회색
8: 옅은 회색 지정
1: 빨간색
3: 짙은 회색
7: 빨간색

다음 순서에 따라 실습 문제 솔루션을 작성하세요.

1. 먼저 에지를 표현하는 Edge 구조체와 에지 리스트를 이용하여 그래프 구조를 표현하는 Graph 클래스를 작성해야 합니다. Edge 구조체와 Graph 클래스는 연습 문제 26에 나타난 코드를 이용하세요.

2. 웰시-포웰 그래프 컬러링 알고리즘을 구현한 함수를 작성하세요. 이 함수는 각 정점의 색상을 벡터로 반환하도록 구현합니다. 이 벡터의 $i$번째 원소는 $i$번에 해당하는 정점의 색상을 나타냅니다.

3. 그림 5-19에 나타난 그래프를 구성하는 소스 코드를 작성하고, 이 그래프에 웰시-포웰 알고리즘을 수행한 후 그 결과를 출력하세요.

실습 문제 12의 실행 결과 예는 다음과 같습니다.

```
[입력 그래프]
1:    {2: 0}, {5: 0},
2:    {1: 0}, {5: 0}, {4: 0},
3:    {4: 0}, {7: 0},
4:    {2: 0}, {3: 0}, {5: 0}, {6: 0}, {8: 0},
5:    {1: 0}, {2: 0}, {4: 0}, {8: 0},
6:    {4: 0}, {7: 0}, {8: 0},
7:    {3: 0}, {6: 0},
8:    {4: 0}, {5: 0}, {6: 0},

[색상 지정 순서 (괄호는 차수)]
4 (5)
5 (4)
2 (3)
6 (3)
8 (3)
1 (2)
3 (2)
7 (2)

[그래프 컬러링]
1: Red
2: Green
3: Blue
4: Red
5: Blue
6: Blue
7: Red
8: Green
```

# 5.5 나가며

그리디 접근 방법은 간단합니다. 알고리즘을 반복할 때마다 가능한 모든 방법 중에서 최선의 방법을 선택하는 방식입니다. 즉, 그리디 솔루션은 부분적으로 '최선의' 방법을 선택하는 것이 결국 전체적인 '최선의' 방법으로 귀결되는 문제에 적용할 수 있습니다.

이 장에서는 그리디 접근 방식으로 최적의 해를 구할 수 있는 문제의 예로서 최단 작업 우선 스케줄링에 대해 살펴봤습니다. 또한 0-1 배낭 문제와 그래프 컬러링 같은 NP-완전 문제를 약간 변경함으로써 그리디 접근 방식으로 간단히 해를 구할 수 있다는 것도 설명했습니다. 즉, 복잡한 문제에 대해서도 그리디 접근 방법을 유용한 알고리즘 설계 도구로 사용할 수 있습니다. 그리디 방식의 솔루션을 갖는 문제는 그리디 접근 방식을 사용하는 것이 가장 간단할 것입니다. 그리디 방식의 솔루션을 갖지 않은 문제라 하더라도 문제를 조금 단순하게 변경하면 '충분히 괜찮은' 솔루션을 얻을 수 있습니다(실제로 그리디 방식의 그래프 컬러링 방법은 프로그래밍 언어 컴파일러에서 변수에 레지스터를 할당할 때 사용되고 있습니다).

다음으로 주어진 문제를 그리디 방식으로 풀기 위해 필요한 최적 부분 구조와 그리디 선택 속성에 대해 알아봤고, 크루스칼 최소 신장 트리 알고리즘을 예로 들어 주어진 문제가 이러한 속성을 갖는지를 증명해보았습니다. 크루스칼 알고리즘에 대해 설명하면서 디스조인트-셋 자료 구조에 대해서도 함께 설명했습니다. 마지막으로 그래프 컬러링 문제의 솔루션으로 웰시-포웰 알고리즘에 대해 설명했습니다.

다음 장에서는 그래프 알고리즘에 대해 깊이 있게 알아보겠습니다. 먼저 너비 우선 탐색과 깊이 우선 탐색에 대해 알아보고, 이후 다익스트라 최단 경로 알고리즘에 대해 알아보겠습니다. 그리고 최소 신장 트리 문제의 또 다른 해결 방법인 프림 알고리즘에 대해서도 알아보겠습니다.

**5**

그리디 알고리즘

# 6장

# 그래프 알고리즘 I

이 장을 마치면 다음 작업을 수행할 수 있습니다.

- 그래프를 사용하여 다양한 실생활 문제를 해결할 수 있음을 설명할 수 있습니다.
- 그래프에서 특정 원소를 찾기 위해 적절한 탐색 방법을 선택하여 구현할 수 있습니다.
- 프림 알고리즘을 이용하여 최소 신장 트리를 구할 수 있습니다.
- 프림 알고리즘과 크루스칼 알고리즘 중에서 주어진 상황에 적합한 알고리즘을 선택할 수 있습니다.
- 다익스트라 알고리즘을 이용하여 두 정점 사이의 최단 경로를 찾을 수 있습니다.

이 장에서는 그래프 구조를 이용하여 문제를 해결하기 위해 필요한 기본적인 그래프 알고리즘에 대해 설명합니다. 그리고 추가적인 고급 그래프 알고리즘은 다음 장에서 이어서 설명하겠습니다.

# 6.1 들어가며

4장과 5장에서는 분할 정복과 그리디 알고리즘이라는 두 가지 알고리즘 설계 패러다임에 대해 살펴봤습니다. 이들 알고리즘은 데이터의 정렬 및 검색, 그래프에서 최소 신장 트리 구하기 등 널리 알려진 문제에서 사용되고 있습니다. 이 장에서는 특히 그래프 자료 구조에서 사용할 수 있는 알고리즘에 대해 알아보겠습니다.

그래프는 정점(vertex)의 집합과 정점들을 서로 잇는 에지(edge)의 집합으로 구성됩니다. 수학적으로 표현하면 그래프 G = ⟨V, E⟩ 형태로 표현하고, 여기서 V는 정점의 집합, E는 에지의 집합을 나타냅니다. 만약에 에지가 특정 정점에서 다른 정점으로 향하는 방향이 있다면 방향 그래프(directed graph)라고 하고, 특정 방향을 가리키지 않으면 무방향 그래프(undirected graph)라고 합니다. 에지에 가중치가 있으면 가중 그래프(weighted graph)라고 하고, 가중치가 없으면 비가중 그래프(unweighted graph)라고 합니다.[1]

> Note ☰ 그래프를 다룰 때 '노드(node)'와 '정점(vertex)' 용어는 같은 의미로 사용됩니다. 이 책에서는 주로 '정점'이라는 용어를 사용하겠습니다.

---

[1] 역주 에지의 가중치는 종종 비용(cost)이라는 용어로도 혼용되어 사용됩니다. 원서에서는 가중치와 비용을 간혹 섞어서 사용했지만, 이 책에서는 주로 가중치로 통일하여 설명합니다.

그래프는 매우 유연한 자료 구조입니다. 트리나 연결 리스트와 같은 다른 연결된 자료 구조는 그래프의 특별한 형태라고 볼 수 있습니다. 그래프는 객체(정점)와 객체 사이의 관계(에지)를 표현할 수 있어서 유용합니다. 그래프에서 두 정점 사이에는 여러 개의 에지가 있을 수도 있고, 또한 하나의 에지에 여러 개의 가중치를 부여할 수도 있습니다. 특정 정점에서 나온 에지가 자기 자신으로 연결되는 셀프 에지(self edge)도 만들 수 있습니다. 그림 6-1에 나타난 그래프는 이러한 다양한 에지와 정점의 표현을 보여줍니다. 그래프의 일종인 '하이퍼그래프(hypergraphs)'는 여러 정점을 동시에 연결하는 에지를 가질 수 있고, 또 다른 변종인 '혼합 그래프(mixed graph)'는 하나의 그래프 안에 방향 에지와 무방향 에지를 함께 가질 수 있습니다.

▼ 그림 6-1 다중 에지, 다중 에지 가중치, 셀프 에지(루프), 방향 에지와 무방향 에지를 포함하는 그래프

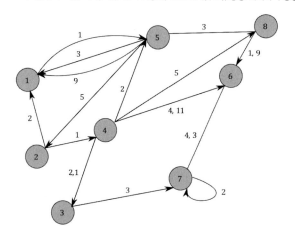

그래프는 범용적인 특징을 가지고 있어서 많은 응용 프로그램에서 사용되고 있습니다. 이론 컴퓨터 과학자들은 유한 상태 기계(finite state machine) 또는 오토마타(automata)를 모델링하기 위해 그래프를 사용하고, 인공지능 및 머신 러닝 전문가들은 시간에 따른 네트워크 구조 변화로부터 정보를 추출하기 위해 그래프를 이용합니다. 또한 교통 공학자들은 도로 네트워크에서 교통 흐름을 연구하기 위해 그래프를 활용합니다.

이 장에서는 주로 방향 가중 그래프를 사용하는 알고리즘에 대해 살펴볼 것이며, 경우에 따라 에지 가중치가 양수인 그래프만 다룰 것입니다. 먼저 너비 우선 탐색과 깊이 우선 탐색이라는 두 가지 주요한 그래프 탐색에 대해 알아보겠습니다. 그리고 앞 장에서 다뤘던 최소 신장 트리 문제를 해결하는 또 하나의 방법인 프림 알고리즘에 대해 설명할 것입니다. 마지막으로 구글 지도나 내비게이션 응용 프로그램에서 사용되는 단일-시작 최소 경로 문제를 다룰 것입니다.

그럼 기본적인 그래프 탐색 문제부터 살펴보겠습니다.

# 6.2 / 그래프 순회 문제

얼마 전에 저는 새로운 동네로 이사했습니다. 새로운 동네에서 새로운 이웃을 만나다 보니 사람들이 주변에 괜찮은 맛집을 추천해줬습니다. 저는 추천받은 식당에 모두 방문해보고 싶어서 동네 지도를 꺼내 우리집과 식당을 지도에 표시했습니다. 지도에는 이미 이용할 수 있는 도로가 표시되어 있습니다. 우리집과 식당을 그래프의 정점으로 표현하고, 연결된 도로를 에지로 표현한 후, 우리집에서 시작하여 모든 식당에 방문하려고 합니다. 이처럼 그래프의 특정 정점에서 시작하여 나머지 모든 정점을 방문하는 문제를 그래프 순회 문제(graph traversal problem)라고 합니다.

그림 6-2에서 정점 옆에 빨간색으로 쓰인 숫자는 정점의 ID입니다. 1번 정점은 우리집을 나타내고, R1부터 R7까지의 정점은 식당을 나타냅니다. 모든 길은 어느 방향으로든 이동할 수 있으므로, 에지에 화살표가 없는 무방향 에지로 표현했습니다.

▼ 그림 6-2 우리집과 주변 식당을 그래프로 표현하기

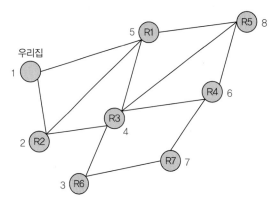

그래프 순회 문제를 수학적으로 표현하면 그래프 $G = \langle V, E \rangle$가 주어질 때 특정 정점 s로부터 시작하여 모든 정점 $v \in V$를 방문하는 문제라고 할 수 있습니다. 그래프 순회 문제는 그래프에서 특정 정점을 찾기 위한 용도로 사용될 수 있기 때문에 **그래프 탐색 문제**(graph search problem)라고도 부릅니다. 여러 그래프 탐색 알고리즘이 존재하고, 각각은 서로 다른 순서로 모든 정점을 방문합니다.

## 6.2.1 너비 우선 탐색

그래프에서 너비 우선 탐색(BFS, Breadth-First Search)은 시작 정점을 경계(frontier)에 추가하는 것으로 시작합니다. 경계는 이전에 방문했던 정점들에 의해 구성됩니다. 그리고 현재 경계에 인접한 정점을 반복적으로 탐색합니다. 다음에 나오는 그림을 보면서 BFS 동작에 대해 자세히 알아보겠습니다.

1. 먼저 시작점인 '우리집' 정점을 방문합니다. 그림 6-3에서 빨간색 점선이 현재 경계를 나타내며, 이 경계와 인접한 정점으로는 R1과 R2가 있습니다.

▼ 그림 6-3 BFS 경계 초기화

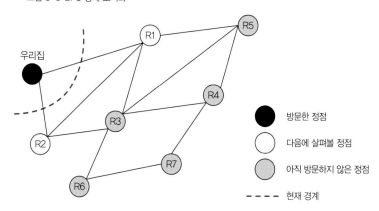

2. 그림 6-4는 R1과 R2를 방문한 후의 BFS 상태입니다. R1과 R2는 어느 것을 먼저 방문해도 상관없습니다. 즉, 시작 정점과 같은 거리에 있는 정점들의 방문 순서는 임의로 정해도 됩니다. 시작 정점에서 멀리 있는 정점보다 가까운 정점을 먼저 방문해야 한다는 점이 중요합니다.

▼ 그림 6-4 R1과 R2 정점을 방문한 후의 BFS 경계

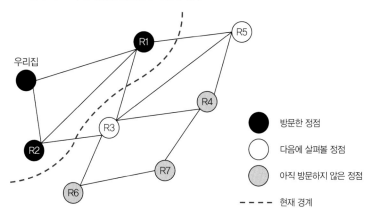

**3.** 그림 6-5는 R3와 R5, 그리고 R4와 R6 정점을 방문한 후의 BFS 상태이며, 전체 그래프를 순회하기 직전의 모습입니다.

▼ 그림 6-5 R3와 R5, R4와 R6 정점 방문 후 BFS 경계

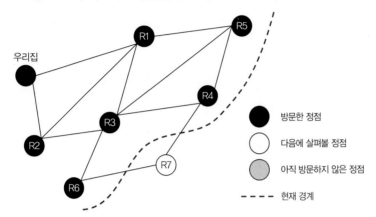

BFS는 모든 정점에 대해 자식 정점을 손자 정점보다 먼저 방문한다는 점이 중요한 특징입니다. BFS를 구현할 경우, 보통 경계를 별도의 자료 구조로 만들어서 명시적으로 사용하지는 않습니다. 대신 정점 ID를 큐에 저장하여 시작 정점과 가까운 정점을 멀리 있는 정점보다 먼저 방문할 수 있도록 구현합니다. 다음 연습 문제에서 BFS를 직접 구현해보겠습니다.

## 6.2.2 연습 문제 28: BFS 구현하기

이번 연습 문제에서는 에지 리스트로 표현된 그래프에 대해 너비 우선 탐색 알고리즘을 구현해보겠습니다.

**1.** 필요한 헤더 파일을 포함하고, 편의를 위해 namespace std를 사용하도록 설정합니다.

```
#include <string>
#include <vector>
#include <iostream>
#include <set>
#include <map>
#include <queue>

using namespace std;
```

**2.** 다음은 그래프의 에지를 표현하는 Edge 구조체 정의입니다. 참고로 여기에 나타낸 Edge 구조체 구현 코드는 5장 '연습 문제 26: 크루스칼 MST 알고리즘'에서 구현했던 코드와 거의 같으며, 다만 비교 연산자 오버로딩은 사용하지 않아서 구현하지 않았습니다.

```cpp
template <typename T>
struct Edge
{
    unsigned src;
    unsigned dst;
    T weight;
};
```

**3.** 다음은 그래프를 표현하는 Graph 클래스 정의입니다. 이 클래스는 에지 리스트를 이용하여 그래프를 표현하고, 표준 스트림 출력을 지원합니다. 참고로 여기에 나타낸 Graph 클래스 구현 코드는 5장 '연습 문제 26: 크루스칼 MST 알고리즘'에서 구현했던 코드와 완전히 같습니다.

```cpp
template <typename T>
class Graph
{
public:
    // N개의 정점으로 구성된 그래프
    Graph(unsigned N) : V(N) {}

    // 그래프의 정점 개수 반환
    auto vertices() const { return V; }

    // 전체 에지 리스트 반환
    auto& edges() const { return edge_list; }

    // 정점 v에서 나가는 모든 에지를 반환
    auto edges(unsigned v) const
    {
        vector<Edge<T>> edges_from_v;
        for (auto& e : edge_list)
        {
            if (e.src == v)
                edges_from_v.emplace_back(e);
        }

        return edges_from_v;
```

```
        }

        void add_edge(Edge<T>&& e)
        {
            // 에지 양 끝 정점 ID가 유효한지 검사
            if (e.src >= 1 && e.src <= V && e.dst >= 1 && e.dst <= V)
                edge_list.emplace_back(e);
            else
                cerr << "에러: 유효 범위를 벗어난 정점!" << endl;
        }

        // 표준 출력 스트림 지원
        template <typename U>
        friend ostream& operator<< (ostream& os, const Graph<U>& G);

private:
    unsigned V;        // 정점 개수
    vector<Edge<T>> edge_list;
};

template <typename U>
ostream& operator<< (ostream& os, const Graph<U>& G)
{
    for (unsigned i = 1; i < G.vertices(); i++)
    {
        os << i << ":\t";

        auto edges = G.edges(i);
        for (auto& e : edges)
            os << "{" << e.dst << ": " << e.weight << "}, ";

        os << endl;
    }

    return os;
}
```

**4.** 이번 연습 문제에서는 그림 6-6에 나타난 형태의 그래프를 사용합니다. BFS 알고리즘은 에지 가중치를 사용하지 않기 때문에 그림 6-6에서 에지 가중치를 표현하지 않았습니다.

▼ 그림 6-6 연습 문제 28에서 사용할 그래프

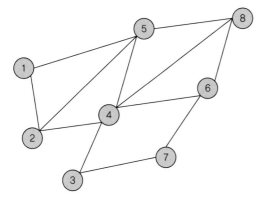

이제 그림 6-6과 같은 그래프를 생성하여 반환하는 함수를 작성합니다.

```
template <typename T>
auto create_reference_graph()
{
    Graph<T> G(9);

    map<unsigned, vector<pair<unsigned, T>>> edge_map;
    edge_map[1] = { {2, 0}, {5, 0} };
    edge_map[2] = { {1, 0}, {5, 0}, {4, 0} };
    edge_map[3] = { {4, 0}, {7, 0} };
    edge_map[4] = { {2, 0}, {3, 0}, {5, 0}, {6, 0}, {8, 0} };
    edge_map[5] = { {1, 0}, {2, 0}, {4, 0}, {8, 0} };
    edge_map[6] = { {4, 0}, {7, 0}, {8, 0} };
    edge_map[7] = { {3, 0}, {6, 0} };
    edge_map[8] = { {4, 0}, {5, 0}, {6, 0} };

    for (auto& i : edge_map)
        for (auto& j : i.second)
            G.add_edge(Edge<T>{ i.first, j.first, j.second });

    return G;
}
```

BFS에서 에지 가중치를 사용하지 않기 때문에 모든 에지 가중치는 0으로 설정했습니다.

**5.** 너비 우선 탐색 알고리즘을 다음과 같이 구현합니다.

```cpp
template <typename T>
auto breadth_first_search(const Graph<T>& G, unsigned start)
{
    queue<unsigned> queue;
    set<unsigned> visited;          // 방문한 정점
    vector<unsigned> visit_order;   // 방문 순서
    queue.push(start);

    while (!queue.empty())
    {
        auto current_vertex = queue.front();
        queue.pop();

        // 현재 정점을 이전에 방문하지 않았다면
        if (visited.find(current_vertex) == visited.end())
        {
            visited.insert(current_vertex);
            visit_order.push_back(current_vertex);

            for (auto& e : G.edges(current_vertex))
            {
                // 인접한 정점 중에서 방문하지 않은 정점이 있다면 큐에 추가
                if (visited.find(e.dst) == visited.end())
                {
                    queue.push(e.dst);
                }
            }
        }
    }

    return visit_order;
}
```

**6.** main() 함수에서는 그래프를 생성하고, BFS 알고리즘을 실행합니다. BFS 알고리즘에서 시작 정점은 임의로 1번 정점으로 지정했습니다.

```cpp
int main()
{
    using T = unsigned;
```

```
    // 그래프 객체 생성
    auto G = create_reference_graph<T>();
    cout << "[입력 그래프]" << endl;
    cout << G << endl;

    // 1번 정점부터 BFS 실행 & 방문 순서 출력
    cout << "[BFS 방문 순서]" << endl;
    auto bfs_visit_order = breadth_first_search(G, 1);
    for (auto v : bfs_visit_order)
        cout << v << endl;
}
```

**7.** 지금까지 작성한 프로그램을 실행하면 다음과 같은 출력을 확인할 수 있습니다.

```
[입력 그래프]
1:      {2: 0}, {5: 0},
2:      {1: 0}, {5: 0}, {4: 0},
3:      {4: 0}, {7: 0},
4:      {2: 0}, {3: 0}, {5: 0}, {6: 0}, {8: 0},
5:      {1: 0}, {2: 0}, {4: 0}, {8: 0},
6:      {4: 0}, {7: 0}, {8: 0},
7:      {3: 0}, {6: 0},
8:      {4: 0}, {5: 0}, {6: 0},

[BFS 방문 순서]
1
2
5
4
8
3
6
7
```

그림 6-7은 앞서 구현한 BFS에 의해 방문하는 정점 순서를 보여줍니다. 정점 옆에 빨간색으로 쓰인 숫자가 방문 순서를 나타내며, 에지 옆 빨간색 화살표는 BFS에 의한 탐색 이동 방향을 나타냅니다. 1번 정점을 시작으로 하여 가까운 정점부터 멀리 있는 정점 순서로 방문하는 것을 확인할 수 있습니다.

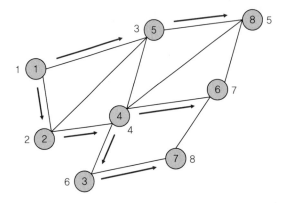

BFS의 시간 복잡도는 $O(V + E)$입니다. 여기서 $V$는 정점의 개수이고, $E$는 에지의 개수를 의미합니다.

## 6.2.3 깊이 우선 탐색

너비 우선 탐색이 시작 정점에서 시작하여 점차 탐색 범위를 넓혀 나가는 방식이라면, 깊이 우선 탐색(DFS, Depth-First Search)은 시작 정점에서 시작하여 특정 경로를 따라 가능한 멀리 있는 정점을 재귀적으로 먼저 방문하는 방식입니다. 그리고 더 방문할 정점이 없어지면 다른 경로를 찾아 다시 멀어지는 방향으로 탐색을 반복합니다. 이러한 그래프 탐색 방법을 **백트래킹**(backtracking)이라고 합니다. 다음에 나오는 그림을 보면서 DFS 동작 방식을 이해해보겠습니다.

**1.** 가장 먼저 '우리집' 정점부터 방문합니다(그림 6-8).

❤ 그림 6-8 DFS 초기화

우리집

R1

R5

R4

R3

R2

R7

R6

⚫ 방문한 정점

⚪ 방문하지 않은 정점

**2.** 다음으로 R2 정점을 방문합니다(그림 6-9). 여기서는 우리집 정점과 연결된 정점 R1과 R2 중에서 R2를 임의로 선택했습니다. R1과 R2 중에서 어느 것을 먼저 방문해도 DFS 알고리즘으로 모든 정점을 탐색할 수 있습니다.

❤ 그림 6-9 R2를 방문한 직후의 DFS 상태

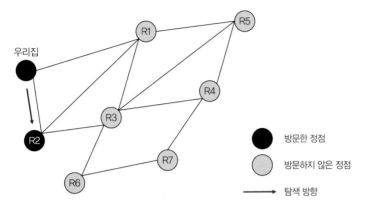

**3.** 이번에는 R3 정점을 방문합니다(그림 6-10). R2와 연결된 정점은 R1과 R3이며, 이 중 임의로 R3를 먼저 선택했습니다.

❤ 그림 6-10 R3를 방문한 직후의 DFS 상태

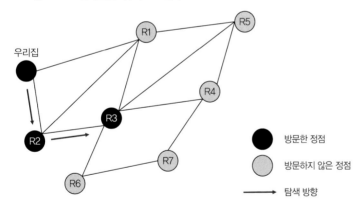

**4.** 인접한 정점 중에서 아직 방문하지 않은 정점을 찾아 탐색을 계속 진행하는 과정을 그림 6-11에 나타냈습니다. 그림 6-11에서 마지막으로 R1을 방문하면 이제 방문하지 않은 정점을 찾을 수 없게 됩니다. 이러한 경우에 탐색이 종료됩니다.

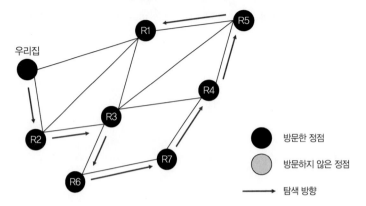

▼ 그림 6-11 그래프의 모든 정점을 방문한 후 DFS를 종료

앞서 BFS를 구현할 때는 방문하지 않은 정점을 저장하기 위해 큐를 사용했습니다. 큐는 선입선출 (FIFO) 자료 구조로, 큐에 있는 정점들은 큐에 들어갔던 순서대로 제거됩니다. 이러한 큐의 속성을 이용하여 시작 정점에서 가까이 있는 정점들을 먼저 처리할 수 있습니다. DFS를 구현하는 방식은 BFS와 거의 비슷하지만, 큐 대신에 스택을 사용한다는 점이 다릅니다. 스택은 후입선출(LIFO) 속성을 가지고 있기 때문에 현재 정점과 인접한 정점들을 재귀적으로 이동하면서 방문할 때 사용하기에 적합한 자료 구조입니다.

## 6.2.4 연습 문제 29: DFS 구현하기

이번 연습 문제에서는 DFS를 직접 구현하겠습니다. 그리고 앞서 '연습 문제 28: BFS 구현하기'에서 사용했던 그래프와 똑같은 그래프를 사용하여 DFS 동작을 확인해보겠습니다.

1. 먼저 필요한 헤더 파일을 포함합니다. DFS에서는 스택을 사용하므로 <stack> 헤더 파일을 포함합니다.

```
#include <string>
#include <vector>
#include <iostream>
#include <set>
#include <map>
#include <stack>

using namespace std;
```

**2.** 그래프의 에지를 표현하는 Edge 구조체를 정의하고, 에지 리스트로 그래프를 표현하는 Graph 클래스를 정의합니다. Edge 구조체와 Graph 클래스 정의는 '연습 문제 28: BFS 구현하기'의 2단계와 3단계에서 작성한 코드를 그대로 사용하겠습니다.

**3.** 이번 연습 문제에서는 앞서 연습 문제 28에서 사용했던 그래프를 똑같이 사용합니다. 그러므로 그래프 생성 함수 코드도 완전히 똑같습니다. 다만 이해의 편의를 위해 해당 그래프를 그림 6-12에 다시 한 번 나타냈으며, 해당 그래프를 생성하는 함수 소스 코드도 아래에 나타냈습니다.

▼ 그림 6-12 연습 문제 29에서 사용할 그래프

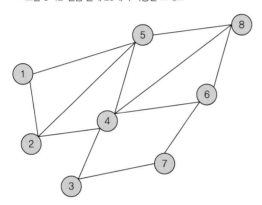

```
template <typename T>
auto create_reference_graph()
{
    Graph<T> G(9);

    map<unsigned, vector<pair<unsigned, T>>> edge_map;
    edge_map[1] = { {2, 0}, {5, 0} };
    edge_map[2] = { {1, 0}, {5, 0}, {4, 0} };
    edge_map[3] = { {4, 0}, {7, 0} };
    edge_map[4] = { {2, 0}, {3, 0}, {5, 0}, {6, 0}, {8, 0} };
    edge_map[5] = { {1, 0}, {2, 0}, {4, 0}, {8, 0} };
    edge_map[6] = { {4, 0}, {7, 0}, {8, 0} };
    edge_map[7] = { {3, 0}, {6, 0} };
    edge_map[8] = { {4, 0}, {5, 0}, {6, 0} };

    for (auto& i : edge_map)
        for (auto& j : i.second)
```

```
            G.add_edge(Edge<T>{ i.first, j.first, j.second });

        return G;
    }
```

**4.** 이제 깊이 우선 탐색을 구현한 함수를 작성합니다. 이 함수의 구성은 연습 문제 28에서 보았던 breadth_first_search() 함수와 거의 유사합니다. 다만 std::queue 대신 std::stack을 사용했다는 점이 다릅니다.

```
template <typename T>
auto depth_first_search(const Graph<T>& G, unsigned start)
{
    stack<unsigned> stack;
    set<unsigned> visited;          // 방문한 정점
    vector<unsigned> visit_order;   // 방문 순서
    stack.push(start);

    while (!stack.empty())
    {
        auto current_vertex = stack.top();
        stack.pop();

        // 현재 정점을 이전에 방문하지 않았다면
        if (visited.find(current_vertex) == visited.end())
        {
            visited.insert(current_vertex);
            visit_order.push_back(current_vertex);

            for (auto& e : G.edges(current_vertex))
            {
                // 인접한 정점 중에서 방문하지 않은 정점이 있다면 스택에 추가
                if (visited.find(e.dst) == visited.end())
                {
                    stack.push(e.dst);
                }
            }
        }
    }

    return visit_order;
}
```

**5.** main() 함수에서는 그래프를 생성하고, DFS 알고리즘을 실행합니다. DFS 알고리즘에서 시작 정점은 임의로 1번 정점으로 지정했습니다.

```cpp
int main()
{
    using T = unsigned;

    // 그래프 객체 생성
    auto G = create_reference_graph<T>();
    cout << "[입력 그래프]" << endl;
    cout << G << endl;

    // 1번 정점부터 DFS 실행 & 방문 순서 출력
    cout << "[DFS 방문 순서]" << endl;
    auto dfs_visit_order = depth_first_search(G, 1);
    for (auto v : dfs_visit_order)
        cout << v << endl;
}
```

**6.** 지금까지 작성한 프로그램을 실행하면 다음과 같은 출력을 확인할 수 있습니다.

```
[입력 그래프]
1:      {2: 0}, {5: 0},
2:      {1: 0}, {5: 0}, {4: 0},
3:      {4: 0}, {7: 0},
4:      {2: 0}, {3: 0}, {5: 0}, {6: 0}, {8: 0},
5:      {1: 0}, {2: 0}, {4: 0}, {8: 0},
6:      {4: 0}, {7: 0}, {8: 0},
7:      {3: 0}, {6: 0},
8:      {4: 0}, {5: 0}, {6: 0},

[DFS 방문 순서]
1
5
8
6
7
3
4
2
```

앞서 구현한 DFS에 의한 그래프 정점 방문 순서를 그림 6-13에 나타냈습니다.

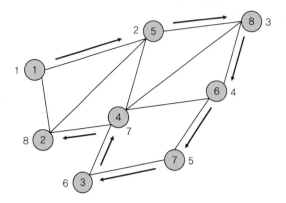

BFS와 DFS의 시간 복잡도는 모두 O($V + E$)입니다. 그러나 두 알고리즘에는 몇 가지 큰 차이점이 있습니다. 다음은 BFS와 DFS의 두드러진 차이점과 적합한 사용 시나리오를 정리한 것입니다.

- BFS는 시작 정점에서 가까운 정점을 찾는 데 적합하고, DFS는 대체로 시작 정점에서 멀리 있는 정점을 찾을 때 적합합니다.

- BFS에서 특정 정점을 방문할 경우, 시작 정점에서 해당 정점까지의 최단 거리 경로가 보장됩니다. 그러나 DFS에서는 최단 경로를 보장하지 않습니다. 이러한 속성 때문에 단일-시작 또는 다중-시작 최단 경로 알고리즘이 BFS 알고리즘을 조금 변경하여 사용하고 있습니다. 이와 관련된 내용은 다음 절에서 자세히 살펴보겠습니다.

- BFS는 현재 경계에 인접한 모든 정점을 방문하므로 BFS에 의해 생성된 검색 트리는 짧고 넓은 편이며 많은 메모리를 필요로 합니다. 반면에 DFS에 의해 생성된 검색 트리는 길고 좁은 편이며, 상대적으로 적은 메모리를 필요로 합니다.

## 6.2.5 실습 문제 13: 이분 그래프 판별하기

이분 그래프(bipartite graph)는 정점을 두 개의 집합으로 나눌 수 있는 그래프이며, 이때 그래프의 모든 에지는 서로 다른 집합에 속한 정점끼리 연결되어야 합니다.

이분 그래프는 실생활의 여러 문제를 모델링할 수 있습니다. 예를 들어 학생 목록과 수업 목록이 있을 때, 학생들이 어떤 수업을 수강하고 있는지를 이분 그래프로 표현할 수 있습니다. 즉, 학생 정점에서 수업 과목 정점으로 에지가 연결되어 있으면 해당 학생이 이 수업을 수강하고 있다는 의미입니다. 학생에서 학생으로, 또는 수업에서 다른 수업으로 연결되는 에지는 있을 수 없으므로 이분 그래프로 표현하기에 적합합니다. 그림 6-14는 이러한 학생과 수업 과목과의 관계를 이분 그래프로 표현한 예입니다.

▼ 그림 6-14 학생과 수강 과목 관계를 표현한 이분 그래프의 예

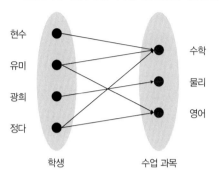

그림 6-14와 같은 모델이 주어질 경우, 특정 학생이 신청한 두 개의 수업이 같은 시간대에 중복되지 않도록 수강 계획을 만드는 데 사용할 수 있습니다. 예를 들어 유미가 수학과 영어 과목을 수강했다면, 두 수업이 같은 시간대에 진행되면 안 됩니다. 수업 시간표 작성 시 이러한 충돌을 최소화하는 작업은 그래프에서 최대 유량 문제(maximum flow problem)를 풀어서 달성할 수 있습니다. 최대 유량 문제에 대해서는 몇 가지 표준 알고리즘이 알려져 있습니다. 포드-풀커슨 알고리즘(Ford-Fulkerson's algorithm), 디닉 알고리즘(Dinic's algorithm), 푸시-리레이블 알고리즘(push-relabel algorithm)이 그 예입니다. 그러나 이들 알고리즘은 꽤 복잡해서 이 책의 범위를 벗어납니다.

넷플릭스(Netflix)나 유튜브(YouTube) 같은 대형 비디오 스트리밍 플랫폼에서 제공되는 영화 목록과 시청자 사이의 관계도 이분 그래프를 사용하여 모델링할 수 있습니다. 즉, 사용자가 특정 영화를 시청했다면 에지를 연결하는 방식으로 사용자의 시청 기록을 관리할 수 있습니다.

이분 그래프에 대해 흥미로운 사실은 최대 매칭(maximum matching) 또는 최소 정점 커버(minimum vertex cover) 문제처럼 일반 그래프에서는 NP-완전인 문제들이 이분 그래프에서는 다항 시간으로 풀 수 있다는 점입니다. 따라서 주어진 그래프가 이분 그래프인지 아닌지를 알아내는 것은 매우 중요합니다. 이번 실습 문제에서는 주어진 그래프 G가 이분 그래프인지를 확인하는 C++ 프로그램을 만들어보겠습니다.

이분 그래프를 판별하는 알고리즘은 DFS를 조금 변형하여 만들 수 있습니다.

1. 1번 정점부터 DFS를 시작한다고 가정하겠습니다. 그러므로 1번 정점을 스택에 추가합니다.

2. 만약 스택에 방문하지 않은 정점이 남아 있으면 스택에서 정점을 하나 꺼내고 이를 현재 정점으로 설정합니다.

**3.** 이전 정점에 할당된 색상이 '검은색'이면, 현재 정점에 '빨간색'을 할당합니다. 반대로 이전 정점에 할당된 색상이 '빨간색'이면, 현재 정점에 '검은색'을 할당합니다.

**4.** 현재 정점과 인접한 정점들 중에서 아직 방문하지 않은 정점들을 스택에 넣고, 현재 정점을 방문한 것으로 설정합니다.

**5.** 모든 정점에 색상이 지정될 때까지 2~4단계를 반복합니다. 알고리즘 종료 시 모든 정점에 색상이 칠해져 있다면 이 그래프는 이분 그래프입니다.

**6.** 만약 탐색을 진행하다가 만나게 된 정점이 이미 방문한 정점이고, 이 정점의 색상이 현재 할당할 색상과 다른 색상이면(즉, 이전에 칠한 색상과 같은 색상이면) 알고리즘을 종료하고, 해당 그래프가 이분 그래프가 아니라고 판별합니다.

다음에 나오는 그림 6-15, 그림 6-16, 그림 6-17은 이분 그래프 판별 알고리즘의 동작 예를 보여줍니다.

▼ 그림 6-15 초기화: 1번 정점에 '검은색' 할당

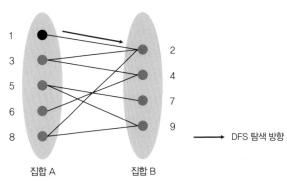

▼ 그림 6-16 1번 정점이 '검은색'이므로 2번 정점에는 '빨간색' 할당

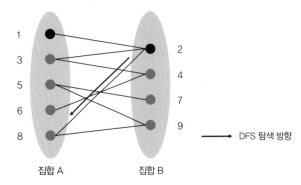

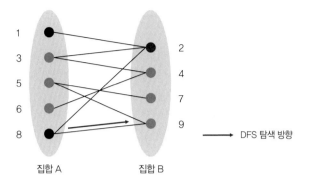

❤ 그림 6-17 2번 정점이 '빨간색'이므로 8번 정점에는 '검은색' 할당

집합 A          집합 B          ⟶ DFS 탐색 방향

앞에 나타난 그림에서 볼 수 있듯이 이 알고리즘은 그래프를 지그재그로 이동하면서 두 개의 색상을 번갈아 칠합니다. 만약 이러한 방식으로 모든 정점에 색상을 칠할 수 있다면 이분 그래프라고 간주할 수 있습니다. 만약 DFS 과정에서 같은 색상으로 할당된 두 개의 인접한 정점을 만나면 입력 그래프는 이분 그래프가 아닌 것으로 판별합니다.

그림 6-15의 그래프를 입력 그래프로 사용하여 실습 문제 13을 실행한 결과의 예는 다음과 같습니다.

```
[입력 그래프]
1:      {2: 0},
2:      {1: 0}, {3: 0}, {8: 0},
3:      {2: 0}, {4: 0},
4:      {3: 0}, {6: 0},
5:      {7: 0}, {9: 0},
6:      {4: 0},
7:      {5: 0},
8:      {2: 0}, {9: 0},
9:      {5: 0}, {8: 0},

1번 정점: 검정색
2번 정점: 빨간색
8번 정점: 검정색
9번 정점: 빨간색
5번 정점: 검정색
7번 정점: 빨간색
3번 정점: 검정색
4번 정점: 빨간색
6번 정점: 검정색

이분 그래프가 맞습니다.
```

# 6.3 프림의 최소 신장 트리 알고리즘

최소 신장 트리(MST) 문제는 이미 5장에서 소개한 적이 있습니다. MST 문제를 다시 정의하면 다음과 같습니다.

> "정점 집합 V와 가중치를 갖는 에지 집합 E로 구성된 그래프 G = ⟨V, E⟩가 주어질 때, 모든 정점을 연결하고 연결된 에지의 가중치 합이 최소인 트리 T를 구하시오."

5장에서는 MST 문제의 실제적인 응용과 주어진 그래프에서 최소 신장 트리를 구하는 크루스칼 알고리즘에 대해 설명했습니다. 크루스칼 알고리즘은 그래프의 모든 에지를 최소 힙에 추가하고, 사이클을 만들지 않는 최소 가중치의 에지를 이용하여 MST를 구성합니다.

프림 알고리즘(Prim's algorithm)[2]은 BFS의 동작 방식과 유사합니다. 프림 알고리즘은 먼저 시작 정점을 이용하여 경계를 구성합니다. 경계는 이전에 방문했던 정점들에 의해 구성되며, 현재 경계에 인접한 정점을 반복적으로 탐색합니다. 이때 프림 알고리즘은 경계를 관통하는 에지 중에서 가장 가중치가 작은 에지를 선택하고, 이 에지에 연결된 정점을 방문합니다.

프림 알고리즘을 구현하려면 그래프의 각 정점에 경계로부터의 거리(distance) 정보를 기록해야 합니다. 다음은 프림 알고리즘 동작 순서입니다.

1. 모든 정점의 거리 값을 무한대로 초기화합니다. 시작 정점에서 자기 자신까지의 거리는 0이므로 시작 정점의 거리 값은 0으로 설정합니다. 그리고 모든 거리 값을 최소 힙 H에 추가합니다.

   그림 6-18에서 정점 안의 숫자는 정점 ID이고, 정점 옆에 있는 빨간색 글자는 경계에서 해당 정점까지의 거리를 나타냅니다. 정점의 거리 값은 무한대로 초기화되어 있습니다. 다만 이 그림에서 시작 정점인 1번 정점은 거리 값을 0으로 설정했습니다. 그림 6-18에서 에지 옆 검은색 숫자는 에지 가중치입니다.

---

2   프림 알고리즘은 자빅 알고리즘(Jarvik's algorithm)이라고도 알려져 있습니다.

▼ 그림 6-18 프림 알고리즘 초기화

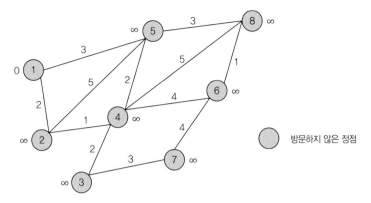

**2.** 최소 힙 H로부터 정점을 하나 꺼냅니다. 이 정점을 U라고 하면, 정점 U는 경계에서 가장 가까이 있는 정점입니다. 이 정점을 MST에 추가하고, 이 정점을 포함하도록 경계를 새로 설정합니다.

**3.** U와 인접한 모든 정점 V에 대해, 만약 V의 거리 값이 (U, V)의 에지 가중치보다 크면 V의 거리 값을 (U, V)의 에지 가중치로 설정합니다. 그림 6-19에서 1번 정점과 연결된 2번과 5번 정점의 거리 값이 각각 2와 3으로 변경된 것을 볼 수 있습니다. 이러한 과정을 정점 U에 안착 (settle)했다고 합니다.

▼ 그림 6-19 1번 정점을 방문한 후 그래프 상태

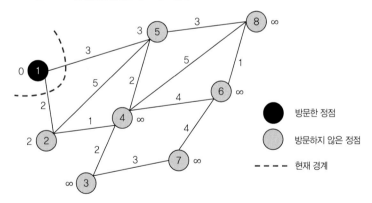

**4.** 방문하지 않은 정점이 남아 있다면 2단계로 이동합니다. 그림 6-20은 2번 정점을 방문한 후의 그래프 상태입니다. 이 그림에서 빨간색 에지는 현재까지 구성된 MST를 나타냅니다.

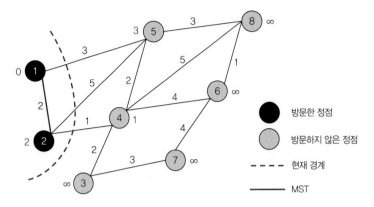

❤ 그림 6-20 2번 정점을 방문한 후 그래프 상태

5. 모든 정점에 대해 안착한 후, 그림 6-21과 같은 최종 MST가 생성됩니다.

❤ 그림 6-21 최종 MST

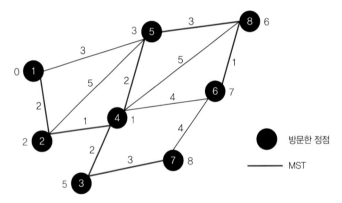

## 6.3.1 연습 문제 30: 프림 알고리즘 구현하기

이번 연습 문제에서는 프림 알고리즘을 구현하여 그림 6-18 그래프에 대한 MST를 구해보겠습니다.

1. 필요한 헤더 파일을 포함합니다.

```
#include <string>
#include <vector>
#include <iostream>
#include <set>
#include <map>
```

```
#include <queue>
#include <limits>

using namespace std;
```

2. 그래프의 에지를 표현하는 Edge 구조체를 정의하고, 에지 리스트로 그래프를 표현하는 Graph 클래스를 정의합니다. Edge 구조체와 Graph 클래스 정의는 연습 문제 28의 2단계와 3단계에서 작성한 코드를 그대로 사용하겠습니다.

3. 이번 연습 문제에서는 그림 6-18에 나타난 그래프에 대해 프림 알고리즘으로 MST를 구할 것입니다. 그러므로 다음과 같이 그래프를 생성하여 반환하는 함수를 작성합니다.

```
template <typename T>
auto create_reference_graph()
{
    Graph<T> G(9);

    map<unsigned, vector<pair<unsigned, T>>> edge_map;
    edge_map[1] = { {2, 2}, {5, 3} };
    edge_map[2] = { {1, 2}, {5, 5}, {4, 1} };
    edge_map[3] = { {4, 2}, {7, 3} };
    edge_map[4] = { {2, 1}, {3, 2}, {5, 2}, {6, 4}, {8, 5} };
    edge_map[5] = { {1, 3}, {2, 5}, {4, 2}, {8, 3} };
    edge_map[6] = { {4, 4}, {7, 4}, {8, 1} };
    edge_map[7] = { {3, 3}, {6, 4} };
    edge_map[8] = { {4, 5}, {5, 3}, {6, 1} };

    for (auto& i : edge_map)
        for (auto& j : i.second)
            G.add_edge(Edge<T>{ i.first, j.first, j.second });

    return G;
}
```

4. 이번에는 정점에 경계로부터 거리 정보를 저장하기 위해 사용할 Label 구조체를 정의하겠습니다. Label 객체 비교는 거리 값을 이용하도록 비교 연산자를 오버로딩합니다.

```
template <typename T>
struct Label
{
    unsigned ID;
    T distance;
```

```
        // Label 객체 비교는 거리(distance) 값을 이용
        inline bool operator> (const Label<T>& l) const
        {
            return this->distance > l.distance;
        }
    };
```

**5.** 프림 알고리즘을 다음과 같이 작성합니다.

```
template <typename T>
auto prim_MST(const Graph<T>& G, unsigned src)
{
    // 최소 힙
    priority_queue<Label<T>, vector<Label<T>>, greater<Label<T>>> heap;

    // 모든 정점에서 거리 값을 최대로 설정
    vector<T> distance(G.vertices(), numeric_limits<T>::max());

    set<unsigned> visited;    // 방문한 정점
    vector<unsigned> MST;     // 최소 신장 트리

    heap.emplace(Label<T>{src, 0});

    while (!heap.empty())
    {
        auto current_vertex = heap.top();
        heap.pop();

        // 현재 정점을 이전에 방문하지 않았다면
        if (visited.find(current_vertex.ID) == visited.end())
        {
            MST.push_back(current_vertex.ID);

            for (auto& e : G.edges(current_vertex.ID))
            {
                auto neighbor = e.dst;
                auto new_distance = e.weight;

                // 인접한 정점의 거리 값이 새로운 경로에 의한 거리 값보다 크면
                // 힙에 추가하고, 거리 값을 업데이트함
                if (new_distance < distance[neighbor])
                {
                    heap.emplace(Label<T>{neighbor, new_distance});
```

```
                    distance[neighbor] = new_distance;
                }
            }

            visited.insert(current_vertex.ID);
        }
    }

    return MST;
}
```

**6.** main() 함수에서는 그래프를 생성하고 프림 알고리즘을 실행합니다.

```
int main()
{
    using T = unsigned;

    // 그래프 객체 생성
    auto G = create_reference_graph<T>();
    cout << "[입력 그래프]" << endl;
    cout << G << endl;

    auto MST = prim_MST<T>(G, 1);

    cout << "[최소 신장 트리]" << endl;
    for (auto v : MST)
        cout << v << endl;
    cout << endl;
}
```

**7.** 지금까지 작성한 프로그램을 실행하면 다음과 같은 출력을 확인할 수 있습니다.

```
[입력 그래프]
1:      {2: 2}, {5: 3},
2:      {1: 2}, {5: 5}, {4: 1},
3:      {4: 2}, {7: 3},
4:      {2: 1}, {3: 2}, {5: 2}, {6: 4}, {8: 5},
5:      {1: 3}, {2: 5}, {4: 2}, {8: 3},
6:      {4: 4}, {7: 4}, {8: 1},
7:      {3: 3}, {6: 4},
8:      {4: 5}, {5: 3}, {6: 1},

[최소 신장 트리]
```

```
1
2
4
3
5
7
8
6
```

이진 최소 힙과 MST 저장을 위해 인접 리스트를 사용하여 구현한 프림 알고리즘의 시간 복잡도는 O(E log V)입니다. 만약 '피보나치 최소 힙(Fibonacci min-heap)'이라고 부르는 힙 구조를 사용할 경우 시간 복잡도는 O(E + V log V)로 향상됩니다.

프림 알고리즘과 크루스칼 알고리즘은 모두 그리디 알고리즘의 일종이지만, 이 두 알고리즘은 몇 가지 중요한 차이점을 가지고 있습니다. 두 알고리즘의 차이를 그림 6-22에 요약했습니다.

▼ 그림 6-22 크루스칼 알고리즘과 프림 알고리즘 비교

| 크루스칼 알고리즘 | 프림 알고리즘 |
| --- | --- |
| 그래프의 최소 가중치 에지를 차례대로 추가하여 MST를 구성합니다. | 그래프의 아무 정점부터 시작하여 MST를 구성합니다. |
| 가장 널리 알려진 시간 복잡도는 O(E log V)입니다. | 가장 널리 알려진 시간 복잡도는 O(E + V log V)입니다. |
| 주로 적은 수의 에지로 구성된 희소 그래프(sparse graph)에서 사용됩니다. | 주로 많은 수의 에지로 구성된 밀집 그래프(dense graph)에서 사용됩니다. |

# 6.4 다익스트라 최단 경로 알고리즘

그래프에서 단일 시작(single source) 최단 경로 문제(shortest path problem)는 구글 지도 또는 자동차 내비게이션 등에서 경로를 탐색할 때 사용됩니다. 이 문제는 다음과 같이 정의됩니다.

"주어진 그래프 G = ⟨V, E⟩가 있습니다. 여기서 V는 정점의 집합이고, E는 에지의 집합입니다. 각각의 에지는 가중치를 가지고 있습니다. 시작 정점(source vertex)과 목적 정점(destination vertex)이 주어질 때, 시작 정점에서 목적 정점까지 이어지는 최소 비용 경로를 구하시오."

다익스트라 알고리즘(Dijkstra's algorithm)은 음수 가중치가 없는 그래프에서 동작하는 최단 경로 탐색 알고리즘으로 프림의 MST 알고리즘을 약간 변경한 형태입니다. 다익스트라 알고리즘이 프림 알고리즘과 다른 두 가지 차이점은 다음과 같습니다.

- 프림 알고리즘은 경계로부터 최소 거리를 정점의 거리 값으로 설정하지만, 다익스트라 알고리즘은 시작 정점으로부터 각 정점까지의 전체 거리를 사용합니다.
- 다익스트라 알고리즘은 목적 정점이 나타나면 종료하지만 프림 알고리즘은 모든 정점을 방문해야 종료합니다.

실제 그래프를 보면서 다익스트라 알고리즘의 동작에 대해 알아보겠습니다.

1. 모든 정점의 거리 값을 무한대로 초기화합니다. 시작 정점에서 자기 자신까지의 거리는 0이므로 시작 정점의 거리 값은 0으로 설정합니다. 그리고 모든 거리 값을 최소 힙 H에 추가합니다.

   그림 6-23에서 정점 안의 숫자는 정점 ID이고, 정점 옆에 있는 빨간색 숫자는 현재까지 알려진 시작 정점(1번 정점)에서 각 정점까지의 최소 거리를 나타냅니다. 이 값은 무한대로 초기화되고, 다만 시작 정점은 0으로 설정합니다.

❤ 그림 6-23 다익스트라 알고리즘 초기화

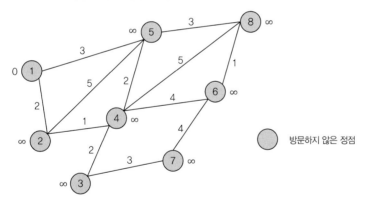

2. 최소 힙 H로부터 정점을 하나 꺼냅니다. 이 정점을 U라고 하면, 정점 U는 시작 정점에서 가장 가까운 정점입니다. 만약 U가 목적 정점이면 최단 경로를 찾은 것이므로 알고리즘을 종료합니다.

**3.** U와 인접한 모든 정점 V에 대해, 만약 V의 거리 값이 (U의 거리 값 + (U, V) 에지 가중치)보다 크면 V까지 다다르는 더 짧은 경로를 찾은 것으로 볼 수 있습니다. 그러므로 V의 거리 값을 (U의 거리 값 + (U, V) 에지 가중치) 값으로 설정합니다. 이러한 과정을 정점 U에 안착했다고 합니다.

❤ 그림 6-24 1번 정점에 안착한 후 그래프 상태

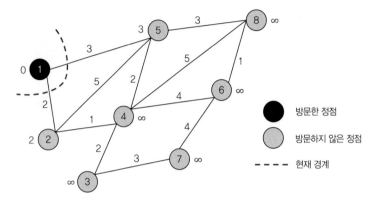

**4.** 방문하지 않은 정점이 남아 있다면 2단계로 이동합니다. 그림 6-25는 2번 정점에 안착한 후의 그래프 상태입니다. 4번 정점의 거리 값이 2번 정점 거리 값에 (2, 4) 에지 가중치가 더해진 값으로 설정되었습니다.

❤ 그림 6-25 2번 정점에 안착한 후 그래프 상태

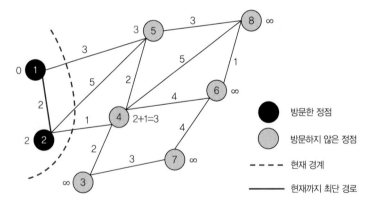

**5.** 최소 힙 H로부터 꺼낸 정점이 목적 정점(6번 정점)이면 알고리즘이 종료합니다. 1번 정점에서 6번 정점까지의 최단 경로를 그림 6-26에 빨간색 실선으로 나타냈습니다. 이 그림에서 각 정점에 나타난 거리 값은 시작 정점에서 해당 정점까지의 최소 거리를 나타냅니다.

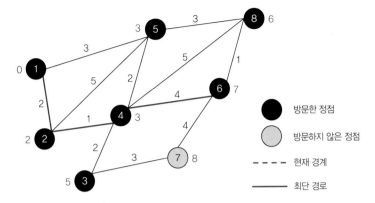

❤ 그림 6-26 1번 정점에서 6번 정점까지의 최단 경로

## 6.4.1 연습 문제 31: 다익스트라 알고리즘 구현하기

이번 연습 문제에서는 다익스트라 알고리즘을 구현하고, 그림 6-24에 나타난 그래프에서 최단 경로를 구해보겠습니다.

1. 필요한 헤더 파일을 포함합니다.

```cpp
#include <string>
#include <vector>
#include <iostream>
#include <set>
#include <map>
#include <limits>
#include <queue>
#include <algorithm>

using namespace std;
```

2. 그래프의 에지를 표현하는 Edge 구조체를 정의하고, 에지 리스트로 그래프를 표현하는 Graph 클래스를 정의합니다. Edge 구조체와 Graph 클래스 정의는 연습 문제 28의 2단계와 3단계에서 작성한 코드를 그대로 사용하겠습니다.

3. 이 연습 문제에서는 그림 6-24에 나타난 그래프에 대해 다익스트라 알고리즘으로 최단 경로를 구할 것입니다. 그러므로 다음과 같이 그래프를 생성하여 반환하는 함수를 작성합니다.

```
template <typename T>
auto create_reference_graph()
{
    Graph<T> G(9);

    map<unsigned, vector<pair<unsigned, T>>> edge_map;
    edge_map[1] = { {2, 2}, {5, 3} };
    edge_map[2] = { {1, 2}, {5, 5}, {4, 1} };
    edge_map[3] = { {4, 2}, {7, 3} };
    edge_map[4] = { {2, 1}, {3, 2}, {5, 2}, {6, 4}, {8, 5} };
    edge_map[5] = { {1, 3}, {2, 5}, {4, 2}, {8, 3} };
    edge_map[6] = { {4, 4}, {7, 4}, {8, 1} };
    edge_map[7] = { {3, 3}, {6, 4} };
    edge_map[8] = { {4, 5}, {5, 3}, {6, 1} };

    for (auto& i : edge_map)
        for (auto& j : i.second)
            G.add_edge(Edge<T>{ i.first, j.first, j.second });

    return G;
}
```

4. 이번에는 시작 정점으로부터의 각 정점까지의 최소 거리 정보를 저장하기 위해 사용할 Label 구조체를 정의하겠습니다. 앞서 '연습 문제 30: 프림 알고리즘 구현하기'에서는 distance 멤버에 경계에서 ID번 정점까지의 최소 거리를 저장했지만, 다익스트라 알고리즘 구현에서는 시작 정점에서 ID번 정점까지의 최소 거리가 저장됩니다.

```
template <typename T>
struct Label
{
    unsigned ID;
    T distance;

    // Label 객체 비교는 거리(distance) 값을 이용
    inline bool operator> (const Label<T>& l) const
    {
        return this->distance > l.distance;
    }
};
```

**5.** 다익스트라 알고리즘을 다음과 같이 구현합니다.

```cpp
template <typename T>
auto dijkstra_shortest_path(const Graph<T>& G, unsigned src, unsigned dst)
{
    // 최소 힙
    priority_queue<Label<T>, vector<Label<T>>, greater<Label<T>>> heap;

    // 모든 정점에서 거리 값을 최대로 설정
    vector<T> distance(G.vertices(), numeric_limits<T>::max());

    set<unsigned> visited;                  // 방문한 정점
    vector<unsigned> parent(G.vertices());  // 이동 경로 기억을 위한 벡터

    heap.emplace(Label<T>{src, 0});
    parent[src] = src;

    while (!heap.empty())
    {
        auto current_vertex = heap.top();
        heap.pop();

        // 목적지 정점에 도착했다면 종료
        if (current_vertex.ID == dst)
        {
            cout << current_vertex.ID << "번 정점(목적 정점)에 도착!" << endl;
            break;
        }

        // 현재 정점을 이전에 방문하지 않았다면
        if (visited.find(current_vertex.ID) == visited.end())
        {
            cout << current_vertex.ID << "번 정점에 안착!" << endl;

            // 현재 정점과 연결된 모든 에지에 대해
            for (auto& e : G.edges(current_vertex.ID))
            {
                auto neighbor = e.dst;
                auto new_distance = current_vertex.distance + e.weight;

                // 인접한 정점의 거리 값이 새로운 경로에 의한 거리 값보다 크면
                // 힙에 추가하고, 거리 값을 업데이트함
                if (new_distance < distance[neighbor])
```

```
            {
                heap.emplace(Label<T>{neighbor, new_distance});

                parent[neighbor] = current_vertex.ID;
                distance[neighbor] = new_distance;
            }
        }

        visited.insert(current_vertex.ID);
    }
}

// 백트래킹 방식으로 시작 정점부터 목적 정점까지의 경로 구성
vector<unsigned> shortest_path;
auto current_vertex = dst;

while (current_vertex != src)
{
    shortest_path.push_back(current_vertex);
    current_vertex = parent[current_vertex];
}

shortest_path.push_back(src);
reverse(shortest_path.begin(), shortest_path.end());

return shortest_path;
}
```

위 함수는 두 개의 부분으로 나눌 수 있습니다. 앞부분에서는 시작 정점부터 목적 정점까지 탐색을 수행하고, 탐색 결과를 목적 정점에서 시작 정점까지 백트래킹(backtracking) 방식으로 되짚어가면서 최단 경로를 구합니다.

6. main() 함수에서는 그래프를 생성하고, 1번 정점과 6번 정점 사이의 최단 경로를 찾는 다익스트라 알고리즘을 실행합니다. 그리고 찾아낸 최단 경로를 화면에 출력합니다.

```
int main()
{
    using T = unsigned;

    // 그래프 객체 생성
    auto G = create_reference_graph<T>();
```

```
        cout << "[입력 그래프]" << endl;
        cout << G << endl;

        auto shortest_path = dijkstra_shortest_path<T>(G, 1, 6);

        cout << endl << "[1번과 6번 정점 사이의 최단 경로]" << endl;
        for (auto v : shortest_path)
            cout << v << " ";
        cout << endl;
    }
```

**7.** 지금까지 작성한 프로그램을 실행하면 다음과 같은 출력을 확인할 수 있습니다.

```
[입력 그래프]
1:      {2: 2}, {5: 3},
2:      {1: 2}, {5: 5}, {4: 1},
3:      {4: 2}, {7: 3},
4:      {2: 1}, {3: 2}, {5: 2}, {6: 4}, {8: 5},
5:      {1: 3}, {2: 5}, {4: 2}, {8: 3},
6:      {4: 4}, {7: 4}, {8: 1},
7:      {3: 3}, {6: 4},
8:      {4: 5}, {5: 3}, {6: 1},

1번 정점에 안착!
2번 정점에 안착!
5번 정점에 안착!
4번 정점에 안착!
3번 정점에 안착!
8번 정점에 안착!
6번 정점(목적 정점)에 도착!

[1번과 6번 정점 사이의 최단 경로]
1 2 4 6
```

실행 결과에서 볼 수 있듯이 이번 연습 문제는 1번 정점에서 6번 정점까지의 최단 경로를 찾아서 출력합니다. 피보나치 최소 힙을 사용하여 구현한 다익스트라 알고리즘의 시간 복잡도는 $O(E + V \log V)$입니다.

## 6.4.2 실습 문제 14: 뉴욕에서 최단 경로 찾기

이번 실습 문제에서는 다익스트라 알고리즘을 이용하여 뉴욕시 도로망에서 최단 거리 경로를 찾는 프로그램을 만들어보겠습니다. 이번 실습 문제에서 사용할 도로망 그래프는 264,326개의 정점과 733,846개의 방향 에지로 구성되고, 에지 가중치는 두 정점 사이의 유클리디언 거리로 정의됩니다. 다음 순서에 따라 실습 문제 솔루션을 작성하세요.

**1.** 다음 링크에서 도로망 그래프 파일을 내려받으세요.

https://bit.ly/3dhlrrH

> **Note** ☰  만약 이 파일이 자동으로 내려받아지지 않고 브라우저에서 그대로 열리면 브라우저 화면에서 마우스 오른쪽 버튼을 클릭하여 **다른 이름으로 저장**을 선택하세요.

**2.** 내려받은 USA-road-d.NY.gr 파일을 프로젝트 디렉터리로 옮깁니다.

**3.** 도로망 그래프 파일은 텍스트 파일이고, 그림 6-27과 같은 세 가지 형식의 행으로 구성되어 있습니다.

❤ 그림 6-27 뉴욕시 도로망 그래프 파일의 구성 형식

| 행 형식 | 설명 |
| --- | --- |
| c | 주석문. 무시해도 됩니다. |
| p sp N M | 문제를 나타내는 행. sp는 최단 경로 문제임을 나타내고, N은 정점의 개수, M은 에지의 개수를 나타냅니다. |
| a U V W | 에지를 나타내는 행. 이 에지는 정점 U에서 V로 향하고, 가중치가 W입니다. |

**4.** 가중 에지 그래프를 구현합니다. 일단 그래프가 생성되면 정점을 더 추가하거나 삭제하지 않는다고 가정해도 됩니다.

**5.** 도로망 그래프 파일을 읽어서 그래프를 생성하는 함수를 작성합니다.

**6.** 다익스트라 알고리즘을 구현하고 913번 정점에서 542번 정점까지의 최단 경로를 찾아 출력하세요. 이번 실습 문제의 실행 결과 예는 다음과 같습니다.

```
정점 개수: 264346
에지 개수: 733846
목적지인 542 정점에 도착했습니다.
```

[913 정점에서 542 정점까지의 최단 경로]
913 912 895 894 904 896 755 901 906 903 804 769 801 798 794 777 792 793 791 1087 788
785 1080 779 1053 1050 1049 733 731 715 714 1032 1033 1039 1037 1036 1035 552 571 568
567 569 574 565 573 561 559 558 557 553 543 542

# 6.5 나가며

이 장에서는 세 가지 중요한 그래프 문제를 다뤘습니다. 첫 번째로 그래프 순회 문제를 다뤘으며, 그 솔루션으로 너비 우선 탐색(BFS)과 깊이 우선 탐색(DFS) 방법을 소개했습니다. 두 번째로는 5장에서 소개했던 최소 신장 트리(MST) 문제를 다시 다뤘으며, 이 문제를 해결하는 새로운 방법으로 프림 알고리즘을 설명했습니다. 또한 프림 알고리즘과 크루스칼 알고리즘을 서로 비교하여 두 알고리즘을 어떤 경우에 사용하는 것이 좋은지에 대해서도 알아봤습니다. 마지막으로는 단일 시작 최단 경로 문제를 소개했으며, 그 해결책으로 다익스트라 알고리즘을 설명했습니다.

그러나 다익스트라 알고리즘은 양의 에지 가중치를 갖는 그래프에서만 동작합니다. 다음 장에서는 음의 에지 가중치를 갖는 그래프에서도 최단 경로를 찾을 수 있는 알고리즘을 새로 소개하겠습니다. 또한 최단 경로 문제를 일반화하여 그래프의 모든 정점 쌍에 대한 최단 경로를 찾는 방법도 알아보겠습니다.

**6**

그래프 알고리즘 I

memo

# 7<sup>장</sup>

# 그래프 알고리즘 Ⅱ

이 장을 마치면 다음 작업을 수행할 수 있습니다.

- 다익스트라 알고리즘의 본질적인 문제점을 이해하고, 이러한 문제를 해결하기 위해 다익스트라 알고리즘을 수정하거나 또는 다른 알고리즘과 결합하는 방법을 설명할 수 있습니다.
- 벨만-포드 알고리즘과 존슨 알고리즘을 사용하여 그래프에서 최단 경로를 찾을 수 있습니다.
- 그래프에서 강한 연결 요소의 중요성에 대해 설명할 수 있습니다.
- 코사라주 알고리즘을 이용하여 그래프에서 강한 연결 요소를 찾을 수 있습니다.
- 방향 그래프와 무방향 그래프에서 연결성 차이를 설명할 수 있습니다.
- 복잡한 문제 해결을 위해 깊이 우선 탐색을 구현할 수 있습니다.
- 그래프에 음수 가중치 사이클이 있는지를 판단할 수 있습니다.

이 장에서는 '6장 그래프 알고리즘 I'의 내용을 기반으로 고급 그래프 알고리즘을 추가로 소개합니다. 그래프에서 음수 가중치 에지를 다루는 방법과 음수 가중치 사이클을 예외 처리하는 방법에 대해 알아보겠습니다.


# 7.1 / 들어가며

지금까지 일반적으로 널리 사용되는 프로그래밍 구조와 패러다임에 대해 알아봤습니다. 이제 앞에서 다뤘던 주제를 확장한 몇 가지 기법에 대해 살펴보려고 합니다. 먼저 고급 그래프 문제부터 알아볼 것이고, 이후에는 동적 계획법이라는 광범위한 주제까지 다룰 예정입니다.

이 장에서는 벨만-포드 알고리즘, 존슨 알고리즘, 코사라주 알고리즘이라는 세 가지 유명한 알고리즘에 대해 알아보겠습니다. 이들 알고리즘은 이 책의 앞부분에서 다뤘던 알고리즘과 어느 정도 공통점이 있지만, 좀 더 복잡한 문제를 효율적으로 해결하기 위하여 다양한 방식으로 확장하고 결합하는 방식을 취합니다. 이 장에서는 이러한 기법을 배우는 것 외에도 기본적인 그래프 사용법에 친숙해짐으로써 다양한 문제에 그래프 기법을 적용하기 위해 필요한 통찰력을 제공하려고 합니다.

# 7.2 최단 경로 문제 다시 살펴보기

앞 장에서 그래프의 두 정점 사이의 최단 경로를 찾기 위한 몇 가지 방법을 알아봤습니다. 먼저 너비 우선 탐색과 깊이 우선 탐색으로 대표되는 그래프 순회에 대해 알아봤고, 이후 좀 더 실용적인 형태인 가중 그래프에서의 탐색에 대해 설명했습니다. 특히 가중 그래프에서 다익스트라 알고리즘이 매 단계마다 그리디 방식으로 최단 경로를 찾아가는 과정을 그림과 함께 설명했습니다. 다익스트라 알고리즘은 성능 면에서 매우 우수하지만, 모든 그래프에 적용할 수 있는 것은 아닙니다.

네트워크를 통해 전파되는 와이파이 신호에 대해 생각해보겠습니다. 특정 지점에서 와이파이 신호가 송출될 경우, 두 지점 간의 거리 및 벽 등의 장애물 요인에 따라 신호 강도가 줄어들게 됩니다. 신호 열화를 최소로 만드는 경로를 찾고 싶다면 각 지점을 그래프의 정점으로 표현하고, 지점 사이의 신호 열화 정도를 에지 가중치로 표현한 그래프를 구성하여 사용할 수 있습니다. 그리고 다익스트라 알고리즘을 이용하여 최단 경로를 알아내면 네트워크에서 가장 신호 열화가 적은 경로를 알아낼 수 있습니다.

여기에 신호 강도를 높이기 위해 특정 지점에 와이파이 증폭기를 설치하려고 합니다. 이러한 장치 추가를 그래프에서 어떻게 표현해야 할까요? 직관적인 방법은 증폭기 정점으로부터 나가는 에지의 가중치를 음수로 지정하는 것입니다. 이 가중치는 증폭기에서 증가되는 신호 강도에 해당하는 값을 음수로 표현한 값입니다. 결과적으로 증폭기를 통과하는 경로에서는 전체 신호가 감소하는 것이 아니라 반대로 증가하게 됩니다. 이러한 네트워크 그래프에 다익스트라 알고리즘을 사용할 경우 어떠한 결과가 나타날까요?

다익스트라 알고리즘은 그래프를 순회할 때 그리디 방식으로 정점을 선택합니다. 각 단계마다 방문하지 않은 정점 중에서 가장 거리가 가까운 정점을 찾아 방문합니다. 이렇게 방문한 정점은 나중에 다시 검토하지 않습니다. 다익스트라 알고리즘은 이미 방문한 정점들에 대해서는 최단 경로가 결정되어 있다고 생각하기 때문에 더 짧은 최단 경로를 찾으려고 하지 않습니다. 그러나 그래프에 음수 에지 가중치가 있을 경우, 음수 가중치가 있는 에지를 고려하기도 전에 다른 정점들을 이미 방문함으로써 최적의 경로를 찾지 못할 가능성이 있습니다.

예를 들어 그림 7-1과 같이 음수 에지 가중치를 갖는 그래프를 살펴보겠습니다.

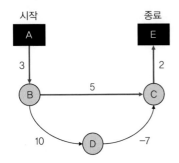

❤ 그림 7-1 음수 에지 가중치가 있는 그래프에 다익스트라 알고리즘 적용하기

그림 7-1에서 다익스트라 알고리즘으로 구한 A 정점에서 E 정점까지의 최단 경로를 빨간색 에지로 나타냈습니다. A 정점에서 출발할 경우, B 정점에서 두 가지 선택이 가능합니다. B에서 C로 이동할 경우 가중치가 5이고, B에서 D로 이동하면 가중치가 10입니다. 다익스트라 알고리즘은 그리디 방식이기 때문에 B → C 경로가 최단 경로로 선택되지만, 실제로는 B → D → C 경로로 이동해야 가중치가 10 + (-7) = 3이 되기 때문에 더 나은 선택입니다.

이처럼 다익스트라 알고리즘은 음수 에지 가중치를 갖는 그래프에 대해서는 제대로 동작하지 못하는 경우가 발생합니다. 다행히 이러한 그래프에 대해 다익스트라 알고리즘과 매우 비슷하고 구현도 간단한 대체 방법을 사용할 수 있습니다.

## 7.3 벨만-포드 알고리즘

음수 가중치가 있는 그래프를 다룰 때에는 **벨만-포드 알고리즘**(Bellman-Ford algorithm)을 사용할 수 있습니다. 이 방법은 그래프의 모든 에지에 대해 다익스트라의 그리디 선택 방법을 ($V$ - 1)번 반복하여 점진적으로 최단 거리를 찾습니다. 여기서 $V$는 정점의 개수를 나타냅니다. 벨만-포드 알고리즘은 다익스트라 알고리즘보다 높은 점근적 시간 복잡도를 가지지만, 다익스트라 알고리즘이 잘못 해석할 수 있는 그래프에 대해서도 정확한 결과를 제공합니다. 다음 연습 문제에서 벨만-포드 알고리즘의 구현 방법에 대해 알아보겠습니다.

## 7.3.1 연습 문제 32: 벨만-포드 알고리즘 구현하기

이번 연습 문제에서는 음수 가중치가 있는 그래프에서 벨만-포드 알고리즘을 이용하여 최단 경로 거리를 찾아보겠습니다.

**1.** 먼저 필요한 헤더 파일을 포함합니다.

```
#include <vector>
#include <iostream>
#include <climits>

using namespace std;
```

**2.** 에지를 표현할 Edge 구조체를 정의합니다. 이 구조체는 출발 정점 ID, 목적 정점 ID, 가중치를 저장합니다.[1]

```
struct Edge
{
    int src;
    int dst;
    int weight;
};
```

**3.** 무한대를 표현하기 위한 상수 UNKNOWN을 정의하겠습니다. UNKNOWN은 정수 상수 값으로, 그래프 에지 가중치의 합보다 충분히 큰 정수로 지정합니다. 여기서는 정수 최댓값인 INT_MAX로 정의했고, INT_MAX는 <climits> 파일에 정의되어 있습니다.

```
const int UNKNOWN = INT_MAX;
```

**4.** 이제 벨만-포드 알고리즘을 구현한 BellmanFord() 함수를 작성하겠습니다. 이 함수는 그래프를 표현하는 에지 리스트 edges, 정점 개수 V, 출발 정점 번호 start를 인자로 받고, 거리 값 배열을 반환합니다. 이 함수 내부에서는 V개 크기의 거리 값 배열 distance를 사용하고, 이 배열의 초깃값은 UNKNOWN을 지정합니다. 다만 출발 정점에 대한 distance 값은 0으로 초기화합니다.

---

1  <u>역주</u> 이 책의 원서는 여러 명의 저자가 집필하여 소스 코드 코딩 스타일이 조금씩 차이가 있습니다. 5장과 6장에서는 에지를 표현하는 Edge 구조체를 템플릿으로 선언했지만, 7장에서는 단순한 형태의 구조체로 정의했습니다. 또한, 5장과 6장에서는 그래프를 표현하는 Graph 클래스를 따로 정의하여 사용했지만, 7장에서는 Edge 객체의 벡터로 그래프를 표현합니다. 이 점을 참고하여 소스 코드를 분석하기 바랍니다.

```
vector<int> BellmanFord(vector<Edge> edges, int V, int start)
{
    vector<int> distance(V, UNKNOWN);
    distance[start] = 0;
```

5. 알고리즘의 대부분은 다음 단계에서 수행됩니다. 이 단계에서는 (V - 1)번 반복되는 루프를 정의하고, 각 루프에서는 전체 에지를 검토하면서 각 정점의 거리 값을 업데이트합니다. 구체적으로 설명하면 각각의 에지 중에서 시작 정점의 거리 값이 UNKNOWN이 아닌 경우에 대해서만 거리 값을 업데이트하며, 이때 (시작 정점 거리 값 + 에지 가중치) 계산 결과가 목적지 정점의 거리 값보다 작으면 목적지 정점의 거리 값을 (시작 정점 거리 값 + 에지 가중치)로 교체합니다.

```
    // (V - 1)번 반복
    for (int i = 0; i < V - 1; i++)
    {
        // 전체 에지에 대해 반복
        for (auto& e : edges)
        {
            // 에지의 시작 정점의 거리 값이 UNKNOWN이면 스킵
            if (distance[e.src] == UNKNOWN)
                continue;

            // 인접한 정점의 거리 값이 새로운 경로에 의한 거리 값보다 크면
            // 거리 값을 업데이트함
            if (distance[e.dst] > distance[e.src] + e.weight)
            {
                distance[e.dst] = distance[e.src] + e.weight;
            }
        }
    }

    return distance;
}
```

6. main() 함수에서 그래프 객체를 생성하는 코드를 살펴보겠습니다. 여기서는 그림 7-1에 표현된 그래프 객체를 만들어 사용하겠습니다.

```
int main()
{
    int V = 5;                // 정점 개수
    vector<Edge> edges;       // 에지 포인터의 벡터
```

```
vector<vector<int>> edge_map {      // {시작 정점, 목표 정점, 가중치}
    {0, 1, 3},
    {1, 2, 5},
    {1, 3, 10},
    {3, 2, -7},
    {2, 4, 2}
};

for (auto& e : edge_map)
{
    edges.emplace_back(Edge {e[0], e[1], e[2]});
}

int start = 0;
vector<int> distance = BellmanFord(edges, V, start);
```

**7.** 벨만-포드 알고리즘 구현 함수는 각 정점의 최단 거리 값 배열을 반환합니다. 이 값을 화면에 출력하여 결과를 확인할 수 있습니다.

```
cout << "[" << start << "번 정점으로부터 최소 거리]" << endl;

for (int i = 0; i < distance.size(); i++)
{
    if (distance[i] == UNKNOWN)
        cout << i << "번 정점: 방문하지 않음!" << endl;
    else
        cout << i << "번 정점: " << distance[i] << endl;
}
```

**8.** 지금까지 작성한 프로그램을 실행하면 다음과 같은 출력을 확인할 수 있습니다.

```
[0번 정점으로부터 최소 거리]
0번 정점: 0
1번 정점: 3
2번 정점: 6
3번 정점: 13
4번 정점: 8
```

실행 결과에서 벨만-포드 알고리즘은 다익스트라 알고리즘이 제대로 계산하지 못한 최단 거리를 정확하게 구하는 것을 확인할 수 있습니다. 그러나 여기서 한 가지 더 고려해야 할 사항이 있으며, 이 점에 대해서는 다음 절에서 이어서 설명하겠습니다.

# 7.4 벨만-포드 알고리즘과 음수 가중치 사이클

다음 그림에 나타난 그래프를 살펴보겠습니다.

▼ 그림 7-2 음수 가중치 사이클이 있는 그래프

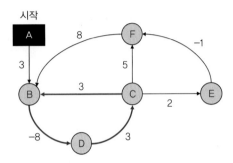

그림 7-2에서 빨간색으로 그려진 에지는 음수 가중치 사이클(negative weight cycle)을 구성합니다. 음수 가중치 사이클은 에지 가중치의 합이 음수가 되는 사이클을 의미합니다. 그래프에 음수 가중치 사이클이 있을 경우, 해당 사이클이 반복적으로 계산에 사용되어 최종 결과가 왜곡될 수 있습니다.

비교를 위해 양수의 에지 가중치만 있는 그래프를 생각해보겠습니다. 이러한 그래프에 있는 사이클은 순회를 하면 할수록 전체 거리가 증가하기 때문에 최단 거리 계산에서 사용되지 않습니다. 예를 들어 그림 7-2에서 B와 D 정점 사이의 가중치가 -8이 아닌 +8이라고 가정해보겠습니다. 벨만-포드 알고리즘의 첫 번째 반복문에서 A 정점부터 B 정점까지의 최단 거리 3이 계산됩니다. 그리고 두 번의 반복을 더 거치게 되면 A에서 C까지의 경로 A → B → D → C를 찾을 수 있고, 이 때의 최단 거리는 3 + 8 + 3 = 14입니다.

당연한 이야기이지만 14에 양수를 더해서 3보다 작은 값을 만들 수는 없습니다. 그래프의 모든 정점을 적어도 한 번씩 방문하려면 $(V - 1)$단계가 필요하기 때문에 모든 정점에 대한 최단 거리를 찾으려면 $(V - 1)$번의 반복이 필요합니다. $(V - 1)$번의 반복 후 더 짧은 경로가 존재할 수 있는 유일한 방법은 음수 가중치 에지로 연결된 정점을 다시 방문할 때라고 생각할 수 있습니다. 그러므로 벨만-포드 알고리즘의 마지막 단계에서 다시 한 번 전체 에지를 검사하여 음수 가중치 사이클이 존재하는지를 알아낼 수 있습니다.

이를 위해 앞서 최단 경로를 찾기 위해 사용했던 로직을 똑같이 적용할 수 있습니다. 즉, 각 에지의 시작 정점 거리 값과 에지 가중치의 합이 해당 에지의 목적지 정점 거리 값보다 작은지를 검사합니다. 만약 이 검사를 통해 더 짧은 경로가 발견된다면 음수 가중치 사이클이 존재한다고 생각할 수 있습니다.

지금까지 설명한 알고리즘을 다음 연습 문제에서 구현해보겠습니다.

## 7.4.1 연습 문제 33: 음수 가중치 사이클 찾기

이번 연습 문제에서는 앞서 '연습 문제 32: 벨만-포드 알고리즘 구현하기'에서 작성했던 프로그램을 수정하여 음수 가중치 사이클 존재 여부를 판단해보겠습니다.

1. 기본적으로 연습 문제 32에서 작성했던 소스 코드를 그대로 복사해서 사용하겠습니다. 다만 이번에는 음수 가중치 사이클이 발견되면 "음수 가중치 사이클 발견!" 문자열을 화면에 출력하고, 빈 벡터를 반환하면서 함수를 종료하겠습니다. 만약 벨만-포드 알고리즘을 수행한 후에도 에지 리스트를 검토하여 더 짧은 경로가 발견된다면 음수 가중치 사이클이 있는 것으로 간주할 수 있습니다.

```cpp
// 음수 가중치 사이클이 있는지 검사
for (auto& e : edges)
{
    if (distance[e.src] == UNKNOWN)
        continue;

    if (distance[e.dst] > distance[e.src] + e.weight)
    {
        cout << "음수 가중치 사이클 발견!" << endl;
        return {};
    }
}
```

2. 음수 가중치 사이클을 판별하는 코드를 BellmanFord() 함수 뒷부분에 추가합니다. 수정된 BellmanFord() 함수 전체 코드는 다음과 같습니다.

```cpp
vector<int> BellmanFord(vector<Edge> edges, int V, int start)
{
    vector<int> distance(V, UNKNOWN);
    distance[start] = 0;

    // (V - 1)번 반복
```

```
        for (int i = 0; i < V - 1; i++)
        {
            // 전체 에지에 대해 반복
            for (auto& e : edges)
            {
                // 에지의 시작 정점의 거리 값이 UNKNOWN이면 스킵
                if (distance[e.src] == UNKNOWN)
                    continue;

                // 인접한 정점의 거리 값이 새로운 경로에 의한 거리 값보다 크면
                // 거리 값을 업데이트함
                if (distance[e.dst] > distance[e.src] + e.weight)
                {
                    distance[e.dst] = distance[e.src] + e.weight;
                }
            }
        }

        // 음수 가중치 사이클이 있는지 검사
        for (auto& e : edges)
        {
            if (distance[e.src] == UNKNOWN)
                continue;

            if (distance[e.dst] > distance[e.src] + e.weight)
            {
                cout << "음수 가중치 사이클 발견!" << endl;
                return {};
            }
        }

        return distance;
    }
```

3. 수정한 BellmanFord() 함수가 제대로 동작하는지 확인하기 위한 코드를 main() 함수에 추가 하겠습니다. 아래 코드에서는 그림 7-2에 나타난 그래프를 이용하여 음수 가중치 사이클 존 재 여부를 확인합니다.

```
int main()
{
    int V = 6;                  // 정점 개수
    vector<Edge> edges;         // 에지 포인터의 벡터
```

```
vector<vector<int>> edge_map {      // {시작 정점, 목표 정점, 가중치}
    {0, 1, 3},
    {1, 3, -8},
    {2, 1, 3},
    {2, 5, 5},
    {3, 2, 3},
    {2, 4, 2},
    {4, 5, -1},
    {5, 1, 8}
};

for (auto& e : edge_map)
{
    edges.emplace_back(Edge {e[0], e[1], e[2]});
}

int start = 0;
vector<int> distance = BellmanFord(edges, V, start);

if (!distance.empty())
{
    cout << "[" << start << "번 정점으로부터 최소 거리]" << endl;

    for (int i = 0; i < distance.size(); i++)
    {
        if (distance[i] == UNKNOWN)
            cout << i << "번 정점: 방문하지 않음!" << endl;
        else
            cout << i << "번 정점: " << distance[i] << endl;
    }
}
```

**4.** 지금까지 작성한 프로그램을 실행하면 다음과 같은 출력을 확인할 수 있습니다.

음수 가중치 사이클 발견!

음수 가중치 사이클이 발견되면 비어 있는 거리 값 배열이 반환되기 때문에 각 정점의 최소 거리
를 출력하지 않습니다.

## 7.4.2 실습 문제 15: 욕심쟁이 로봇

장애물 코스에서 효율적인 경로를 찾는 길 찾기 로봇을 개발하려고 합니다. 테스트를 위해 체스판 같은 정사각형 격자 형태의 코스를 몇 개 만들었습니다. 로봇은 어떤 장애물이든 통과할 수 있지만, 이 경우 많은 전력을 소모하게 됩니다. 로봇은 격자의 좌측 상단에서 출발하고, 동서남북 네 방향으로 이동할 수 있습니다. 여러분은 로봇이 목적지에 도달할 때 남아 있는 에너지(전력)가 최대가 되도록 경로를 선택하는 알고리즘을 구현해야 합니다.

이러한 탐색을 수행하려면 많은 에너지를 필요로 하기 때문에 격자 코스 곳곳에 충전소를 설치하였고, 로봇은 여기서 스스로 충전할 수 있습니다. 그러나 이 로봇은 꽤나 욕심이 많아서 충전소를 재방문할 수 있는 경로가 있다면 몇 번이고 다시 방문하여 충전을 반복하게 되고, 결국에는 과충전되어 폭발할 수 있습니다. 이 때문에 로봇이 충전소에 재방문할 것인지를 예측하여 과충전 같은 문제를 미연에 방지해야 합니다.

### 입력

- 첫 번째 줄은 정수 하나가 있으며, 이를 N이라고 하겠습니다. N은 코스의 가로 및 세로 크기를 나타냅니다.

- 그다음에 나타나는 $(N^2 - 1)$줄은 방향을 가리키는 directions 문자열과 전력 소모량을 나타내는 power 정수 값으로 구성됩니다. 각각의 줄은 격자 모양 코스의 맨 처음 행의 왼쪽부터 오른쪽 방향으로 나타나는 셀(격자)의 정보를 나타냅니다. 예를 들어 3×3 크기의 격자 코스인 경우, [0, 0] → [0, 1] → [0, 2] → [1, 0] → [1, 1] → [1, 2] → [2, 0] → [2, 1] 순서로 셀 정보가 나타납니다. 맨 마지막 셀은 목적지이므로 셀 이동 정보가 없습니다.

- directions 문자열은 { 'N', 'S', 'E', 'W' } 네 문자 중에서 0~3개를 이용하여 구성됩니다. 이 문자열은 로봇이 특정 지점에서 방문할 수 있는 셀 방향을 나타냅니다. 즉, 'N'은 북쪽, 'S'는 남쪽, 'E'는 동쪽, 'W'는 서쪽을 의미합니다. 예를 들어 directions 문자열이 "SW"이면 로봇이 남쪽 또는 서쪽으로 이동할 수 있습니다. power는 셀을 이동할 때 필요한 전력 소비량을 나타냅니다. P가 양수이면 현재 셀에 충전소가 있음을 의미합니다.

### 출력

- 로봇이 코스의 우측 하단 셀에 도달할 때 가질 수 있는 최대 전력량을 출력하되, 시작 시 전력량을 기준으로 상대적인 전력량을 출력합니다. 예를 들어 로봇이 코스를 시작 시 전력량보다 10만큼 더 많은 상태로 빠져나올 수 있다면 10을 출력합니다. 만약 시작 시 전력량보

다 10만큼 적은 상태로 빠져나올 수 있다면 -10을 출력합니다.

- 만약 탐색 중 로봇이 폭발할 경우 "탐색 중단" 문자열을 출력하세요.

## 예제

다음과 같은 입력이 있다고 가정하겠습니다.

```
3
SE -10
SE -8
S -6
S 7
E -10
S 20
E -1
NE 5
```

이 경우 격자 코스의 형태는 그림 7-3과 같습니다.

▼ 그림 7-3 로봇이 탐색할 격자 코스

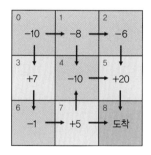

이러한 코스에서 가장 효율적으로 도착 지점까지 이동하는 최선의 경로는 다음과 같습니다.

```
0 ─> 3 (-10)
3 ─> 6 (+7)
6 ─> 7 (-1)
7 ─> 4 (+5)
4 ─> 5 (-10)
5 ─> 8 (+20)
(-10) + 7 + (-1) + 5 + (-10) + 20 = 11
```

그러므로 프로그램은 11을 출력하면 됩니다.

## 테스트 케이스

실습 문제 프로그램의 동작 확인을 위한 입력과 예상 결과를 담은 테스트 케이스를 그림 7-4부터 그림 7-8까지 나타냈습니다.

▼ 그림 7-4 실습 문제 15의 1번째 테스트 케이스

| 입력 | 출력 |
|------|------|
| 3 | 11 |
| SE -10 | |
| SE -8 | |
| S -6 | |
| S 7 | |
| E -10 | |
| S 20 | |
| E -1 | |
| NE 5 | |

▼ 그림 7-5 실습 문제 15의 2번째 테스트 케이스

| 입력 | 출력 |
|------|------|
| 3 | 탐색 중단 |
| E -1 | |
| E -5 | |
| S 6 | |
| S -2 | |
| W 15 | |
| W -10 | |
| E -5 | |
| NE 5 | |

▼ 그림 7-6 실습 문제 15의 3번째 테스트 케이스

| 입력 | 출력 |
|------|------|
| 4 | -352 |
| S -83 | |
| E -77 | |
| SE -93 | |
| S 86 | |
| SE -49 | |
| N -62 | |
| SE -90 | |
| S -63 | |
| S 40 | |
| NW -72 | |
| SW -11 | |
| W 67 | |
| E -82 | |
| N -62 | |
| E -67 | |

▼ 그림 7-7 실습 문제 15의 4번째 테스트 케이스

| 입력 | 출력 |
|------|------|
| 5 | 탐색 중단 |
| SE -83 | |
| SE -77 | |
| E -93 | |
| S 86 | |
| W -49 | |
| E -62 | |
| SE -90 | |
| N -63 | |
| SEW 40 | |
| NS -72 | |
| S -11 | |
| W 67 | |
| NW -82 | |
| W -62 | |
| SW -67 | |
| S 29 | |
| W 22 | |
| SW 69 | |
| W -93 | |
| SW -11 | |
| E 29 | |
| E -21 | |
| E -84 | |
| E -98 | |

| 입력 | 출력 |
|---|---|
| 5 | 25 |
| S 8 | |
| E -2 | |
| SEW -15 | |
| SE 4 | |
| S 25 | |
| S -26 | |
| NEW 19 | |
| NS 7 | |
| SEW -56 | |
| S 11 | |
| E 25 | |
| N -86 | |
| SEW 11 | |
| NE 26 | |
| S -78 | |
| NS -11 | |
| NSW -76 | |
| SW 33 | |
| NSW 4 | |
| SW -40 | |
| E 8 | |
| E 11 | |
| E 36 | |
| E -2 | |

## 문제 해결 가이드라인

- '연습 문제 33: 음수 가중치 사이클 찾기'에서 구현한 것 이상의 알고리즘 구현은 필요하지 않습니다.

- 입력을 해석하여 그래프를 구성하는 기능이 필요합니다.

- 반드시 2차원 격자 형태의 코스를 만들 필요는 없습니다.

벨만-포드 알고리즘은 다익스트라 알고리즘이 제대로 동작하지 않는 그래프에 대해서도 정확한 결과를 제공하기 때문에 더 광범위하게 사용할 수 있습니다. 그러나 주어진 그래프가 음수 에지 가중치를 가지고 있지 않다면 그리디 접근 방식을 사용하는 다익스트라 알고리즘이 더욱 효율적입니다. 다음 절에서는 음수 가중치가 있는 그래프에서 벨만-포드 알고리즘과 다익스트라 알고리즘을 함께 사용하는 방법에 대해 알아보겠습니다.

# 7.5 존슨 알고리즘

벨만-포드 알고리즘과 다익스트라 알고리즘의 장단점을 비교해보았으니, 이번에는 두 방법을 결합하여 모든 정점 사이의 최단 경로를 구하는 알고리즘에 대해 알아보겠습니다. **존슨 알고리즘**(Johnson's algorithm)은 다익스트라 알고리즘의 효율성을 활용함과 동시에 음수 가중치를 갖는 그래프에 대해서도 올바른 결과를 생성할 수 있습니다.

존슨 알고리즘은 상당히 새로운 접근 방법을 사용합니다. 이 알고리즘은 음수 가중치에 대한 다익스트라 알고리즘의 한계를 극복하기 위해 전체 에지 가중치를 음수가 아닌 형태로 변환합니다. 이러한 작업은 벨만-포드 알고리즘과 적절한 수학 논리를 결합하여 이루어집니다.

존슨 알고리즘의 첫 번째 단계는 그래프에 새로운 '더미(dummy)' 정점을 추가하는 것입니다. 그리고 이 더미 정점과 나머지 모든 정점 사이에 가중치가 0인 에지를 연결합니다. 이후 벨만-포드 알고리즘을 이용하여 더미 정점과 나머지 정점들 사이의 최단 경로를 찾고, 나중에 사용하기 위해 각 정점까지의 최단 거리를 기록합니다.

더미 정점 추가에 대해 좀 더 알아보겠습니다. 더미 정점과 나머지 모든 정점 사이에 가중치가 0인 에지를 연결했기 때문에 모든 최단 거리 값은 0보다 클 수 없습니다. 또한 그래프의 모든 정점에 대한 연결을 통해 거리 값이 모든 가능한 순회 경로에서 일정한 관계를 유지할 수 있으며, 이로 인해 에지 가중치와 최단 거리의 합 연산이 간단해질 수 있습니다. 즉, 이동 경로상의 연속한 정점에 대해서 거리 값 연산이 서로 상쇄되어, 결국 전체 합은 첫 번째 정점과 마지막 정점의 거리 값 차와 같습니다. 다음 그림을 살펴보겠습니다.

❤ 그림 7-9 음수 가중치가 있는 그래프에 존슨 알고리즘 적용하기

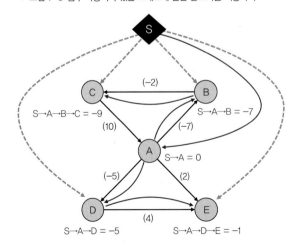

그림 7-9는 A부터 E까지의 정점이 있는 그래프에 더미 정점 S를 추가한 형태입니다. 검은색 에지 옆 괄호 안에 적힌 숫자는 에지 가중치를 나타내고, 정점 아래 빨간색 글자는 S에서 각 정점까지의 최단 경로와 최단 거리를 나타냅니다. 빨간색 실선 화살표는 S로부터 출발하는 최단 경로를 나타내고, 점선 화살표는 최단 경로에서 사용되지 않은 가중치가 0인 에지입니다.

그래프를 A --> B --> C --> A --> D --> E 순서로 탐색할 경우, 각 정점의 최단 거리를 그림 7-10에 나타냈습니다.

❤ 그림 7-10 정점 탐색 순서에 따른 최단 거리

| | A | B | C | A | D | E | |
|---|---|---|---|---|---|---|---|
| { | 0 | -7 | -9 | 0 | -5 | -1 | } |

각 정점의 거리 사이에 초기 에지 가중치를 추가하면 그림 7-11과 같습니다.

❤ 그림 7-11 최단 거리 계산하기

| | A | | B | | C | | A | | D | | E | |
|---|---|---|---|---|---|---|---|---|---|---|---|---|
| { | 0 | (-7) | -7 | (-2) | -9 | (10) | 0 | (-5) | -5 | (4) | -1 | } |
| | | AB | | BC | | CA | | AD | | DE | | |

이제 각 에지 가중치에 다음 수식을 적용해보겠습니다.

$$W(uv) = w(uv) + d[s, u] - d[s, v]$$

여기서 $w(uv)$는 정점 $u$와 $v$ 사이의 초기 에지 가중치를 나타내고, $d[s, u]$는 $s$ 정점과 $u$ 정점 사이의 최단 경로 거리를, $d[s, v]$는 $s$ 정점과 $v$ 정점 사이의 최단 경로 거리를 나타냅니다. 그리고 $W(uv)$는 변환된 에지 가중치를 나타냅니다. 위 수식을 실제로 적용한 결과는 다음과 같습니다.

```
AB ─> (-7) + 0 - (-7) = 0
BC ─> (-2) + (-7) - (-9) = 0
CA ─> 10 + (-9) - 0 = 1
AD ─> (-5) + 0 - (-5) = 0
DE ─> 4 + (-5) - (-1) = 0
```

위 수식을 연속적으로 적용할 경우, 각 줄의 세 번째 항은 다음 줄의 가운데 항에 의해 상쇄되는 것을 발견할 수 있습니다. 이를 '망원(telescoping)' 속성이라고 합니다.[2] 이 속성으로 인해 A 정점에서 E 정점까지의 최소 거리를 나타내는 다음 두 수식은 완전히 같습니다.

---

2  **역주** 수학 용어 중 망원급수(telescoping series)와 관련된 단어입니다. 길이 조절이 되는 옛날 망원경처럼 덧셈항과 뺄셈항이 서로 상쇄되어 수식이 짧아진다는 의미로 이해하기 바랍니다.

$$(w(AB) + d[s, A] - d[s, B]) + (w(BC) + d[s, B] - d[s, C]) + \ldots + (w(DE) + d[s, D] - d[s, E])$$

$$(w(AB) + w(BC) + w(CA) + w(AD) + w(DE)) + d[s, A] - d[s, E]$$

즉, 두 정점 사이를 연결하는 경로에 더해지는 값은 어느 경로를 선택하든 항상 같습니다. 벨만-포드 알고리즘이 반환하는 거리 배열 d에 대해, 항상 $d[s, u] + weight(u, v) >= d[s, v]$ 조건을 만족하기 때문에 변환된 가중치는 음수가 될 수 없습니다. 즉, $w(u, v) + d[s, u] - d[s, v]$ 값은 무조건 0보다 같거나 큰 수입니다.

이러한 가중치 변환 수식을 이용하면 그래프에서 모든 최단 경로상에 존재하는 에지의 가중치가 0으로 변경됩니다. 즉, 원래의 최단 경로 순서는 그대로 유지한 채, 음이 아닌 가중치로 구성된 그래프가 만들어집니다. 이제 새로운 가중치를 갖는 그래프의 각 정점에서 다익스트라 알고리즘을 적용하여 모든 정점 쌍 사이의 최단 거리를 구할 수 있습니다.

다음 연습 문제에서 존슨 알고리즘을 구현해보겠습니다.

## 7.5.1 연습 문제 34: 존슨 알고리즘 구현하기

이번 연습 문제에서는 존슨 알고리즘을 구현하여 음수 가중치가 있는 그래프에서 전체 정점 사이의 최단 거리를 계산하겠습니다.

1. 이전 연습 문제에서 사용했던 Edge 구조체, UNKNOWN 상수 등을 그대로 사용하겠습니다.

```cpp
#include <iostream>
#include <vector>
#include <climits>

using namespace std;

struct Edge
{
    int src;
    int dst;
    int weight;
};

const int UNKNOWN = INT_MAX;
```

**2.** 연습 문제 33에서 작성했던 벨만-포드 알고리즘 구현 함수를 조금 수정해서 사용하겠습니다. 수정된 BellmanFord() 함수는 에지 리스트 edges와 정점 개수 V를 인자로 받고, 시작 정점 번호 start는 사용하지 않습니다.

```cpp
vector<int> BellmanFord(vector<Edge> edges, int V)
{
```

**3.** 먼저 더미 정점 S를 추가하겠습니다. 더미 정점 S를 추가하므로 거리 배열은 (V + 1) 크기로 준비하고, S 정점과 나머지 정점 사이에 가중치가 0인 에지를 추가합니다.

```cpp
vector<int> distance(V + 1, UNKNOWN);

int s = V;
for (int i = 0; i < V; i++)
{
    edges.push_back(Edge {s, i, 0});
}

distance[s] = 0;
```

**4.** S를 시작 정점으로 사용하여 벨만-포드 알고리즘을 수행합니다.

```cpp
// 정점 개수가 V + 1개이므로 V번 반복
for (int i = 0; i < V; i++)
{
    for (auto& e : edges)
    {
        // 에지의 시작 정점의 거리 값이 UNKNOWN이면 스킵
        if (distance[e.src] == UNKNOWN)
            continue;

        // 인접한 정점의 거리 값이 새로운 경로에 의한 거리 값보다 크면
        // 거리 값을 업데이트함
        if (distance[e.dst] > distance[e.src] + e.weight)
        {
            distance[e.dst] = distance[e.src] + e.weight;
        }
    }
}
```

**5.** 이번에는 음수 가중치 사이클을 판별하는 코드를 별도의 함수로 만들어서 사용하겠습니다.

```cpp
bool HasNegativeCycle(const vector<Edge>& edges, vector<int> distance)
{
    for (auto& e : edges)
    {
        if (distance[e.src] == UNKNOWN)
            continue;

        if (distance[e.src] + e.weight < distance[e.dst])
            return true;
    }

    return false;
}
```

**6.** 음수 가중치 사이클이 있다면 "음수 가중치 사이클 발견!" 문자열을 출력하고, 비어 있는 벡터를 반환하도록 합니다. 다음 코드를 BellmanFord( ) 함수 뒷부분에 추가합니다.

```cpp
// 음수 가중치 사이클이 있는지 검사
if (HasNegativeCycle(edges, distance))
{
    cout << "음수 가중치 사이클 발견!" << endl;
    return {};
}

return distance;
}
```

**7.** 입력 그래프에 음수 가중치 사이클이 없는 것이 확인되었다면 거리 값 벡터를 반환하여 에지 가중치를 재설정하는 데 사용할 수 있습니다. 그 전에 먼저 다익스트라 알고리즘을 구현하겠습니다.

```cpp
vector<int> Dijkstra(vector<Edge> edges, int V, int start)
{
```

**8.** 정수형 벡터 distance와 부울형 벡터 visited를 선언합니다. 거리를 나타내는 distance 벡터는 UNKNOWN으로 초기화하고, 방문 여부를 나타내는 visited 벡터는 false로 초기화합니다. 시작 정점의 거리 값은 0으로 설정합니다.

```
vector<int> distance(V, UNKNOWN);
vector<bool> visited(V, false);

distance[start] = 0;
```

9. 다익스트라 알고리즘 구현은 단순히 for 반복문을 이용하여 구현할 수 있습니다. 다익스트라 알고리즘은 매 단계마다 최소 거리 값을 갖는 정점을 찾아야 합니다. 이를 위해 6장에서는 우선 순위 큐를 사용했지만, 여기서는 단순히 GetMinDistance() 함수를 따로 정의하여 최소 거리 정점을 찾도록 하겠습니다. 이 함수는 distance 배열과 visited 배열을 인자로 받고, 최소 거리 값을 갖는 정점 번호를 반환합니다.

```
int GetMinDistance(vector<int>& distance, vector<bool>& visited)
{
    int minDistance = UNKNOWN;
    int minIndex = -1;

    for (int i = 0; i < distance.size(); i++)
    {
        if (!visited[i] && distance[i] <= minDistance)
        {
            minDistance = distance[i];
            minIndex = i;
        }
    }

    return minIndex;
}
```

10. 다익스트라 알고리즘은 다음과 같이 구현합니다.

```
for (int i = 0; i < V - 1; i++)
{
    // 방문하지 않은 정점 중에서 최소 거리 정점을 찾음
    int curr = GetMinDistance(distance, visited);

    visited[curr] = true;

    for (auto& e : edges)
    {
        // 인접한 정점만 고려
        if (e.src != curr)
```

```
                continue;

            // 이미 방문했으면 무시
            if (visited[e.dst])
                continue;

            if (distance[curr] != UNKNOWN &&
                distance[e.dst] > distance[curr] + e.weight)
            {
                distance[e.dst] = distance[curr] + e.weight;
            }
        }
    }

    return distance;
}
```

**11.** 이제 존슨 알고리즘을 구현할 준비가 되었습니다. 먼저 에지 리스트와 정점 개수를 인자로 받는 Johnson() 함수를 선언합니다. Johnson() 함수 앞부분에서는 BellmanFord() 함수를 호출하고, 그 결과를 정수형 벡터 h에 저장합니다. 만약 h가 비어 있으면 함수를 종료합니다.

```
void Johnson(vector<Edge> edges, int V)
{
    // 더미 정점을 추가한 그래프에서 최단 거리를 계산
    vector<int> h = BellmanFord(edges, V);

    if (h.empty())
        return;
```

**12.** 모든 에지에 대해 가중치 변환 수식을 적용합니다.

```
    // 에지 가중치 재설정
    for (auto& e : edges)
    {
        e.weight += (h[e.src] - h[e.dst]);
    }
```

**13.** 모든 정점 사이의 최단 경로 거리를 저장하기 위해 V개의 행을 갖는 2차원 배열 shortest를 선언합니다. shortest[i][j]에는 i번째 정점에서 j번째 정점까지의 최단 거리를 저장할 것입니다. 그리고 다익스트라 알고리즘 구현 함수를 V번 호출하여, 모든 최단 거리를 계산합니다.

```
    // 모든 정점들 사이의 최단 거리를 저장
    vector<vector<int>> shortest(V);

    for (int i = 0; i < V; i++)
    {
        shortest[i] = Dijkstra(edges, V, i);
    }
```

**14.** 앞의 코드에 의해 계산된 결과가 최종 최단 거리 값이 아닙니다. 왜냐하면 가중치 변환 수식에 의해 모든 에지 가중치를 양수로 변경하여 구한 결과이기 때문입니다. 그러므로 가중치 변환 수식을 역으로 적용하여 실제 최단 거리 값을 다시 계산해야 합니다.

```
    // 가중치 변환 수식을 역으로 적용하여 최단 거리를 출력
    for (int i = 0; i < V; i++)
    {
        cout << i << ":\n";

        for (int j = 0; j < V; j++)
        {
            if (shortest[i][j] != UNKNOWN)
            {
                shortest[i][j] += h[j] - h[i];

                cout << "\t" << j << ": " << shortest[i][j] << endl;
            }
        }
    }
}
```

**15.** 이제 main() 함수를 추가하고 사용할 그래프를 생성합니다. 테스트로 사용할 그래프는 그림 7-9에 나타난 그래프이며, 이 그래프를 Johnson() 함수의 인자로 전달합니다.

```
int main()
{
    int V = 5;              // 정점 개수
    vector<Edge> edges;     // 에지 포인터의 벡터

    vector<vector<int>> edge_map {     // {시작 정점, 목표 정점, 가중치}
        {0, 1, -7},
        {1, 2, -2},
        {2, 0, 10},
        {0, 3, -5},
```

```
            {0, 4, 2},
            {3, 4, 4}
        };

        for (auto& e : edge_map)
        {
            edges.emplace_back(Edge {e[0], e[1], e[2]});
        }

        Johnson(edges, V);
    }
```

**16.** 지금까지 작성한 프로그램을 실행하면 다음과 같은 출력을 확인할 수 있습니다.

```
0:
        0: 0
        1: -7
        2: -9
        3: -5
        4: -1
1:
        0: 8
        1: 0
        2: -2
        3: 3
        4: 7
2:
        0: 10
        1: 3
        2: 0
        3: 5
        4: 9
3:
        3: 0
        4: 4
4:
        4: 0
```

주어진 그래프의 각 정점에서 나머지 모든 정점까지의 최단 거리가 제대로 출력된 것을 확인할 수
있습니다.

## 7.5.2 실습 문제 16: 무작위 그래프 통계

매년 많은 수의 신규 직원을 채용하는 소프트웨어 회사가 있습니다. 이 회사의 모든 직원은 입사 지원자를 위한 기술 인터뷰에 참여해야 합니다. 각 인터뷰마다 세 가지 프로그래밍 문제가 주어지며, 각 문제에는 간단한 설명과 두세 개의 테스트 케이스가 제시됩니다.

최근 많은 입사 지원자가 특정 인터뷰 문제의 테스트 케이스를 입수했다는 사실을 알게 되었습니다. 그래서 매번 테스트 케이스를 새로 만들어야 합니다. 적절한 테스트 케이스를 만드는 일이 그렇게 어려운 것은 아니지만, 그래프 이론과 관련된 문제는 경우가 다릅니다. 주어진 문제와 관련이 있으면서도 유효한 그래프를 고안하는 작업은 꽤나 시간을 필요로 하는 작업이라서 이 작업을 자동화하기로 결정했습니다.

이 회사에서 가장 자주 사용하는 그래프 관련 인터뷰 문제는 그래프의 모든 정점 사이의 최단 경로 거리를 찾는 문제입니다. 이때 사용하는 그래프는 방향성과 가중치가 있는 에지로 구성됩니다. 프로그램에 의해 생성된 그래프는 다음 항목을 만족해야 합니다.

- 방향 그래프이어야 하며, 에지 가중치는 양수 또는 음수로 표현됩니다.
- 두 정점 사이에는 하나의 에지만 있으며, 특정 정점에서 나온 에지가 자기 자신으로 연결되는 셀프 에지는 없어야 합니다.
- 모든 정점에는 들어오거나 나가는 에지가 적어도 하나 있어야 합니다.
- 에지 가중치의 절댓값은 100보다 작아야 합니다.

그래프 생성 프로그램은 다음을 입력으로 받습니다.

- **seed**: 난수 발생기의 시드(seed) 값
- **iterations**: 생성할 그래프 개수
- **V**: 정점 개수
- **E**: 에지 개수

이 프로그램은 std::rand() 함수를 이용하여 에지를 생성하되, 두 정점 사이에 두 개 이상의 에지를 생성하면 안 됩니다.

그래프 생성 순서는 다음과 같습니다.

1. 입력으로 (seed, iterations, V, E) 값을 받습니다.
2. 난수 발생기의 시드 값으로 seed를 설정합니다.

**3.** 다음 작업을 반복합니다.

- i = 0으로 설정
  - rand() 함수를 세 번 호출하여 시작 정점 source, 목표 정점 destination, 에지 가중치 weight를 생성하고, 이를 이용하여 에지를 생성합니다.
  - rand() 함수로 다시 한 번 난수를 발생시키고, 이 값이 3으로 나누어떨어지면 에지 가중치를 음수로 변환합니다.
- 만약 시작 정점과 목표 정점 사이에 이미 에지가 존재하면 다시 에지를 생성합니다.
  - 에지 리스트에 edge(source, destination, weight)를 추가하고, i를 증가시킵니다.
  - 만약 E개의 에지를 생성한 후 에지가 하나도 없는 정점이 남아 있다면 이 그래프는 유효하지 않은 것으로 판단합니다.

만약 생성된 그래프가 유효하면 이제 그래프의 모든 정점 사이의 최단 경로를 찾아야 합니다. 그리고 그래프의 각 정점에서 평균 최단 거리를 구하고자 합니다. 정점의 평균 최단 거리는 해당 정점에서 출발하는 최단 경로의 거리 합을 도달 가능한 정점 개수로 나눈 값입니다. 그래프 하나의 평균 거리는 모든 정점의 평균 최단 거리에 대한 평균으로 정의합니다.

또한 가장 많은 '흥미로운(interesting)' 그래프를 생성하는 값의 구성도 알아내려고 합니다. 여기서 '흥미로운' 그래프란 그래프의 평균 거리가 가장 큰 에지 가중치의 절반보다 작은 경우를 의미합니다. 그러므로 유효한 그래프 개수와 흥미로운 그래프 개수의 비율을 계산해서 출력해야 합니다. 이때 비율은 퍼센트 단위로 소수점 두 자리까지 출력합니다. 음수 가중치 사이클이 있는 그래프는 유효한 그래프이지만 흥미로운 그래프에는 포함되지 않습니다.

**입력**

네 개의 정수(seed, iterations, V, E)로 이루어진 한 줄

**출력**

출력은 두 줄로 구성됩니다. 첫 번째 줄은 "유효하지 않은 그래프 개수: " 문자열과 함께 유효하지 않은 그래프 개수를 출력합니다. 두 번째 줄은 "흥미로운 그래프 생성 비율: " 문자열과 함께 (흥미로운 그래프 개수 * 100 / 유효한 그래프 개수) 값을 출력합니다. 이 비율 값은 소수점 세 번째 자리에서 반올림하여 출력합니다.

## 문제 해결 가이드라인

std::rand() 함수가 모든 환경에서 항상 동일한 값을 생성하지는 않습니다. 이 책에서 나타낸 결과와 동일한 결과를 얻기 위해 난수 발생은 다음에 표시한 함수를 사용하세요.

```
static unsigned long int randNext = 1;

int rand(void)      // RAND_MAX는 32767로 가정합니다.
{
    randNext = randNext * 1103515245 + 12345;
    return (unsigned int)(randNext/65536) % 32768
}

void srand(unsigned int seed)
{
    randNext = seed;
}
```

이번 실습 문제를 구현할 때, 반드시 문제 설명에서 기술한 순서대로 진행하기 바랍니다.

## 테스트 케이스

테스트로 사용할 입력과 출력의 예를 그림 7-12에 나타냈습니다.

▼ 그림 7-12 실습 문제 16에서 사용할 테스트 케이스

| 입력 | 출력 |
| --- | --- |
| 42 1000 15 10 | 유효하지 않은 그래프 개수: 996<br>흥미로운 그래프 생성 비율: 0.00% |
| 11111 400 5 5 | 유효하지 않은 그래프 개수: 55<br>흥미로운 그래프 생성 비율: 0.58% |
| 1125 100 10 20 | 유효하지 않은 그래프 개수: 1<br>흥미로운 그래프 생성 비율: 3.03% |
| 0 300 15 30 | 유효하지 않은 그래프 개수: 29<br>흥미로운 그래프 생성 비율: 1.11% |
| 51 1000 5 10 | 유효하지 않은 그래프 개수: 0<br>흥미로운 그래프 생성 비율: 14.10% |
| 1000000007 200 10 20 | 유효하지 않은 그래프 개수: 7<br>흥미로운 그래프 생성 비율: 5.70% |
| 1000000000 500 8 20 | 유효하지 않은 그래프 개수: 0<br>흥미로운 그래프 생성 비율: 4.80% |

# 7.6 / 강한 연결 요소

이전 장에서 그래프의 몇 가지 분류 방법에 대해 설명했습니다. 가장 널리 사용되는 그래프 분류 방법은 방향 그래프와 무방향 그래프로 나누는 것입니다. 무방향 그래프는 에지가 양방향으로 이동 가능하다고 간주합니다. 즉, A 정점에서 B 정점으로 에지가 연결되어 있다면, 이는 B 정점에서 A 정점으로도 에지가 연결된 것으로 간주합니다. 반면에 방향 그래프에서의 에지는 명시적인 '방향' 정보를 가집니다.

여러분이 동영상 서비스 사이트의 직원이고 다양한 채널 구독자 간의 공통점에 대한 통계를 작성해야 한다고 가정하겠습니다. 여러분의 회사는 특정 채널을 구독하는 사람들과 해당 채널 소유주의 구독 정보 사이의 패턴을 발견하는 데 특히 관심이 많으며, 이를 통해 타깃 광고 서비스를 어떻게 관리해야 하는지에 대해 분석하려고 합니다. 여러분은 이제 유용한 통계 정보를 생성하기 위해 관련 데이터를 분석하는 방법을 개발해야 합니다.

사이트에 등록된 모든 사용자의 채널을 방향 그래프의 정점으로 표현하고, 구독하고 있는 채널 관계를 에지로 표현해보겠습니다. 같은 채널을 구독하는 대규모 사용자 그룹이 여럿 있다 하더라도 각각의 구독 정보가 너무 다양하기 때문에 사용자 그룹 사이의 유사점을 찾기가 쉽지 않습니다. 이상적으로 그래프에서 복잡하게 뒤섞인 연결을 풀어 서로 연관이 있는 구독 정보 그룹으로 나누려고 합니다.

방향 그래프에서 나타나는 공통적인 특징을 이용하여 이런 복잡한 문제를 해결할 수 있습니다. 방향 그래프에서의 에지는 한쪽 방향으로만 이동할 수 있기 때문에 그래프의 특정 정점에 도달할 수 있는지 여부는 탐색을 어느 정점에서 시작했는지에 따라 다르게 결정됩니다. 주어진 그래프를 여러 개의 구역으로 나누되 같은 구역 안의 정점끼리는 서로 이동 가능한 경로를 갖도록 나눌 경우, 각 구역은 해당 그래프의 강한 연결 요소를 나타냅니다.

## 7.6.1 방향 그래프와 무방향 그래프에서 연결성

무방향 그래프에서 연결 요소(connected component)란 모든 정점이 서로 연결되어 있는 부분 그래프 중에서 최대 크기 부분 그래프 집합을 의미합니다. 즉, 하나의 구성 요소에 있는 두 정점은 상호 접근이 가능합니다. 모든 정점이 연결되어 있는 그래프의 경우, 어느 정점에서 출발하든 모든 정점에 도달할 수 있으므로 이러한 그래프는 단일 연결 요소로 구성되어 있다고 할 수 있습니다.

상대적으로 특정 정점에서 다른 정점으로 이동할 수 없는 경우, 이러한 그래프는 연결이 끊어졌다고 할 수 있습니다.

이와 달리 '강한(strong)' 연결성은 방향 그래프에만 적용되는 특징입니다. 강한 연결성이 어떻게 정의되는지에 대해 이해하기 위해 그림 7-13에 나타난 무방향 그래프를 살펴보겠습니다.

▼ 그림 7-13 여러 연결 요소로 구성된 그래프

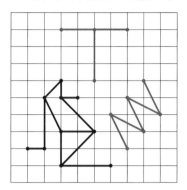

그림 7-13에서 세 가지 색상으로 구분된 부분 그래프는 각각 하나의 연결 요소를 구성합니다. 앞에서 언급했듯이 하나의 연결 요소 안에 있는 정점들은 서로 에지를 따라 이동하여 도달할 수 있습니다. 또한 특정 연결 요소 안에 있는 정점에서 다른 연결 요소로는 이동할 수 없습니다. 무방향 그래프의 연결 요소는 독립적으로 분리된 부분 그래프이며, 이들 부분 그래프의 정점과 에지는 다른 부분 그래프와 완전히 단절되어 있습니다.

반면에 강한 연결 요소(strongly connected component)는 그래프 내에서 다른 부분 그래프와 완전히 단절되어 있을 필요는 없습니다. 즉, 부분 그래프 사이에 경로가 존재할 수 있습니다.

▼ 그림 7-14 여러 강한 연결 요소로 구성된 그래프

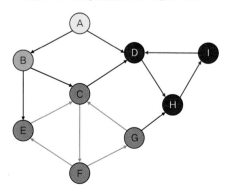

그림 7-14에 나타난 그래프에는 A, B, CEFG, DHI로 구분되는 네 개의 강한 연결 요소가 있습니다. 정점 A와 B는 각각의 강한 연결 요소에서 유일한 멤버입니다. 정점 A를 좀 더 자세히 살펴보면, A에서 DHI 집합으로 이동하는 경로는 존재하지만 DHI 집합에서 A로 이동할 수 있는 경로는 없다는 것을 알 수 있습니다.

다시 동영상 호스팅 사이트 이야기로 돌아와서, 이 경우 네트워크 그래프의 강한 연결 요소는 다양한 채널 그룹 중에서 해당 채널 그룹 내부에 있는 모든 채널이 구독 '경로'를 따라가다 보면 모두 만날 수 있는 채널 그룹으로 정의할 수 있습니다. 이러한 방식으로 방대한 양의 데이터를 분리하면 상호 연관된 그래프 집합을 다른 유사성이 없는 그래프 집합과 분리하는 데 도움이 될 수 있습니다.

▼ 그림 7-15 채널 정보 그래프를 여러 개의 강한 연결 요소로 표현한 예

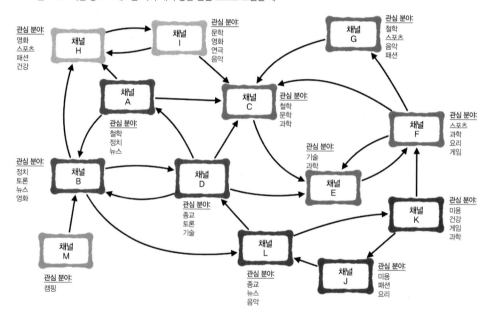

# 7.7 코사라주 알고리즘

그래프에서 강한 연결 요소를 찾는 가장 쉽고 널리 사용되는 방법으로 코사라주 알고리즘 (Kosaraju's algorithm)이 있습니다. 코사라주 알고리즘은 DFS를 두 번 수행하는 형태로 동작합니다. 처음에는 입력 그래프 자체에 DFS를 수행하고, 두 번째에는 입력 그래프를 전치하여 DFS를 수행합니다.

> **Note ≡** 코사라주 알고리즘은 일반적으로 DFS 방식의 순회를 사용하지만 BFS도 사용할 수 있습니다. 그러나 이 책의 설명과 연습 문제에서는 전통적인 DFS 방식만을 사용합니다.

그래프의 전치(transpose)는 원본 그래프에서 시작 정점과 목표 정점이 서로 뒤바뀐 형태로, 각각의 에지 방향이 반대가 됩니다. 즉, 원본 그래프에 A 정점에서 B 정점으로 향하는 에지가 있었다면, 전치된 그래프에서는 B 정점에서 A 정점으로 향하는 에지가 있습니다.

▼ 그림 7-16 그래프의 전치

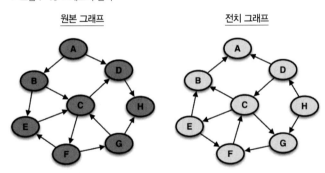

코사라주 알고리즘의 첫 번째 단계는 모든 정점 중에서 아직 방문한 적이 없는 정점에 대해 차례대로 DFS 순회를 수행하는 것입니다. 각 정점에 대해 DFS를 수행할 때에는 먼저 해당 정점에 대해 방문 기록을 저장하고, 이후 이 정점과 인접한 정점 중에서 아직 방문하지 않은 정점을 재귀적으로 탐색합니다. 인접한 정점을 모두 탐색한 후에는 현재 정점을 스택에 추가한 후 DFS를 종료합니다.

원본 그래프에 대해 DFS 순회가 끝나면 이번에는 같은 작업을 전치 그래프에 대해 수행합니다. 앞서 구축한 스택에서 정점을 하나씩 꺼내고, 이 정점을 아직 방문하지 않았다면 이 정점을 시작으로 DFS를 수행합니다. 이때 각각의 DFS에서 만나는 정점들이 강한 연결 요소를 구성합니다.

코사라주 알고리즘은 복잡할 수 있는 문제를 직관적으로 단순화하는 측면에서 매우 효과적이며, 구현하기도 쉬운 편입니다. 또한 입력 그래프가 인접 리스트로 표현되어 있을 경우, $O(V + E)$ 형태의 선형 점근적 시간 복잡도를 갖기 때문에 매우 효율적입니다.

> **Note** ≡ 코사라주 알고리즘에서 인접 행렬을 사용하는 것은 권장하지 않습니다. 왜냐하면 그래프 순회에서 각 정점의 이웃을 찾기 위해 상당한 양의 반복문이 필요하기 때문입니다.

다음 연습 문제에서 코사라주 알고리즘을 직접 구현해보겠습니다.


## 7.7.1 연습 문제 35: 코사라주 알고리즘 구현하기

이번 연습 문제에서는 코사라주 알고리즘을 이용하여 그래프에서 강한 연결 요소를 찾아보겠습니다.

**1.** 먼저 필요한 헤더 파일을 포함합니다.

```
#include <vector>
#include <stack>
#include <iostream>
```

**2.** 코사라주 알고리즘을 구현한 Kosaraju() 함수를 정의하겠습니다. 이 함수는 정점 개수 V와 그래프를 표현하는 인접 리스트 adj를 인자로 받습니다. 그리고 입력 그래프에서 강한 연결 요소 정보를 담은 정수형 벡터의 벡터를 반환합니다.

```
vector<vector<int>> Kosaraju(int V, vector<vector<int>> adj)
{
    ...
}
```

**3.** 첫 번째 작업은 스택 컨테이너 stack과 방문 기록 배열 visited를 선언하는 것입니다. visited 배열의 모든 원소는 false로 초기화합니다. 그리고 그래프 모든 정점에 대해 아직 방문하지 않은 정점이라면 DFS 순회를 수행합니다.

```
vector<bool> visited(V, false);
stack<int> stack;
```

```
    for (int i = 0; i < V; i++)
    {
        if (!visited[i])
        {
            FillStack(i, visited, adj, stack);
        }
    }
```

**4.** DFS를 수행하는 `FillStack()` 함수는 네 개의 인자를 받습니다. 정수형 `node`는 현재 정점 인
덱스이고, 부울형 벡터 `visited`는 기존에 방문한 정점을 기록한 벡터이고, 2차원 정수형 벡터
`adj`는 그래프를 나타내는 인접 리스트입니다. 마지막으로 정수형 스택 `stack`은 방문 순서에
따른 정점 인덱스를 기록하고 있습니다. `visited`, `adj`, `stack` 인자는 참조로 전달됩니다. DFS
는 일반적인 방식으로 구현하되, 현재 정점 인덱스를 스택에 추가하는 작업이 추가되어야 합
니다.

```
void FillStack(int node, vector<bool>& visited,
    vector<vector<int>>& adj, stack<int>& stack)
{
    visited[node] = true;

    for (auto next : adj[node])
    {
        if (!visited[next])
        {
            FillStack(next, visited, adj, stack);
        }
    }

    stack.push(node);
}
```

**5.** 새로운 함수 `Transpose()`를 추가하겠습니다. 이 함수는 인접 리스트로 표현된 그래프를 인자
로 받고, 전치된 그래프를 반환합니다.

```
vector<vector<int>> Transpose(int V, vector<vector<int>> adj)
{
    vector<vector<int>> transpose(V);

    for (int i = 0; i < V; i++)
    {
        for (auto next : adj[i])
```

```
            {
                transpose[next].push_back(i);
            }
        }

        return transpose;
    }
```

6. 두 번째 DFS를 수행하기에 앞서 먼저 전치 그래프 transpose를 생성하겠습니다. transpose 그래프는 Transpose() 함수를 이용하여 생성합니다. 그리고 visited 배열을 다시 false로 초기화합니다.

```
vector<vector<int>> transpose = Transpose(V, adj);

fill(visited.begin(), visited.end(), false);
```

7. 알고리즘 후반부에는 두 번째 DFS 함수인 CollectConnectedComponents() 함수를 사용합니다. 이 함수는 FillStack() 함수와 비슷한 인자를 받으며, 다만 마지막 인자 component가 정수 벡터 참조로 선언되어 있습니다. 이 벡터에 각각의 강한 연결 요소에 속하는 정점 인덱스가 저장됩니다. CollectConnectedComponents() 함수에서 DFS 순회 코드는 FillStack() 함수와 거의 비슷하며, 다만 스택에 정점을 추가하는 코드는 빠져 있습니다. 대신 함수 앞부분에 현재 정점 node를 component 벡터에 추가하는 코드가 추가되었습니다.

```
void CollectConnectedComponents(int node, vector<bool>& visited,
    vector<vector<int>>& adj, vector<int>& component)
{
    visited[node] = true;
    component.push_back(node);

    for (auto next : adj[node])
    {
        if (!visited[next])
        {
            CollectConnectedComponents(next, visited, adj, component);
        }
    }
}
```

8. 다시 Kosaraju() 함수 정의로 돌아와서, connectedComponents라는 이름의 정수형 벡터의 벡터를 정의하겠습니다. 이 벡터에 전치 그래프에서의 순회 결과, 즉 강한 연결 요소를 저장할 것입니다. while 반복문 안에서 스택으로부터 정점을 하나씩 꺼내고, 이 정점을 아직 방문하지 않았다면 DFS 순회를 수행합니다. 이때 정수형 벡터 component를 선언하고, 이를 CollectConnectedComponents() 함수에 참조로 전달하여 값을 채웁니다. DFS 순회가 끝나면 component 벡터를 connectedComponents에 추가합니다. 이 알고리즘은 스택이 빈 상태가 될 때까지 반복하고, 최종적으로 connectedComponents를 반환합니다.

```
    vector<vector<int>> connectedComponents;

    while (!stack.empty())
    {
        int node = stack.top();
        stack.pop();

        if (!visited[node])
        {
            vector<int> component;

            CollectConnectedComponents(node, visited, transpose, component);
            connectedComponents.push_back(component);
        }
    }

    return connectedComponents;
```

9. main() 함수에서는 각각의 강한 연결 요소에 속하는 정점들의 번호를 화면에 출력합니다.

```
int main()
{
    int V;
    vector<vector<int>> adj;
    ...

    vector<vector<int>> connectedComponents = Kosaraju(V, adj);

    cout << "강한 연결 요소 개수: " << connectedComponents.size() << endl;

    for (int i = 0; i < connectedComponents.size(); i++)
    {
        cout << "[" << i + 1 << "] ";
```

```
        for (auto node : connectedComponents[i])
            cout << node << " ";

        cout << endl;
    }
}
```

**10.** 지금까지 구현한 코사라주 알고리즘의 동작을 확인하기 위해 그림 7-17과 같은 그래프를 인접 리스트 형태로 생성하겠습니다.

▼ 그림 7-17 테스트로 사용할 입력 그래프

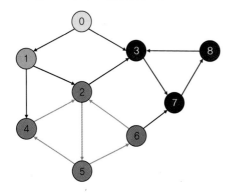

**11.** main() 함수에서 V와 adj는 다음과 같이 정의합니다.

```
int V = 9;

vector<vector<int>> adj =
{
    { 1, 3 },
    { 2, 4 },
    { 3, 5 },
    { 7 },
    { 2 },
    { 4, 6 },
    { 7, 2 },
    { 8 },
    { 3 }
};
```

**12.** 지금까지 작성한 프로그램을 실행하면 다음과 같은 출력을 확인할 수 있습니다.

```
강한 연결 요소 개수: 4
[1] 0
[2] 1
[3] 2 4 5 6
[4] 3 8 7
```

## 7.7.2 실습 문제 17: 미로-순간이동 게임

여러 개의 방으로 구성된 미로 안에 여러 명의 플레이어가 무작위로 배치되는 게임을 설계한다고 가정해보겠습니다. 각 방에는 미로의 다른 방으로 이동할 수 있는 한 개 이상의 순간이동장치가 있습니다. 각각의 순간이동장치는 고유한 정수 값이 매겨져 있어서 플레이어가 순간이동장치를 사용하면 해당 값이 플레이어 점수에 더해집니다. 각각의 플레이어는 모든 방을 한 번 이상 방문할 때까지 교대로 이동하고, 각 라운드가 끝났을 때 점수가 가장 낮은 플레이어가 승자가 됩니다.[3]

여러분은 매번 게임이 시작될 때마다 새로운 미로를 자동으로 생성하는 시스템을 개발했습니다. 그런데 자동 생성된 미로 중 일부에서 플레이어의 점수를 무한히 낮출 수 있는 이동 경로가 존재한다는 점을 알게 되었습니다. 또한 몇몇 플레이어는 시작 지점에 따라 점수 계산에 불이익을 받을 수 있다는 점도 발견했습니다. 무엇보다 플레이어가 미로의 특정 방을 방문할 수 없는 형태로 순간이동장치가 배치되기도 합니다.

여러분은 생성된 미로가 유효하고 모든 플레이어에 공평한 형태인지를 확인하는 테스트 기능을 구현해야 합니다. 먼저 미로에 플레이어 점수를 무한히 낮아지게 만들 수 있는 경로가 존재하는지 확인해야 합니다. 만약 이러한 경로가 있다면 "유효하지 않은 미로" 문자열을 출력해야 합니다. 만약 미로가 유효하면, 각 시작 지점에서 달성할 수 있는 최저 점수를 찾아 출력해야 합니다. 만약 방에 순간이동장치가 없는 경우에는 "고립된 방" 문자열을 출력합니다.

또한 플레이어가 미로의 특정 부분에 갇히는 것을 방지하기 위해 미로의 다른 위치로 이동할 수 없는 방 그룹 정보도 출력해야 합니다.

---

**3** 역주 이 문제는 모든 방을 지나갔을 때의 최저 점수를 따진다고 되어 있지만, 실제 구현에서는 각각의 방에서 다른 방으로 이동할 때의 최저 점수를 구하도록 구현되어 있습니다. 해답 코드를 볼 때 이 점에 유의하기 바랍니다.

## 입력

각각의 테스트는 다음 항목을 입력으로 받습니다.

- 미로 안의 방 개수
- 미로 안의 순간이동장치 개수
- 시작 방, 목표 방, 각 순간이동장치에 지정할 점수

## 출력

프로그램은 먼저 플레이어의 점수를 무한대로 낮출 수 있는 경로가 존재하는지를 확인해야 합니다. 이러한 경로가 존재하면 "유효하지 않은 미로" 문자열을 출력합니다.

만약 미로가 유효하다면 각각의 방에서 다른 나머지 방으로 이동할 때 얻을 수 있는 최저 점수를 차례대로 출력합니다. 만약 특정 방에 순간이동장치가 없다면 "고립된 방" 문자열을 출력합니다. 마지막으로 플레이어가 완전히 갇혀 있게 되는 방 그룹, 즉 미로의 다른 부분으로 이동할 수 없는 방들의 번호를 출력합니다. 만약 이러한 방 그룹이 여러 개라면 한 줄에 한 그룹씩 방 번호를 출력합니다.

## 테스트 케이스

테스트로 사용할 입력과 출력의 예를 그림 7-18부터 그림 7-24에 나타냈습니다.

▼ 그림 7-18 실습 문제 17의 1번째 테스트 케이스

| 입력 | 출력 |
| --- | --- |
| 7 9 | 유효하지 않은 미로 |
| 0 1 50 | |
| 1 0 -10 | |
| 1 2 -50 | |
| 2 0 0 | |
| 3 0 3 | |
| 3 4 0 | |
| 4 5 1 | |
| 5 3 -2 | |
| 6 0 -25 | |

▼ 그림 7-19 실습 문제 17의 2번째 테스트

| 입력 | 출력 |
| --- | --- |
| 8 16 | 0: 54 |
| 0 3 54 | 1: -5 |
| 1 0 -5 | 2: -44 |
| 1 3 6 | 3: 91 |
| 2 0 -44 | 4: -44 |
| 2 3 -38 | 5: -33 |
| 2 1 -17 | 6: 18 |
| 3 1 96 | 7: 68 |
| 4 0 -44 | 0 1 3 |
| 4 3 15 | |
| 5 2 11 | |
| 5 0 44 | |
| 5 3 91 | |
| 6 1 53 | |
| 6 2 62 | |
| 6 0 77 | |
| 7 3 68 | |

| 입력 | 출력 |
| --- | --- |
| 10 17 | 유효하지 않은 미로 |
| 0 1 90 | |
| 1 2 -16 | |
| 1 0 79 | |
| 1 3 95 | |
| 2 3 -89 | |
| 3 1 -23 | |
| 3 0 -38 | |
| 4 1 -34 | |
| 5 3 -38 | |
| 6 0 59 | |
| 6 2 85 | |
| 7 4 47 | |
| 7 1 85 | |
| 7 0 -44 | |
| 8 0 -25 | |
| 8 2 11 | |
| 9 4 -95 | |

| 입력 | 출력 |
| --- | --- |
| 15 26 | 0: -40 |
| 0 4 -40 | 1: 15 |
| 1 6 92 | 2: 7 |
| 2 3 77 | 3: -70 |
| 3 1 61 | 4: 93 |
| 3 6 7 | 5: 48 |
| 3 2 81 | 6: -77 |
| 4 2 93 | 7: -1 |
| 5 2 48 | 8: -119 |
| 6 0 -27 | 9: -69 |
| 6 4 -77 | 10: -17 |
| 7 5 -1 | 11: -97 |
| 8 3 -49 | 12: -62 |
| 8 6 52 | 13: -89 |
| 8 1 70 | 14: 63 |
| 9 6 20 | 0 6 1 3 2 4 |
| 9 0 95 | |
| 9 3 1 | |
| 10 5 -17 | |
| 11 1 75 | |
| 11 0 -57 | |
| 12 1 -62 | |
| 12 4 -5 | |
| 13 3 -19 | |
| 13 6 17 | |
| 13 4 94 | |
| 14 1 63 | |

**7**

그래프 알고리즘 II

❤ 그림 7-22 실습 문제 17의 5번째 테스트 케이스

| 입력 | 출력 |
|---|---|
| 9 14 | 0: -3 |
| 0 1 5 | 1: -7 |
| 0 3 -3 | 2: -7 |
| 1 2 3 | 3: 10 |
| 1 4 5 | 4: -12 |
| 2 3 -7 | 5: 0 |
| 2 5 8 | 6: -13 |
| 3 7 10 | 7: 5 |
| 4 2 -5 | 8: 4 |
| 5 4 12 | 3 8 7 |
| 5 6 13 | |
| 6 2 -6 | |
| 6 7 8 | |
| 7 8 5 | |
| 8 3 4 | |

❤ 그림 7-23 실습 문제 17의 6번째 테스트 케이스

| 입력 | 출력 |
|---|---|
| 18 39 | 0: 1 |
| 0 4 1 | 1: 1 |
| 1 7 1 | 2: 1 |
| 2 0 1 | 3: 1 |
| 2 4 1 | 4: 1 |
| 2 5 1 | 5: 1 |
| 3 5 1 | 6: 1 |
| 3 8 1 | 7: 1 |
| 3 13 1 | 8: 1 |
| 3 14 1 | 9: 1 |
| 3 16 1 | 10: 1 |
| 4 2 1 | 11: 1 |
| 5 4 1 | 12: 1 |
| 5 6 1 | 13: 1 |
| 6 0 1 | 14: 1 |
| 6 4 1 | 15: 1 |
| 7 1 1 | 16: 고립된 방 |
| 8 11 1 | 17: 1 |
| 9 5 1 | 16 |
| 9 6 1 | 8 10 11 12 17 |
| 9 15 1 | 1 7 |
| 10 8 1 | 0 2 4 5 6 |
| 10 11 1 | |
| 10 12 1 | |
| 10 17 1 | |
| 11 8 1 | |
| 11 10 1 | |
| 12 8 1 | |
| 12 11 1 | |
| 13 1 1 | |
| 13 7 1 | |
| 14 3 1 | |
| 14 6 1 | |
| 14 9 1 | |
| 14 15 1 | |
| 15 13 1 | |
| 15 17 1 | |
| 17 8 1 | |
| 17 10 1 | |
| 17 11 1 | |

| 입력 | 출력 |
|---|---|
| 13 24 | 0: -96 |
| 0 2 37 | 1: 33 |
| 0 5 -96 | 2: -133 |
| 0 9 72 | 3: -142 |
| 1 5 33 | 4: -131 |
| 2 9 -36 | 5: 14 |
| 3 2 15 | 6: -164 |
| 3 4 -11 | 7: -111 |
| 4 2 46 | 8: -41 |
| 4 7 -20 | 9: -97 |
| 4 10 26 | 10: -119 |
| 5 1 14 | 11: 고립된 방 |
| 6 2 -1 | 12: -64 |
| 6 3 83 | 11 |
| 6 10 -45 | 5 1 |
| 7 8 70 | |
| 7 12 -47 | |
| 8 7 81 | |
| 8 11 -41 | |
| 9 0 -1 | |
| 10 3 23 | |
| 10 6 61 | |
| 10 7 32 | |
| 12 8 40 | |
| 12 11 -64 | |

## 문제 해결 가이드라인

- 관련 없는 정보로 인해 주의가 흐트러지지 않도록 주의하세요. 실제적으로 무엇을 수행해야 하는지 자문해보세요.

- 미로에 점수를 무한히 낮출 수 있는 경로가 있는지를 판단하는 것은 다음과 같이 해석할 수 있습니다. 즉, 미로를 가중 그래프로 표현하고, 여기에 음수 가중치 사이클이 있는지를 판단하는 것과 같습니다. 그리고 이러한 문제 해결은 앞에서 다룬 바가 있습니다. 그다음으로 판단할 각 시작 지점에서 얻을 수 있는 최소 점수 또한 어렵지 않게 구할 수 있을 것입니다.

- 마지막 조건은 좀 더 까다롭습니다. 미로의 한 구역에서 '고립'되어 있다는 것을 이 장에서 다뤘던 그래프 이론으로 어떻게 표현할 수 있을지 고민해보십시오. 이런 형태의 미로는 어떠한 형태일까요?

- 입력 그래프를 종이 위에 직접 그려보세요. 어떤 상황에서 플레이어가 '고립'될 수 있는지를 분석해보세요.

# 7.8 적절한 방법 선택하기

그래프 구조를 구현하는 데 있어서 하나의 '완벽한' 방법이 존재하지 않는다는 사실은 분명합니다. 주어진 데이터의 특성과 풀어야 할 문제의 세부 사항에 따라 특정 조건에서 완벽한 접근 방법이 다른 경우에는 아주 비효율적으로 동작할 수 있습니다.

인접 리스트와 인접 행렬, 클래스와 단순 행렬, 벨만-포드 알고리즘과 존슨 알고리즘, BFS와 DFS 등의 선택에서 어떤 것을 사용할 것인가는 데이터 특성과 여러분의 선택에 달려 있습니다. 예를 들어 그래프의 모든 정점 사이의 최단 거리를 알아내고자 한다면 존슨 알고리즘을 사용하는 것이 가장 좋은 선택일 것입니다. 그러나 하나의 시작 정점에서 나머지 정점들 사이의 최단 거리를 찾는 경우라면 존슨 알고리즘보다 벨만-포드 알고리즘을 사용하는 것이 더 효율적입니다.

이 장에서 설명한 각각의 알고리즘을 다양한 그래프 표현 방법을 사용하여 다시 구현해보는 것은 좋은 연습이 될 것입니다. 예를 들어 연습 문제 32에서 Edge의 벡터를 사용하여 구현했던 벨만-포드 알고리즘을 인접 리스트와 2차원 에지 가중치 행렬을 사용하는 형태로 다시 구현하는 것은 그리 어렵지 않을 것입니다. 경우에 따라 특정 구현 방법이 다른 구현 방법보다 약간 효율적일 수 있고, 또는 그 차이가 상당히 클 수도 있습니다. 때로는 성능의 차이보다 구현 코드의 가독성 및 간결성 측면에서 더 효과적인 방법을 선택하는 편이 좋을 수도 있습니다. 다양한 입력 데이터와 시나리오에 대해 여러 알고리즘의 성능을 비교하는 것은 매우 유익하며 실제 개발에서도 필수적으로 사용되는 관행입니다.

그래프 이론과 구현 방법에 대한 이해를 높이기 위해 다음을 기억하세요.

- 새로운 알고리즘을 구현할 때 '복사&붙여넣기' 사용을 지양하세요. 만약 여러분이 알고리즘 동작의 기본 원리를 제대로 이해하지 못하고 있다면 알고리즘을 잘못 사용할 가능성이 매우 높습니다. 만약 알고리즘이 원하는 방식으로 작동하더라도 그래프 구현은 주어진 상황에 매우 의존적이라는 점을 기억해야 합니다. 알고리즘을 맹목적으로 사용하면 입력 매개변수가 조금 달라졌을 때 프로그램을 확장하기 어려울 수 있습니다.

- 실전에서 새로운 기능을 추가할 때 추상적이거나 상황을 고려하지 않은 구현은 주의하세요. 검증 가능한 이론적인 데이터를 이용하여 알고리즘을 구현한 후, 실제 사용할 데이터에 맞게끔 소스 코드를 수정하세요. 새로 배운 알고리즘을 어떻게 적용할 수 있을지를 자주 상상해보면 실제 업무에서 언제 어떻게 사용할 수 있는지에 대한 감을 얻을 수 있을 것입니다.

그래프를 구현하기에 앞서 다음 사항을 숙지해야 합니다.

- 기본 목적 및 해당 목적 달성을 위해 필요한 기능(즉, 그래프 표현 방법, 함수 입출력 형식, 기능 확장성 등)
- 주어진 문제와 연관된 정보를 나타내는 데 필요한 가장 기본적인 구성 요소

이러한 핵심 사항들을 숙지하지 못한다면 실제 솔루션에 전혀 도움이 되지 않는 불필요한 데이터와 함수로 가득 찬, 복잡하고 지나치게 장황한 코드가 만들어질 수 있습니다. 실제 코드를 작성하기에 앞서 꼭 필요한 그래프 구성 요소를 계획하면 상당한 혼란과 지루한 리팩터링(refactoring)을 줄일 수 있습니다.

궁극적으로 그래프 프로그래밍에 대한 포괄적인 이해는 단순히 여러 알고리즘을 배우는 것 이상의 노력이 필요합니다. 자명하지 않은 그래프 문제에 대해 웹 검색을 해보면 매우 복잡한 연구 분석, 다양한 접근 방식의 비교 평가, 합리적인 구현이 아직 발견되지 않은 추측에 의한 솔루션 등을 아주 많이 발견할 수 있을 것입니다. 늘 그렇듯이 지속적인 연습은 프로그래밍 기술을 습득하는 가장 좋은 방법입니다. 이는 방대하고 역동적인 그래프 이론에서도 예외는 아닙니다.

STRUCTURES & ALGORITHMS

# 7.9 나가며

지금까지 전반적인 그래프 이론에 대해 알아봤습니다. 소프트웨어 개발에서 사용되는 기본적인 그래프 이론에 대해 확실하게 이해하게 되었고, 그래프 기반 솔루션을 사용하여 복잡한 데이터를 비교적 쉽게 조작하고 다루는 방법에 대해 알게 되었습니다. 6장에서 그래프 구조와 순회에 대한 기본 원리를 배웠고, 이 장에서는 좀 더 고급 문제를 해결하기 위해 기본 개념을 확장했습니다. 이러한 기본 개념을 제대로 이해하는 것은 매우 중요하며, 이제 훨씬 더 심도 있는 그래프 구현을 탐구할 수 있는 준비가 되었습니다.

이 장에서 그래프 알고리즘의 모든 것에 대해 논의하지는 못했지만, 일단 그래프 설명은 잠시 멈추기로 하고 최근 개발자들의 레퍼토리 중에서 가장 강력하고 도전적인 프로그래밍 기술에 대해 알아보도록 하겠습니다. 그래프 알고리즘과 마찬가지로 다음에 다룰 내용도 매우 광범위하고 추상적인 개념이라서 두 개의 장으로 나눠서 설명할 것입니다. 다음에 설명할 주제는 매우 유용하고, 또한 꽤나 어려운 편이라서 많은 소프트웨어 회사의 기술 면접에서 자주 사용됩니다.

memo

# 8<sup>장</sup>

# 동적 계획법 I

이 장을 마치면 다음 작업을 수행할 수 있습니다.

- 주어진 문제에 동적 계획법을 적용할 수 있는지 분석할 수 있습니다.
- 메모이제이션과 타뷸레이션 기법을 서로 비교하여 적절한 방법을 선택할 수 있습니다.
- 메모이제이션을 위한 적절한 캐시 사용 방법을 찾을 수 있습니다.
- 직관적인 전수 조사 방법을 사용하여 주어진 문제를 분석할 수 있습니다.
- 점진적으로 최적화 알고리즘을 구현하면서 동적 계획법 해법을 개발할 수 있습니다.

이 장에서는 동적 계획법에 대해 소개합니다. 그리고 컴퓨터 과학 분야에서 널리 알려진 몇몇 문제를 동적 계획법으로 해결하는 방법에 대해 알아보겠습니다.

# 8.1 / 들어가며

많은 프로그래머가 좋아하기도 하고 동시에 두려워하기도 하는 **동적 계획법**(dynamic programming) 은 분할 정복 패러다임 개념을 확장한 것으로, 특정 분류의 문제에 사용됩니다. 동적 계획법 문제들은 매우 복합적이며 창의력과 인내심, 추상적 개념을 시각화하는 능력 등을 요구하는 경우가 많아서 어렵게 느껴집니다. 그러나 이러한 문제들의 다수는 근사하고 놀라울 정도로 간단한 해결 방법을 가지고 있으며, 프로그래머에게 직관적인 작업 방식을 크게 뛰어넘는 통찰력을 선사하기도 합니다.

이전 장에서는 분할 정복과 그리디 알고리즘 같은 기법들에 대해 알아봤습니다. 이러한 방법들은 특정 상황에서는 상당히 효과적이지만, 그렇지 않은 경우에는 최적의 결과를 도출하지 못할 수 있습니다. 예를 들어 음수 에지 가중치를 가진 그래프에서 벨만-포드 알고리즘은 최적의 해를 찾을 수 있지만 다익스트라 알고리즘은 그렇지 않다는 점을 바로 앞 장에서 설명했습니다. 앞서 언급한 기법으로 해결할 수 없는 문제 중에서 재귀적으로 표현할 수 있는 문제는 아마도 동적 계획법이 가장 적합할 수 있습니다.

동적 계획법 문제는 매우 다양한 상황에서 만날 수 있습니다. 다음은 동적 계획법이 자주 사용되는 몇 가지 예입니다.

- 조합(특정 기준을 만족하는 시퀀스의 조합 또는 순열의 개수 구하기)
- 문자열과 시퀀스(편집 거리(edit distance), 최장 공통 부분 시퀀스(longest common subsequence), 최장 증가 부분 시퀀스(longest increasing subsequence) 등)
- 그래프(최단 경로 문제)
- 머신 러닝(음성/얼굴 인식)

그럼 동적 계획법의 기본 개념부터 알아보겠습니다.

## 8.2 동적 계획법이란?

예제를 통해 동적 계획법이 무엇인지 알아보겠습니다. 다음은 피보나치 수열(Fibonacci sequence)의 일부입니다.

```
{ 0, 1, 1, 2, 3, 5, 8, 13, 21, 34, 55, ... }
```

앞에 나열된 수열을 살펴보면, 세 번째 이후의 원소 값은 바로 앞 두 개 원소의 합과 같다는 것을 알 수 있습니다. 이를 수식으로 표현하면 다음과 같습니다.

```
F(0) = 0
F(1) = 1
...
F(n) = F(n-1) + F(n-2)
```

이 수식으로부터 피보나치 수열이 재귀적인 관계를 가지고 있음을 알 수 있습니다. 원소 $F(n)$은 이전 원소 $F(n-1)$과 $F(n-2)$ 값에 의해 결정되며, 앞에 나타난 $F(n) = F(n-1) + F(n-2)$ 수식은 이 수열의 **재귀 관계**(recurrence relation)를 표현합니다. 이 수열의 처음 두 원소 $F(0)$과 $F(1)$은 **기저 조건**(base case)이라고 부르며, 이는 더 이상 재귀가 없어도 해를 구할 수 있는 지점을 나타냅니다. 이러한 과정을 그림으로 표현하면 그림 8-1과 같습니다.

▼ 그림 8-1 피보나치 수열에서 n번째 원소 계산하기(n = 5)

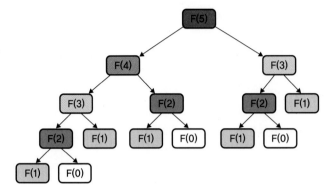

그림 8-1은 다음과 같이 문장 형태로도 기술할 수 있습니다.

```
F5는 F4 + F3과 같고,
.     여기서 F4는 F3 + F2와 같고,
.   .     여기서 F3은 F2 + F1과 같고,
.   .   .     여기서 F2는 F1 + F0과 같고,
.   .   .   .     여기서 F1 = 1이고 F0 = 0이다.
.   .   .     그리고 F1 = 1이다.
.   .     그리고 F2는 F1 + F0과 같고,
.   .         여기서 F1 = 1이고 F0 = 0이다.
.     그리고 F3은 F2 + F1과 같고,
.   .     여기서 F2는 F1 + F0과 같고,
.   .         여기서 F1 = 1이고 F0 = 0이다.
.   .     그리고 F1 = 1이다.
```

이와 같은 방식을 **하향식 해법**(top-down solution)이라고 부릅니다. 왜냐하면 전체 해결 방법을 트리 형태로 구성한 재귀 트리(recursion tree)의 맨 꼭대기에서 시작하여 기저 조건에 닿을 때까지 아래쪽 가지(branch)로 이동하기 때문입니다. 이러한 연산을 C++ 재귀 함수로 구현하면 다음과 같습니다.

```cpp
int Fibonacci(int n)
{
    if (n < 2)
        return n;

    return Fibonacci(n - 1) + Fibonacci(n - 2);
}
```

트리를 자세히 관찰하면 최종 해답을 찾기 위해 여러 개의 **부분 문제**(subproblem) 또는 중간 단계 문제를 풀어야 한다는 점을 알 수 있고, 또한 이러한 부분 문제는 한 번 이상 나타난다는 점을 발견할 수 있습니다. 예를 들어 $F(2)$는 $F(4)$와 $F(3)$을 구하는 과정에서 중복해서 나타납니다. 왜냐하면 $F(4) = F(3) + F(2)$이고, $F(3) = F(2) + F(1)$이기 때문입니다. 그러므로 피보나치 수열은 **중복되는 부분 문제**(overlapping subproblem)라는 특성을 가지고 있다고 말할 수 있습니다. 이는 일반적인 분할 정복 문제와 동적 계획법 문제를 구분하는 특성 중 하나입니다. 분할 정복 문제에서는 전체 문제가 독립적인 부분 문제로 나뉘는 경향이 있지만, 동적 계획법의 경우에는 같은 부분 문제가 반복적으로 나타납니다.

또한 여러 부분 문제가 서로 완전히 동일하다는 것을 알 수 있습니다. 예를 들어 $F(2)$의 해를 구해야 할 경우, 이것이 $F(4)$ 또는 $F(3)$ 중에서 어느 것을 구하기 위해 필요한지에 상관없이 같은 방식의 연산을 수행하면 됩니다. 이를 **최적 부분 구조**(optimal substructure)라고 부르며, 이것이 동적 계획법 문제를 정의하는 두 번째 특성입니다. 전체 문제에 대한 최적해가 부분 문제의 최적해의 조합으로 표현할 수 있을 때 최적 부분 구조를 갖는다고 표현합니다.

어떤 문제를 동적 계획법으로 해결하려면 이 두 가지 속성을 만족해야 합니다. 중복되는 부분 문제 특성으로 인해 문제의 복잡도가 입력이 증가함에 따라 기하급수적으로 증가하는 경향이 있지만, 최적 부분 구조 속성을 활용하면 복잡도를 크게 줄일 수 있습니다. 동적 계획법에서는 본질적으로 반복 계산을 피하기 위해 이전에 해결한 부분 문제의 해답을 캐시(cache)에 저장하는 방식을 사용합니다.

STRUCTURES & ALGORITHMS

# 8.3 / 메모이제이션: 하향식 접근 방법

이 절에서 살펴볼 기법은 메모를 한다는 의미인 '메모이제이션(memoization)'입니다. 암기를 뜻하는 '메모리제이션(memorization)'과 혼동하지 않기 바랍니다. 메모이제이션을 사용하여 최적 부분 구조 특성을 갖는 피보나치 수열에 대해 하향식 해법을 재구성할 수 있습니다. 프로그램 로직은 이전과 같지만, 각 단계에서 부분 문제의 해답을 찾으면 이를 배열 구조의 캐시에 저장합니다. 배열의 인덱스는 현재의 $n$ 값을 사용할 것이며, 여기서 $n$은 피보나치 수열 문제 풀이 단계의 매개변수 집합 또는 **상태**(state)를 나타냅니다. 함수 $F(n)$이 호출될 때마다 먼저 $F(n)$의 상태가 이미 캐시에 저장되어 있는지를 확인합니다. 만약 캐시에 값이 저장되어 있다면 단순히 이 값을 반환합니다.

```
const int UNKNOWN = -1;
const int MAX_SIZE = 100;

vector<int> memo(MAX_SIZE, UNKNOWN);

int Fibonacci(int n)
{
    if (n < 2)
        return n;

    if (memo[n] != UNKNOWN)
        return memo[n];

    int result = Fibonacci(n - 1) + Fibonacci(n - 2);
    memo[n] = result;
    return result;
}
```

위에 기술한 함수를 이용하여 Fibonacci(5)를 구하는 재귀 트리 구조를 그림 8-2에 나타냈습니다.

▼ 그림 8-2 캐시를 사용하여 피보나치 수열에서 n번째 원소 계산하기(n = 5)

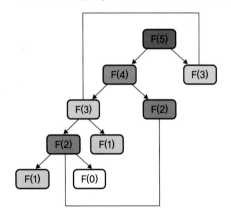

이러한 방식을 통해 상당히 많은 중복 작업을 제거할 수 있습니다. 이처럼 하향식 방식에서 부분 문제의 해를 캐시에 넣어 사용하는 기술을 **메모이제이션**이라고 하며, 이 방법은 모든 동적 계획법 문제에 적용할 수 있습니다. 이때 다음 조건을 만족한다고 가정합니다.

1. 고유한 특성은 유지하면서 서로 다른 상태의 유사성을 활용하는 캐시 사용 방식을 고안할 수 있습니다.

2. 사용 가능한 스택 공간을 초과하기 전에 필요한 모든 부분 문제의 해답을 누적할 수 있습니다.

첫 번째 항목은 부분 문제 해법을 캐시에 인덱싱하여 저장하는 방법이 유효하고 유용해야 한다는 점을 의미합니다. 캐시 사용 방법이 유효하려면 같은 의미의 부분 문제 해법을 정확하게 일치시켜 저장해야 합니다. 또한 캐시 사용 방법이 유용하려면 너무 특정 상태에만 치우치게 동작하면 안 됩니다. 예를 들어 모든 부분 문제가 같은 위치의 캐시를 참조한다면 "if (memo[KEY] != UNKNOWN)"와 같은 조건에 걸리는 경우가 거의 없을 것입니다.

두 번째 항목은 스택 오버플로(stack overflow)가 발생할 가능성에 관한 것으로, 이는 너무 많은 재귀 함수 호출을 필요로 하는 하향식 접근 방법에서 근본적으로 발생하는 문제입니다. 스택 오버플로는 프로그램이 정해진 호출 스택 메모리보다 많은 메모리를 사용할 때 발생합니다. 주어진 문제가 재귀 호출을 너무 많이 필요로 할 경우, 메모이제이션을 사용하지 못할 수도 있습니다. 늘 그렇듯이, 어떤 방법을 사용할 것인지를 선택하기에 앞서 주어진 문제의 잠재적인 복잡도를 평가하는 작업은 꽤 유용합니다.

동적 계획법 문제에서 메모이제이션은 상당히 괜찮은 최적화 방법입니다. 그러나 많은 경우 더 나은 방법을 선택할 수 있으며, 이 방법에 대해서는 다음 절에서 자세히 알아보겠습니다.

# 8.4 타뷸레이션: 상향식 접근 방법

동적 계획법의 핵심은 메모이제이션과 반대 방식의 접근 방법인 타뷸레이션(tabulation)이라고 할 수 있습니다. 사실 동적 계획법이라는 용어가 메모이제이션과 타뷸레이션 두 가지 모두에 적용되긴 하지만, 일반적으로는 타뷸레이션을 더 많이 의식하여 사용합니다.

타뷸레이션은 기저 조건 해답부터 시작하여 모든 부분 문제에 대한 해답을 표에 저장한 후 재사용하는 방식입니다. 타뷸레이션 방식은 각각의 부분 문제 상태를 재귀적으로 표현할 수 있어야 하기 때문에 메모이제이션 방법보다 개념적으로 더욱 어렵게 느껴집니다.

타뷸레이션을 이용하여 피보나치 수열을 계산하는 함수는 다음과 같이 작성할 수 있습니다.

```
int Fibonacci(int n)
{
    vector<int> DP(n + 1, 0);
    DP[1] = 1;
```

```
    for(int i = 2; i <= n; i++)
    {
        DP[i] = DP[i - 1] + DP[i - 2];
    }

    return DP[n];
}
```

피보나치 예제는 상태가 1차원으로 표현되고 $n$이 1보다 큰 경우에 항상 $F(n) = F(n-1) + F(n-2)$ 수식 하나를 사용하기 때문에 매우 간단합니다. 그러나 많은 동적 계획법 문제가 상태를 다차원으로 표현해야 하고, 상태 전환 방식을 여러 개의 조건식으로 표현해야 할 경우도 있습니다. 이러한 경우 현재 상태를 제대로 표현하려면 문제에 대한 포괄적인 이해와 상당한 창의력이 필요합니다.

타뷸레이션 방식의 장점은 꽤 많습니다. 타뷸레이션 방식은 메모리 사용량 관점에서 매우 효율적이며, 또한 가능한 모든 상태를 기록하는 룩업 테이블(lookup table)을 생성할 수 있습니다. 그러므로 주어진 문제에 대해 임의의 여러 상태를 참조해야 하는 경우에는 타뷸레이션이 최선의 방법이 될 수 있습니다.

보통 메모이제이션으로 해결할 수 있는 모든 문제는 타뷸레이션 방식으로도 재구성할 수 있으며, 그 반대도 가능합니다. 주어진 문제를 메모이제이션 방식으로 풀이해보면 이 문제를 타뷸레이션 방식으로 해결하기 위해 어떻게 접근해야 하는지에 대한 감을 얻을 수 있습니다. 이제부터 몇 가지 전형적인 동적 계획법 문제에 대해 알아보고, 전수 조사 방법을 포함한 다양한 접근 방법과 타뷸레이션에 의한 해결 방법까지 알아보겠습니다.

# 8.5 부분집합의 합 문제

디지털 금전등록기 로직을 구현한다고 가정해보겠습니다. 계산원이 고객에게 잔돈을 거슬러주어야 할 때, 현재 금전등록기에 남아 있는 동전을 조합하여 필요한 거스름돈을 만들 수 있는지를 화면에 표시하려고 합니다. 예를 들어 제품이 7500원이고 고객이 10000원을 지불했다면 현재 금전등록기에서 정확하게 2500원의 거스름돈을 꺼낼 수 있는지를 표시해야 합니다.

현재 금전등록기에 1000원 지폐 다섯 장과 500원 동전 네 개, 100원 동전 15개가 있다고 가정할 경우, 거스름돈 2500원을 만들기 위해 다음과 같은 방식을 조합할 수 있습니다.

- 1000원 지폐 2장, 500원 동전 1개

- 1000원 지폐 2장, 100원 동전 5개

- 1000원 지폐 1장, 500원 동전 3개

- 1000원 지폐 1장, 500원 동전 2개, 100원 동전 5개

- 1000원 지폐 1장, 500원 동전 1개, 100원 동전 10개

- 1000원 지폐 1장, 100원 동전 15개

- 500원 동전 4개, 100원 동전 5개

- 500원 동전 3개, 100원 동전 10개

- 500원 동전 2개, 100원 동전 15개

위에 나열된 경우의 수를 살펴보면, 이 문제는 다소 직관적으로 모든 화폐 조합을 시도해보는 방법으로 해결할 수 있습니다. 그러나 만약 필요한 잔돈이 73270원이고, 현재 금전등록기에 50000원권, 10000원권, 1000원권과 500원, 100원, 50원, 10원 동전들이 전체 100개가 들어 있다면 어떨까요? 이러한 경우에는 가능한 모든 조합을 시도해보면서 거스름돈 금액을 맞추는 것은 너무 복잡해지고, 실제로 구현하는 것이 비현실적이라고 생각할 수 있습니다. 이것이 바로 **부분집합의 합 문제**(subset sum problem)라고 알려진 고전적인 문제입니다.

부분집합의 합 문제를 한 문장으로 표현하면 다음과 같습니다.

"음수가 아닌 정수로 이루어진 집합 S와 임의의 정수 x가 주어질 때, S의 부분집합 중에서 그 원소의 합이 x와 같은 부분집합이 존재하는가?"

부분집합의 합 문제의 예를 하나 살펴보겠습니다.

```
S = { 13, 79, 45, 29 }
x = 42 —> True (13 + 29)
x = 25 —> False
```

집합 S가 S = { 13, 79, 45, 29 } 형태로 주어질 경우, S로부터 다음과 같은 16개의 부분집합을 추출할 수 있습니다.

```
{ }
{ 13 }
{ 79 }
{ 45 }
{ 29 }
```

```
{ 13, 79 }
{ 13, 45 }
{ 13, 29 }
{ 79, 45 }
{ 79, 29 }
{ 45, 29 }
{ 13, 79, 45 }
{ 13, 79, 29 }
{ 13, 45, 29 }
{ 79, 45, 29 }
{ 13, 79, 45, 29 }
```

집합 S의 원소 개수와 집합 S로부터 조합 가능한 부분집합의 개수를 함께 나열하면 다음과 같습니다. 다음에서 콜론(:) 왼쪽은 집합 S의 원소 개수이고, 오른쪽은 부분집합 개수를 나타냅니다.

```
0: 1
1: 2
2: 4
3: 8
4: 16
5: 32
6: 64
7: 128
...
```

위에 나열된 숫자를 살펴보면 원소 개수가 $n$인 집합 S의 전체 부분집합 개수는 $2^n$개임을 알 수 있으며, 이는 $n$이 증가함에 따라 부분집합 개수가 기하급수적으로 증가함을 의미합니다. 만약 $n$이 10 이하의 숫자인 경우라면 모든 부분집합을 다 검사하는 방법도 그리 나쁘지 않습니다. 그러나 앞에서 예로 들었던 금전등록기처럼 100개의 지폐 또는 동전이 들어 있는 경우라면 전체 1,267,650,600,228,229,401,496,703,205,376가지의 부분집합을 검사해야 합니다.

## 8.5.1 1단계: 동적 계획법 필요조건 분석하기

부분집합의 합과 같은 문제에 직면하게 되면 먼저 이 문제를 동적 계획법으로 해결할 수 있는지를 확인해야 합니다. 일반적으로 주어진 문제가 다음 속성을 가지고 있다면 동적 계획법으로 해결할 수 있습니다.

- **중복되는 부분 문제**: 일반적인 분할 정복 기법과 마찬가지로, 최종해(final solution)는 여러 개의 부분 문제 조합으로 표현될 수 있어야 합니다. 그러나 분할 정복과는 달리 특정 부분 문제가 여러 번 발생할 수 있습니다.

- **최적 부분 구조**: 주어진 문제에 대한 최적해(optimal solution)는 부분 문제의 최적해로부터 생성될 수 있습니다.

앞에서 예로 들었던 부분집합의 합 문제에 이러한 속성이 있는지 분석해보겠습니다.

❤ 그림 8-3 최적 부분 구조와 중복되는 부분 문제 속성

크기 = 0
```
        { }
```

크기 = 1
```
    { 13 } ─→ {} ∪ { 13 }  ⎫
    { 79 } ─→ {} ∪ { 79 }  ⎬  { }
    { 45 } ─→ {} ∪ { 45 }  ⎪
    { 29 } ─→ {} ∪ { 29 }  ⎭
```

크기 = 2
```
    { 13 79 } = { 13 } ∪ { 79 }  ⎫
    { 13 45 } = { 13 } ∪ { 45 }  ⎬  { 13 }
    { 13 29 } = { 13 } ∪ { 29 }  ⎭

    { 79 45 } = { 79 } ∪ { 45 }  ⎫
    { 79 29 } = { 79 } ∪ { 29 }  ⎬  { 79 }

    { 45 29 } = { 45 } ∪ { 29 }  ⟩  { 45 }
```

크기 = 3
```
    { 13 79 45 } = { 13 79 } ∪ { 45 }  ⎫
    { 13 79 29 } = { 13 79 } ∪ { 29 }  ⎬  { 13 79 }

    { 13 45 29 } = { 13 45 } ∪ { 29 }  ⟩  { 13 45 }

    { 79 45 29 } = { 79 45 } ∪ { 29 }  ⟩  { 79 45 }
```

크기 = 4
```
    { 13 79 45 29 } = { 13 79 45 } ∪ { 29 }  ⟩  { 13 79 45 }
```

그림 8-3을 보면 크기가 n인 부분집합은 크기가 n - 1인 부분집합에 새로운 원소 하나를 추가하여 만들 수 있습니다. 이는 새로운 부분집합을 구성하기 위한 최적의 방법이며 크기가 0보다 큰 모든 부분집합에 적용됩니다. 그러므로 부분집합의 합 문제는 **최적 부분 구조**를 갖는다고 볼 수 있습니다. 또한 서로 다른 부분집합이 더 작은 크기의 같은 부분집합으로부터 생성될 수 있습니다. 예를 들어 부분집합 {13 79 45}와 {13 79 29}는 모두 더 작은 크기의 부분집합 {13 79}로부터 생성됩니다. 그러므로 부분집합의 합 문제는 **중복되는 부분 문제** 속성도 갖고 있습니다.

두 가지 조건을 모두 만족하기 때문에 부분집합의 합 문제는 동적 계획법으로 해결할 수 있습니다.

## 8.5.2 2단계: 기저 조건과 상태 정의하기

주어진 문제가 동적 계획법 문제임을 확인했다면 이제 이 문제에서 상태(state)를 구성하기 위해 필요한 것이 무엇인지 파악해야 합니다. 즉, 각 부분 문제를 다른 부분 문제와 다르다고 판단할 수 있는 기준을 찾아야 합니다.

처음부터 동적 계획법 문제의 상태를 제대로 정의하여 해를 구할 수 있다면 매우 바람직하겠지만, 주어진 문제의 최적해가 어떻게 구성되는지에 대한 명확한 이해 없이 상태를 정의하는 것은 쉽지 않습니다. 그러므로 문제의 해를 구하기 위한 가장 직관적인 방법부터 구현해보는 것도 좋습니다. 여기서는 비교적 구현하기 쉬운 두 가지 방법으로 부분집합의 합 문제를 해결해보면서 이 문제의 기저 조건과 상태에 대해 알아보겠습니다.

동적 계획법에 대해 알아보면서 **전수 조사, 백트래킹, 메모이제이션, 타뷸레이션**이라는 네 가지 접근 방법을 고려할 것입니다. 이들 네 가지 접근 방법은 모든 동적 계획법 문제에서 정확한 결과를 제공하지만, 처음 세 방법은 입력 크기가 증가함에 따라 그 한계가 금방 드러나게 됩니다. 그럼에도 이들 방법을 차례대로 구현해보면 다양한 동적 계획법 문제를 해결할 때 큰 효과를 볼 수 있습니다.

## 8.5.3 2-(a)단계: 전수 조사

전수 조사(brute-force) 방법은 분명히 비효율적이지만 현재 다루고 있는 문제를 제대로 이해하는 데 도움이 됩니다. 전수 조사 방법을 구현하는 것은 동적 계획법 문제의 해를 구하는 과정에 있어서 필수적인 단계가 될 수 있으며, 여기에는 다음과 같은 이유가 있습니다.

- **단순성**: 효율성에 대한 고려 없이 단순한 방법으로 문제의 해를 구하는 작업은 주어진 문제의 근본적인 속성을 이해하는 데 도움이 됩니다. 주어진 문제에 대한 충분한 이해 없이 복잡한 방법으로 접근하는 것보다 최대한 단순하게 접근하는 것이 문제의 본질을 이해하기 쉽습니다.

- **정답 비교를 위한 수단**: 몇몇 복잡한 동적 계획법 문제의 경우, 주어진 문제를 충분히 이해하게 되면 상당히 많은 재설계가 필요할 수 있습니다. 이 때문에 여러분이 동적 계획법으로 구한 해답과 비교할 수 있는 정답을 가지고 있을 필요가 있습니다.

- **부분 문제를 시각화하는 능력**: 전수 조사 방법은 가능한 모든 방법을 생성한 후, 문제의 조건을 만족하는 해를 찾는 방법입니다. 이러한 방법은 올바른 해답이 형성되는 방식을 시각화

하는 수단을 제공할 수 있으며, 이를 이용하여 다른 풀이 방법에서 사용할 수 있는 필수 패턴을 찾을 수 있습니다.

다음 연습 문제에서 부분집합의 합 문제를 전수 조사 방식으로 풀어보겠습니다.

## 8.5.4 연습 문제 36: 전수 조사 방식으로 부분집합의 합 문제 풀기

이번 연습 문제에서는 전수 조사 방식을 이용하여 부분집합의 합 문제에 대한 해를 구해보겠습니다.

**1.** 필요한 헤더 파일을 포함합니다. 그리고 편의를 위해 std 네임스페이스 사용을 선언합니다.

```
#include <iostream>
#include <vector>
#include <algorithm>

using namespace std;
```

**2.** 부가적인 기능으로 DEBUG라는 전처리기 상수와 PRINT라는 매크로 함수를 정의하고, DEBUG가 0이 아닌 경우에만 stderr 출력을 수행하도록 설정합니다.

```
#define DEBUG 0
#if DEBUG
#define PRINT(x) cerr << x
#else
#define PRINT(x)
#endif
```

**3.** 집합의 모든 부분집합을 구하는 GetAllSubsets() 함수를 정의합니다. 이 함수는 두 개의 정수 벡터 set과 subset, 정수 index, 그리고 모든 부분집합을 저장할 3차원 정수 벡터 allSubsets를 인자로 받습니다. 이때 allSubsets는 참조로 전달합니다. 이 함수는 재귀 호출을 이용하여 set의 모든 부분집합을 생성합니다.

```
void GetAllSubsets(vector<int> set, vector<int> subset, int index,
                   vector<vector<vector<int>>>& allSubsets)
{
    // 집합 set의 끝에 다다른 경우
    if (index == set.size())
    {
        // 부분집합 크기를 인덱스로 사용하여 부분집합을 allSubsets에 추가
```

```
        allSubsets[subset.size()].push_back(subset);
        return;
    }

    // 원소를 추가하지 않고 재귀 호출
    GetAllSubsets(set, subset, index + 1, allSubsets);

    // 원소를 부분집합에 추가한 후 재귀 호출
    subset.push_back(set[index]);
    GetAllSubsets(set, subset, index + 1, allSubsets);
}
```

4. SubsetSum_BruteForce() 함수를 선언합니다. 이 함수는 입력 집합을 표현하는 정수 벡터 set 과 부분집합의 합을 나타내는 정수 target을 인자로 받고, bool 값을 반환합니다. 이 함수의 앞부분에서 전체 부분집합을 저장할 allSubsets를 선언하고 GetAllSubsets() 함수를 호출합니다.

```
bool SubsetSum_BruteForce(vector<int> set, int target)
{
    vector<vector<vector<int>>> allSubsets(set.size() + 1);

    GetAllSubsets(set, {}, 0, allSubsets);
```

5. 각 부분집합의 원소 합을 target과 비교하고, 만약 일치하면 true를 반환합니다. 만약 부분집합의 합이 target과 같은 경우가 발생하지 않으면 false를 반환합니다.

```
        for (int size = 0; size <= set.size(); size++)
        {
            PRINT("부분집합의 원소 개수: " << size << endl);

            for (auto subset : allSubsets[size])
            {
                PRINT("\t{ ");

                int sum = 0;
                for (auto number : subset)
                {
                    sum += number;
                    PRINT(number << " ");
                }
```

```
            PRINT("} = " << sum << endl);

            if (sum == target)
                return true;
        }
    }

    return false;
}
```

6. 이제 main() 함수를 작성하겠습니다. main() 함수에서 집합 set과 목표치 target은 다음과 같이 정의합니다.

```
int main()
{
    vector<int> set = {13, 79, 45, 29};
    int target = 58;
```

7. 다음과 같이 SubsetSum_BruteForce() 함수를 호출하고, 그 결과를 출력합니다.

```
    bool found = SubsetSum_BruteForce(set, target);

    if (found)
    {
        cout << "원소 합이 " << target << "인 부분집합이 있습니다." << endl;
    }
    else
    {
        cout << "원소 합이 " << target << "인 부분집합이 없습니다." << endl;
    }
}
```

8. 지금까지 작성한 프로그램을 실행하면 다음 문자열이 출력됩니다.

원소 합이 58인 부분집합이 있습니다.

9. 이번에는 목표치 target을 구할 수 없는 정수로 설정해보겠습니다.

```
    int target = 1000000;
```

**10.** 다시 프로그램을 실행하면 다음과 같은 문자열이 출력됩니다.

원소 합이 1000000인 부분집합이 없습니다.

**11.** 이번에는 소스 코드 맨 위에서 DEBUG 값을 1로 변경하겠습니다.

```
#define DEBUG 1
```

**12.** 다시 프로그램을 실행하면 다음과 같은 출력이 나타납니다.

```
부분집합의 원소 개수: 0
        { } = 0
부분집합의 원소 개수: 1
        { 29 } = 29
        { 45 } = 45
        { 79 } = 79
        { 13 } = 13
부분집합의 원소 개수: 2
        { 45 29 } = 74
        { 79 29 } = 108
        { 79 45 } = 124
        { 13 29 } = 42
        { 13 45 } = 58
        { 13 79 } = 92
부분집합의 원소 개수: 3
        { 79 45 29 } = 153
        { 13 45 29 } = 87
        { 13 79 29 } = 121
        { 13 79 45 } = 137
부분집합의 원소 개수: 4
        { 13 79 45 29 } = 166
원소 합이 1000000인 부분집합이 없습니다.
```

지금까지 전수 조사 방식으로 모든 부분집합을 구해보았습니다. 이 방법은 기본적으로 모든 가능한 경우를 전부 조사하는 방식입니다. 다음 절에서는 여기에 최적화 방법 하나를 적용해보겠습니다.

## 8.5.5 2-(b)단계: 최적화 적용하기 – 백트래킹

사실 전수 조사 방식은 사용하기가 좀 마땅치 않습니다. 성능 면에서 가장 비효율적인 방법이기 때문입니다. 가능한 모든 부분집합을 무차별적으로 확인하기 때문에 더 이상 해답이 나올 수 없는 경우에 대해서도 모든 조사를 수행해야 합니다. 예를 들어 연습 문제 36의 경우, 부분집합의 합이 target 값보다 커지는 경우에도 계속 부분집합에 원소를 추가하며 검사를 수행했습니다. 알고리즘을 개선하기 위해 모든 부분 문제 중에서 유효하지 않은 모든 경우를 제거하는 **백트래킹** (backtracking) 기법을 사용할 수 있습니다.

백트래킹 방법을 구현하려면 주어진 문제의 기저 조건과 상태의 재귀적 표현을 결정해야 하며, 이러한 작업은 이후 동적 계획법을 적용할 때 도움이 됩니다. 이 장의 앞부분에서 정의했듯이, 기저 조건이란 재귀 함수에서 추가적인 재귀 호출을 수행하지 않고 해를 구할 수 있는 경우를 의미합니다. 이해를 돕기 위해 팩토리얼(factorial)을 계산하는 경우를 예로 들어보겠습니다. 정수 $n$의 팩토리얼은 $n * (n-1) * (n-2) * (n-3) * \cdots * 1$ 수식으로 계산됩니다. 팩토리얼을 계산하는 C++ 함수를 다음과 같이 작성할 수 있습니다.

```cpp
int Factorial(int n)
{
    // 기저 조건 - 재귀 호출 멈추기
    if (n == 1)
    {
        return 1;
    }

    // 기저 조건을 만날 때까지 재귀 호출 수행
    return n * Factorial(n - 1);
}
```

이 함수를 이용하여 Factorial(5)를 구하는 동작을 그림 8-4에 나타냈습니다.

▼ 그림 8-4 재귀적으로 n번째 팩토리얼 계산하기(n = 5)

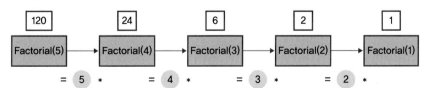

팩토리얼 계산에서는 n = 1인 경우에 재귀 호출을 하지 않고 함수가 반환되므로 n = 1인 경우가 기저 조건이 됩니다.

부분집합 합 문제에서는 다음과 같이 기저 조건을 정의할 수 있습니다.

```
만약 현재 부분집합의 합이 target과 같다면: TRUE
그렇지 않다면:
    - 만약 현재 부분집합의 합이 target보다 크면: FALSE
    - 만약 집합의 끝에 도달한 경우: FALSE
```

기저 조건을 만들었으니 이제 상태 변화 방법을 정의해야 합니다. 이를 위해 앞서 구현한 전수 조사 방법의 출력 결과를 참고하여 같은 크기의 부분집합들이 어떻게 형성되는지를 분석해보겠습니다.

```
기저 조건 ─> { } [SUM = 0]

{ } ─> { 13 } [0 + 13 = 13]
       { 79 } [0 + 79 = 79]
       { 45 } [0 + 45 = 45]
       { 29 } [0 + 29 = 29]
```

부분집합의 크기가 0에서 1로 변하는 경우는 쉽게 이해할 수 있습니다. 공집합에 집합 원소를 하나씩 추가하는 방식으로 크기가 1인 부분집합을 생성할 수 있습니다.

```
{ 13 } ─>  { 13 79 } [13 + 79 = 92]
           { 13 45 } [13 + 45 = 58]
           { 13 29 } [13 + 29 = 42]

{ 79 } ─>  { 79 45 } [79 + 45 = 124]
           { 79 29 } [79 + 29 = 108]

{ 45 } ─>  { 45 29 } [45 + 29 = 74]
```

비슷한 방식으로 크기가 2인 부분집합을 만들 수 있습니다. 크기가 1인 집합을 선택하고, 이 부분집합이 가지고 있는 원소의 인덱스보다 큰 인덱스의 원소를 원본 집합에서 하나씩 골라 추가합니다. 이는 전수 조사 방식에서 구현했던 것과 같은 방식입니다. 다만 이번에는 매번 부분집합의 합을 계산하고, 목표치(target)보다 큰 경우에는 동작을 중지할 것입니다.

목표치 = 58

크기 = 2
```
{ 13 }  ->  { 13 79 }  (92)
            { 13 45 }  (58)  [*]
            { 13 29 }  (42)

{ 79 }  ->  { 79 45 }  (124)
            { 79 29 }  (108)

{ 45 }  ->  { 45 29 }  (74)
```

크기 = 3
```
{ 13 79 }  ->  { 13 79 45 }  (137)
               { 13 79 29 }  (121)

{ 13 45 }  ->  { 13 45 29 }  (87)

{ 79 45 }  ->  { 79 45 29 }  (153)
```

크기 = 4
```
{ 13 79 45 }  ->  { 13 79 45 29 }  (166)
```

목표치 값이 58이기 때문에 크기가 3 또는 4인 부분집합은 고려할 필요가 없다는 점을 알 수 있습니다. 그러므로 상태 변화 방식을 다음과 같이 정의할 수 있습니다.

집합 set의 i번째 원소 set[i]와 부분집합 ss에 대해:

만약 ss의 합에 set[i]를 더한 결과가 target보다 작거나 같으면:
1) ss에 set[i]를 추가
2) i를 증가

다음 상태 —> (i = i + 1, ss = ss ∪ set[i])

모든 경우에 대해:
1) ss에 set[i]를 추가하지 않음
2) i 증가

다음 상태 —> (i = i + 1, ss = ss)

이제 다음 물음에 대해 생각을 해보겠습니다.

- 현재 상태를 표현하기 위해 필요한 최소 데이터양은 얼마인가?
- 불필요한 정보를 제거하기 위해 앞서 설명한 논리를 어떻게 재구성할 것인가?

부분집합의 합 문제 정의를 다시 생각해보겠습니다. 이 문제는 주어진 집합의 부분집합 중에서 그 합이 정수 target과 같은 부분집합이 있는지를 판별하는 것이 목적입니다. 문제 정의에 의하면 풀이 과정에서 실제 부분집합이 어떻게 구성되는지는 나타낼 필요가 없고, 단지 그 부분집합의 합만 검사하면 됩니다. 그러므로 상태 변화 의사 코드를 다음과 같이 간결하게 변경할 수 있습니다.

집합 set의 i번째 원소 set[i]와 부분집합의 합 sum에 대해:

만약 sum에 set[i]를 더한 결과가 target보다 작거나 같으면:
1) sum에 set[i]를 더함
2) i 증가

다음 상태 —> (i = i + 1, sum = sum + set[i])

모든 경우에 대해:
1) sum에 set[i]를 더하지 않음
2) i 증가

다음 상태 —> (i = i + 1, sum = sum)

이러한 의사 코드를 사용하면 중간 단계 상태를 sum과 i 두 개의 정수로 표현할 수 있습니다. 최악의 경우 $2^n$개로 구성될 수 있는 부분집합 배열을 사용하지 않아도 됩니다. 또한 문제 접근 방식을 target 값부터 시작해서 매 단계마다 set[i] 값을 빼는 형태로 전환하면 target 값을 가지고 다니지 않게끔 만들 수도 있습니다. 마지막 최적화 방법으로 함수 호출 전에 집합을 정렬함으로써 target보다 값이 커지는 경우를 만나면 나머지 집합 원소는 고려하지 않도록 만들 수도 있습니다. 다음 연습 문제에서 이러한 방식의 부분집합의 합 문제 풀이를 C++ 코드로 구현해보겠습니다.


## 8.5.6 연습 문제 37: 백트래킹을 사용하여 부분집합의 합 문제 풀기

이번 연습 문제에서는 '연습 문제 36: 전수 조사 방식으로 부분집합의 합 문제 풀기'에서 구현했던 소스 코드에 백트래킹 기법을 추가하여 부분 문제의 합 문제를 풀어보겠습니다. 그리고 좀 더 복잡한 입력 집합을 사용하여 성능 차이를 비교해보겠습니다.

1. 백트래킹 방식으로 부분집합의 합 문제를 푸는 SubsetSum_Backtracking() 함수를 다음과 같이 정의합니다.

```
bool SubsetSum_Backtracking(vector<int> &set, int sum, int i)
{
```

```
        ...
    }
```

**2.** 함수 앞부분에 기저 조건에 대한 처리 코드를 추가합니다.

```
// 만약 현재 부분집합의 합이 target과 같다면
if (sum == 0)
{
    return true;
}

// 만약 현재 부분집합의 합이 target보다 크거나, 집합의 끝에 도달했다면
if (i == set.size() || set[i] > sum)
{
    return false;
}
```

**3.** 매 단계마다 sum에 현재 배열 원소를 더하거나 또는 sum 값을 그대로 유지하면서 검사를 반복합니다. 이 두 가지 경우를 다음과 같이 하나의 문장으로 표현할 수 있습니다.

```
// Case 1: sum에서 set[i]을 빼서 재귀 호출(i번째 원소를 부분집합에 추가)
// Case 2: sum을 그대로 전달하여 재귀 호출(i번째 원소를 부분집합에 추가하지 않음)
return SubsetSum_Backtracking(set, sum - set[i], i + 1)
    || SubsetSum_Backtracking(set, sum, i + 1);
```

**4.** main() 함수에서 집합 set을 우선 정렬한 후, SubsetSum_Backtracking() 함수를 호출합니다.

```
sort(set.begin(), set.end());

bool found;

found = SubsetSum_BruteForce(set, target);
found = SubsetSum_Backtracking(set, target, 0);
```

**5.** 테스트 용도로 두 가지 부분집합의 합 풀이 방법의 시간을 측정하려고 합니다. 이를 위해 <time.h>와 <iomanip> 헤더 파일을 추가로 포함합니다.

```
#include <iostream>
#include <vector>
#include <algorithm>
#include <time.h>
#include <iomanip>
```

**6.** 부분 문제의 합 풀이 방법을 나타내는 문자열 배열 types를 정의합니다. 이 문자열은 화면 출력 용도로 사용됩니다.

```
vector<string> types =
{
    "BRUTE FORCE",
    "BACKTRACKING",
    "MEMOIZATION",
    "TABULATION"
};

const int UNKNOWN = INT_MAX;
```

**7.** 경과 시간 측정을 위한 GetTime() 함수를 작성하겠습니다. 이 함수는 clock_t 객체의 참조와 문자열을 인자로 받아 경과 시간을 출력합니다.

```
void GetTime(clock_t& timer, string type)
{
    // 현재 시간에서 timer를 빼서 경과 시간을 계산
    timer = clock() - timer;

    // 화면에 경과 시간 출력
    cout << type << " 방법 경과 시간: ";
    cout << fixed << setprecision(5) << (float)timer / CLOCKS_PER_SEC << endl;

    timer = clock();     // timer를 현재 시간으로 초기화
}
```

**8.** 이제 main() 함수를 다시 작성하겠습니다. main() 함수에서는 두 가지 부분집합의 합 문제 풀이 함수를 각각 호출하고, 경과 시간을 비교합니다. 경과 시간 비교가 두드러지도록 입력 집합 set과 target 값도 새롭게 정의했습니다.

```
int main()
{
    vector<int> set = {16, 1058, 22, 13, 46, 55, 3, 92, 47, 7,
                       98, 367, 807, 106, 333, 85, 577, 9, 3059};
    int target = 6076;
    int tests = 2;

    sort(set.begin(), set.end());
```

```
    for (int i = 0; i < tests; i++)
    {
        bool found = false;

        clock_t timer = clock();

        switch (i)
        {
        case 0:
            found = SubsetSum_BruteForce(set, target);
            break;
        case 1:
            found = SubsetSum_Backtracking(set, target, 0);
            break;
        }

        if (found)
        {
            cout << "원소 합이 " << target << "인 부분집합이 있습니다." << endl;
        }
        else
        {
            cout << "원소 합이 " << target << "인 부분집합이 없습니다." << endl;
        }

        GetTime(timer, types[i]);
        cout << endl;
    }
}
```

**9.** 지금까지 작성한 프로그램을 실행하면 다음과 같은 출력을 확인할 수 있습니다.

```
원소 합이 6076인 부분집합이 있습니다.
BRUTE FORCE 방법 경과 시간: 0.35700

원소 합이 6076인 부분집합이 있습니다.
BACKTRACKING 방법 경과 시간: 0.00100
```

> **Note** ≡   실제 출력 시간은 사용하고 있는 시스템 성능에 따라 다르게 나타날 수 있습니다. 여기서는 시간 차이에 주목하기 바랍니다.

실행 결과를 보면 경우에 따라 백트래킹 방법이 1000배 이상 빠르게 동작하는 것을 확인할 수 있습니다. 다음 절에서는 캐시 기법을 이용하여 부분집합의 합 풀이를 더욱 최적화하는 방법을 소개하겠습니다.

## 8.5.7 3단계: 메모이제이션

백트래킹 방법이 전수 조사 방법보다는 훨씬 우수하지만 여전히 최선의 방법은 아닙니다. 부분집합의 합 목표치가 매우 큰 경우에 대해 생각해보겠습니다. 만약 목표치가 입력 집합의 모든 원소 합보다 같거나 크다면 사전에 입력 집합의 원소 합을 미리 계산하여 목표치가 유효한 범위 안에 있는지를 검사할 수 있을 것입니다. 그러나 목표 합이 입력 집합의 모든 원소 합보다 미세하게 작다면 알고리즘 전체를 실행하여 모든 가능한 경우를 확인해야 합니다.

이러한 차이를 확인하기 위해 연습 문제 37에서 target 값을 6799로 설정하여 실행해보세요. 이 값은 입력 집합 set의 모든 원소 합보다 정확히 1 작은 값입니다. 필자의 컴퓨터에서 백트래킹 방법이 평균적으로 0.268초 소요되는 것을 확인했으며, 이는 연습 문제 37에서 나왔던 결과보다 대략 350배 더 오래 걸린 수치입니다.

다행히 메모이제이션이라는 하향식 방법을 사용하기에 필요한 모든 정보를 이미 가지고 있습니다. 더군다나 메모이제이션을 구현하기 위해 기존에 사용했던 방법을 수정할 필요도 없습니다.

### 캐시 사용하기

메모이제이션을 사용하는 데 있어 가장 중요한 것은 캐시를 어떻게 사용할 것인지를 결정하는 것입니다. 메모이제이션을 위한 캐시는 다양한 방식으로 정의할 수 있지만, 일반적인 방법은 다음과 같습니다.

- 정수 인덱스를 사용하는 일반 배열
- 프로그래밍 언어에서 제공하는 해시 기능을 사용하여 상태를 문자열로 표현한 해시 테이블 또는 해시 맵
- 자체적으로 생성한 해시 함수를 이용하여 상태를 표현한 해시 테이블 또는 해시 맵

여기서 어떤 것을 선택할 것인지는 주어진 상황에 따라 다르겠지만, 몇 가지 일반적인 지침은 다음과 같습니다.

- 정수 인덱스를 사용하는 배열과 벡터는 일반적으로 맵보다 빠릅니다. 맵은 이미 캐시가 존재하는지를 확인하기 위해 주어진 키에 해당하는 위치를 찾는 작업이 필요하기 때문입니다.

- 상태를 정수로 표현할 수 있다고 하더라도 그 값이 너무 크게 나타날 경우, 실제 필요한 메모리보다 훨씬 큰 크기의 배열을 만들어 사용해야 하기 때문에 비합리적일 수 있습니다. 이러한 경우에는 맵을 사용하는 편이 나을 수 있습니다.

- std::unordered_map과 같은 해시 테이블은 일반적인 맵/딕셔너리 구조보다 빠르게 키를 찾고 검색할 수 있습니다(그러나 여전히 배열보다는 느립니다).

- std::map은 키로 사용할 수 있는 자료형 측면에서 std::unordered_map보다 훨씬 더 자유도가 높습니다. std::unordered_map은 기술적으로 동일한 기능을 제공할 수 있지만, 기본적으로 키로 사용할 수 없는 자료형에 대해서는 프로그래머가 직접 해싱 함수를 만들어야 합니다.

이 장의 앞부분에서 언급했듯이 캐시 사용 방법은 다음을 만족해야 합니다.

- **유효성**: 캐시의 키 값은 서로 다른 상태에 대해 충돌이 발생하지 않도록 표현되어야 합니다.
- **유용성**: 캐시 사용 방식이 너무 독특해서 캐시에 저장된 값을 참조하는 경우가 아예 발생하지 않는다면 아무 의미가 없습니다.

부분집합의 합 문제에서 부분집합의 합을 상태로 사용할 경우, 특정 sum 값을 갖는 상태에서 목표치를 찾지 못한다는 것이 같은 sum 값을 갖는 다른 상태에서도 목표치를 찾지 못한다고 잘못 인식할 수 있습니다. 즉, if (memo[sum] != UNKNOWN) return memo[sum]; 형태의 코드를 사용하면 문제가 발생할 수 있습니다. 이는 같은 sum 값에 도달할 수 있는 여러 가지 경우의 수가 있다는 사실을 고려하지 못해서 발생하는 잘못된 캐시 사용 방법입니다. 다음 예를 살펴보겠습니다.

```
{ 1 5 6 2 3 9 }
부분집합 { 1 5 }의 합 = 6
부분집합 { 6 }의 합 = 6
부분집합 { 1 2 3 }의 합 = 6
```

앞 예제에서 부분집합의 합 목표치가 8이라고 가정해보겠습니다. 만약 세 번째 경우를 먼저 만나게 되면 memo[6]은 false로 값이 설정될 것입니다. 그러나 첫 번째와 두 번째 경우에 대해서는 원소 2를 추가하여 8을 만들 수 있으므로, false를 반환하는 것이 잘못되었음을 알 수 있습니다.

잘못된 메모이제이션 방법의 또 다른 예는 부분집합 구성에 사용된 원소의 모든 인덱스를 키로 사용하는 것입니다. 이 경우는 모든 상태가 고유한 형태의 키로 구성되고, 그 결과 같은 부분 문제에 의해 캐시가 참조되는 경우가 발생하지 않기 때문입니다.

만약 여러분이 구상한 캐시 사용 방식의 유효성을 알고 싶다면, 카운터 변수를 하나 만들고 캐시 참조가 발생할 때마다 카운터 변수 값을 하나씩 증가시키세요. 만약 해답을 구한 후에도 카운터 값이 0이거나 또는 고려해야 할 상태 개수에 비해 매우 낮은 값이라면 여러분의 캐시 사용 방법은 개선이 필요하다고 결론지을 수 있습니다.

다음 연습 문제에서 벡터를 캐시로 사용하는 메모이제이션 구현 방법에 대해 알아보겠습니다.

## 8.5.8 연습 문제 38: 메모이제이션을 이용하여 부분집합의 합 문제 풀기

이번 연습 문제에서는 '연습 문제 37: 백트래킹을 사용하여 부분집합의 합 문제 풀기'에서 구현했던 소스 코드에 메모이제이션 기법을 추가하여 부분 문제의 합 문제를 풀어보겠습니다.

**1.** 연습 문제 37에서 작성한 코드에 새로운 함수 SubsetSum_Memoization()을 추가합니다. 이 함수의 인자 구성은 SubsetSum_Backtracking() 함수의 인자 구성과 거의 같으며, 다만 memo라는 이름의 2차원 정수 벡터의 참조를 추가로 가집니다.

```
bool SubsetSum_Memoization(vector<int>& set, int sum, int i,
    vector<vector<int>> &memo)
{
    ...
}
```

**2.** SubsetSum_Memoization() 함수의 앞부분은 기저 조건에 대한 처리 코드가 들어가며, 이 부분은 SubsetSum_Backtracking() 함수 앞부분과 완전히 같습니다.

```
// 만약 현재 부분집합의 합이 target과 같다면
if (sum == 0)
{
    return true;
}

// 만약 현재 부분집합의 합이 target보다 크거나, 집합의 끝에 도달했다면
if (i == set.size() || set[i] > sum)
{
    return false;
}
```

**3.** 이제 백트래킹 방식과 다르게 코드를 작성해보겠습니다. 기저 조건을 처리한 후, 곧바로 다음 두 상태를 검사하는 것이 아니라 캐시로 사용하는 memo 테이블을 검사해야 합니다.

```
// 현재 상태가 캐시에 있는지 확인
if (memo[i][sum] == UNKNOWN)
{
    // 현재 상태에 대한 솔루션을 구하여 캐시에 저장
    bool append = SubsetSum_Memoization(set, sum - set[i], i + 1, memo);
    bool ignore = SubsetSum_Memoization(set, sum, i + 1, memo);

    memo[i][sum] = append || ignore;
}

// 캐시에 저장된 값을 반환
return memo[i][sum];
```

**4.** 이제 main() 함수에 SubsetSum_Memoization() 함수를 호출하는 코드를 추가합니다. 더불어 main() 함수 앞부분에서 target 값을 6799로 변경하고, tests 값은 3으로 변경합니다.

```
int main()
{
    vector<int> set = {16, 1058, 22, 13, 46, 55, 3, 92, 47, 7,
                       98, 367, 807, 106, 333, 85, 577, 9, 3059};
    int target = 6799;
    int tests = 3;

    sort(set.begin(), set.end());

    for (int i = 0; i < tests; i++)
    {
        bool found;

        clock_t timer = clock();

        switch (i)
        {
        case 0:
            found = SubsetSum_BruteForce(set, target);
            break;
        case 1:
            found = SubsetSum_Backtracking(set, target, 0);
            break;
```

```
case 2:
{
    // 메모이제이션 테이블 초기화
    vector<vector<int>> memo(set.size(), vector<int>(7000, UNKNOWN));

    found = SubsetSum_Memoization(set, target, 0, memo);
    break;
}
}

if (found)
{
    cout << "원소 합이 " << target << "인 부분집합이 있습니다." << endl;
}
else
{
    cout << "원소 합이 " << target << "인 부분집합이 없습니다." << endl;
}

GetTime(timer, types[i]);
cout << endl;
    }
}
```

5. 지금까지 작성한 프로그램을 실행하면 다음과 같은 출력을 확인할 수 있습니다.

```
원소 합이 6799인 부분집합이 없습니다.
BRUTE FORCE 방법 경과 시간: 0.38700

원소 합이 6799인 부분집합이 없습니다.
BACKTRACKING 방법 경과 시간: 0.10400

원소 합이 6799인 부분집합이 없습니다.
MEMOIZATION 방법 경과 시간: 0.00200
```

> Note ≡   실제 출력 시간은 사용하고 있는 시스템 성능에 따라 다르게 나타날 수 있습니다. 여기서는 시간 차이에 주목하기 바랍니다.

연습 문제 38 실행 결과에서 캐시를 사용한 메모이제이션 방법이 문제를 극적으로 최적화했음을 확인할 수 있습니다.

### 8.5.9 4단계: 타뷸레이션

지금까지 부분집합의 합 문제를 해결하기 위한 세 가지 알고리즘을 구현해보았으며, 각각의 방법
은 이전 방법에 비해 성능이 크게 개선되었습니다. 그러나 주어진 집합에 대해 가능한 모든 부분
집합의 합 목록을 얻고 싶다고 가정해봅시다. 공집합부터 전체 집합의 총합까지, 각각의 부분집합
의 합을 구하기 위해 알고리즘을 반복적으로 실행해야 합니다. 이러한 경우에는 타뷸레이션 방법
이 효과적입니다.

이와 같은 문제에서 표를 사용하는 형태의 해법을 구현한다는 것을 개념화하기는 쉽지 않습니다.
주어진 문제를 재귀식으로 표현하는 것은 다차원 상태 표현과 분기 구조에는 잘 부합하지만, 표
형식 해법은 복잡한 계층을 for/while 문법에 의한 단순한 반복문 구조로 표현해야 합니다.

❤ 그림 8-6 부분집합의 합 문제의 복잡한 재귀 구조를 타뷸레이션에 적합하게 변경

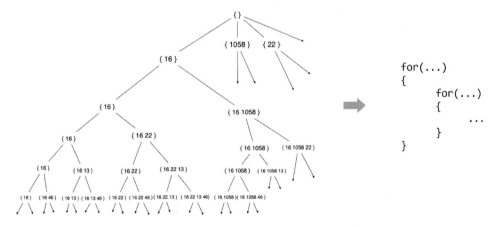

이러한 구조 변경을 위해 사용되는 몇몇 기법들이 존재하지만, 궁극적으로는 여러분이 올바른 일
반화를 할 수 있을 정도로 주어진 문제를 얼마나 잘 이해하고 있는지 여부가 중요합니다.

메모이제이션과 마찬가지로 기저 조건과 상태를 정의한 후 해야 할 첫 번째 작업은 서로 다른 상
태에 대한 해법을 어떻게 저장할 것인지를 결정하는 것입니다. 일반적으로 타뷸레이션 방법에서
는 간단한 배열 또는 벡터를 사용합니다. 앞에서 이미 피보나치 수열 계산을 위해 정수형 벡터 DP
를 선언하여 사용한 적이 있습니다.

```
vector<int> DP(n + 1, 0);
...
DP[i] = DP[i - 1] + DP[i - 2];
```

이 장의 앞부분에서 팩토리얼을 재귀적으로 계산하는 방법에 대해 설명했습니다. 상향식(bottom-up) 접근 방법으로 표를 채우면서 문제를 푸는 과정을 다음 수식으로 표현할 수 있습니다.

```
factorial[n] = factorial[n - 1] * n;
```

팩토리얼 계산은 1차원으로 구성되고, 조건문도 필요 없는 매우 단순한 예입니다. 각각의 상태는 처음부터 끝까지 일관된 수식으로 표현됩니다.

피보나치 수열 또는 팩토리얼 문제와 부분집합의 합 문제의 근본적인 차이점은 상태 표현을 위해 필요한 최소 차원 수가 다르다는 점입니다. 즉, 부분집합의 합 문제는 현재까지의 부분집합의 합과 현재 처리하고 있는 집합의 인덱스가 필요합니다.

부분집합의 합 문제에 대해 좀 더 깊이 있게 생각해보겠습니다.

- 크기가 k인 부분집합은 크기가 k - 1인 부분집합에 새로운 원소를 추가하여 구성할 수 있습니다.
- 인덱스 i에서 같은 부분집합의 합 x를 갖는 어떤 부분집합의 조합이든 최종적으로 같은 결과를 형성합니다.

▼ 그림 8-7 같은 인덱스 위치에서 같은 부분집합의 합을 가지는 다양한 경우

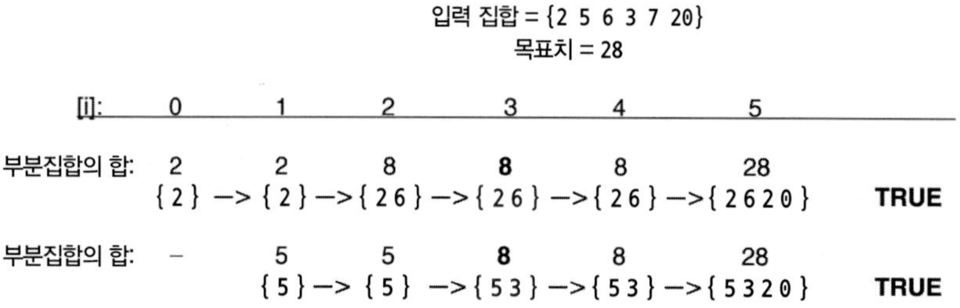

그림 8-7에서 빨간색으로 표시된 부분을 살펴보겠습니다. 이 위치에서 인덱스 값은 3이고, 이때 합이 8이 되는 부분집합은 두 가지가 있습니다. 부분집합의 합 문제가 최적 부분 구조 속성을 만족하기 때문에 특정 상태까지 어떤 방식으로 도달했는지에 상관없이 이 상태 이후의 결과는 모두 같게 나타납니다.

이러한 사실을 염두에 두고, 이제 하향식 접근 방법을 뒤집어 상향식 접근 방법을 개발해보겠습니다.

## 하향식 로직

**1.** 부분집합의 합 목표치와 집합의 첫 번째 인덱스에서 시작

**2.** 입력 집합 전체에 대해 반복:

- 만약 부분집합의 합이 0이 되면 결과는 TRUE입니다.

- 만약 입력 집합의 끝에 도달했다면 결과는 FALSE입니다.

- 그렇지 않으면 부분집합의 합에서 현재 인덱스의 집합 원소를 빼거나 또는 그대로 유지합니다.

**3.** 만약 부분집합의 합 x와 인덱스 i로 표현되는 상태 S에서 목표치를 찾을 수 있다면, 상태 S로 이어질 수 있는 모든 이전 상태에서도 목표치를 찾을 수 있습니다.


## 상향식 로직

**1.** 부분집합의 합과 인덱스를 0으로 설정하여 시작

**2.** 입력 집합 전체에 대해 반복:

- 만약 인덱스가 0에서 i 사이일 때 x와 같은 부분집합의 합을 찾을 수 있다면, 인덱스가 0에서 i + 1 사이에서도 x와 같은 부분집합의 합을 찾을 수 있습니다.

- 만약 인덱스가 0에서 i 사이일 때 x와 같은 부분집합의 합을 찾을 수 있다면, 인덱스가 0에서 i + 1 사이에서 x + set[i]와 같은 부분집합의 합을 찾을 수 있습니다.

표를 채우는 방식과 관련해서, 하향식 접근 방법은 다음 규칙을 따릅니다.

상태 S1에서 부분집합의 합이 x와 같고 인덱스가 i인 경우, 다음 중 하나라도 성립하면 memo(i, x) = true입니다.

- 부분집합의 합이 x - set[i]이고, 인덱스가 i + 1인 상태 S2에서 목표치가 발견될 경우

- 부분집합의 합이 x이고, 인덱스가 i + 1인 상태 S3에서 목표치가 발견될 경우

그렇지 않으면 memo(i, x) = false입니다.

이러한 로직을 상향식으로 바꾸면 다음과 같습니다.

만약 부분집합의 합이 x이고 인덱스가 i인 경우, 다음 중 하나라도 성립하면 DP(i, x) = true입니다.

- x가 set[i]보다 작고, DP(i - 1, x) = true

- x가 set[i]보다 크거나 같고, (DP(i - 1, sum) = true 또는 DP(i - 1, sum - set[i]) = true)

그렇지 않으면 DP(i, x) = false

즉, 인덱스가 0에서 i 사이일 때 부분집합의 합이 x가 될 수 있다면 인덱스가 0에서 i + 1 사이일 때에는 부분집합의 합이 x 또는 x + set[i]가 될 수 있습니다. 이러한 속성을 다음 연습 문제에서 구현해보겠습니다.

## 8.5.10 연습 문제 39: 타뷸레이션을 이용하여 부분집합의 합 문제 풀기

이번 연습 문제에서는 '연습 문제 38: 메모이제이션을 이용하여 부분집합의 합 문제 풀기'에서 구현했던 하향식 접근 방법을 상향식 접근 방법으로 변환한 타뷸레이션 방법을 구현해보겠습니다.

1. 새로운 함수 SubsetSum_Tabulation()을 추가하겠습니다. 이 함수는 정수 벡터 set을 인자로 받고, 2차원 부울형 벡터를 반환합니다.

```
vector<vector<bool>> SubsetSum_Tabulation(vector<int>& set)
{
    ...
}
```

2. SubsetSum_Tabulation() 함수에서는 dp라는 이름의 2차원 부울형 벡터를 선언하여 사용합니다. dp의 첫 번째 차원 크기는 입력 집합의 크기와 같고, 두 번째 차원의 크기는 입력 집합의 모든 원소 합보다 1만큼 크게 설정합니다. dp의 모든 원소는 false로 초기화하되, 부분집합의 합이 0인 기저 조건에 대해서는 true로 설정합니다.

```
int maxSum = 0;

for (int i = 0; i < set.size(); i++)
{
    maxSum += set[i];
}

vector<vector<bool>> DP(set.size() + 1, vector<bool>(maxSum + 1, 0));

for (int i = 0; i < set.size(); i++)
{
```

```
            DP[i][0] = true;
    }
```

3. DP 테이블 원소 값을 설정하기 위해 이중 for 반복문을 사용합니다.

```
for (int i = 1; i <= set.size(); i++)
{
    for (int sum = 1; sum <= maxSum; sum++)
    {
        ...
    }
}
```

4. 실제 DP 테이블 원소 값을 설정하는 코드는 다음과 같습니다.

```
for (int i = 1; i <= set.size(); i++)
{
    for (int sum = 1; sum <= maxSum; sum++)
    {
        if (sum < set[i - 1])
        {
            DP[i][sum] = DP[i - 1][sum];
        }

        else
        {
            DP[i][sum] = DP[i - 1][sum]
                || DP[i - 1][sum - set[i - 1]];
        }
    }
}

return DP;
```

5. 이제 main() 함수에 SubsetSum_Tabulation() 함수를 호출하는 코드를 추가합니다.

```
int main()
{
    vector<int> set = {16, 1058, 22, 13, 46, 55, 3, 92, 47, 7,
                       98, 367, 807, 106, 333, 85, 577, 9, 3059};
    int target = 6076;
    int tests = 4;
```

```
        sort(set.begin(), set.end());

        for (int i = 0; i < tests; i++)
        {
            bool found = false;

            clock_t timer = clock();

            switch (i)
            {
            ...
            case 3:
            {
                vector<vector<bool>> DP = SubsetSum_Tabulation(set);
                found = DP[set.size()][target];
                break;
            }
            }
        }
        ...
}
```

**6.** 지금까지 작성한 프로그램을 실행하면 다음과 같은 결과를 확인할 수 있습니다.

```
원소 합이 6076인 부분집합이 있습니다.
BRUTE FORCE 방법 경과 시간: 0.35300

원소 합이 6076인 부분집합이 있습니다.
BACKTRACKING 방법 경과 시간: 0.00100

원소 합이 6076인 부분집합이 있습니다.
MEMOIZATION 방법 경과 시간: 0.00100

원소 합이 6076인 부분집합이 있습니다.
TABULATION 방법 경과 시간: 0.00200
```

> **Note** ≡ 실제 출력 시간은 사용하고 있는 시스템 성능에 따라 다르게 나타날 수 있습니다. 여기서는 시간 차이에 주목하기 바랍니다.

**7.** 실행 결과를 보면 타뷸레이션 방법이 메모이제이션이나 백트래킹 방법보다 느리게 동작하는 것을 확인할 수 있습니다. 그러나 SubsetSum_Tabulation() 함수가 반환한 DP 테이블을 사용하면 모든 가능한 부분집합의 합을 알아낼 수 있습니다.

```
case 3:
{
    int total = 0;
    for (auto number : set)
        total += number;

    vector<vector<bool>> DP = SubsetSum_Tabulation(set);
    found = DP[set.size()][target];

    vector<int> subsetSums;
    for (int sum = 1; sum <= total; sum++)
    {
        if (DP[set.size()][sum])
        {
            subsetSums.push_back(sum);
        }
    }

    cout << "다음과 같이 " << subsetSums.size() << "가지의 부분집합의 합이 가능합니
다:" << endl;

    for (auto sum : subsetSums)
        cout << sum << " ";
    cout << endl;

    break;
}
```

**8.** 다시 프로그램을 실행하면 다음과 같은 출력을 추가로 볼 수 있습니다.

다음과 같이 6760가지의 부분집합의 합이 가능합니다:
3 7 9 10 12 13 16 19 20 22 ... 6790 6791 6793 6797 6800

이로써 부분집합의 합 문제의 최적화가 완료되었고, 모든 가능한 부분집합의 합을 구할 수 있게 되었습니다.

지금까지 부분집합의 합 문제를 풀기 위한 다양한 방법에 대해 알아봤으며, 이를 통해 동적 계획법 방법이 다른 방법에 비해 상대적으로 우월한 성능을 가지고 있음을 알 수 있었습니다. 상대적으로 비효율적이라도 직관적인 풀이 방법에 대해 생각해보면서 문제에 대해 좀 더 잘 이해할 수 있게 되었고, 이를 통해 동적 계획법 풀이 방법의 유도 과정을 크게 단순화시킬 수 있었습니다.

동적 계획법이 필요한 문제의 일부는 처음에는 매우 복잡하고 이해하기 어려운 것처럼 보일 수 있습니다. 이 절에서 다뤘던 다양한 문제 풀이 접근 방법은 다른 형태의 입력 매개변수를 사용하거나 결과를 비교함으로써 더욱 성능이 향상될 수 있으므로 제대로 이해하는 것이 바람직합니다. 또한 주어진 입력에 대해 다양한 해결 방법이 어떻게 형성되는지를 그림으로 그려보는 작업도 도움이 많이 될 것입니다.

## 8.5.11 실습 문제 18: 여행 경로

고객의 여행 일정 작성을 도와주는 여행사 웹 프로그램을 만들려고 합니다. 이 프로그램은 사용자의 여행 경로를 설계하는 데 초점을 맞추고 있습니다. 즉, 사용자가 방문하고 싶은 여러 여행지를 선택하면 최종 목적지로 이동하는 동안 통과해야 하는 도시 목록을 보여줍니다.

여행사는 주요 도시의 특정 운송 회사와 계약을 맺고 있으며, 각 운송 회사는 최대 운행 거리에 대한 제한을 가지고 있습니다. 비행기나 기차는 여러 도시를 운행할 수 있지만, 버스나 택시는 처음 출발 위치에서 가까운 한두 도시만 이동할 수 있습니다. 프로그램의 경우 가능한 여행 도시 목록을 생성하면 각 여행지에서 이동 가능한 최대 도시 개수가 함께 나타나고, 이를 활용하여 고객은 여행 경로를 구상할 수 있습니다.

최근 이 프로그램에 가능한 여행 경로를 필터링해서 보여주는 기능이 필요하다고 생각했습니다. 많은 인기 관광지는 몇몇 마을별로 구분되어 있기 때문입니다. 이를 위해 출발지에서 목적지로 도달하는 모든 경로의 수를 미리 계산하여 너무 많은 경우의 수가 나타나는 것을 막으려고 합니다.

이 프로그램은 이미 출발지와 목적지 사이의 주요 도시 목록을 생성하는 기능을 가지고 있습니다. 그리고 다음 정보를 미리 알 수 있습니다.

- N: 출발지부터 목적지 사이에 있는 도시의 수
- distance: 각 도시에서 이동할 수 있는 최대 도시 개수를 나타내는 정수 배열

여러분은 이제 여러 도시를 거쳐 목적지까지 도달할 수 있는 방법의 가짓수를 계산하는 알고리즘을 구현해야 합니다.

## 입력

입력의 첫 번째 줄에는 출발지와 목적지 사이의 도시 개수를 나타내는 N이 적혀 있습니다.

두 번째 줄에는 빈칸으로 구분된 N개의 정수 $d_i$가 나열되어 있으며, 각각의 $d_i$는 i번째 도시에서 출발하여 이동할 수 있는 최대 거리(도시 개수)를 나타냅니다.

## 출력

이 프로그램은 0번 도시에서 시작하여 N번 도시에 도달하는 여행 경로 가짓수를 나타내는 정수를 하나 출력해야 합니다. N이 증가함에 따라 이 출력 값이 너무 커질 수 있으므로, 실제 출력은 여행 경로 가짓수를 1000000007로 나눈 나머지를 출력합니다.

## 예제

예를 들어 다음과 같은 입력이 주어졌다고 가정해보겠습니다.

```
6
1 2 3 2 2 1
```

이 입력은 출발지와 목적지 사이에 여섯 개의 도시가 있음을 나타냅니다. 그리고 i번째 도시에서는 (i + 1)번째 도시부터 (i + distance[i])번째 도시까지 이동할 수 있습니다. 만약 이 예제를 그래프 형태로 표현할 경우, 그래프 인접 리스트 표현은 다음과 같습니다.

```
[0]: { 1 }
[1]: { 2, 3 }
[2]: { 3, 4, 5 }
[3]: { 4, 5 }
[4]: { 5, 6 }
[5]: { 6 }
```

이를 그림으로 나타내면 그림 8-8과 같이 표현할 수 있습니다.

▼ 그림 8-8 도시 사이의 이동 관계를 그래프 인접 리스트로 표현하기

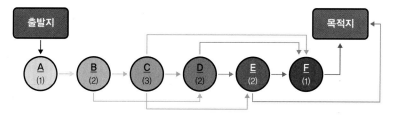

이 예제에서 목적지까지 도달하는 전체 방법은 다음과 같으며, 여기서 E는 목적지를 나타냅니다.

```
0 > 1 > 2 > 3 > 4 > 5 > E

0 > 1 > 2 > 3 > 4 > E
0 > 1 > 2 > 3 > 5 > E
0 > 1 > 2 > 4 > 5 > E
0 > 1 > 3 > 4 > 5 > E

0 > 1 > 2 > 4 > E
0 > 1 > 2 > 5 > E
0 > 1 > 3 > 4 > E
0 > 1 > 3 > 5 > E
```

그러므로 이 예제에 대한 출력은 9입니다.

일반적으로 여행 경로는 0번 인덱스에서 시작해서 N번 인덱스에서 끝납니다. 인덱스 i와 distance[i]의 합은 N보다 크지 않게 주어지며, 모든 도시는 최소 1의 거리를 이동할 수 있습니다.

### 테스트 케이스

그림 8-9에 나타난 간단한 테스트 케이스의 입출력을 분석해보면 문제를 더 잘 이해할 수 있습니다.

❤ 그림 8-9 실습 문제 18에 대한 간단한 테스트 케이스

| 입력 | 출력 |
|---|---|
| 3<br>1 1 1 | 1 |

| 입력 | 출력 |
|---|---|
| 6<br>1 2 3 2 2 1 | 9 |

| 입력 | 출력 |
|---|---|
| 15<br>1 2 5 3 4 2 1 3 6 1<br>2 1 2 2 1 | 789 |

좀 더 복잡한 테스트 케이스를 그림 8-10에 나타냈습니다.

▼ 그림 8-10 실습 문제 18에 대한 복잡한 테스트 케이스

| 입력 | 출력 |
|---|---|
| 40 | 47382972 |
| 8 5 9 9 11 3 10 9 9 5 1 6 13 3 13 9 8<br>5 11 8 4 5 10 3 11 4 10 4 12 11 8 9 3<br>7 6 4 4 3 2 1 | |

| 입력 | 출력 |
|---|---|
| 100 | 790903754 |
| 39 79 34 76 12 28 51 60 53 7 30 48 45<br>61 66 24 50 64 18 47 7 19 16 72 8 55<br>72 26 43 57 45 26 68 23 52 28 35 54 2<br>57 29 59 6 57 8 47 6 44 43 35 50 41<br>45 4 43 39 44 43 42 26 40 39 32 37 31<br>20 9 33 30 27 30 29 28 27 26 25 24 23<br>22 15 20 19 18 17 1 15 14 2 12 11 1 6<br>8 7 6 5 4 3 2 1 | |

## 추가 점수

앞서 제시한 테스트 케이스에 대해 합리적인 시간 내에 결과를 출력하는 프로그램을 만들었다면 이제 N이 10000000인 경우에 대해서도 알고리즘의 효율성 테스트를 해볼 수 있을 것입니다. 여기에 모든 거리 값을 출력할 수는 없으므로, 다음 소스 코드를 사용하여 거리 값 배열을 생성하여 테스트를 진행하세요.

```
vector<int> Generate(int n)
{
    vector<int> distance(n);
    LL val = 1;

    for (int i = 0; i < n; i++)
    {
        val = (val * 1103515245 + 12345) / 65536;
        val %= 32768;

        distance[i] = ((val % 10000) % (n - i)) + 1;
    }

    return distance;
}
```

이 함수로 생성한 테스트 케이스에 대해 318948158을 출력하면 정상입니다. 프로그램을 최적화된 알고리즘으로 구현했다면 1초 이내에 답을 출력해야 합니다.

**문제 해결 가이드라인**

- 최적의 방법은 $O(n)$ 시간 내에 실행되며 정확히 n번 반복해야 합니다.
- 처음부터 동적 계획법으로 문제를 풀기 어렵다면 이 장에서 설명한 순서대로 문제를 풀어보세요. 즉, 전수 조사 방법부터 시작해서 점진적으로 풀이 방법을 최적화하십시오.
- 이 문제의 상태 구성 방법은 피보나치 수열에서 나왔던 재귀 관계식을 참고하세요.

# 8.6 / 문자열과 시퀀스에 대한 동적 계획법

지금까지 살펴본 동적 계획법은 주로 조합 문제와 정해진 수식을 사용하는 정수 시퀀스 계산 문제에 초점을 맞췄습니다. 이번에는 동적 계획법이 많이 사용되는 분야 중의 하나인 데이터 시퀀스의 패턴 문제에 대해 알아보겠습니다. 프로그래머가 이러한 문제에서 동적 계획법을 사용하는 것은 주로 문자열 검색, 비교, 문자열 재구성 등의 문제와 관련이 있습니다.

소프트웨어 개발자는 하나의 프로젝트를 여러 개발자들과 같이 협력하여 작업하는 경우가 많습니다. 몇몇 프로그래머가 실수로 버그 코드를 추가할 수도 있고, 또는 특정 기능을 다른 방식으로 구현하다가 다시 이전 코드로 원복할 수도 있기 때문에 버전 관리 시스템을 사용하는 것은 매우 중요합니다. 최근까지 잘 동작하던 기능에 문제가 발생할 경우, 이전 버전의 소스 코드와 비교하여 변경된 부분을 쉽게 찾아볼 수 있어야 합니다. 그러므로 대부분의 버전 관리 시스템은 두 가지 버전의 소스 코드를 비교하여 사용자에게 차이점을 표시해주는 '비교(diff)' 기능을 제공합니다.

예를 들어 여러분이 저장소에 다음 코드를 추가했다고 가정해보겠습니다.

```
bool doSomething = true;

void DoStuff()
{
    DoSomething();
    DoSomethingElse();
    DoAnotherThing();
}
```

그리고 다음 날에 소스 코드를 다음과 같이 변경했습니다.

```
bool doSomething = false;

void DoStuff()
{
    if (doSomething == true)
    {
        DoSomething();
    }
    else
    {
        DoSomethingElse();
    }
}
```

이 경우, 파일 비교 프로그램은 그림 8-11과 같이 차이점을 표시해줍니다.

▼ 그림 8-11 파일 비교 결과

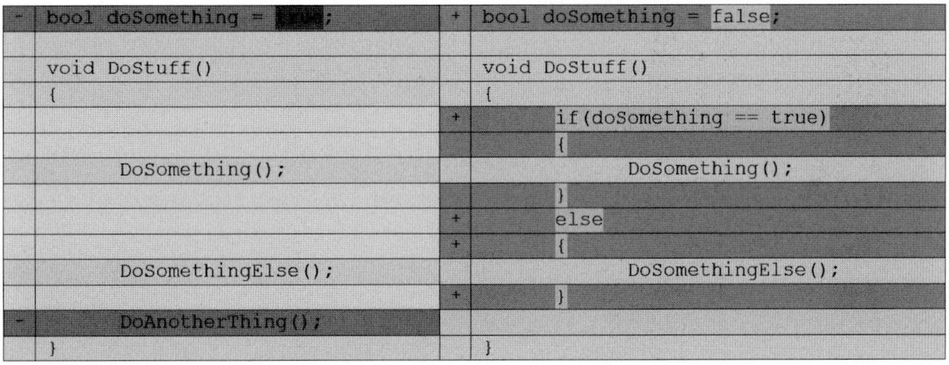

이와 같은 결과를 보여주기 위해서 파일 비교 프로그램은 두 버전에 공통적인 문자열 시퀀스가 연속적일 필요가 없다는 사실을 고려하여 두 소스 코드의 유사성을 판별해야 합니다. 또한 문자열 일부가 제거되거나 새로운 문자열이 임의 위치에 추가될 수도 있습니다. 이러한 작업은 **근사 문자열 매칭**(approximate string matching) 또는 **퍼지 문자열 매칭**(fuzzy string matching)이 필요하며, 이를 위해 동적 계획법이 사용됩니다.

## 8.6.1 최장 공통 부분 시퀀스 문제

**최장 공통 부분 시퀀스**(LCS, Longest Common Subsequence)[1] 문제는 동적 계획법의 유명한 예제 중 하나입니다. 이 문제는 다음과 같이 정의됩니다.

두 개의 데이터 시퀀스가 주어질 때, 두 시퀀스에 공통으로 나타나는 가장 긴 부분 시퀀스는 무엇인가?

예를 들어 다음과 같은 두 개의 문자열 A와 B가 있다고 가정해보겠습니다.

▼ 그림 8-12 최장 공통 부분 시퀀스 문제를 위해 주어진 두 문자열

```
A = "ALBOCNDGZEYSXTW"
B = "12L45078N90GE9876S5432T"
```

이 두 문자열에서 구할 수 있는 최장 공통 부분 시퀀스는 "LONGEST"이며, 이를 그림 8-13에 보기 좋게 나타냈습니다.

▼ 그림 8-13 두 문자열에서 구한 최장 공통 부분 시퀀스

```
A = "ALBOCNDGZEYSXTW"
B = "12L45078N90GE9876S5432T"
```

앞서 부분집합의 합 문제를 다양한 접근 방법으로 구현해보았던 경험이 있으므로 이번 문제는 좀 더 똑똑하게 접근해보겠습니다. 먼저 기저 조건부터 시작하여 문제 구조를 어떻게 수식으로 표현할 수 있을지 생각해보겠습니다.

동적 계획법 문제를 처음부터 큰 입력에 대해 이해하기가 쉽지 않으므로 먼저 작은 크기 입력에 대한 동작을 분석해보겠습니다. 즉, 짧은 문자열 입력에 대해 다양한 경우를 분석해보고, 최장 공통 부분 시퀀스의 길이를 알아내는 방법에 대해 생각해보겠습니다.

(1) A 또는 B가 빈 문자열인 경우

```
A = ""
B = ""
LCS = 0

A = "A"
```

---

[1] **역주** Longest Common Subsequence 문제는 보통 최장 공통 부분 수열 문제로 번역되어 사용되지만, 실제 데이터가 숫자가 아닌 경우도 포함하기 때문에 이 책에서는 최장 공통 부분 시퀀스라고 표기하겠습니다.

```
B = ""
LCS = 0

A = ""
B = "PNEUMONOULTRAMICROSCOPICSILICOVOLCANOCONIOSIS"
LCS = 0
```

(1)번 경우는 두 문자열 모두, 또는 두 문자열 중 하나가 빈 문자열인 경우입니다. 이러한 경우 당연히 최장 공통 부분 시퀀스의 길이는 0입니다.

(2) A와 B가 모두 하나의 문자로 구성된 경우

```
A = "A"
B = "A"
LCS = 1

A = "A"
B = "B"
LCS = 0
```

(3) A는 한 문자이고, B는 두 문자로 구성된 경우

```
A = "A"
B = "AB"
LCS = 1

A = "A"
B = "BB"
LCS = 0
```

(2)번과 (3)번 경우는 두 가지 결과가 나타날 수 있습니다. 즉, 공통 문자가 하나 있거나, 또는 하나도 없는 경우입니다.

(4) A와 B가 모두 두 문자로 구성된 경우

```
A: = "AA"
B: = "AA"
LCS = 2

A = "BA"
B = "AB"
LCS = 1
```

```
A = "AA"
B = "BB"
LCS = 0
```

(4)번 경우는 좀 더 복잡해지지만, 논리는 크게 바뀌지 않습니다. 두 문자열이 완전히 같거나, 한 문자만 같거나, 또는 공통 문자가 전혀 없는 경우가 존재합니다.

(5) A와 B가 모두 세 문자로 구성된 경우

```
A = "ABA"
B = "AAB"
LCS = 2
```

```
A = "ABC"
B = "BZC"
LCS = 2
```

이제 복잡도가 크게 증가하기 시작했습니다. 이제는 점차 직관적인 비교가 어려워지기 시작합니다.

(6) A와 B가 모두 네 문자로 구성된 경우

```
A = AAAB
B = AAAA

{ "AAA_", "AAA_" }
{ "AAA_", "AA_A" }
{ "AAA_", "A_AA" }
{ "AAA_", "_AAA" }

LCS = 3

A = AZYB
B = YZBA

{ "_Z_B", "_ZB_" }
{ "__YB", "Y_B_" }

LCS = 2
```

이제 최장 공통 부분 시퀀스 문제가 중복되는 부분 문제를 포함하고 있다는 사실을 알 수 있습니다. 부분집합의 합 문제와 마찬가지로, 문자열 길이를 n이라고 하면 $2^n$개의 가능한 부분 문자열

집합이 있을 수 있습니다. 다만 여기서는 고려해야 할 시퀀스가 두 개입니다. 그리고 두 시퀀스의 부분집합을 독립적으로 처리하는 것이 아니라, 두 부분집합을 서로 비교해야만 합니다.

▼ 그림 8-14 "ABCX"와 "ACY" 두 문자열에 대해 가능한 모든 문자 부분 시퀀스

A = "ABCX"          B = "ACY"

{ A _ _ _ }          { A _ _ }
{ _ B _ _ }          { _ C _ }
{ _ _ C _ }          { _ _ Y }
{ _ _ _ C }

{ A B _ _ }          { A C _ }
{ A _ C _ }          { A _ Y }
{ A _ _ X }          { _ C Y }
{ _ B C _ }
{ _ B _ C }
{ _ _ C X }

{ A B C _ }          { A C Y }
{ A B _ X }
{ A _ C X }
{ _ B C X }

{ A B C X }

여기서 단순히 연속되어 나타나는 문자 집합을 찾는 것이 아니라는 사실로부터 몇 가지 고려해야 할 사항이 있습니다. 첫째, 공통 부분 문자 시퀀스는 문자열 전체에서 다양한 형태의 배치에 의해 여러 번 나타날 수 있습니다. 둘째, 특정 위치에서 시작하는 공통 부분 시퀀스가 여러 개 존재할 수 있습니다.

전수 조사 방법을 구현하기에 앞서 이 문제의 상태를 표현하기 위해 필요한 것들에 대해 생각해보겠습니다. 문자열 A와 B에서 특정 문자의 위치를 가리키는 두 개의 인덱스 i와 j가 필요합니다. 그리고 지금까지 찾은 공통 부분 시퀀스(문자열)도 저장하고 있어야 합니다.

> 만약 i가 A의 길이보다 커지거나 또는 j가 B의 길이보다 커지면:
> - 재귀를 종료하고, 부분 시퀀스의 길이를 반환합니다.

두 문자열 중 하나라도 맨 마지막에 도달하면 더 이상 비교할 대상이 없어집니다.

만약 A[i] = B[j]이면:
- 부분 시퀀스 길이를 1만큼 증가합니다.
- i와 j를 각각 1씩 증가합니다.

만약 i번째와 j번째 문자가 서로 같다면, 이 문자는 당연히 부분 시퀀스에 추가해야 합니다. 그리고 각 문자는 부분 시퀀스에 최대 한 번만 추가될 수 있으므로 i와 j 값을 1씩 증가시킵니다.

그렇지 않으면:
옵션 1) (i + 1)번째와 j번째 문자에 대해 검사를 진행합니다.
옵션 2) i번째와 (j + 1)번째 문자에 대해 검사를 진행합니다.

이 상태의 LCS는 옵션 1 및 옵션 2의 최댓값과 같습니다.

비교한 두 문자가 같지 않다면, A 문자열의 다음 문자를 살펴보거나 또는 B 문자열의 다음 문자를 살펴봐야 합니다. 이때 두 문자열의 인덱스 i와 j를 동시에 증가시키는 경우는 따로 고려하지 않았는데, 이러한 경우는 어차피 추후에 만나게 되기 때문입니다. 지금까지 살펴본 재귀 방법을 "ABCXY"와 "ACYX" 두 문자열에 적용한 결과를 그림 8-15에 나타냈습니다.

▼ 그림 8-15 최장 공통 부분 시퀀스 문제 해결을 위한 부분 문제 트리

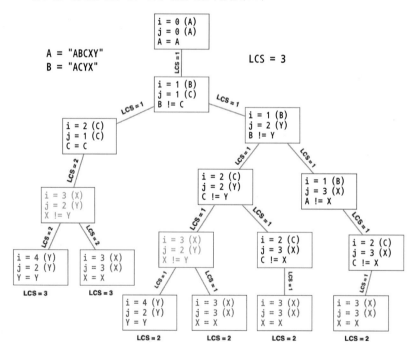

그림 8-15에서 중복되는 부분 문제들은 같은 색깔로 나타냈습니다. 이 문제의 최적 부분 구조는 아직 명확하지 않지만, 다음과 같은 기본적인 일반화를 수행할 수 있습니다.

- 같은 길이의 부분집합만 비교하면 됩니다.
- 특정 상태에서 다음 상태로 전이되기 위해서는 i 또는 j가 증가되거나, 또는 i와 j가 같이 증가해야 합니다.
- 두 문자열 중 어느 하나라도 맨 마지막에 도달하면 탐색이 끝납니다.

이 문제에 대해서도 전수 조사를 구현해보면 추가적으로 이해할 수 있을 것입니다. 다음 연습 문제에서 최장 공통 부분 시퀀스 문제를 전수 조사 방법으로 구현해보겠습니다.

## 8.6.2 연습 문제 40: 전수 조사 방식으로 최장 공통 부분 시퀀스 문제 풀기

이번 연습 문제에서는 '연습 문제 36: 전수 조사 방식으로 부분집합의 합 문제 풀기'에서 했던 것처럼 전수 조사 방식으로 최장 공통 부분 시퀀스 문제를 풀어보겠습니다.

**1.** 앞서 살펴본 예제와 마찬가지로 필요한 헤더 파일을 포함하고, DEBUG와 PRINT 매크로를 정의합니다.

```
#include <vector>
#include <algorithm>
#include <utility>
#include <iostream>

#define DEBUG 1

#if DEBUG
#define PRINT(x) cerr << x
#else
#define PRINT(x)
#endif

using namespace std;
```

**2.** LCS_BruteForce() 함수를 정의합니다. 이 함수는 두 개의 문자열 A와 B, 두 개의 정수 인덱스 i와 j, 그리고 정수 쌍 subsequence를 인자로 받고 하나의 정수를 반환합니다. 이 함수 바깥에 2차원 정수 쌍 벡터 found를 전역 변수로 선언합니다.

```cpp
vector<vector<pair<int, int>>> found;

int LCS_BruteForce(string A, string B, int i, int j,
                   vector<pair<int, int>> subsequence)
{
    ...
}
```

3. A와 B는 비교할 두 문자열이고, i와 j는 A와 B 문자열의 인덱스를 나타냅니다. 그리고
   subsequence는 공통 부분 시퀀스를 구성하는 인덱스 쌍을 저장하며, 출력을 위해 found 벡터
   에 추가됩니다. 이미 앞에서 의사 코드를 만들었으므로 의사 코드를 주석으로 넣어두고, 그
   아래에 실제 C++ 코드를 작성하면 쉽게 함수를 완성할 수 있습니다.

```cpp
// 만약 i가 A의 길이보다 커지거나 또는 j가 B의 길이보다 커지면:
if (i >= A.size() || j >= B.size())
{
    found.push_back(subsequence);

    // 재귀를 종료하고 부분 시퀀스의 길이를 반환합니다.
    return subsequence.size();
}

// 만약 A[i] = B[j]이면:
if (A[i] == B[j])
{
    // 부분 시퀀스 길이를 1만큼 증가합니다.
    subsequence.push_back({i, j});

    // i와 j를 각각 1씩 증가합니다.
    return LCS_BruteForce(A, B, i + 1, j + 1, subsequence);
}


/* 그렇지 않으면:

   옵션 1) (i + 1)번째와 j번째 문자에 대해 검사를 진행합니다.
   옵션 2) i번째와 (j + 1)번째 문자에 대해 검사를 진행합니다.

   이 상태의 LCS는 옵션 1 및 옵션 2의 최댓값과 같습니다.
*/

return max(LCS_BruteForce(A, B, i + 1, j, subsequence),
    LCS_BruteForce(A, B, i, j + 1, subsequence));
```

**4.** main() 함수에서는 두 개의 문자열을 입력받아 LCS_BruteForce() 함수를 호출하고, 그 결과를 출력합니다.

```
int main()
{
    string A, B;
    cin >> A >> B;

    int LCS = LCS_BruteForce(A, B, 0, 0, {});
    cout << A << "와 " << B << "의 최장 공통 부분 시퀀스 길이: " << LCS << endl;
    ...
}
```

**5.** DEBUG가 0으로 설정되지 않았다면 stderr로 부분 시퀀스를 출력하려고 합니다. 다만 출력을 위한 코드가 매우 복잡하므로 부분 시퀀스 출력 함수 PrintSubsequences()를 따로 정의하여 사용하겠습니다.

```
void PrintSubsequences(string A, string B)
{
    // 람다 함수를 이용한 정렬
    sort(found.begin(), found.end(), [](auto a, auto b)
        {
            // 부분 시퀀스 길이를 기준으로 정렬
            if (a.size() != b.size())
            {
                return a.size() < b.size();
            }

            // 두 부분 시퀀스 길이가 같다면 인덱스의 사전 순서로 정렬
            return a < b;
        });

    // 중복 제거
    found.erase(unique(found.begin(), found.end()), found.end());

    int previousSize = 0;

    for (auto subsequence : found)
    {
        if (subsequence.size() != previousSize)
        {
            previousSize = subsequence.size();
            PRINT("SIZE = " << previousSize << endl);
        }
```

```
            // 밑줄을 이용하여 문자의 자리를 표현
            string a_seq(A.size(), '_');
            string b_seq(B.size(), '_');

            for (auto pair : subsequence)
            {
                // 빈칸을 부분 문자열 문자로 채우기
                a_seq[pair.first] = A[pair.first];
                b_seq[pair.second] = B[pair.second];
            }

            PRINT("\t" << a_seq << " " << b_seq << endl);
        }
    }
```

6. DEBUG 매크로가 정의되어 있으면 main() 함수 뒷부분에서 공통 부분 시퀀스 출력 함수 PrintSubsequences()를 호출합니다.

```
int main()
{
    ...

#if DEBUG
    PrintSubsequences();
#endif
}
```

7. 소스 코드 앞부분에서 DEBUG를 1로 설정하고, 프로그램 입력으로 ABCX와 ACYXB 문자열을 지정하면 다음과 같은 출력을 확인할 수 있습니다.

```
ABCX와 ACYXB의 최장 공통 부분 시퀀스 길이: 3
SIZE = 1
        A___ A____
SIZE = 2
        AB__ A___B
        A_C_ AC___
        A__X A__X_
SIZE = 3
        A_CX AC_X_
```

이 예제 프로그램은 모든 부분 시퀀스 쌍 조합을 화면에 출력합니다. 다음 절에서 이 출력을 좀 더 분석해보고, 최적화 방법에 대해 알아보겠습니다.

## 8.6.3 최적화 첫 단계: 최적 부분 구조 찾기

앞서 설명했던 로직을 최적화하는 방법에 대해 생각해보겠습니다. 연습 문제 40에서 사용했던 문자열 ABCX와 ACYXB를 다시 사용하기로 하고, i = j = 0인 경우에 다음 관계가 성립합니다.

```
LCS(A, B, 0, 0) = 1 + LCS(A, B, 1, 1)
```

앞서 언급했듯이 두 개의 문자열 중 하나라도 비어 있는 상태이면 LCS 값은 0입니다. 또한 두 문자열 A와 B의 LCS는 A에서 마지막 문자를 제외한 문자열과 B로부터 구한 LCS, 그리고 B에서 마지막 문자를 제외한 문자열과 A로부터 구한 LCS 둘 사이의 최댓값입니다.

```
A = "ABC"
B = "AXB"

"ABC"와 "AXB"의 LCS
= max("AB"와 "AXB"의 LCS, "ABC"와 "AX"의 LCS)
= "AB"와 "AXB"의 LCS
= "AB"
```

이와 같이 두 문자열의 LCS와 두 문자열의 앞쪽 부분 문자열의 LCS 관계를 이용하여 다음과 같은 로직을 정의할 수 있습니다.

```
만약 두 문자열 중 하나라도 빈 문자열이면:
    LCS = 0

그렇지 않으면:
    A의 부분 문자열과 B의 부분 문자열 마지막 문자가 같으면:
        A와 B의 부분 문자열에서 구한 LCS 길이는 각 부분 문자열에서 마지막 한 문자를
        제외한 문자열로부터 구한 LCS 길이에 1을 더한 것과 같음
    그렇지 않으면:
        LCS 길이는 다음 두 경우의 최댓값과 같음:
        1) A의 부분 문자열에서 마지막 문자를 제외한 것과 B의 부분 문자열에서 구한 LCS 길이
        2) B의 부분 문자열에서 마지막 문자를 제외한 것과 A의 부분 문자열에서 구한 LCS 길이
```

메모이제이션 기법을 이용하여 모든 단계의 결과를 2차원 벡터에 저장할 수 있습니다. 이때 첫 번째 차원의 크기는 A 문자열 길이와 같고, 두 번째 차원 크기는 B 문자열 길이와 같습니다. 기저 조건을 제외하고, memo[i - 1][j - 1] 위치에 이미 계산된 결과가 저장되어 있는지를 확인합니다. 만약 이미 저장된 값이 있다면 그 값을 그대로 반환하고, 그렇지 않으면 다시 앞에 정의한 로직을 이용하여 재귀적으로 값을 계산하여 캐시에 저장합니다. 지금까지 설명한 내용을 다음 실습 문제에서 구현해보겠습니다.

## 8.6.4 실습 문제 19: 메모이제이션을 이용하여 최장 공통 부분 시퀀스 찾기

앞서 부분집합의 합 문제를 푸는 과정에서 전수 조사, 백트래킹, 메모이제이션, 타뷸레이션 등의 다양한 방법을 사용했습니다. 이번 실습 문제에서는 메모이제이션을 이용하여 최장 공통 부분 시퀀스 문제를 풀어보세요.

### 입력

두 개의 문자열 A와 B

### 출력

A와 B 문자열의 최장 공통 부분 시퀀스 길이

### 테스트 케이스

그림 8-16에 나타난 테스트 케이스의 입출력을 분석해보면 문제를 더 잘 이해할 수 있습니다.

▼ 그림 8-16 실습 문제 19에 대한 테스트 케이스

| 입력 | 출력 |
| --- | --- |
| 123456<br>QWERTY | 0 |

| 입력 | 출력 |
| --- | --- |
| ACBEBC<br>ABCBC | 4 |

| 입력 | 출력 |
| --- | --- |
| AZYBYXCXW<br>ZZAYYBXXXCWW | 6 |

| 입력 | 출력 |
| --- | --- |
| ABCABDBEFBA<br>ABCBEFBEAB | 8 |

| 입력 | 출력 |
| --- | --- |
| ABZCYDABAZADAEA<br>YABAZADBBEAAECYACAZ | 10 |

### 문제 해결 가이드라인

- 상태를 2차원 벡터로 표현할 수 있습니다. 첫 번째 차원의 크기는 문자열 A의 길이로, 두 번째 차원의 크기는 문자열 B의 길이로 설정합니다.

- 전수 조사 방식을 메모이제이션 방식으로 변환하기 위해 변경해야 할 사항은 거의 없습니다.

- 부분 문제를 다룰 때 이미 결과가 캐시에 저장되어 있는지를 구분할 수 있는 방법에 대해 잘 생각해야 합니다.

## 8.6.5 하향식에서 상향식으로 바꾸기: 메모이제이션 방식을 타뷸레이션 방식으로 바꾸기

만약 두 문자열 ABCABDBEFBA와 ABCBEFBEAB에 대해 메모이제이션 방식으로 최대 공통 부분 시퀀스 문제를 풀고, 이때 사용한 memo 테이블 값을 화면에 출력하면 그림 8-17과 같은 결과를 볼 수 있습니다. 이 그림에서 -1은 UNKNOWN을 의미합니다.

❤ 그림 8-17 "ABCABDBEFBA"와 "ABCBEFBEAB" 문자열에 대한 memo 테이블

|   | A | B | C | B | E | F | B | E | A | B |
|---|---|---|---|---|---|---|---|---|---|---|
| A | 1 | 1 | 1 | 1 | 1 | 1 | 1 | 1 | -1 | -1 |
| B | 1 | 2 | -1 | 2 | 2 | 2 | 2 | 2 | -1 | -1 |
| C | 1 | 2 | 3 | 3 | 3 | 3 | 3 | 3 | -1 | -1 |
| A | 1 | 2 | 3 | 3 | 3 | 3 | 3 | 3 | 4 | -1 |
| B | 1 | 2 | 3 | 4 | 4 | 4 | 4 | 4 | 4 | -1 |
| D | 1 | 2 | 3 | 4 | 4 | 4 | 4 | 4 | 4 | -1 |
| B | -1 | -1 | -1 | 4 | 4 | 4 | 5 | 5 | 5 | -1 |
| E | -1 | -1 | -1 | -1 | 5 | 5 | 5 | 6 | 6 | -1 |
| F | -1 | -1 | -1 | -1 | -1 | 6 | 6 | 6 | 6 | -1 |
| B | -1 | -1 | -1 | -1 | -1 | -1 | 7 | 7 | -1 | 7 |
| A | -1 | -1 | -1 | -1 | -1 | -1 | -1 | -1 | 8 | 8 |

그림 8-17에서 7행 7열처럼 문자가 서로 같은 행과 열을 살펴보면 다음과 같은 패턴을 찾을 수 있습니다. memo[i][j] 값은 memo[i - 1][j - 1] + 1과 같습니다.

이번에는 문자가 서로 같지 않은 행과 열을 살펴보겠습니다. 이 경우 나타나는 패턴은 다음과 같습니다. memo[i][j] 값은 memo[i - 1][j]와 memo[i][j - 1] 두 값의 최댓값과 같습니다.

주어진 문제의 최적 부분 구조를 알고 있을 경우 타뷸레이션 기법으로 해답을 구하는 작업은 매우 간단합니다. 단순히 메모이제이션 해법으로 구했던 테이블을 상향식으로 구축하도록 코드를 작성하면 됩니다. 여기서는 기본적인 개념은 유지하되, 로직을 조금 다르게 작성하려고 합니다. 우선 memo 테이블 값을 UNKNOWN(-1)로 초기화할 것입니다. 타뷸레이션 기법은 전체 테이블을 적절한 값으로 채워나가는 알고리즘이며, 알고리즘이 종료되었을 때 UNKNOWN으로 남아 있는 값이 없어야 합니다.

그림 8-17에서 2행 3열의 UNKNOWN 값을 살펴보겠습니다. 이 원소의 값은 어떻게 설정되어야 할까요? 이 지점에서의 부분 문자열은 AB_____와 ABC_____이므로, LCS 길이는 2가 되어야 합니다. 이번에는 10행 9열의 UNKNOWN 값을 살펴보겠습니다. 이 지점에서의 부분 문자열은 ABCABDBEFB_와 ABCBEFBEA_이고, 이때의 LCS는 ABC_B__EFB_ —> ABCBEFB___ 형태로 구할 수 있습니다. 그러므로 LCS 길이는 7이 되어야 합니다. 즉, 특정 상태의 LCS 길이는 이전에 발견한 LCS 길이와 같거나, 또는 문자가 서로 같을 경우에는 이전 LCS 길이보다 하나 큰 값입니다. 가능한 최소 LCS 길이는 당연히 0입니다. 그러므로 이제 다음과 같이 DP 테이블을 재귀적으로 채우는 로직을 구성할 수 있습니다.

```
만약 i = 0 또는 j = 0 (빈 부분 문자열):
    LCS(i, j) = 0

그렇지 않으면:
    만약 두 부분 문자열의 마지막 문자가 같다면:
        LCS(i, j) = LCS(i - 1, j - 1) + 1
    그렇지 않으면:
        LCS(i, j) = LCS(i - 1, j)와 LCS(i, j - 1) 둘 중에 최댓값
```

이러한 로직은 앞서 설명한 메모이제이션 방법에서 나왔던 것과 본질적으로 같습니다. 다만 메모이제이션에서는 현재 상태 값을 알기 위해 아직 구하지 않은 이전 상태 값을 재귀적으로 계산하는 방식이지만, 타뷸레이션 방식은 앞부분 상태부터 채워나가며 이 상태 값을 나중에 재사용합니다. 이러한 로직을 다음 실습 문제에서 구현해보겠습니다.

## 8.6.6 실습 문제 20: 타뷸레이션을 이용하여 최장 공통 부분 시퀀스 찾기

이번 실습 문제에서는 최장 공통 부분 시퀀스 문제를 상향식 기법인 타뷸레이션을 이용하여 풀어 보세요.

### 입력

두 개의 문자열 A와 B

### 출력

A와 B 문자열의 최장 공통 부분 시퀀스 길이

### 추가 점수

LCS 길이를 찾은 후, 실제 LCS를 구성하는 문자들을 화면에 출력하세요.

### 테스트 케이스

그림 8-18에 나타난 테스트 케이스의 입출력을 분석해보면 문제를 더 잘 이해할 수 있습니다.

▼ 그림 8-18 실습 문제 20에 대한 테스트 케이스

| 입력 | 출력 |
| --- | --- |
| A1B2C3D4E | 5 |
| ABCDE | Extra credit: ABCDE |

| 입력 | 출력 |
| --- | --- |
| ABZCYDABAZADAEA | 10 |
| YABAZADBBEAAECYACAZ | Extra credit: YABAZADAEA |

| 입력 | 출력 |
| --- | --- |
| QWJEHFBEMVJEIIFJEEVFBEHFJXAJXBE | 14 |
| BVBQHEJEJCHEEHXBNEBCHHEHHFEHSBE | Extra credit: QHEJEJEEBEHFBE |

| 입력 | 출력 |
| --- | --- |
| AAA12AAA3AA4AA56AA7AAA8 | 19 |
| AA1AA2AAA3A4A5A6AA7A89AAA | Extra credit: AA12AAA3A4A56AA7AAA |

**문제 해결 가이드라인**

- 부분집합의 합 문제와 마찬가지로 타뷸레이션 방법은 이중 for 반복문이 필요합니다.

- 특정 상태 LCS(I, j)에 대해 세 가지 처리 방법이 필요합니다. 두 부분 문자열 중 하나라도 빈 문자열인 경우, 두 부분 문자열의 마지막 문자가 같은 경우, 마지막 문자가 같지 않은 경우를 따로 처리해야 합니다.

- LCS를 구성하는 문자들은 DP 테이블을 역추적하여 찾을 수 있습니다.

# 8.7 실습 문제 21: 멜로디 순열

> Note ≡ 이 문제를 풀기 위해 음악 이론에 대해 알 필요는 없지만, 이 문제는 전통적인 서양 8음 평균율(Western 8-note equal temperament scale)에 기반을 두고 있습니다. 음악적 측면에 대해 필요한 정보는 여기서 모두 제공됩니다.

음악 집합 이론(Musical set theory)은 음(note)의 간격 관계에 따라 화성과 멜로디(melody)를 분류하는 한 형태입니다. 음악 용어에서 음정(interval)은 악보에 기록될 때 두 음 사이의 상대적인 거리로 정의할 수 있습니다.

▼ 그림 8-19 음표와 음이름

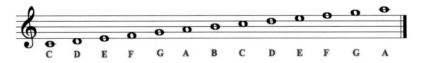

그림 8-20은 두 음 사이의 거리와 음정과의 관계를 보여줍니다.

음정

이제 여러분이 음악 이론을 공부하고 있고, 다른 작곡가가 만든 멜로디에 특정 음 집합의 순열이 몇 번 나타나는지 알고 싶다고 가정해보겠습니다. 특정 멜로디와 음이름 집합이 주어지면, 주어진 멜로디에 음 집합의 순열이 나타나는 횟수를 세어야 합니다. 유효한 순열에 대해 음이름은 순서에 상관없이 몇 번이든 반복되어 사용될 수 있습니다.

```
                0   1   2   3   4   5   6
멜로디:       { "A", "B", "C", "C", "E", "C", "A" }
음이름 집합:  { "A", "C", "E" }

부분집합:
    { 0, 2, 4 } ─> { "A", "C", "E" }
    { 0, 3, 4 } ─> { "A", "C", "E" }
    { 0, 4, 5 } ─> { "A", "E", "C" }
    { 2, 4, 6 } ─> { "C", "E", "A" }
    { 3, 4, 6 } ─> { "C", "E", "A" }
    { 4, 5, 6 } ─> { "E", "C", "A" }

    { 0, 2, 3, 4 } ─> { "A", "C", "C", "E" }
    { 0, 2, 4, 5 } ─> { "A", "C", "E", "C" }
    { 0, 2, 4, 6 } ─> { "A", "C", "E", "A" }
    { 0, 3, 4, 5 } ─> { "A", "C", "E", "C" }
    { 0, 3, 4, 6 } ─> { "A", "C", "E", "A" }
    { 0, 4, 5, 6 } ─> { "A", "E", "C", "A" }
    { 2, 3, 4, 6 } ─> { "C", "C", "E", "A" }
    { 2, 4, 5, 6 } ─> { "C", "E", "C", "A" }
    { 3, 4, 5, 6 } ─> { "C", "E", "C", "A" }

    { 0, 2, 3, 4, 5 } ─> { "A", "C", "C", "E", "C" }
```

```
{ 0, 2, 3, 4, 6 } ─〉 { "A", "C", "C", "E", "A" }
{ 0, 2, 4, 5, 6 } ─〉 { "A", "C", "E", "C", "A" }
{ 0, 3, 4, 5, 6 } ─〉 { "A", "C", "E", "C", "A" }
{ 2, 3, 4, 5, 6 } ─〉 { "C", "C", "E", "C", "A" }

{ 0, 2, 3, 4, 5, 6 } ─〉 { "A", "C", "C", "E", "C", "A" }
```

전체 순열 개수 = 21

다음의 음이름 쌍은 같은 음을 나타내며 동일하게 취급해야 합니다.

```
C ─ B# (B#은 "비-샵"이라고 읽습니다.)
C# ─ Db (Db은 "디-플랫"이라고 읽습니다.)
D# ─ Eb
E ─ Fb
E# ─ F
F# ─ Gb
G# ─ Ab
A# ─ Bb
B ─ Cb
```

그림 8-21은 피아노 건반 위에 같은 음을 나타내는 서로 다른 음이름을 표기했습니다.

▼ 그림 8-21 같은 음을 나타내는 음이름

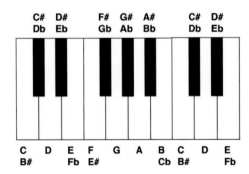

그러므로 다음의 음이름 조합은 같다고 간주합니다.

```
{ A#, B#, C# } = { Bb, C, Db },
{ Fb, Db, Eb } = { E, C#, D# },
{ C, B#, E#, F } = { C, C, F, F }
등...
```

다음은 테스트로 사용할 수 있는 입력과 출력 예입니다.

**입력:**

> 멜로디: { "A", "B", "C", "C", "E", "C", "A" }
> 음이름 집합: { "A", "C", "E" }

**출력:** 21

**입력:**

> 멜로디: { "A", "B", "D", "C#", "E", "A", "F#", "B", "C", "C#", "D", "E" }
> 음이름 집합: { "B", "D", "F#", "E" }

**출력:** 27

**입력:**

> 멜로디: { "Bb", "Db", "Ab", "G", "Fb", "Eb", "G", "G", "Ab", "A", "Bb", "Cb",
> "Gb", "G", "E", "A", "G#" }
> 음이름 집합: { "Ab", "E", "G" }

**출력:** 315

**입력:**

> 멜로디: { "C", "C#", "D", "Bb", "E#", "F#", "D", "C#", "A#", "B#", "C#", "Eb",
> "Gb", "A", "A#", "Db", "B", "D#" }
> 음이름 집합: { "Bb", "C#", "D#", "B#" }

**출력:** 945

**입력:**

> 멜로디: { "A#", "B", "D#", "F#", "Bb", "A", "C", "C#", "Db", "Fb", "G#", "D",
> "Gb", "B", "Ab", "G", "C", "Ab", "F", "F#", "E#", "G", "Db" }
> 음이름 집합: { "A", "Db", "Gb", "A#", "B", "F#", "E#" }

**출력:** 1323

이번 실습 문제의 해결을 위한 가이드라인은 다음과 같습니다.

- 이 문제를 풀기 위해 앞서 설명한 것 이상의 음악 이론은 필요하지 않습니다.
- 음을 표현하기 위한 더 나은 방법이 있나요? 타뷸레이션 기법을 이용하기에 적합하도록 음을 다른 형식으로 바꿀 수 있을까요?
- *n*개 원소의 부분집합 개수는 몇인가요? 이 정보가 이 문제를 해결하는 데 유용할까요?

# 8.8 나가며

이 장에서는 두 가지 전형적인 동적 계획법 문제를 분석했고, 그 해결 방법을 구현했습니다. 그리고 다른 동적 계획법 문제를 다룰 때 사용할 수 있는 몇 가지 방법을 배웠습니다. 또한 동적 계획법으로 풀 수 있는 문제의 특성을 파악하는 방법과 동적 계획법 알고리즘을 개념적으로 고려하는 방법도 배웠습니다. 상태, 기저 조건, 재귀 관계 개념을 이용하여 복잡한 문제를 좀 더 단순한 구성 요소로 분해하는 방법도 배웠습니다.

이 장에서는 동적 계획법을 단순히 겉핥기식으로 다루지 않았습니다. 이 장에서 깊이 있게 다뤘던 두 가지 문제는 개념적으로나 또는 구현 방법에 있어 매우 유사한 특징을 가지고 있습니다. 이러한 유사점 중 많은 부분은 거의 모든 동적 계획법 문제에서 공통으로 나타나기 때문에 매우 복잡하고 숙달하기 어려운 주제를 다루기 전에 아주 적합한 연습이 되었을 것입니다.

동적 계획법은 단순히 책을 읽거나 관찰하는 것만으로는 제대로 사용하기 어려운 기술입니다. 동적 계획법을 잘 사용하기 위해서는 가급적이면 다른 사람의 도움 없이 많은 문제를 풀어보는 것이 좋습니다. 처음 어려운 동적 계획법 문제를 만나게 되면 최적의 해결책을 찾기 위해 수많은 시도가 필요할 수 있습니다. 그러나 이처럼 힘든 과정을 통해 얻은 경험은 쉬운 동적 계획법 문제 여러 개를 통해 얻을 수 있는 것보다 훨씬 값진 재산이 될 것입니다.

이 장에서 문제 해결을 위해 동적 계획법에 점진적으로 접근했던 방식은 앞으로 여러분에게 도움이 될 수 있지만, 이 방법이 궁극적인 해법에 접근하는 유일한 방법은 아닙니다. 수많은 동적 계획법 문제를 풀다 보면 처음부터 타뷸레이션 기법을 적용할 수 있는 특정 패턴을 발견할 수 있게 될 것입니다. 그러나 이러한 패턴은 다양한 문제를 접해보기 전에는 알아차리기 어렵습니다. 다른 새로운 기법과 마찬가지로 동적 계획법도 지속적인 연습을 통해 쉽게 느껴지게 될 수 있으며, 처음에는 매우 어렵게 보였던 문제들도 차츰 익숙해지면서 재미도 느끼게 될 것입니다.

마지막 9장에서는 좀 더 고급 상황에 동적 계획법을 적용하는 방법에 대해 배우고, 언뜻 보기에는 상당히 다른 문제처럼 보이는 문제가 실제로는 같은 개념의 문제가 변형된 것일 수 있다는 점을 알게 될 것입니다. 마지막으로 그래프의 최단 경로 문제에 동적 계획법 패러다임을 적용하는 방법을 설명하면서 이 책을 마무리할 것입니다.

# 9<sup>장</sup>

# 동적 계획법 II

이 장을 마치면 다음 작업을 수행할 수 있습니다.

- 주어진 문제를 다항 시간에 풀 수 있는지 또는 비결정적 다항 시간에 풀 수 있는지를 설명할 수 있고, 이러한 특징이 효율적인 알고리즘을 개발하는 데 미치는 영향에 대해 설명할 수 있습니다.
- 0-1 배낭 문제와 무한 개수 배낭 문제 해법을 모두 구현할 수 있습니다.
- 동적 계획법 문제에 상태 공간 축소 개념을 적용할 수 있습니다.
- 동적 계획법 패러다임에 의해 최적화된 접근 방법을 사용하여 가중 그래프에서 모든 쌍 최단 경로 문제를 모두 해결할 수 있습니다.

이 장에서는 동적 계획법 접근 방법에 대한 이해를 바탕으로 이전 장에서 논의한 문제들을 최적화하는 방법에 대해 알아보겠습니다.

# 9.1 들어가며

앞 장에서 동적 계획법의 기본 개념에 대해 배웠고, 익숙하지 않은 문제에 대해 동적 계획법 솔루션을 찾기 위한 효과적인 전략에 대해 알아봤습니다. 이 장에서는 서로 다른 문제의 관계를 분석하여 한 문제에 적용했던 기본적인 동적 계획법 접근 방법을 다른 문제에 적용하는 방법을 설명할 것입니다. 그리고 이를 통해 동적 계획법을 좀 더 폭넓게 이해해보겠습니다. 또한 주어진 문제의 특성을 활용하여 동적 계획법 풀이에서 사용되는 차원 크기, 연산 횟수 등을 최적화하는 상태 공간 축소 개념에 대해서도 다룰 예정입니다. 이 장의 마지막 부분에서는 다시 그래프와 관련된 내용을 다룰 것이며, 최단 경로 문제에 동적 계획법을 적용하는 방법에 대해 알아보겠습니다.

# 9.2 P와 NP

8장에서 동적 계획법이 다른 접근 방법보다 상당히 효과적이라고 설명했지만, 실제로 어느 정도로 성능이 향상되는지는 아직 명확하지 않을 것입니다. 입력 데이터 크기가 증가함에 따라 문제 해결의 복잡도가 어느 정도까지 향상되는지를 파악하는 것은 매우 중요합니다. 이를 통해 동적 계획법이 단순한 선호도의 문제가 아니라 필수적인 선택이라는 것을 이해할 수 있기 때문입니다.

다음 문제에 대해 생각해보겠습니다.

"특정 값과 연산자로 구성된 부울 수식이 주어지면 그 결과가 TRUE인지 FALSE인지를 판단하세요."

이 문제의 몇 가지 예를 나타내면 다음과 같습니다.

```
(0 OR 1) ─> TRUE
(1 AND 0) ─> FALSE
(1 NOT 1) ─> FALSE
(1 NOT 0) AND (0 NOT 1) ─> TRUE
```

이 문제는 매우 쉽게 풀 수 있습니다. 주어진 수식을 연산 순서에 맞게 평가하면 정확한 답을 얻을 수 있습니다. 그러나 문제가 다음과 같이 주어졌다고 생각해보세요.

"변수와 연산자로 구성된 부울 수식이 주어질 경우, 각 변수에 TRUE 또는 FALSE를 지정하여 그 결과가 TRUE가 될 수 있는지를 판단하세요."

다음 예제를 살펴보겠습니다.

```
(a1 OR a2) ─> TRUE

    (0 ∨ 0) = FALSE
    (0 ∨ 1) = TRUE
    (1 ∨ 0) = TRUE
    (1 ∨ 1) = TRUE

(a1 AND a2) ─> TRUE

    (0 ∧ 0) = FALSE
    (0 ∧ 1) = FALSE
    (1 ∧ 0) = FALSE
    (1 ∧ 1) = TRUE
```

```
(a1 NOT a1) —> FALSE

   (0 ¬ 0) = FALSE
   (1 ¬ 1) = FALSE


(a1 NOT a2) AND (a1 AND a2) —> FALSE

   (0 ¬ 0) ∧ (0 ∧ 0) = FALSE
   (0 ¬ 1) ∧ (0 ∧ 1) = FALSE
   (1 ¬ 0) ∧ (1 ∧ 0) = FALSE
   (1 ¬ 1) ∧ (1 ∧ 1) = FALSE
```

> **Note** ≡ 앞서 나온 부울 수식에서 기호 ¬는 NOT 연산을 의미합니다. 즉, (1 ¬ 1) = FALSE이고 (1 ¬ 0) = TRUE입니다. 또한 기호 ∧는 AND 연산을 의미하고, 기호 ∨는 OR 연산을 나타냅니다.

부울 수식을 다룬다는 점은 같지만, 두 문제의 차이는 엄청나게 큽니다. 첫 번째 문제에서 복잡도를 결정하는 요소는 수식의 길이 하나뿐입니다. 그러나 두 번째 문제는 각 변수에 가능한 모든 값을 하나하나 대입해보면서 조건을 만족하는지 확인하는 방법 외에는 다른 뚜렷한 방법이 없을 것 같습니다.

또 다른 문제를 살펴보겠습니다.

> "주어진 그래프의 모든 정점에 세 가지 색상 중 하나가 할당되어 있을 경우, 인접한 두 정점이 같은 색상으로 지정된 경우가 있는지 여부를 판단하세요."

앞서 부울 수식 예제와 마찬가지로, 이 문제 또한 매우 쉽게 구현할 수 있습니다. 모든 정점을 탐색하면서 인접한 정점이 같은 색상을 가지고 있다면 FALSE를 반환하면 됩니다. 그런데 만약 문제가 다음과 같이 바뀌면 어떨까요?

> "주어진 그래프의 모든 정점에 세 가지 색상 중 하나를 할당할 경우, 인접한 두 정점이 같은 색상을 갖지 않도록 지정할 수 있는지 여부를 판단하세요."

다시 말하지만, 이는 앞에서 기술한 문제와는 매우 다른 문제입니다.

앞서 제시한 문제들 중에서 먼저 기술한 형태의 문제를 P 문제라고 부르고, 이는 **다항 시간**(polynomial time) 내에 해답을 구할 수 있음을 의미합니다. 주어진 문제의 시간 복잡도가 $O(n)$, $O(n^2)$, $O(\log n)$ 등으로 표현될 수 있으면 이 문제들은 P 문제에 속합니다. 그러나 나중에 기술한 형태의 문제들은 최악의 상황에서의 복잡도가 지수 시간이 아닌 솔루션이 존재하지 않습니다. 그러므로 이러한 문제들은 NP 문제 또는 **비결정적 다항 시간**(non-deterministic polynomial time) 문제라고 부릅니다.

주어진 문제를 P와 NP로 구분하는 것은 상당한 논쟁거리입니다. 특히 흥미로운 부분은 주어진 문제의 솔루션을 검증하는 것은 쉬운 반면, 실제 솔루션을 만들어내는 작업은 매우 어렵다는 점입니다. 프로그래밍 분야에서 널리 논의되고 있는 미해결 문제 중 하나는 다음과 같습니다. "주어진 문제의 솔루션 검증이 클래스 P에 속한다는 것이 해당 문제의 다항 시간 솔루션을 보장하는가? 즉, 다시 말해 P = NP인가?" 일반적으로는 이 질문에 대한 답은 '아니요(P ≠ NP)'라고 알려져 있지만, 아직 증명이 되지 않았습니다. 만약 이것에 대한 증명이 이루어진다면 결과가 무엇이든지 알고리즘 분야에서 혁신적인 진보가 될 것입니다.

NP에 속하는 많은 문제는 NP-완전(NP-complete)으로 알려져 있으며, 이들 문제는 특별한 특성을 공유합니다. 만약 NP 문제 중 하나를 다항 시간처럼 효율적으로 해결하는 솔루션이 발견된다면, 해당 솔루션을 수정하여 다른 모든 NP 문제를 효율적으로 해결할 수 있습니다. 즉, 앞에서 첫 번째 예로 들었던 부울 수식 충족 가능성 문제(SAT, Boolean satisfiability problem)에 대한 다항 시간 솔루션이 발견될 경우, 로직을 조금 변경하여 두 번째 그래프 컬러링 문제(graph-coloring problem)도 해결할 수 있으며, 그 반대도 가능합니다.

복잡도가 높은 모든 문제가 이러한 특징을 갖는 것은 아닙니다. 체스 게임에서 가장 좋은 이동 방법을 찾는 문제를 생각해보겠습니다. 아마도 다음과 같은 순환 로직을 생각할 수 있을 것입니다.

현재 플레이어가 가진 각각의 피스 a에 대해:

피스 a가 움직일 수 있는 이동 방법 m_a에 대해:

상대방 플레이어가 가진 각각의 피스 b에 대해:

m_a 이동 후, 피스 b가 움직일 수 있는 이동 방법 m_b에 대해:

현재 플레이어가 가진 각각의 피스 a에 대해...

...

이러한 이동 후에 player_1 플레이어가 이길 수 있는 방법의 수를 계산합니다.

가장 좋은 이동 방법은 player_1 플레이어가 이기는 확률이 최대가 되는 이동 방법입니다.

이 문제 해결의 시간 복잡도는 분명히 지수 시간 형태를 따릅니다. 그러나 이 문제는 NP-완전의 기준에 부합하지 않습니다. 왜냐하면 특정 이동 방법이 최선인지 판별하는 작업이 같은 수준의 복잡도를 요구하기 때문입니다.

이 예제를 스도쿠(Sudoku) 퍼즐 문제와 비교해보겠습니다.

▼ 그림 9-1 풀이가 끝난 스도쿠 퍼즐

| 1 | 5 | 6 | 8 | 2 | 3 | 9 | 7 | 4 |
| 9 | 7 | 8 | 6 | 4 | 1 | 2 | 5 | 3 |
| 2 | 4 | 3 | 7 | 5 | 9 | 6 | 1 | 8 |
| 3 | 2 | 5 | 1 | 7 | 4 | 8 | 9 | 6 |
| 7 | 6 | 4 | 3 | 9 | 8 | 1 | 2 | 5 |
| 8 | 1 | 9 | 5 | 6 | 2 | 4 | 3 | 7 |
| 5 | 3 | 2 | 9 | 8 | 6 | 7 | 4 | 1 |
| 4 | 8 | 7 | 2 | 1 | 5 | 3 | 6 | 9 |
| 6 | 9 | 1 | 4 | 3 | 7 | 5 | 8 | 2 |

스도쿠 퍼즐을 제대로 풀었는지 검증하려면 전체 행렬의 각 행과 열을 스캔하면서 아홉 개의 굵은 선으로 구분된 3×3 사각형 구역 안에 1에서 9 사이의 숫자가 하나씩 나타나고, 또한 하나의 행 또는 열에 같은 숫자가 중복으로 나타나지 않는지를 확인해야 합니다. 이러한 검증은 { 1, 2, 3, 4, 5, 6, 7, 8, 9 }로 구성된 집합을 세 개 사용하여 구현할 수 있습니다. 여기서 첫 번째 집합은 각 행에 있는 숫자를, 두 번째 집합은 각 열에 있는 숫자를, 세 번째 집합은 3×3 사각형 구역 안에 있는 숫자를 나타냅니다. 전체 행렬에 적혀 있는 숫자를 스캔하면서 세 개의 숫자 집합에 있는지를 각각 확인합니다. 만약 특정 숫자가 집합에 있다면 이 숫자를 집합에서 제거합니다. 만약 해당 숫자가 집합에 없다면 FALSE를 반환합니다. 모든 셀을 확인한 후, 모든 집합이 비어 있는 상태가 되면 TRUE를 반환합니다. 이러한 작업은 전체 행렬에 대해 한 번만 진행하면 되므로, 다항 시간 내에 풀 수 있다고 결론지을 수 있습니다. 그러나 완전히 채워지지 않은 스도쿠 퍼즐이 주어지고, 퍼즐의 해답이 존재하는지를 판단해야 하는 경우라면 문제가 아주 복잡해집니다. 이 경우, 조건에 맞는 해답을 찾을 때까지 각각의 셀에 가능한 모든 숫자 조합을 고려하는 작업을 재귀적으로 수행해야 하고, 이러한 작업은 최악의 경우 $O(9^n)$의 시간 복잡도를 가집니다. 여기서 $n$은 주어진 퍼즐에서 비어 있는 칸의 개수입니다. 그러므로 스도쿠 퍼즐은 NP 문제라고 결론을 내릴 수 있습니다.

# 9.3 부분집합의 합 문제 다시 보기

앞 장에서 최악의 경우 지수 시간 복잡도를 갖는 부분집합의 합 문제를 다뤘습니다. 이 문제에 대하여 실제 해답을 찾는 것과 특정 해답의 유효성을 검증하는 것에 대해 각각 생각해보겠습니다.

먼저 주어진 해답의 유효성 검증에 대해 생각해보겠습니다.

```
집합 ─〉 { 2 6 4 15 3 9 }
목표치 ─〉 24

부분집합 ─〉 { 2 6 4 }
부분집합의 합 = 2 + 6 + 4 = 12
FALSE

부분집합 ─〉 { 2 6 15 3 }
부분집합의 합 = 2 + 6 + 15 + 3 = 24
TRUE

부분집합 ─〉 { 15 9 }
부분집합의 합 = 15 + 9 = 24
TRUE

부분집합 ─〉 { 6 4 3 9 }
부분집합의 합 = 6 + 4 + 3 + 9 = 22
FALSE
```

특정 부분집합에 대한 유효성 검증은 각 부분집합의 원소를 모두 더하여 목표치와 같은지를 검사하는 방식입니다. 그러므로 이 검증에 대한 복잡도는 부분집합의 크기에 대해 선형 관계를 만족하며, P 클래스에 속한다고 볼 수 있습니다.

앞에서 부분집합의 합 문제를 $O(N \times M)$ 형태의 다항 시간 복잡도로 해결하는 방법을 설명했습니다. 여기서 $N$은 집합의 크기를 나타내고, $M$은 부분집합의 합 목표치를 나타냅니다. 이러한 형태의 시간 복잡도는 얼핏 이 문제가 NP-완전이 아닌 것처럼 보이기도 합니다. 그러나 $M$은 입력 데이터의 개수를 의미하는 값이 아니므로 실제로는 그렇지 않습니다. 컴퓨터는 정수를 이진수로 표현하고, 많은 수의 비트를 필요로 하는 정수를 처리하기 위해서는 마찬가지로 많은 연산 시간이 필요합니다. 그러므로 $M$ 값이 두 배가 될 때마다 연산 시간 또한 두 배로 증가하게 됩니다.

따라서 이 책에서 제시한 동적 계획법 풀이 방법은 다항 시간 복잡도를 갖는 것으로 취급되지 않습니다. 부분집합의 합 문제는 의사 다항 시간(pseudo-polynomial time)으로 동작한다고 정의하며, 실제로 NP-완전 문제라고 결론지을 수 있습니다.

STRUCTURES & ALGORITHMS

# 9.4 배낭 문제

이번에는 '5장 그리디 알고리즘'에서 살펴봤던 배낭 문제를 다시 살펴보겠습니다. 이 문제는 바로 앞에서 살펴봤던 부분집합의 합 문제의 '큰 형님'이라고 할 수 있습니다. 이 문제의 설명은 다음과 같습니다.

"용량 제한이 있는 배낭과 서로 다른 가격과 무게를 갖는 여러 물건이 주어질 경우, 배낭의 제한 용량을 넘지 않으면서 가방에 넣은 물건들의 가격 합이 최대가 되는 물건 조합은 무엇입니까?"

이 문제 또한 대표적인 NP-완전 문제이며, 다른 NP-완전 문제와 밀접한 관련이 있습니다.

다음의 예를 살펴보겠습니다.

```
용량 —> 10
물건 개수 —> 5
무게 —> { 2, 3, 1, 4, 6 }
가격 —> { 4, 2, 7, 3, 9 }
```

이러한 입력이 주어질 경우, 그림 9-2와 같은 경우의 수가 가능합니다.

확실히 이 문제는 친숙한 느낌이 있습니다. 이 문제를 풀기 위해 부분집합의 합 알고리즘을 많이 수정해야 할까요?

{ } | 무게 = 0, 가격 = 0

{ 0 } | 무게 = 2, 가격 = 4
{ 1 } | 무게 = 3, 가격 = 2
{ 2 } | 무게 = 1, 가격 = 7
{ 3 } | 무게 = 4, 가격 = 3
{ 4 } | 무게 = 6, 가격 = 9

{ 0 1 } | 무게 = 5, 가격 = 6
~~{ 0 2 } | 무게 = 3, 가격 = 11~~
{ 0 3 } | 무게 = 6, 가격 = 7
{ 0 4 } | 무게 = 6, 가격 = 8
{ 1 2 } | 무게 = 4, 가격 = 9
{ 1 3 } | 무게 = 7, 가격 = 5
~~{ 1 4 } | 무게 = 9, 가격 = 11~~
{ 2 3 } | 무게 = 5, 가격 = 7
~~{ 2 4 } | 무게 = 7, 가격 = 16~~
~~{ 3 4 } | 무게 = 10, 가격 = 12~~

{ 0 1 2 } | 무게 = 6, 가격 = 13
{ 0 1 3 } | 무게 = 9, 가격 = 9
~~{ 0 1 4 } | 무게 = 11, 가격 = 15~~
~~{ 0 2 3 } | 무게 = 7, 가격 = 14~~
{ 0 2 4 } | 무게 = 9, 가격 = 20
~~{ 0 3 4 } | 무게 = 12, 가격 = 16~~
{ 1 2 3 } | 무게 = 8, 가격 = 12
{ 1 2 4 } | 무게 = 10, 가격 = 18
~~{ 1 3 4 } | 무게 = 13, 가격 = 14~~
~~{ 2 3 4 } | 무게 = 11, 가격 = 19~~

{ 0 1 2 3 } | 무게 = 10, 가격 = 16
~~{ 0 1 2 4 } | 무게 = 12, 가격 = 22~~
~~{ 0 1 3 4 } | 무게 = 15, 가격 = 18~~
~~{ 0 2 3 4 } | 무게 = 13, 가격 = 23~~
~~{ 1 2 3 4 } | 무게 = 14, 가격 = 21~~

~~{ 0 1 2 3 4 } | 무게 = 16, 가격 = 25~~

## 9.4.1 0-1 배낭 문제 – 부분집합의 합 문제 확장하기

'6장 그래프 알고리즘 I'에서 설명했듯이, 앞선 예제는 0-1 배낭 문제입니다. 이 경우 부분집합의 합 문제를 해결할 때 사용했던 상태 변환 로직과 유사한 공통점을 발견할 수 있습니다.

부분집합의 합 문제의 경우, 집합의 i번째 원소 set[i]에 대해 다음 작업을 수행했습니다.

**1.** 이전에 구한 부분집합의 합에 set[i]를 더합니다.

**2.** 이전에 구한 부분집합의 합을 그대로 유지합니다.

이 경우, (i + 1)번째 인덱스와 부분집합의 합 x에서의 DP 테이블 값은 다음을 참조하여 TRUE로 설정됩니다.

1. DP(i, x) – 이전 행, 같은 부분집합의 합 위치 값

2. DP(i, x + set[i]) – 이전 행, 같은 부분집합의 합에 set[i] 값을 더한 위치 값

즉, i번째 인덱스에서의 부분집합의 합은 이전 부분집합의 합 또는 이전 부분집합의 합에 현재 원소를 더한 값으로 결정됩니다.

0-1 배낭 문제의 경우, i번째 물건의 무게가 w이고 가격이 v라면 다음 중 하나를 수행할 수 있습니다.

1. 기존에 선택된 물건들의 무게에 w를 더한 결과가 최대 용량보다 같거나 작을 경우, 기존에 선택된 물건들의 가격 합에 v를 더합니다.

2. 기존에 선택된 물건들의 가격 합을 그대로 유지합니다.

가격이 v이고 무게가 w인 (i + 1)번째 물건을 고려할 때, 선택된 물건들의 무게 합이 W인 경우의 최대 가격 합은 다음 중 하나로 결정됩니다.

1. i번째 물건에 대해 선택된 물건들의 무게 합이 W인 경우의 최대 가격 합

2. i번째 물건에 대해 선택된 물건들의 무게 합이 W – w인 경우의 최대 가격 합에 v를 더한 값

즉, i번째 물건과 무게 w를 고려할 때의 최대 가격 합은 같은 무게에 대해 i – 1번째 물건을 고려할 경우와 같거나, 또는 이전의 최대 가격 합에 현재 물건의 가격을 더한 것과 같습니다.

부분집합의 합 문제에서 DP 테이블을 채우는 의사 코드는 다음과 같이 작성할 수 있습니다.

```
i번째 인덱스에서 sum (1 <= sum <= max_sum) 값에 대해:

    만약 sum < set[i - 1]이면:
        DP(i, sum) = DP(i - 1, sum)

    그렇지 않으면:
        DP(i, sum) = DP(i - 1, sum) 또는 DP(i - 1, sum - set[i - 1])
```

이와 같은 로직을 0-1 배낭 문제에 적용하면 다음과 같습니다.

```
i번째 인덱스에서 total_weight (1 <= total_weight <= max_capacity) 값에 대해:
```

```
만약 total_weight < weight[i]이면:
    DP(i, total_weight) = DP(i - 1, total_weight)

그렇지 않으면:
    DP(i, total_weight) = 다음 중 최댓값:
        1) DP(i - 1, total_weight)
        2) DP(i - 1, total_weight - weight[i]) + value[i]
```

여기서 전체적인 알고리즘의 흐름은 실질적으로 같다는 점을 알 수 있습니다. 집합의 원소 개수와 집합 원소의 합으로 크기가 한정된 2차원 검색 공간을 탐색하면서 새로운 부분집합의 합을 찾을 수 있는지 여부를 결정합니다. 다만 차이점은 단순히 특정 부분집합의 합이 존재하는지 여부를 기록하는 것이 아니라, 선택된 항목들의 부분집합이 구성하는 무게를 고려하여 최대 가격을 찾는다는 점입니다. 다음 연습 문제에서 이러한 내용을 구현해보겠습니다.

## 9.4.2 연습 문제 41: 0-1 배낭 문제

이번 연습 문제에서는 앞서 설명한 0-1 배낭 문제 로직을 상향식 타뷸레이션 방법으로 구현해보겠습니다.

**1.** 필요한 헤더 파일을 포함합니다.

```
#include <iostream>
#include <vector>
#include <algorithm>

using namespace std;
```

**2.** 먼저 main() 함수에서 입력을 처리하는 부분을 만들겠습니다. 두 개의 정수형 변수 items와 capacity를 선언하고, 표준 입력으로 값을 지정하겠습니다. items는 전체 물건 개수를 나타내고, capacity는 배낭의 제한 용량을 나타냅니다. 그리고 value와 weight 벡터에 각 물건의 가격과 무게 정보를 저장합니다.

```
int main()
{
    int items, capacity;
    cin >> items >> capacity;

    vector<int> values(items), weight(items);
```

```
    for (auto& v : values) cin >> v;
    for (auto& w : weight) cin >> w;
    ...
}
```

**3.** 이번에는 Knapsack_01() 함수를 정의하겠습니다. 이 함수는 문제 정의에 필요한 항목을 인자로 받고, 정수 값 하나를 반환합니다.

```
int Knapsack_01(int items, int capacity, vector<int> values,
                vector<int> weight)
{
    ...
}
```

**4.** DP 테이블은 2차원으로 만들 것이고, 부분집합의 합 문제에서 사용한 형태와 상당히 유사합니다. 부분집합의 합에서 사용한 테이블의 경우, 첫 번째 차원 크기는 집합 크기보다 하나 크게 설정했고, 두 번째 차원 크기는 집합 전체 원소 합보다 하나 크게 설정했습니다. 0-1 배낭 문제의 경우, 테이블의 첫 번째 차원 크기는 (물건 개수 + 1)로 설정하고, 두 번째 차원 크기는 (배낭 용량 + 1)로 설정합니다.

```
vector<vector<int>> DP(items + 1, vector<int>(capacity + 1, 0));
```

**5.** DP 테이블 설정을 위한 반복문의 인덱스는 1부터 시작합니다. 바깥쪽 반복문에서 현재 물건의 무게와 가격을 currentWeight와 currentValue 변수에 저장하겠습니다.

```
    for (int i = 1; i <= items; i++)
    {
        int currentWeight = weight[i - 1];
        int currentValue = values[i - 1];

        for (int totalWeight = 1; totalWeight <= capacity; totalWeight++)
        {
            ...
        }
    }
```

**6.** 타뷸레이션 기법으로 DP 테이블을 채웁니다.

```
                if (totalWeight < currentWeight)
                {
```

```
            DP[i][totalWeight] = DP[i - 1][totalWeight];
    }
    else
    {
        DP[i][totalWeight] = max(DP[i - 1][totalWeight],
            DP[i - 1][totalWeight - currentWeight] + currentValue);
    }
```

**7.** Knapsack_01() 함수 마지막 부분에서는 DP 테이블의 마지막 원소를 반환합니다.

```
return DP[items][capacity];
```

**8.** 다시 main() 함수로 돌아와서, Knapsack_01() 함수를 호출하고 그 결과를 출력하는 코드를 추가합니다.

```
int result = Knapsack_01(items, capacity, values, weight);

cout << "배낭에 채울 수 있는 물건들의 최고 가격: " << result << endl;
```

**9.** 프로그램을 실행한 후, 다음의 숫자들을 입력하십시오.

```
8 66
20 4 89 12 5 50 8 13
5 23 9 72 16 14 32 4
```

그러면 다음과 같은 출력을 확인할 수 있습니다.

```
배낭에 채울 수 있는 물건들의 최고 가격: 180
```

이로써 부분집합의 합 문제에서 사용했던 알고리즘을 약간 수정하여 배낭 문제에 대한 효과적인 동적 계획법 솔루션을 만들 수 있다는 점을 확인할 수 있습니다.

## 9.4.3 무한 개수 배낭 문제

앞서 살펴본 0-1 배낭 문제는 가장 전통적인 형태의 배낭 문제이며, 이것과 조금 다른 시나리오의 배낭 문제가 몇 개 더 있습니다. 이번에는 각 물건을 개수 제한없이 배낭에 담을 수 있는 무한 개수 배낭 문제(unbounded knapsack problem)에 대해 알아보겠습니다.

먼저 전수 조사 방식으로 해답을 찾는 예를 살펴보겠습니다.

```
용량 = 25

가격 ─〉 { 5, 13, 4, 3, 8 }
무게 ─〉 { 9, 12, 3, 7, 19 }

{ 0 } ─〉 무게 = 9, 가격 = 5
{ 1 } ─〉 무게 = 12, 가격 = 13
{ 2 } ─〉 무게 = 3, 가격 = 4
{ 3 } ─〉 무게 = 7, 가격 = 3
{ 4 } ─〉 무게 = 32, 가격 = 8

{ 0, 0 } ─〉 무게 = 18, 가격 = 10
{ 0, 1 } ─〉 무게 = 21, 가격 = 18
{ 0, 2 } ─〉 무게 = 12, 가격 = 9
{ 0, 3 } ─〉 무게 = 16, 가격 = 8
{ 0, 4 } ─〉 무게 = 28, 가격 = 13
{ 1, 1 } ─〉 무게 = 24, 가격 = 26
{ 1, 2 } ─〉 무게 = 15, 가격 = 17
{ 1, 3 } ─〉 무게 = 19, 가격 = 16
{ 1, 4 } ─〉 무게 = 31, 가격 = 21
{ 2, 2 } ─〉 무게 = 6, 가격 = 8
{ 2, 3 } ─〉 무게 = 10, 가격 = 7
{ 2, 4 } ─〉 무게 = 22, 가격 = 12
{ 3, 3 } ─〉 무게 = 14, 가격 = 6
{ 3, 4 } ─〉 무게 = 26, 가격 = 11
{ 4, 4 } ─〉 무게 = 38, 가격 = 16

{ 0, 0, 0 } ─〉 무게 = 27, 가격 = 15
{ 0, 0, 1 } ─〉 무게 = 30, 가격 = 26
{ 0, 0, 2 } ─〉 무게 = 21, 가격 = 14
{ 0, 0, 3 } ─〉 무게 = 25, 가격 = 13
{ 0, 0, 4 } ─〉 무게 = 37, 가격 = 18
{ 0, 1, 1 } ─〉 무게 = 33, 가격 = 31
...
```

전수 조사 관점에서 볼 때, 무한 개수 배낭 문제는 훨씬 더 복잡해 보입니다. 이 문제를 처리하기 위해 0-1 배낭 문제에서의 의사 코드 로직을 다시 설명하겠습니다.

현재 선택된 물건들의 무게 합이 total_weight이고 무게가 current_weight인 i번째 물건을 고려할 때, 최대 가격 합은 다음 중 하나일 수 있습니다.

1. (i - 1)번째 물건과 total_weight 무게를 고려할 때의 최대 가격 합

2. (i - 1)번째에서 선택된 물건들의 무게에 current_weight를 더하여 total_weight가 형성되었다고 가정할 경우:

   a. (i - 1)번째에서 선택된 물건들의 무게가 total_weight - current_weight일 때의 최대 가격 합에 현재 물건 가격을 합한 값

   b. 현재 선택된 물건들의 무게가 total_weight - current_weight일 때의 최대 가격 합에 현재 물건 가격을 합한 값

이 새로운 로직을 DP 테이블 관점에서 다음과 같이 나타낼 수 있습니다.

i번째 인덱스에서 total_weight (1 <= total_weight <= max_capacity) 값에 대해:

```
    만약 total_weight < set[i-1]이면:
        DP(i, total_weight) = DP(i-1, total_weight)

    만약 total_weight >= set[i-1]이면:
        DP(i, total_weight) = 다음 중 최댓값:
            1) DP(i-1, total_weight)
            2) DP(i-1, total_weight - current_weight) + current_value
            3) DP(i, total_weight - current_weight) + current_value
```

이를 C++ 코드로 구현하면 다음과 같습니다.

```cpp
auto max = [](int a, int b, int c) { return std::max(a, std::max(b, c)); };

for (int i = 1; i <= items; i++)
{
    int current_weight = weight[i - 1];
    int value = values[i - 1];

    for (int total_weight = 0; total_weight <= capacity; total_weight++)
    {
        if (total_weight < current_weight)
        {
            DP[i][total_weight] = DP[i - 1][total_weight];
        }
        else
        {
            DP[i][total_weight] = max(DP[i - 1][total_weight],
                DP[i - 1][total_weight - current_weight] + value,
```

```
                DP[i][total_weight - current_weight] + value);
            }
        }
    }
```

이 구현은 분명히 제대로 동작하지만 가장 효율적인 구현은 아닙니다. 다음 절에서 이 구현 방법의 한계에 대해 알아보고, 이를 극복하기 위한 방법을 설명하겠습니다.

## 9.4.4 상태 공간 축소

동적 계획법을 효과적으로 사용하는 데 있어 까다로운 측면 중 하나는 상태 공간 축소(state space reduction) 개념입니다. 이는 문제의 상태를 표현하기 위해 사용하는 공간의 크기가 최소화하도록 동적 계획법 알고리즘을 재구성하는 작업입니다. 이 작업은 종종 주어진 문제의 본질 속의 특정 패턴을 찾거나 대칭을 이용하는 형태로 귀결됩니다.

상태 공간 축소 개념을 설명하기 위해 파스칼의 삼각형(Pascal's triangle)에서 $n$번째 행, $m$번째 열 위치의 값을 구하는 문제에 대해 생각해보겠습니다. 파스칼의 삼각형 일부를 그림 9-3에 나타냈습니다.

▼ 그림 9-3 파스칼의 삼각형

```
                        1
                    1       1
                1       2       1
            1       3       3       1
        1       4       6       4       1
    1       5       10      10      5       1
1       6       15      20      15      6       1
1   7       21      35      35      21      7       1
                    ......
```

파스칼의 삼각형은 다음 규칙에 의해 구성됩니다.

m <= n을 만족하는 두 정수 m과 n에 대해:

기저 조건:
m = 1, m = n —> triangle(n, m) = 1

순환식:
triangle(n, m) = triangle(n-1, m-1) + triangle(n-1, m)

즉, 모든 행의 첫 번째와 마지막 원소는 1이고, 나머지 원소는 이전 행의 같은 열과 이전 열에 있는 원소의 합으로 계산됩니다. 그림 9-4에서 볼 수 있듯이 세 번째 행의 두 번째 열 위치의 원소는 이전 행의 첫 번째 원소 1과 두 번째 원소 1을 더하여 2가 됩니다.

▼ 그림 9-4 파스칼의 삼각형 구성 방법

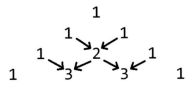

테이블을 사용하여 $n$행, $m$열의 원소 값을 계산하는 소스 코드를 다음과 같이 작성할 수 있습니다.

```
vector<vector<int>> DP(N + 1, vector<int>(N + 1, 0));
DP[1][1] = 1;

for (int row = 2; row <= N; row++)
{
    for (int col = 1; col <= row; col++)
    {
        DP[row][col] = DP[row-1][col-1] + DP[row-1][col];
    }
}
```

이 코드를 이용하여 N = 7인 경우에 생성된 테이블을 그림 9-5에 나타냈습니다.

▼ 그림 9-5 N×N 테이블을 이용하여 파스칼의 삼각형 표현하기

|  | 0 | 1 | 2 | 3 | 4 | 5 | 6 | 7 |
|---|---|---|---|---|---|---|---|---|
| 0 | 0 | 0 | 0 | 0 | 0 | 0 | 0 | 0 |
| 1 | 0 | 1 | 0 | 0 | 0 | 0 | 0 | 0 |
| 2 | 0 | 1 | 1 | 0 | 0 | 0 | 0 | 0 |
| 3 | 0 | 1 | 2 | 1 | 0 | 0 | 0 | 0 |
| 4 | 0 | 1 | 3 | 3 | 1 | 0 | 0 | 0 |
| 5 | 0 | 1 | 4 | 6 | 4 | 1 | 0 | 0 |
| 6 | 0 | 1 | 5 | 10 | 10 | 5 | 1 | 0 |
| 7 | 0 | 1 | 6 | 15 | 20 | 15 | 6 | 1 |

이 알고리즘은 메모리 사용량과 중복 계산 측면에서 상당히 비효율적입니다. 이 테이블은 ($N$ + 1)개의 열을 가지고 있지만, 오직 하나의 행만 그만큼의 원소를 가지고 있을 뿐입니다. 이러한 공간 복잡도는 각각의 행을 딱 필요한 크기로 생성하는 방식으로 쉽게 줄일 수 있습니다. 즉, 테이블 구성에 필요한 메모리 크기를 $N^2$에서 $N \times (N+1)/2$로 줄일 수 있습니다. 이를 적용한 소스 코드는 다음과 같습니다.

```cpp
vector<vector<int>> DP(N + 1);
DP[1] = { 0, 1 };

for (int row = 2; row <= N; row++)
{
    DP[row].resize(row + 1);

    for (int col = 1; col <= row; col++)
    {
        int a = DP[row-1][col-1];
        int b = DP[row-1][min(col, DP[row-1].size()-1)];
        DP[row][col] = a + b;
    }
}
```

파스칼의 삼각형을 좀 더 살펴보면 각 행의 절반이 서로 대칭인 것을 확인할 수 있습니다. 이러한 특성을 이용하면 $n$행에 대해 ($n/2$)열에 해당하는 원소만 계산해도 됩니다. 즉, 다음 수식이 성립합니다.

```
DP(7, 7) ≡ DP(7, 1)
DP(7, 6) ≡ DP(7, 2)
DP(7, 5) ≡ DP(7, 3)
```

이러한 수식을 일반화하면 다음과 같이 정리할 수 있습니다.

```
DP(N, M) ≡ DP(N, N - M + 1)
```

이러한 특성을 적용하여 소스 코드를 다음과 같이 바꿔 쓸 수 있습니다.

```cpp
vector<vector<int>> DP(N + 1);
DP[0] = {0, 1};

for (int row = 1; row <= N; row++)
{
    int width = (row / 2) + (row % 2);
    DP[row].resize(width + 2);
```

```
        for (int col = 1; col <= width; col++)
        {
            DP[row][col] = DP[row - 1][col - 1] + DP[row - 1][col];
        }

        if (row % 2 == 0)
        {
            DP[row][width + 1] = DP[row][width];
        }
    }

    ...

    for (int i = 0; i < queries; i++)
    {
        int N, M;
        cin >> N >> M;

        if (M * 2 > N)
        {
            M = N - M + 1;
        }

        cout << DP[N][M] << endl;
    }
```

만약 파스칼의 삼각형에서 특정 원소만을 알고 싶다면 DP 테이블 전체를 저장할 필요가 없습니다. 현재 행의 원소를 알기 위해서는 바로 이전 행 원소만 필요하기 때문입니다. 이를 코드로 구현하면 다음과 같습니다.

```
map<pair<int, int>, int> results;
vector<pair<int, int>> queries;

int q;
cin >> q;

int maxRow = 0;

for (int i = 0; i < q; i++)
{
    int N, M;
    cin >> N >> M;
    queries.push_back({N, M});
```

```
        if (M * 2 > N) M = N - M + 1;

        results[{N, M}] = -1;
        maxRow = max(maxRow, N);
    }

    vector<int> prev = {0, 1};

    for (int row = 1; row <= maxRow; row++)
    {
        int width = (row / 2) + (row % 2);

        vector<int> curr(width + 2);

        for (int col = 1; col <= width; col++)
        {
            curr[col] = prev[col - 1] + prev[col];

            if (results.find({row, col}) != results.end())
            {
                results[{row, col}] = curr[col];
            }
        }

        if (row % 2 == 0)
        {
            curr[width + 1] = curr[width];
        }

        prev = move(curr);
    }

    for (auto query : queries)
    {
        int N = query.first, M = query.second;

        if (M * 2 > N) M = N - M + 1;

        cout << results[{N, M}] << endl;
    }
```

이제 다시 무한 개수 배낭 문제로 돌아오겠습니다.

```
용량 —> 12
가격 —> { 5, 1, 6, 3, 4 }
무게 —> { 3, 2, 4, 5, 2 }
```

가방 용량과 물건 정보가 위와 같이 주어질 경우, 앞 절에서 설명한 무한 개수 배낭 문제의 DP 테이블은 그림 9-6과 같은 형태로 만들어집니다.

▼ 그림 9-6 무한 개수 배낭 문제의 2차원 DP 테이블의 예

|   | 0 | 1 | 2 | 3 | 4 | 5 | 6 | 7 | 8 | 9 | 10 | 11 | 12 |
|---|---|---|---|---|---|---|---|---|---|---|----|----|----|
| 0 | 0 | 0 | 0 | 0 | 0 | 0 | 0 | 0 | 0 | 0 | 0 | 0 | 0 |
| 1 | 0 | 0 | 0 | 5 | 5 | 5 | 10 | 10 | 10 | 15 | 15 | 15 | 20 |
| 2 | 0 | 0 | 1 | 5 | 5 | 6 | 10 | 10 | 11 | 15 | 15 | 16 | 20 |
| 3 | 0 | 0 | 1 | 5 | 6 | 6 | 10 | 11 | 12 | 15 | 16 | 17 | 20 |
| 4 | 0 | 0 | 1 | 5 | 6 | 6 | 10 | 11 | 12 | 15 | 16 | 17 | 20 |
| 5 | 0 | 0 | 4 | 5 | 8 | 9 | 12 | 13 | 16 | 17 | 20 | 21 | 24 |

그림 9-6에 나타난 DP 테이블을 만들기 위해 사용한 로직은 앞서 0-1 배낭 문제를 풀기 위해 사용했던 방법을 기반으로 합니다. 그러므로 i번째 물건과 무게 weight에서 가능한 최대 가격 합 DP(i, weight)는 다음과 같이 구할 수 있습니다.

1. **DP(i - 1, weight)**: 현재 물건을 포함하지 않는 경우로, i - 1번째 물건과 같은 weight를 고려할 때와 같은 최대 가격 합

2. **DP(i - 1, weight - w) + value**: 현재 물건을 새로 포함하는 경우로, 현재 물건의 가격 value를 i - 1번째 물건을 고려할 때의 최대 가격 합에 더한 값

3. **DP(i, weight - w) + value**: 현재 물건을 중복해서 포함하는 경우로, 현재 물건의 가격 value를 i번째 물건을 고려할 때의 최대 가격 합에 더한 값

처음 두 조건은 0-1 배낭 문제에서 나왔던 로직입니다. 그러나 무한 개수 배낭 문제라는 점을 고려하고 앞서 알고리즘에 의해 생성된 DP 테이블을 확인해보면 처음 두 조건은 본질적으로 이 문제와는 무관하다는 점을 알 수 있습니다.

0-1 배낭 문제에서는 i번째 물건을 포함할지 말지를 결정하기 위해 (i - 1)개의 물건들만 고려했습니다. 그러나 무한 개수 배낭 문제에서는 선택된 물건들의 무게 합이 배낭 용량을 초과하지 않는 한 모든 물건을 고려해야 합니다. 즉, 상태 전환을 나타내는 조건은 오직 무게 weight에만 의존하며, 이 때문에 1차원 DP 테이블로 표현할 수 있습니다.

**9**
동적 계획법 II

여기서 중요한 차이를 이해해야 합니다. 즉, 상태를 시뮬레이션하는 데 필요한 차원과 상태를 표현하는 데 필요한 차원이 반드시 같아야 하는 것은 아닙니다. 지금까지 살펴본 모든 동적 계획법 문제는 상태를 캐시에 저장하기 위해 상태 자체와 같은 형식을 사용했습니다. 그러나 무한 개수 배낭 문제에서는 각각의 상태를 다음과 같이 기술할 수 있습니다.

"무게가 w이고 가격이 v인 물건이 있을 때, 용량이 C인 배낭에 들어갈 수 있는 최대 물건 가격은 용량이 C - w인 배낭에 들어갈 수 있는 최대 물건 가격에 v를 더한 것과 같습니다."

다음과 같은 입력에 대해 생각해보겠습니다.

```
용량 ─〉12
가격 ─〉{ 5, 1, 6, 3, 4 }
무게 ─〉{ 3, 2, 4, 5, 2 }
```

그림 9-7에 나타난 표에서 각각의 행은 무게 w를 나타내고, 범위는 0부터 배낭의 최대 용량까지 증가합니다. 그리고 각각의 열은 물건의 인덱스 i를 나타냅니다. 각각의 원소는 행으로 표현된 무게에 대하여 i번째 물건까지 고려했을 때의 최대 가격 합을 나타냅니다.

▼ 그림 9-7 무게와 물건 인덱스 쌍으로 표현된 무한 개수 배낭 문제 테이블

|  | 0 | 1 | 2 | 3 | 4 |
|---|---|---|---|---|---|
| 0 | 0 | 0 | 0 | 0 | 0 |
| 1 | 0 | 0 | 0 | 0 | 0 |
| 2 | 0 | 1 | 1 | 1 | 4 |
| 3 | 5 | 5 | 5 | 5 | 5 |
| 4 | 5 | 5 | 6 | 6 | 8 |
| 5 | 9 | 9 | 9 | 9 | 9 |
| 6 | 10 | 10 | 10 | 10 | 12 |
| 7 | 13 | 13 | 13 | 13 | 13 |
| 8 | 14 | 14 | 14 | 14 | 16 |
| 9 | 17 | 17 | 17 | 17 | 17 |
| 10 | 18 | 18 | 18 | 18 | 20 |
| 11 | 19 | 19 | 19 | 19 | 21 |
| 12 | 22 | 22 | 22 | 22 | 24 |

그림 9-7에 나타난 것처럼 중복을 허용함으로써 배낭의 최대 용량을 초과하지 않는 한 특정 번호의 물건 추가를 배제할 필요가 없습니다. 그러므로 무게 합이 0번 인덱스에서 발견될 수 있는지, 또는 1000번 인덱스에서 발견될 수 있는지 여부는 중요하지 않습니다. 무게 합이 배낭 용량을 초과하지 않는 한 배낭을 그대로 두지 않을 것이기 때문입니다. 이는 물건 인덱스를 더 이상 사용할 필요가 없음을 의미하며, 결국 캐시 공간을 1차원으로 처리할 수 있습니다. 여기서 1차원은 임의 개수 물건들로 구성된 무게 합을 의미합니다. 다음 연습 문제에서 이러한 방식의 무한 개수 배낭 문제를 구현해보겠습니다.

## 9.4.5 연습 문제 42: 무한 개수 배낭 문제

이번 연습 문제에서는 무한 개수 배낭 문제의 DP 테이블을 1차원으로 표현함으로써 상태 공간 축소 개념을 적용해보겠습니다.

**1.** 일단 필요한 헤더 파일을 포함하고, 연습 문제 41에서 사용했던 입력 데이터 처리 코드를 그대로 재사용하겠습니다.

```cpp
#include <iostream>
#include <vector>
#include <algorithm>

using namespace std;
...

int main()
{
    int items, capacity;
    cin >> items >> capacity;

    vector<int> values(items), weight(items);

    for (auto& v : values) cin >> v;
    for (auto& w : weight) cin >> w;
    ...
}
```

**2.** UnboundedKnapsack() 함수를 새로 정의하겠습니다. 이 함수는 이전 연습 문제에서 구현했던 Knapsack_01() 함수와 인자 구성 및 반환형이 같습니다.

```
int UnboundedKnapsack(int items, int capacity, vector<int> values,
    vector<int> weight)
{
...
}
```

3. DP 테이블을 1차원 정수형 벡터로 생성하겠습니다. 이 벡터의 크기는 (capacity + 1)로 지정하고, 모든 원소는 0으로 초기화합니다.

```
vector<int> DP(capacity + 1, 0);
```

4. 0-1 배낭 문제와 마찬가지로 상태 로직은 이중 for 반복문을 사용합니다. 그러나 이번에는 바깥쪽 반복문을 0부터 capacity까지 증가하고, 안쪽 반복문은 물건의 인덱스를 사용합니다.

```
for (int w = 0; w <= capacity; w++)
{
    for (int i = 0; i < items; i++)
    {
        ...
    }
}
```

5. 이제 상태를 저장하는 방법을 결정해야 합니다. 선택된 물건에 의해 용량을 초과하면 안 된다는 점을 기억해야 합니다. DP 테이블에서 무게를 0부터 capacity까지 표현할 수 있으므로, w와 weight[i]의 차이가 음수가 아닌지를 확인해야 합니다. 따라서 다음과 같이 하나의 if 문을 사용하여 로직을 구현할 수 있습니다.

```
for (int w = 0; w <= capacity; w++)
{
    for (int i = 0; i < items; i++)
    {
        if (weight[i] <= w)
        {
            DP[w] = max(DP[w], DP[w - weight[i]] + values[i]);
        }
    }
}

return DP[capacity];
```

**6.** 이제 main( ) 함수에서 UnboundedKnapsack( ) 함수를 호출하고, 그 결과를 출력합니다.

```
int main()
{
    ...

    int result = UnboundedKnapsack2(items, capacity, values, weight);

    cout << "배낭에 채울 수 있는 물건들의 최고 가격: " << result << endl;
}
```

**7.** 지금까지 작성한 프로그램을 실행하고, 다음과 같이 입력을 지정합니다.

```
30 335
91 81 86 64 24 61 13 57 60 25 94 54 39 62 5 34 95 12 53 33 53 3 42 75 56 1
84 38 46 62
40 13 4 17 16 35 5 33 35 16 25 29 6 28 12 37 26 27 32 27 7 24 5 28 39 15
38 37 15 40
```

이 경우, 다음과 같은 출력이 나타납니다.

배낭에 채울 수 있는 물건들의 최고 가격: 7138

이처럼 동적 계획법 알고리즘에서 캐시를 적게 사용하는 방법을 고려해보는 것은 충분히 의미 있는 작업입니다. 주어진 문제를 좀 더 면밀히 조사함으로써 복잡할 것 같았던 상태 표현이 꽤나 단순해지는 경우가 종종 있습니다.

## 9.4.6 실습 문제 22: 최대 이익

여러분이 대형 백화점 체인점에서 일하고 있다고 가정해보겠습니다. 다른 상점과 마찬가지로 여러분 상점도 도매 유통업체로부터 대량으로 물품을 구매한 후, 더 높은 가격에 판매하여 수익을 낼 수 있습니다. 여러분 상점에서 판매하고 있는 상품들은 여러 유통업체에서 구입할 수 있으며, 다만 각 상품의 품질과 가격이 서로 다르기 때문에 소매 가치에 영향을 줍니다. 환율과 공공 수요와 같은 요소들을 고려하면 특정 유통업체로부터 실제 소매 가격보다 훨씬 더 낮은 가격으로 상품을 구매할 수 있습니다. 이제 여러분은 할당된 예산에서 얻을 수 있는 최대 이익을 계산하는 시스템을 설계해야 합니다.

여러분은 상품 카탈로그를 받았으며, 여기에는 다음과 같은 정보가 적혀 있습니다.

- 상품의 도매 가격
- 소매 가격 책정 후 해당 상품을 판매하여 얻을 수 있는 수익 금액
- 유통업체가 판매하는 제품의 단위 수량

유통업체가 지정된 수량으로만 제품을 판매합니다. 이제 여러분은 카탈로그에 나열된 제품의 일부 상품을 구입하여 만들어낼 수 있는 최대 금액을 결정해야 합니다. 카탈로그에 나열된 각 항목은 한 번만 구매할 수 있습니다. 그리고 여러분 상점의 창고는 공간이 제한되어 있기 때문에 구매한 제품의 전체 개수가 창고 용량을 초과하지 않도록 해야 합니다.

## 예제

카탈로그에 그림 9-8과 같이 다섯 개의 상품 정보가 적혀 있습니다.

❤ 그림 9-8 최대 이익 계산을 위한 카탈로그 상품 정보

| 상품 | A | B | C | D | E |
|------|-----|-----|-----|-----|-----|
| 수량 | 10 | 5 | 12 | 3 | 4 |
| 가격 | 20 | 10 | 15 | 50 | 40 |
| 이익 | 50 | 20 | 20 | 60 | 80 |

예산이 100만 원이고, 창고 용량이 20이라고 가정하겠습니다. 이 경우, 다음과 같은 형태로 구매할 수 있습니다.

```
{ A B }   비용: 30 | 수량: 15 | 가치: 70
{ A D }   비용: 70 | 수량: 13 | 가치: 110
{ A E }   비용: 60 | 수량: 14 | 가치: 130
{ B C }   비용: 25 | 수량: 17 | 가치: 40
{ C D }   비용: 65 | 수량: 15 | 가치: 80
{ C E }   비용: 55 | 수량: 16 | 가치: 100
{ D E }   비용: 90 | 수량: 7 | 가치: 140
{ A B D } 비용: 80 | 수량: 18 | 가치: 130
{ A B E } 비용: 70 | 수량: 19 | 가치: 150
{ B C D } 비용: 75 | 수량: 20 | 가치: 100
{ B D E } 비용: 100 | 수량: 12 | 가치: 160
```

그러므로 프로그램은 160을 출력해야 합니다.

## 입력

첫 줄은 세 개의 정수 N, budget, capacity가 적혀 있습니다. N은 유통업체 수, budget은 최대 가용 예산, capacity는 구매할 수 있는 상품의 최대 수량을 나타냅니다.

그다음 N개 줄에는 다음 항목을 나타내는 세 정수 값이 빈칸으로 구분되어 나타납니다.

- **quantity**: 유통업체가 제공하는 단위 수량
- **cost**: 상품 가격
- **value**: 제품을 판매한 후 얻을 수 있는 이익

## 출력

카탈로그에서 일부 항목을 선택하여 얻을 수 있는 최대 이익을 출력합니다.

## 테스트 케이스

실습 문제 프로그램의 동작 확인을 위한 입력과 예상 결과를 담은 테스트 케이스를 그림 9-9부터 그림 9-12까지 나타냈습니다.

▼ 그림 9-9 실습 문제 22의 1번째 테스트 케이스

| 입력 | 출력 |
| --- | --- |
| 5 5 5 | 5 |
| 1 1 1 | |
| 1 1 1 | |
| 1 1 1 | |
| 1 1 1 | |
| 1 1 1 | |

▼ 그림 9-10 실습 문제 22의 2번째 테스트 케이스

| 입력 | 출력 |
| --- | --- |
| 5  30 25 | 102 |
| 6  11 56 | |
| 13 34 36 | |
| 11 27 31 | |
| 9  31 55 | |
| 11 17 46 | |

▼ 그림 9-11 실습 문제 22의 3번째 테스트 케이스

| 입력 | 출력 |
| --- | --- |
| 10 450 50 | 3500 |
| 2  66  149 | |
| 19 59  279 | |
| 7  82  474 | |
| 5  96  298 | |
| 7  72  89 | |
| 20 51  573 | |
| 2  36  795 | |
| 7  30  820 | |
| 17 52  155 | |
| 3  81  391 | |

| 입력 | 출력 |
|---|---|
| 20 1000 100 | 3281 |
| 33 256 448 | |
| 30 249 578 | |
| 18 272 773 | |
| 36 186 597 | |
| 18 262 388 | |
| 31 241 372 | |
| 13 126 594 | |
| 38 220 619 | |
| 48 142 454 | |
| 14 271 690 | |
| 27 157 638 | |
| 40 112 715 | |
| 26 116 586 | |
| 18 287 500 | |
| 44 108 523 | |
| 26 171 425 | |
| 31 133 330 | |
| 16 285 399 | |
| 47 155 457 | |
| 49 206 724 | |

**문제 풀이 가이드라인**

- 필요한 구현 사항은 0-1 배낭 문제와 유사합니다.
- capacity와 budget 두 개의 제약 사항이 있으므로, DP 테이블은 3차원이어야 합니다.

## 9.5 그래프와 동적 계획법

STRUCTURES & ALGORITHMS

지금까지 고급 그래프 알고리즘과 동적 계획법을 완전히 다른 주제인 것처럼 다뤘지만, 주어진 문제의 유형과 그래프 특성에 따라 두 알고리즘을 동시에 사용할 수도 있습니다. 그래프 컬러링, 최소 정점 커버(minimum vertex cover) 등과 같은 몇몇 그래프 문제는 NP-완전으로 분류되며, 적절한 상황에서 동적 계획법을 통해 해결할 수 있습니다. 그러나 이러한 문제의 대부분은 별도의 책한 권 분량 정도의 설명이 필요하며, 이 책에서 다루지 않습니다.

다만 그래프 이론 문제 중에 동적 계획법과 아주 잘 어울리며 이 책의 앞부분에서 다뤘던 주제가 있습니다. 바로 최단 경로 문제입니다. 실제로 7장에서 동적 계획법이라는 용어를 사용하지는 않았지만, 일반적으로 동적 계획법으로 분류되는 알고리즘을 소개한 바가 있습니다.

## 9.5.1 벨만-포드 알고리즘 다시 보기

앞서 벨만-포드 알고리즘을 살펴보면서, 그 전에 배웠던 다익스트라 알고리즘과 비교하여 설명했습니다. 확실히 두 알고리즘은 유사한 부분이 있었습니다. 하지만 이제 동적 계획법에 대한 개념을 확실히 익혔으므로, 새로운 관점에서 벨만-포드 알고리즘을 살펴보려고 합니다.

벨만-포드 알고리즘에서 사용되는 접근 방법을 다시 설명하면 다음과 같습니다.

start라는 이름의 시작 정점, 정점 개수 V, 에지 개수 E로 구성된 그래프가 주어지면 다음 단계를 수행합니다.

1. 0부터 (V - 1)번째 정점의 거리 값을 UNKNOWN으로 초기화하고, start 정점의 거리 값은 0으로 설정합니다.

2. 1부터 (V - 1)까지 반복을 수행합니다.

3. 각각의 반복에서, 모든 에지를 검사하면서 에지의 시작 정점 거리 값이 UNKNOWN인지를 검사합니다. 만약 해당 에지의 시작 정점 거리가 UNKNOWN이 아니면 에지로 연결된 정점의 거리 값을 시작 정점 거리 값에 에지 가중치를 더한 값과 비교합니다.

4. 만약 에지의 시작 정점 거리 값에 에지 가중치를 더한 값이 인접한 정점의 거리 값보다 작으면 해당 정점의 거리 값을 더 작은 값으로 갱신합니다.

5. (V - 1)번의 반복이 끝나면 최단 거리 값이 모두 계산됩니다. 모든 에지에 대해 반복을 한 번 더 수행하면 음수 가중치 사이클이 존재 여부를 알 수 있습니다.

이 알고리즘의 성공 여부는 주어진 문제가 최적 부분 구조를 갖는지에 달려 있습니다. 벨만-포드 알고리즘의 순환 로직을 그림 9-13에 나타냈습니다.

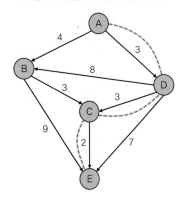

이러한 개념은 다음과 같은 의사 코드로 표현할 수 있습니다.

```
시작 정점 —> A
목표 정점 —> E

A부터 E까지의 최단 경로는 아래와 같습니다:
    …A에서 B로의 에지 가중치(4) 더하기…
        …B에서 E까지의 최단 경로이고, 이 값은 아래와 같습니다:
            …B에서 C로의 에지 가중치(3) 더하기…
                …C에서 E로의 에지 가중치(2).
            …또는 B에서 E로의 에지 가중치(9).
    …또는 A에서 D로의 에지 가중치(3) 더하기…
        …D에서 E까지의 최단 거리이고, 이 값은 아래와 같습니다:
            …D에서 B까지의 에지 가중치(8) 더하기…
                …B에서 E까지의 최단 경로이고, 이 값은 아래와 같습니다:
                    …B에서 C로의 에지 가중치(3) 더하기…
                        …C에서 E로의 에지 가중치(2).
                    …또는 B에서 E로의 에지 가중치(9).
            …D에서 C로의 에지 가중치(3) 더하기…
                …C에서 E로의 에지 가중치(2).
            …또는 D에서 E로의 에지 가중치(7).
```

최단 경로 문제는 중복되는 부분 문제 속성도 가지고 있습니다. 벨만-포드 알고리즘은 다음 두 가지 특징을 이용하여 중복 연산을 효과적으로 방지합니다.

- 그래프에서 두 정점 사이를 연결하는 비순환 경로의 최대 이동 횟수는 | V - 1 |입니다(즉, 그래프의 전체 정점 개수에서 시작 정점 하나를 제외한 수입니다).

- N번을 반복한 후 얻을 수 있는 시작 정점과 나머지 도달 가능한 모든 정점 사이의 최단 거리는 | N - 1 |번을 반복한 후 얻을 수 있는 최단 거리에 각각의 인접 정점 사이의 에지 가중치를 더한 값과 같습니다.

벨만-포드 알고리즘의 동작을 단계적으로 시각화한 그림을 그림 9-14부터 그림 9-16까지 나타냈습니다.

▼ 그림 9-14 벨만-포드 알고리즘 1단계

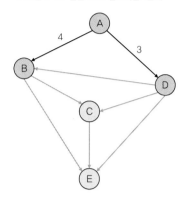

N = 1
    A -> B (4)
    A -> D (3)

    SP(A, B) = {A -> B} = 4
    SP(A, D) = {A -> D} = 3

▼ 그림 9-15 벨만-포드 알고리즘 2단계

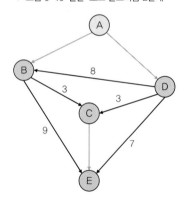

N = 2
    B -> C (3)
    B -> E (9)
    D -> B (8)
    D -> C (3)

    SP(A, B) = {A -> B} = 4
    SP(A, D) = {A -> D} = 3
    SP(A, C) = {A -> D -> C} = 6
    SP(A, E) = {A -> D -> E} = 10

▼ 그림 9-16 벨만-포드 알고리즘 3단계

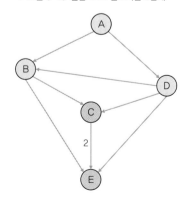

N = 3
    C -> E (2)

    SP(A, B) = {A -> B} = 4
    SP(A, D) = {A -> D} = 3
    SP(A, C) = {A -> D -> C} = 6
    SP(A, E) = {A -> D -> C -> E} = 8

벨만-포드 알고리즘은 하나의 정점에서 시작하여 나머지 모든 정점까지의 최단 경로를 찾는 **단일 시작 최단 경로 문제**(single-source shortest path problem)를 해결하는 알고리즘입니다. 반면에 이 책의 7장에서 살펴봤던 존슨 알고리즘은 모든 정점 사이의 최단 경로를 계산하기 때문에 **모든 쌍 최단 경로 문제**(all-pairs shortest path problem)를 해결할 때 사용됩니다.

존슨 알고리즘은 벨만-포드 알고리즘의 동적 계획법 접근 방식과 다익스트라 알고리즘의 그리디 접근 방식을 결합했습니다. 이제 모든 쌍 최단 경로 문제를 해결하는 완전한 동적 계획법 구현 방법에 대해 알아보려고 합니다. 일단 하향식 솔루션을 구현하여 이 문제의 성격을 좀 더 깊이 생각해보겠습니다.

## 9.5.2 동적 계획법으로 최단 경로 문제 다루기

벨만-포드 알고리즘을 더 잘 이해하는 방법 중 하나는 이를 하향식 솔루션으로 변환하는 것입니다. 이를 위해 먼저 기저 조건에 대해 생각해보겠습니다.

벨만-포드 알고리즘은 보통 for 문을 이용하여 그래프 전체 에지에 대해 (V - 1)번의 반복을 수행합니다. 이전에 구현한 방식에서는 0부터 (V - 1)까지 반복을 수행했으므로 하향식 해법으로 바꾸면 (V - 1)부터 0까지 감소하면서 반복을 수행합니다. 순환 구조 관점에서 각각의 상태는 다음과 같이 기술할 수 있습니다.

```
ShortestPath(node, depth)

node —> 현재 정점
depth —> 현재 반복수
```

첫 번째 기저 조건은 다음과 같이 정의할 수 있습니다.

```
만약 depth = 0이면:

    ShortestPath(node, depth) —> UNKNOWN
```

즉, depth가 0으로 감소하면 경로가 존재하지 않는다고 결론을 내리고, 탐색을 종료합니다.

두 번째 기저 조건은 시작 정점에서 목표 정점까지의 경로를 찾은 경우입니다. 이때 탐색의 깊이는 중요하지 않습니다. 목표 정점에서 시작하는 최단 거리는 당연히 0입니다.

만약 node = target이면:

    ShortestPath(node, depth) —> 0

이제 중간 상태 정의에 대해 생각해보겠습니다. 벨만-포드 알고리즘에서 사용되는 순환식은 다음과 같습니다.

i를 1부터 V - 1까지 증가시키면서:

그래프 모든 에지에 대해:

edge —> u, v, weight

만약 distance(u)가 UNKNOWN이 아니고, distance(u) + weight < distance(v)이면:
distance(v) = distance(u) + weight

이를 재귀 호출 관점에서 다시 작성하면 다음과 같습니다.

현재 정점과 연결된 모든 에지에 대해:

edge —> neighbor, weight

만약 ShortestPath(neighbor, depth-1) + weight < ShortestPath(node, depth)이면:
ShortestPath(node, depth) = ShortestPath(neighbor, depth-1) + weight

모든 상태는 2차원 공간에서 유일한 형태로 표현될 수 있고 사이클로 인해 같은 상태를 두 번 이상 만나게 될 가능성이 있습니다. 그러므로 메모이제이션 방법을 위해 상태를 node와 depth의 쌍으로 저장하는 것은 유효하고, 또한 유용하다고 결론지을 수 있습니다.

```
Depth = 7:
    SP(0, 7): 0
    SP(1, 7): 6
    SP(2, 7): UNKNOWN
    SP(3, 7): 12
    SP(4, 7): UNKNOWN
    SP(5, 7): UNKNOWN
    SP(6, 7): 13
    SP(7, 7): UNKNOWN

Depth = 6:
    SP(0, 6): 0
    SP(1, 6): 6
```

```
        SP(2, 6): 14
        SP(3, 6): 12
        SP(4, 6): UNKNOWN
        SP(5, 6): UNKNOWN
        SP(6, 6): 12
        SP(7, 6): 15

    Depth = 5:
        SP(0, 5): 0
        SP(1, 5): 6
        SP(2, 5): 14
```

이러한 상태를 그림 9-17에 도식적으로 나타냈습니다.

▼ 그림 9-17 최단 경로 문제를 위한 모든 상태 표시

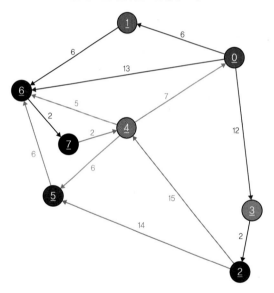

지금까지 설명한 접근 방법을 다음 연습 문제에서 구현해보겠습니다.

## 9.5.3 연습 문제 43: 단일 시작 최단 경로(메모이제이션)

이번 연습 문제에서는 하향식 동적 계획법 접근 방법을 이용하여 단일 시작 최단 경로 문제를 풀어보겠습니다.

1. 필요한 헤더 파일을 포함하고 std 네임스페이스를 사용하도록 설정합니다. 그리고 UNKNOWN 상수를 정의합니다.

```
#include <vector>
#include <map>
#include <algorithm>
#include <iostream>

using namespace std;

const int UNKNOWN = 1e9;
```

2. 정점 개수를 나타내는 V와 에지 개수를 나타내는 E를 전역 변수로 선언합니다. 또한 인접 리스트를 나타내는 adj와 에지 가중치를 저장할 weight를 2차원 정수 벡터 자료형으로 선언합니다. 마지막으로 메모이제이션 테이블을 저장할 memo를 선언합니다. 이때 std::map을 사용하여 이미 키가 존재하는지, 그리고 그 값이 UNKNOWN인지 등을 확인할 것입니다.

```
int V, E;
vector<vector<int>> adj;
vector<vector<int>> weight;

map<pair<int, int>, int> memo;
```

3. main() 함수에서 입력을 처리하여 알고리즘을 적용할 그래프 구조를 생성합니다. 첫 번째 줄에서는 V와 E 값을 입력으로 받고, 이후 E개의 줄에서는 u, v, w를 나타내는 정수를 입력으로 받습니다. 여기서 u, v, w는 시작 정점, 목표 정점, 두 정점 사이의 에지 가중치를 각각 나타냅니다.

```
int main()
{
    cin >> V >> E;

    weight.resize(V, vector<int>(V, UNKNOWN));
    adj.resize(V);

    for (int i = 0; i < E; i++)
    {
        int u, v, w;
        cin >> u >> v >> w;
```

```
        adj[u].push_back(v);
        weight[u][v] = w;
    }
    ...
}
```

**4.** 새로운 함수 SingleSourceShortestPaths()를 정의하겠습니다. 이 함수는 시작 정점 인덱스를 나타내는 source를 인자로 받고, 정수형 벡터를 반환합니다.

```
vector<int> SingleSourceShortestPaths(int source)
{
...
}
```

**5.** 입력 그래프에 대해 몇 가지 미리 수정할 것이 있습니다. 시작 정점에서 그래프의 다른 정점으로 이동하는 것 대신, 역으로 각각의 정점에서 시작 정점으로 이동하는 최단 경로를 계산할 것입니다. 입력 그래프가 방향 그래프이기 때문에 입력 그래프의 전치 그래프를 생성하여 사용합니다.

```
        vector<vector<int>> adj_t(V);
        vector<vector<int>> weight_t(V, vector<int>(V, UNKNOWN));

        memo.clear();

        for (int i = 0; i < V; i++)
        {
            // 전치 그래프 생성
            for (auto j : adj[i])
            {
                adj_t[j].push_back(i);
                weight_t[j][i] = weight[i][j];
            }

            // 기저 조건 - 시작 정점에서 자기 자신까지의 최단 거리는 항상 0

            memo[{source, i}] = 0;

            if (i != source)
            {
                // V-1 반복 후 소스 이외의 노드에 도달한 경우,
                // 경로가 존재하지 않음
```

```
            memo[{i, 0}] = UNKNOWN;
        }
    }
```

여기서 전치 그래프의 인접 리스트와 가중치 행렬을 나타내기 위해 두 개의 2차원 정수 벡터 adj_t와 weight_t를 정의했습니다. 이후 중첩 for 문을 이용하여 전치 그래프를 생성하고, memo 테이블 값을 초기화했습니다.

6. 새로운 함수 ShortestPath_Memoization()을 정의하겠습니다. 이 함수는 정수형 depth와 node, 2차원 정수 벡터 adj와 weight를 인자로 받습니다. 이때 adj와 weight는 참조형으로 선언합니다.

```
int ShortestPath_Memoization(int depth, int node, vector<vector<int>>
&adj, vector<vector<int>> &weight)
{
    ...
}
```

7. 이 알고리즘에서는 일반적인 깊이 우선 탐색을 사용하며, 다만 함수 끝부분에서 {node, depth} 쌍에 대한 결과를 memo에 저장합니다. 함수 시작 부분에서는 memo를 확인하여, 해당 키가 이미 존재하면 저장된 값을 반환합니다.

```
    // 맵에 키가 있는지를 확인
    if (memo.find({node, depth}) != memo.end())
    {
        return memo[{node, depth}];
    }

    memo[{node, depth}] = UNKNOWN;

    // 인접한 에지에 대해 반복
    for (auto next : adj[node])
    {
        int w = weight[node][next];
        int dist = ShortestPath_Memoization(depth - 1, next, adj, weight) + w;

        memo[{node, depth}] = min(memo[{node, depth}], dist);
    }

    return memo[{node, depth}];
```

**8.** 다시 SingleSourceShortestPaths() 함수로 돌아와서, 크기가 V인 정수 벡터 distance를 정의 하겠습니다. 그리고 이 벡터를 ShortestPath_Memoization() 함수 반환값으로 채웁니다.

```
vector<int> distance(V);

for (int i = 0; i < V; i++)
{
    distance[i] = ShortestPath_Memoization(V - 1, i, adj_t, weight_t);
}

return distance;
```

**9.** 다시 main() 함수로 돌아와서, 2차원 정수 벡터 paths를 정의하겠습니다. 그리고 0번부터 V - 1 번 정점에 대해 SingleSourceShortestPaths() 함수를 호출한 결과를 이용하여 paths 벡터를 채웁니다.

```
vector<vector<int>> paths(V);

for (int i = 0; i < V; i++)
{
    paths[i] = SingleSourceShortestPaths(i);
}
```

**10.** 이제 paths 테이블을 이용하여 모든 정점 사이의 거리 값을 출력합니다.

```
cout << "각 정점 사이의 최단 거리:" << endl;

for (int i = 0; i < V; i++)
{
    cout << i << ": ";

    for (int j = 0; j < V; j++)
    {
        (paths[i][j] == UNKNOWN) ? cout << "- "
            : cout << paths[i][j] << " ";
    }
    cout << endl;
}
```

**11.** 지금까지 작성한 프로그램을 실행한 후, 다음 숫자들을 입력하세요.

```
8 20
0 1 387
0 3 38
0 5 471
1 0 183
1 4 796
2 5 715
3 0 902
3 1 712
3 2 154
3 6 425
4 3 834
4 6 214
5 0 537
5 3 926
5 4 125
5 6 297
6 1 863
6 7 248
7 0 73
7 3 874
```

그러면 다음과 같은 출력을 확인할 수 있습니다.

```
각 정점 사이의 최단 거리:
0: 0 387 192 38 596 471 463 711
1: 183 0 375 221 779 654 646 894
2: 1252 1639 0 1290 840 715 1012 1260
3: 746 712 154 0 994 869 425 673
4: 535 922 727 573 0 1006 214 462
5: 537 924 729 575 125 0 297 545
6: 321 708 513 359 917 792 0 248
7: 73 460 265 111 669 544 536 0
```

메모이제이션 방법이 문제를 처리하는 최선의 방법은 아니지만, 이전 연습 문제들과 마찬가지로 재귀 솔루션을 구현해보면서 최적 부분 구조가 어떻게 구성되는지에 대해 꽤 많이 배울 수 있습니다. 이러한 통찰력을 가지고, 이제 타뷸레이션 기법을 이용하여 모든 정점들 사이의 최단 거리를 한꺼번에 찾을 수 있는 방법에 대해 알아보겠습니다.

## 9.5.4 모든 쌍 최단 경로

연습 문제 43에서 모든 정점 쌍 사이의 최단 거리를 출력했습니다. 그러나 이 방법은 벨만-포드 알고리즘을 V번 호출하는 것과 마찬가지이며, 재귀 호출로 인해 메모리 사용량 측면에서 단점이 있습니다.

다행히도 $O(V3)$의 시간 복잡도와 $O(V2)$의 메모리 사용량으로 동작하는 상향식 알고리즘이 존재합니다. 이 방법은 매우 직관적이며, 특히 이 책에서 다른 최단 거리 알고리즘을 구현해보았다면 쉽게 이해할 수 있습니다.

## 9.5.5 플로이드-워셜 알고리즘

이제 벨만-포드 알고리즘이 최단 경로 문제에서 최적 부분 구조를 어떻게 활용하는지를 명확하게 이해할 것입니다. 중요한 것은 그래프의 두 정점 사이의 최단 경로가 출발 정점에서 시작하는 다른 최단 경로와 최종 목표 정점으로 연결된 에지의 조합으로 구성된다는 점입니다.

**플로이드-워셜 알고리즘**(Floyd-Warshall algorithm)은 이러한 개념에 좀 더 광범위한 일반화를 적용함으로써 큰 효과를 얻습니다.

> "정점 A와 정점 B 사이의 최단 거리가 AB이고 정점 B와 정점 C 사이의 최단 거리가 BC이면, 정점 A와 정점 C 사이의 최단 거리는 AB + BC입니다."

이 논리는 확실히 그 자체로 획기적인 것은 아닙니다. 그러나 이 논리와 $(V - 1)$번의 반복을 통해 최단 거리를 구하는 벨만-포드 알고리즘을 결합하여 사용할 수 있습니다. 즉, 먼저 정점 A에서 나머지 모든 정점까지의 최단 경로를 구하고, 이 결과를 이용하여 점진적으로 정점 B, C, D 등에서 시작하는 잠재적인 최단 경로를 구할 수 있습니다.

플로이드-워셜 알고리즘은 정점들에 대해 $V^3$만큼 반복하여 결과를 얻을 수 있습니다. 여기서 첫 번째 차원은 A 정점과 C 정점 사이에 있는 정점 B를 나타냅니다. 이 알고리즘은 현재까지 구한 A에서 C까지의 거리가 A에서 B까지의 거리와 B에서 C까지의 거리를 합한 값보다 큰지를 검사합니다. 만약 그렇다면, 해당 합계가 A에서 C까지의 최적의 최단 거리에 더 적합하기 때문에 이 값을 캐시 테이블에 저장합니다. 플로이드-워셜 알고리즘은 그래프의 모든 정점을 중간 정점으로 사용하면서 지속적으로 결과 정확도를 향상시킵니다. 모든 정점을 시작 정점과 목표 정점으로 사용하고, 동시에 모든 정점을 중간 정점으로 사용하면서 테이블에는 모든 정점 쌍 사이의 최단 거리가 저장됩니다.

다른 그래프 알고리즘과 마찬가지로 플로이드-워셜 알고리즘도 모든 상황에서 최선의 선택이라고 보장할 수는 없으며, 또한 다른 대안 알고리즘과 복잡도를 고려해봐야 합니다. 일반적으로 많은 수의 에지로 구성되어 있는 밀집 그래프(dense graph)에서는 플로이드-워셜 알고리즘을 사용하는 것이 좋습니다. 예를 들어 100개의 정점과 500개의 에지가 있는 그래프가 있다고 가정해보겠습니다. 최악의 경우 $O(V \times E)$의 복잡도를 갖는 벨만-포드 알고리즘을 각각의 정점을 시작 정점으로 취급해서 실행하면 $100 \times 100 \times 500 = 5,000,000$번의 연산이 필요합니다. 반면에 플로이드-워셜 알고리즘은 $100 \times 100 \times 100 = 1,000,000$번의 연산이 필요합니다. 다익스트라 알고리즘은 보통 벨만-포드 알고리즘보다 더 효율적이며, 대안으로 사용할 수도 있습니다. 그럼에도 플로이드-워셜 방법이 가지고 있는 뚜렷한 장점은 다른 그래프 특성에 상관없이 전체 복잡도가 항상 $O(V^3)$이라는 점입니다. 그러므로 플로이드-워셜 알고리즘이 얼마나 효율적으로 동작할 것인지를 가늠하기 위해서는 오직 그래프의 정점 개수만 알면 됩니다.

마지막으로 고려할 점은 벨만-포드 알고리즘과 마찬가지로 플로이드-워셜 알고리즘도 음수 에지 가중치가 있는 그래프에서도 동작하지만, 음수 에지 사이클에 대해서는 별도의 처리를 수행해야 한다는 점입니다.

다음 연습 문제에서 플로이드-워셜 알고리즘을 구현해보겠습니다.


## 9.5.6 연습 문제 44: 플로이드-워셜 알고리즘 구현하기

이번 연습 문제에서는 플로이드-워셜 알고리즘을 이용하여 그래프의 모든 정점 쌍의 최단 거리를 계산해보겠습니다.

1. 필요한 헤더 파일을 포함하고 std 네임스페이스를 사용하도록 설정합니다. 그리고 UNKNOWN 상수를 정의합니다.

```
#include <vector>
#include <iostream>

using namespace std;

const int UNKNOWN = 1e9;
```

2. main() 함수에서 입력은 이전 연습 문제와 같은 방식으로 처리하겠습니다. 다만 이번에는 인접 리스트 표현은 필요하지 않습니다.

```
int main()
{
    int V, E;
    cin >> V >> E;

    vector<vector<int>> weight(V, vector<int>(V, UNKNOWN));

    for (int i = 0; i < E; i++)
    {
        int u, v, w;
        cin >> u >> v >> w;

        weight[u][v] = w;
    }
    ...
    return 0;
}
```

**3.** FloydWarshall() 함수를 구현하겠습니다. 이 함수는 두 개의 인자 V와 weight를 받고, 최단 거리가 저장된 2차원 정수 벡터를 반환합니다.

```
vector<vector<int>> FloydWarshall(int V, vector<vector<int>> weight)
{
    ...
}
```

**4.** distance라는 이름의 2차원 DP 테이블을 정의하고, 모든 값을 UNKNOWN으로 초기화하겠습니다. 그리고 가중치 행렬을 참조하여 초기 최단 거리 값을 설정하고, 각 정점에서 자기 자신까지의 거리 값은 0으로 설정합니다.

```
vector<vector<int>> distance(V, vector<int>(V, UNKNOWN));

for (int i = 0; i < V; i++)
{
    for (int j = 0; j < V; j++)
    {
        distance[i][j] = weight[i][j];
    }

    distance[i][i] = 0;
}
```

**5.** 이제 0부터 (V - 1)까지 반복하는 세 개의 중첩 for 문을 작성합니다. 가장 바깥쪽 for 문은 중간 정점 mid, 가운데 for 문은 시작 정점 start, 가장 안쪽 for 문은 목표 정점 end를 인덱스로 사용합니다. 반복문 안에서는 모든 정점들 사이의 거리를 비교하여 더 짧은 거리가 발견되면 거리 값을 갱신합니다.

```
for (int mid = 0; mid < V; mid++)
{
    for (int start = 0; start < V; start++)
    {
        for (int end = 0; end < V; end++)
        {
            if (distance[start][mid] + distance[mid][end] < distance[start][end])
            {
                distance[start][end] = distance[start][mid] + distance[mid][end];
            }
        }
    }
}
```

**6.** 입력 그래프가 음수 가중치를 가질 수 있으므로 벨만-포드 알고리즘처럼 음수 가중치 사이클이 있는지를 확인해야 합니다. 다행히도 이 작업은 distance 테이블을 이용하여 쉽게 수행할 수 있습니다.

그래프에서 사이클이란 길이가 0보다 길고 시작과 끝 정점이 같은 경로입니다. 모든 정점 쌍 사이의 거리가 저장된 테이블에서 특정 정점 인덱스 i에서 자기 자신으로의 거리는 distance[i][i]에 저장됩니다. 양수 가중치만 있는 그래프에서는 distance[i][i] 값이 분명히 0이 되어야 합니다. 그러나 그래프에 음수 가중치 사이클이 있다면 distance[i][i] 값은 0보다 작은 음수가 됩니다. 따라서 다음과 같은 방식으로 음수 가중치 사이클 존재 여부를 확인할 수 있습니다.

```
for (int i = 0; i < V; i++)
{
    // 자기 자신으로의 거리가 0보다 작으면 음수 가중치 사이클이 있는 것으로 판단
    if (distance[i][i] < 0)
        return {};
}

return distance;
```

**9**

역적 계획법 Ⅱ

**7.** 지금까지 플로이드-워셜 알고리즘 구현을 마쳤고, 이제 main() 함수에서 FloydWarshall() 함수를 호출하고 그 결과를 출력하는 코드를 작성하겠습니다.

```cpp
int main()
{
    ...
    vector<vector<int>> distance = FloydWarshall(V, weight);

    if (distance.empty())
    {
        cout << "음수 가중치 사이클이 있습니다." << endl;
        return 0;
    }

    for (int i = 0; i < V; i++)
    {
        cout << i << endl;

        for (int j = 0; j < V; j++)
        {
            cout << "\t" << j << ": ";

            (distance[i][j] == UNKNOWN) ? cout << "_" << endl
                : cout << distance[i][j] << endl;
        }
    }
}
```

**8.** 지금까지 작성한 프로그램을 실행하고, 다음의 입력과 출력을 확인하세요.

입력:
7 9
0 1 3
1 2 5
1 3 10
1 5 -4
2 4 2
3 2 -7
4 1 -3
5 6 -8
6 0 12

출력:
0
      0: 0
      1: 3

```
           2:  6
           3:  13
           4:  8
           5:  −1
           6:  −9
  1
           0:  0
           1:  0
           2:  3
           3:  10
           4:  5
           5:  −4
           6:  −12
  2
           0:  −1
           1:  −1
           2:  0
           3:  9
           4:  2
           5:  −5
           6:  −13
  3
           0:  −8
           1:  −8
           2:  −7
           3:  0
           4:  −5
           5:  −12
           6:  −20
  4
           0:  −3
           1:  −3
           2:  0
           3:  7
           4:  0
           5:  −7
           6:  −15
  5
           0:  4
           1:  7
           2:  10
           3:  17
           4:  12
           5:  0
           6:  −8
  6
           0:  12
```

```
1: 15
2: 18
3: 25
4: 20
5: 11
6: 0
```

**9.** 다시 새로운 입력으로 출력을 확인하세요.

입력:
```
6 8
0 1 3
1 3 -8
2 1 3
2 4 2
2 5 5
3 2 3
4 5 -1
5 1 8
```

출력:
음수 가중치 사이클이 있습니다.

지금까지 살펴본 바와 같이 플로이드-워셜 알고리즘은 효율적이고 구현하기 쉬워서 매우 유용합니다. 효율성 측면에서 플로이드-워셜 알고리즘과 존슨 알고리즘 중에서 어느 것을 선택할지 여부는 전적으로 입력 그래프 구조에 달려 있습니다. 그러나 구현의 용이성 측면에서 보면 플로이드-워셜 알고리즘이 확실한 승자입니다.

## 9.5.7 실습 문제 23: 도로 건설

여러분은 대규모 고급 주택 단지 건설을 계획 중인 부동산 개발 프로젝트 책임자입니다. 여러분은 개발될 부동산에 대한 다양한 정보를 제공받았고, 이를 활용하여 최대한 저렴하게 도로 시스템을 설계해야 합니다.

많은 주택 단지가 호수, 숲 및 산이 많은 지역에 건설될 예정입니다. 이러한 지역에는 지반이 너무 단단해서 단지 건설이 훨씬 더 복잡해질 수 있습니다. 건설 비용은 지반 강도에 영향을 받는다고 알려져 있습니다. 일단 도로가 건설되는 위치의 지반 강도와 관련하여 비용이 선형으로 증가한다고 고려해야 합니다.

여러분이 제공받을 정보는 다음과 같습니다.

- 부동산 지도

- 주택을 건설할 좌표

- 각 좌표에서 지반 강도

또한 도로 건설 방법을 결정하기 위한 다음의 지침도 제공되었습니다.

- 도로가 건설될 지점은 "." 문자로 표시됩니다.

- 도로는 수평, 수직, 대각선 경로에 있는 두 집 사이에만 건설할 수 있습니다.

- 단지 내의 모든 집은 다른 나머지 집에 모두 접근할 수 있어야 합니다.

- 도로는 강, 산, 숲 등을 가로질러 건설할 수 없습니다.

- 두 집 사이에 도로를 건설하는 데 필요한 비용은 두 집을 잇는 경로상의 지반 강도 합과 같습니다.

- 도로는 지정된 단지 입구까지 가장 낮은 비용으로 이동할 수 있도록 건설해야 합니다.

- 단지 입구는 항상 입력에서 가장 마지막 집입니다.

집과 도로의 위치가 결정되면 다음 규칙에 따라 새 버전의 지도를 만들어 출력해야 합니다.

- 주택은 입력 순서에 따라 영문 대문자로 표시합니다. 즉, 0 = A, 1 = B, 2 = C 등으로 표시합니다.

- 도로는 방향에 따라 |, -, \, / 중 하나의 문자로 표현되어야 합니다. 만약 방향이 다른 두 도로가 교차한다면 + 문자로 표시되어야 합니다.

- 지도에서 다른 모든 것들은 처음 입력에서 제공된 것 그대로 표시되어야 합니다.

## 입력

이 프로그램은 다음과 같은 형식의 입력을 받습니다.

- 첫 번째 줄에는 지도의 높이와 너비를 나타내는 두 정수 H와 W가 빈칸으로 구분되어 적혀 있습니다.

- 두 번째 줄에는 지어야 할 집의 수를 나타내는 정수 N이 적혀 있습니다.

- 그다음 H개 줄에는 지도의 각 행을 나타내는, 길이 W의 문자열이 나타납니다. 도로를 건설할 수 있는 위치는 "." 문자로 표시됩니다.

- 그다음 H개 줄에는 지도의 지반 강도를 나타내는 정수가 W개씩 나타납니다.
- 그다음 N개 줄에는 주택의 좌표를 나타내는 정수 x와 y가 적혀 있습니다. 마지막 인덱스 (N − 1)은 단지의 입구를 나타냅니다.

## 출력

프로그램은 입력에서 제공된 지도에 다음 항목을 추가하여 출력해야 합니다.

- 각 집의 위치는 A, B, C, ... 순서의 대문자로 레이블을 지정해야 합니다. 여기서 A, B, C, ... 문자는 0-기반 인덱스와 대응됩니다(즉, 0 = A, 1 = B, 2 = C 등).
- 두 집을 연결하는 도로는 다음 규칙에 맞게 출력합니다.
- 도로가 가로 방향이면 '-' 문자
- 도로가 세로 방향이면 '|' 문자
- 도로가 대각 방향이면 '/' 또는 '\' 문자
- 서로 다른 방향의 도로가 한 지점에서 교차하면 '+' 문자

## 문제 풀이 가이드라인

- 최종 결과를 얻으려면 몇 가지 단계가 필요합니다. 곧바로 구현하기에 앞서 필요한 단계를 개략적으로 구상하는 것이 좋습니다.
- 프로그램의 각 부분에서 테스트 결과를 출력하거나 디버깅 방법을 고안하는 것이 큰 도움이 될 수 있습니다. 프로그램 초기에 실수가 있으면 후속 단계가 실패로 이어질 수 있습니다.
- 어떤 작업이 필요한지 이해하기 어렵다면 더 간단한 입력과 출력을 사용하여 연구해보세요.
- 이전 장에서 논의했던 알고리즘 중에서 필요한 것부터 구현을 시작하세요. 이 문제 해결을 위한 각 단계는 여러 방법에 의해 구현할 수 있습니다. 창의력을 발휘하세요.

## 테스트 케이스

실습 문제 프로그램의 동작 확인을 위한 입력과 예상 결과를 담은 테스트 케이스를 그림 9-18부터 그림 9-19까지 나타냈습니다.

그림 9-18에서 오른쪽 입출력 예제를 살펴보겠습니다. 이 테스트 케이스에서 E(0, 4)와 C(4, 4) 사이에는 장애물 #이 존재하기 때문에 직접 이동하는 도로를 건설할 수 없습니다. 좀 더 복잡한 테스트 케이스를 살펴보겠습니다.

입력:

```
5 5
5
.....
.....
.....
.....
.....
0 42 68 35 0
1 70 25 79 59
63 65 0 6 46
82 28 62 92 96
0 43 28 37 0
0 0
4 0
4 4
2 2
0 4
```

출력:

```
A...B
.\./.
..D..
./...
E---C
```

입력:

```
5 5
5
..#..
.###.
.....
..#..
..##.
0 42 0 35 0
1 0 0 0 59
63 65 0 6 46
82 28 0 92 96
0 43 0 0 0
0 0
4 0
4 4
2 2
0 4
```

출력:

```
A.#.B
|###|
|.D.|
|/#\|
E.##C
```

▼ 그림 9-19 실습 문제 23의 테스트 케이스 3번(왼쪽)과 4번(오른쪽)

입력:

```
10 10
11
..........
..##......
...&#&....
....&.....
..........
..........
.@........
..@##.....
..#....#..
..........
0 1 1 1 1 1 1 1 0 9
1 1 0 0 9 9 9 9 9 9
1 9 1 0 0 0 9 9 9 9
1 9 9 1 0 1 1 1 0 9
0 9 9 9 1 1 9 9 1 9
1 9 9 20 9 1 9 9 1 9
1 0 0 1 1 1 1 1 0 9
1 9 0 0 0 1 9 1 9 9
1 9 0 9 0 1 20 0 1 9
0 1 1 0 20 0 1 1 1 0
0 0
8 0
5 3
8 3
0 4
2 6
8 6
3 9
0 9
5 9
9 9
```

출력:

```
A-------B.
|\##......
|.\&#&....
|..\&C--D.
E...\|..|.
|....+..|.
|@F--++-G.
|.@##|.\..
|.@##|.|#\.
I--H.J---K
```

입력:

```
7 13
12
.............
.............
.............
.............
.............
.............
.............
42 68 35 1 70 25 79 59 63 0
65 6 0
46 0 82 28 0 62 92 96 43 28
37 92 5
3 54 93 83 22 17 19 0 96 48
27 72 39
70 0 13 68 100 36 95 4 12 0
23 34 74
65 42 12 54 69 48 45 0 63
58 38 60 24
42 30 79 17 0 36 91 43 89 7
41 43 65
49 47 6 91 30 71 51 0 7 2 0
94 0
1 1
4 1
1 3
9 3
7 4
4 5
7 6
10 6
12 6
7 2
9 0
12 0
```

출력:

```
........K--L
.A--B../../.
.|...\.J../..
.C....+|.D...
.....|.E..\.
.....F.|...\.
......G--H.I
```

**9**
동적 계획법 II

---

1  역주 한글 운영 체제에서는 '\' 문자 대신 '₩' 문자가 출력될 수 있습니다.

각각의 장애물은 그 유형에 따라 서로 다른 기호로 표현됩니다. 장애물의 영향은 모두 동일하며, 장애물 위치에는 도로를 만들 수 없습니다. 이제 좀 더 복잡한 테스트 케이스를 살펴보겠습니다.

▼ 그림 9-20 실습 문제 23의 테스트 케이스 5번

입력:

```
19 25
26
@@@@@@@@@@@@@@@@@@@@@@@@@
@#................###@@@
@..@#&.&.........####@@
@.@##&.&#........######@
&&&#.&.&.#.......###@.@
##..&&.&..#......##.@@
#...#@..........@@@.@@@
#...........@.@@@@.###@
##........@@@@@.####@
...........##@#@@
..........@@@.....##@@
..............@
...........###.@
..........###@@@.....
..........######.....
..............
.@
@@@.................
@@@@.................
0 0 0 0 0 0 0 0 0 0 0 0 0 0 0 0 0 0 0 0 0 0 0 0 0
0 0 8 0 50 74 0 59 31 73 45 0 79 24 10 41 66 93 43 0 0 0 0 0
0 88 4 0 0 28 0 30 41 13 4 70 10 58 61 34 100 79 0 0 0 0 0
0 0 0 0 0 17 0 0 0 36 98 27 0 13 68 11 34 0 0 0 0 0 0
0 0 0 0 0 80 0 50 0 80 22 68 73 94 37 86 46 29 0 0 0 0 0
0 0 92 95 0 0 58 0 2 54 0 0 9 45 69 0 91 25 97 0 0 0 31 0 0
0 4 23 67 0 0 50 25 2 54 78 9 29 34 99 82 36 14 0 0 0 66 0 0
0 0 15 64 37 26 0 70 16 95 30 2 18 0 0 96 0 0 0 6 0 0 0
0 0 5 52 99 89 24 6 83 53 67 17 38 39 0 0 0 0 0 45 0 0 0 0
2 98 72 29 38 59 0 78 0 98 95 5 10 0 32 46 76 36 0 0 0 0 0 0
99 43 100 69 13 61 58 95 9 96 69 14 0 0 0 31 7 63 43 66 0 0 0 0
83 53 68 22 96 13 72 2 91 32 39 58 17 0 91 41 80 36 7 73 99 96 20 0 0
55 24 90 61 6 27 0 24 0 7 14 71 0 0 0 39 0 95 21 45 67 35 27 95 64
```

출력:

```
@@@@@@@@@@@@@@@@@@@@@@@@@
@#.A--B....C.......###@@@
@./@#&|&../........####@@
@D@##&|&#E...F....######@
&&&#G&|&.#\./.....###@H@
##./&&|&..#I...J...##@/@@
#K---L------M@.@@@@/###@
##....|\.....@@@@@/####@
......N.O----P----Q##@#@@
...../|.|...@@@.....##@@
..../.|.|...R--------S@
.../..T.U...###.@...../
../........###@@@@./...
./........######./...
Z----------V......W.....
.@.........\...../|....
@@@........\..../|.....
@@@@.......X----Y.....
```

## 9.6 나가며

STRUCTURES & ALGORITHMS

이 장을 마무리하는 시점에서, 여러분은 동적 계획법의 가치에 대해 상당히 높이 평가하고 있을 것입니다. 처음에는 이 주제가 조금 어렵게 느껴졌더라도 이제 그렇게 복잡하지 않다는 것을 깨닫

게 되었을 것입니다. 이 장에서 배웠던 것처럼 익숙한 문제를 동적 계획법 관점에서 바라보는 것은 적절한 동적 계획법 솔루션 작성에 필요한 핵심 아이디어를 제공할 것입니다. 이를 위해 또 다른 종류의 배낭 문제를 조사하고 제공된 전략을 사용하여 해법을 구현해보기 바랍니다.

동적 계획법을 마지막으로 C++에서 제공하는 자료 구조와 방대한 알고리즘에 관한 긴 여정의 끝에 도달했습니다. 이 책에서 소개한 유용한 도구들을 언제 어떻게 사용해야 하는지에 대한 깊은 통찰을 얻었기를 바랍니다. 부디 이 책에서 다뤘던 자료 구조와 여러 기법을 적절하게 사용할 수 있는 감각을 얻었기를 바라고, C++ 언어와 그 방대한 기능에 대해서도 더 많이 이해했기를 바랍니다.

이 책에서 소개한 기법들을 실제 어떤 경우에 사용해야 하는지는 명확하게 정해져 있지 않으며, 그렇기 때문에 여러분이 배운 것들을 여러 맥락에 다양하게 적용해보는 것이 좋습니다. 이 책에서는 다양한 상황에 대해 연습할 수 있도록 많은 실습 문제를 제공했고, 여러분 스스로도 다른 상황에서 여러 기법을 사용하도록 노력하는 것이 좋습니다. 다양한 수준의 개발자에게 독특하고 매력적인 프로그래밍 문제를 제공하는 온라인 리소스가 많이 있으며, 이를 잘 활용하면 다양한 상황에서 특정 기술을 어떻게 사용해야 하는지를 배울 수 있어 유용합니다.

이 책에서 논의한 모든 주제는 책 한 권으로 다룰 수 있는 것보다 훨씬 더 많은 연구 가치가 있으며, 이 책에서 제공한 정보를 바탕으로 여러분이 이러한 주제들을 더 깊이 탐구할 수 있게 되었기를 바랍니다. 여러분이 학생이든, 취업 준비 중이든, 혹은 이미 이 분야에서 일하고 있는 개발자이든 상관없이, 아마도 이 책에서 다뤘던 하나 이상의 주제를 만나게 될 것입니다. 그리고 그때가 되면 정확하게 무엇을 해야 할지 알게 될 것입니다.

# 실습 문제 풀이

부록에서는 각 장의 실습 문제를 풀기 위해 수행해야 할 세부 단계를 코드와
함께 설명합니다.

# A.1 1장 리스트, 스택, 큐

## A.1.1 실습 문제 1: 음악 재생 목록 구현하기

이번 실습 문제에서는 음악 재생 목록을 저장하고 필요한 기능을 제공하기 위하여 수정된 형태의 이중 연결 리스트를 구현합니다. 실습 문제를 해결하기 위해 다음 단계를 따라하세요.

**1.** 필요한 헤더 파일을 포함하고, 필요한 데이터 멤버를 가지는 노드 구조체를 정의합니다.

```cpp
#include <iostream>

template <typename T>
struct cir_list_node
{
    T* data;
    cir_list_node* next;
    cir_list_node* prev;

    ~cir_list_node()
    {
        delete data;
    }
};

template <typename T>
struct cir_list
{
public:
    using node = cir_list_node<T>;
    using node_ptr = node*;

private:
    node_ptr head;
    size_t n;
```

**2.** 기본 생성자와 size() 함수를 작성합니다.

```cpp
public:
    cir_list() : n(0)
```

```
    {
        head = new node {NULL, NULL, NULL};      // 모두 NULL로 구성된 더미 노드
        head->next = head;
        head->prev = head;
    }

    size_t size() const
    {
        return n;
    }
```

첫 번째 노드와 마지막 노드 사이에 더미(dummy) 노드가 필요한 이유는 나중에 반복자를 사용할 때 설명하겠습니다.

**3.** insert()와 erase() 함수를 작성합니다. 이 함수들은 삽입 또는 삭제할 인자를 하나 받습니다.

```
    void insert(const T& value)
    {
        node_ptr newNode = new node {new T(value), NULL, NULL};
        n++;
        auto dummy = head->prev;
        dummy->next = newNode;
        newNode->prev = dummy;
        if (head == dummy)
        {
            dummy->prev = newNode;
            newNode->next = dummy;
            head = newNode;
            return;
        }
        newNode->next = head;
        head->prev = newNode;
        head = newNode;
    }

    void erase(const T& value)
    {
        auto cur = head, dummy = head->prev;
        while (cur != dummy)
        {
            if (*(cur->data) == value)
            {
```

```
                cur->prev->next = cur->next;
                cur->next->prev = cur->prev;
                if (cur == head)
                    head = head->next;
                delete cur;
                n--;
                return;
            }
            cur = cur->next;
        }
    }
```

4. cir_list에서 사용할 반복자를 정의하고, 실제 원소 데이터에 접근하는 함수를 작성합니다.

```
    struct cir_list_it
    {
    private:
        node_ptr ptr;

    public:
        cir_list_it(node_ptr p) : ptr(p) {}

        T& operator*()
        {
            return *(ptr->data);
        }

        node_ptr get()
        {
            return ptr;
        }
```

5. 반복자를 선행 또는 후행 증가하는 ++ 연산자 함수를 구현합니다.

```
        cir_list_it& operator++()
        {
            ptr = ptr->next;
            return *this;
        }

        cir_list_it operator++(int)
        {
            cir_list_it it = *this;
```

```
            ++(*this);
            return it;
        }
```

**6.** 양방향으로 이동할 수 있도록 감소 연산자 함수를 구현합니다.

```
        cir_list_it& operator--()
        {
            ptr = ptr->prev;
            return *this;
        }

        cir_list_it operator--(int)
        {
            cir_list_it it = *this;
            --(*this);
            return it;
        }
```

**7.** 반복자 비교 연산자를 오버로딩합니다. 이 작업은 범위 기반 for 반복문 사용을 위해 필요합니다.

```
        friend bool operator==(const cir_list_it& it1, const cir_list_it& it2)
        {
            return it1.ptr == it2.ptr;
        }

        friend bool operator!=(const cir_list_it& it1, const cir_list_it& it2)
        {
            return it1.ptr != it2.ptr;
        }
    };
```

**8.** begin()과 end() 함수를 작성합니다. 더불어 const 버전까지 작성합니다.

```
    cir_list_it begin()
    {
        return cir_list_it {head};
    }

    cir_list_it begin() const
    {
```

```cpp
        return cir_list_it {head};
    }

    cir_list_it end()
    {
        return cir_list_it {head->prev};
    }

    cir_list_it end() const
    {
        return cir_list_it {head->prev};
    }
```

**9.** 복사 생성자, 초기화 리스트 생성자, 소멸자를 작성합니다.

```cpp
    cir_list(const cir_list<T>& other) : cir_list()
    {
        // 아래 코드는 원소를 역순으로 삽입하지만,
        // 원형 리스트이기 때문에 문제가 없습니다.
        for (const auto& i : other)
            insert(i);
    }

    cir_list(const std::initializer_list<T>& il) : head(NULL), n(0)
    {
        // 아래 코드는 원소를 역순으로 삽입하지만,
        // 원형 리스트이기 때문에 문제가 없습니다.
        for (const auto& i : il)
            insert(i);
    }

    ~cir_list()
    {
        while (size())
        {
            erase(*(head->data));
        }

        delete head;
    }
};
```

**10.** 이제 실제 프로그램에서 사용할 음악 재생 목록 클래스를 추가하겠습니다. 편의상 음악 자체를 리스트에 저장하는 것이 아니라 음악 ID에 해당하는 정수 값을 저장합니다.

```cpp
struct playlist
{
    cir_list<int> list;
```

**11.** 음악 추가와 삭제를 위한 insert( )와 erase( ) 함수를 구현합니다.

```cpp
void insert(int song)
{
    list.insert(song);
}

void erase(int song)
{
    list.erase(song);
}
```

**12.** 음악 목록을 출력하는 함수를 구현합니다.

```cpp
    void loopOnce()
    {
        for (auto& song : list)
            std::cout << song << " ";
        std::cout << std::endl;
    }
};
```

**13.** 이제 음악 재생 목록을 사용하는 main( ) 함수를 작성하겠습니다.

```cpp
int main()
{
    playlist pl;
    pl.insert(1);
    pl.insert(2);
    std::cout << "재생 목록 : ";
    pl.loopOnce();

    playlist pl2 = pl;
    pl2.erase(2);
    pl2.insert(3);
```

```
        std::cout << "두 번째 재생 목록 : ";
        pl2.loopOnce();
    }
```

**14.** 지금까지 작성한 프로그램을 실행하면 다음과 같은 출력을 확인할 수 있습니다.

```
재생 목록 : 2 1
두 번째 재생 목록 : 3 1
```

## A.1.2 실습 문제 2: 카드 게임 시뮬레이션

이번 실습 문제에서는 카드 게임을 시뮬레이션하고 플레이어의 카드 정보를 저장하기에 효과적인 자료 구조를 구현합니다. 실습 문제를 해결하기 위해 다음 단계를 따라하세요.

**1.** 먼저 필요한 헤더 파일을 포함합니다.

```
#include <iostream>
#include <vector>
#include <array>
#include <sstream>
#include <algorithm>
#include <random>
#include <chrono>
```

**2.** 카드를 저장할 클래스를 생성하고 카드 정보를 출력하기 위한 함수를 추가합니다.

```
struct card
{
    int number;

    enum suit
    {
        HEART,
        SPADE,
        CLUB,
        DIAMOND
    } suit;

    std::string to_string() const
    {
```

```cpp
std::ostringstream os;

if (number > 0 && number <= 10)
    os << number;
else
{
    switch (number)
    {
    case 1:
        os << "Ace";
        break;
    case 11:
        os << "Jack";
        break;
    case 12:
        os << "Queen";
        break;
    case 13:
        os << "King";
        break;
    default:
        return "Invalid card";
    }
}

os << " of ";

switch (suit)
{
case HEART:
    os << "hearts";
    break;
case SPADE:
    os << "spades";
    break;
case CLUB:
    os << "clubs";
    break;
case DIAMOND:
    os << "diamonds";
    break;
}
```

```
            return os.str();
        }
    };
```

3. 한 벌의 카드를 만들고 잘 섞은 후 네 명의 플레이어에게 나눠줍니다. 이 기능은 game 구조체
   에 구현하고, 나중에 main() 함수에서 호출하여 사용할 것입니다.

```
struct game
{
    std::array<card, 52> deck;
    std::vector<card> player1, player2, player3, player4;

    void buildDeck()
    {
        for (int i = 0; i < 13; i++)
            deck[i] = card {i + 1, card::HEART};
        for (int i = 0; i < 13; i++)
            deck[i + 13] = card {i + 1, card::SPADE};
        for (int i = 0; i < 13; i++)
            deck[i + 26] = card {i + 1, card::CLUB};
        for (int i = 0; i < 13; i++)
            deck[i + 39] = card {i + 1, card::DIAMOND};
    }

    void dealCards()
    {
        unsigned seed = std::chrono::system_clock::now().time_since_epoch().count();
        std::shuffle(deck.begin(), deck.end(), std::default_random_engine(seed));
        player1 = {deck.begin(), deck.begin() + 13};
        player2 = {deck.begin() + 13, deck.begin() + 26};
        player3 = {deck.begin() + 26, deck.begin() + 39};
        player4 = {deck.begin() + 39, deck.end()};
    }
```

4. 한 라운드 경기를 진행하는 핵심 로직을 작성합니다. 코드 중복을 피하기 위해 두 플레이어의
   카드를 비교하여 서로 같으면 제거하는 함수를 따로 만들겠습니다.

```
bool compareAndRemove(std::vector<card>& p1, std::vector<card>& p2)
{
    if (p1.back().number == p2.back().number)
    {
        p1.pop_back();
```

```
            p2.pop_back();
            return true;
        }
        return false;
    }


    void playOneRound()
    {
        if (compareAndRemove(player1, player2))
        {
            compareAndRemove(player3, player4);
            return;
        }
        else if (compareAndRemove(player1, player3))
        {
            compareAndRemove(player2, player4);
            return;
        }
        else if (compareAndRemove(player1, player4))
        {
            compareAndRemove(player2, player3);
            return;
        }
        else if (compareAndRemove(player2, player3))
        {
            return;
        }
        else if (compareAndRemove(player2, player4))
        {
            return;
        }
        else if (compareAndRemove(player3, player4))
        {
            return;
        }

        unsigned seed = std::chrono::system_clock::now().time_since_epoch().count();
        std::shuffle(player1.begin(), player1.end(), std::default_random_engine(seed));
        std::shuffle(player2.begin(), player2.end(), std::default_random_engine(seed));
        std::shuffle(player3.begin(), player3.end(), std::default_random_engine(seed));
        std::shuffle(player4.begin(), player4.end(), std::default_random_engine(seed));
    }
```

**5.** 승자가 누구인지를 판별하는 로직 함수를 만들겠습니다. 이 함수는 플레이어 중 한 명의 카드가 모두 없어질 때까지 반복적으로 호출됩니다. 코드 가독성을 높이기 위해 게임이 끝났는지를 판별하는 유틸리티 함수도 따로 작성하겠습니다.

```cpp
bool isGameComplete() const
{
    return player1.empty() || player2.empty() || player3.empty() || player4.empty();
}

void playGame()
{
    while (not isGameComplete())
    {
        playOneRound();
    }
}
```

**6.** 승자를 판별하는 함수를 추가합니다.

```cpp
int getWinner() const
{
    if (player1.empty())
        return 1;
    if (player2.empty())
        return 2;
    if (player3.empty())
        return 3;
    if (player4.empty())
        return 4;
}
};
```

**7.** 마지막으로 main() 함수에서 카드 게임을 수행하는 코드를 작성합니다.

```cpp
int main()
{
    game newGame;
    newGame.buildDeck();
    newGame.dealCards();
    newGame.playGame();
    auto winner = newGame.getWinner();
    std::cout << winner << "번 플레이어가 이겼습니다!" << std::endl;
}
```

**8.** 위 프로그램을 실행하면 다음과 같은 형태의 출력을 확인할 수 있습니다.

4번 플레이어가 이겼습니다!

> **Note ≡** 승자는 1번부터 4번 플레이어 중 아무나 될 수 있습니다. 이 게임은 현재 시간을 랜덤 함수의 시드(seed)로 사용하기 때문에 결과가 랜덤하게 나타납니다. 이 코드를 여러 번 실행하면 매번 다른 결과를 확인할 수 있습니다.

## A.1.3 실습 문제 3: 사무실 공유 프린터의 인쇄 대기 목록 시뮬레이션

이번 실습 문제에서는 사무실 공유 프린터에서 프린트 요청을 처리하는 인쇄 대기 목록을 구현해 보겠습니다. 실습 문제를 해결하기 위해 다음 단계를 따르세요.

**1.** 필요한 헤더 파일을 포함합니다.

```cpp
#include <iostream>
#include <queue>
```

**2.** Job 클래스를 구현합니다.

```cpp
class Job
{
    int id;
    std::string user;
    int pages;

    static int count;

public:
    Job(const std::string& u, int p) : user(u), pages(p), id(++count) {}

    friend std::ostream& operator<<(std::ostream& os, const Job& j)
    {
        os << "id: " << j.id << ", 사용자: " << j.user << ", 페이지수: " << j.pages << "장";
        return os;
    }
};

int Job::count = 0;
```

**3.** Printer 클래스를 구현합니다. 먼저 요청된 순서대로 프린트를 하기 위해 std::queue를 사용할 것입니다. 메모리에 저장할 수 있는 최대 인쇄 요청 개수를 템플릿 인자로 받는 클래스 템플릿 형태로 작성하겠습니다.

```cpp
template <size_t N>
class Printer
{
    std::queue<Job> jobs;

public:
    bool addNewJob(const Job& job)
    {
        if (jobs.size() == N)
        {
            std::cout << "인쇄 대기열에 추가 실패: " << job << std::endl;
            return false;
        }

        std::cout << "인쇄 대기열에 추가: " << job << std::endl;
        jobs.push(job);
        return true;
    }
```

**4.** 실제 프린트를 수행하는 함수를 작성합니다.

```cpp
    void startPrinting()
    {
        while (not jobs.empty())
        {
            std::cout << "인쇄 중: " << jobs.front() << std::endl;
            jobs.pop();
        }
    }
};
```

**5.** 앞서 만든 클래스를 사용하여 인쇄 시뮬레이션을 진행합니다.

```cpp
int main()
{
    Printer<5> printer;

    Job j1("광희", 10);
```

```
        Job j2("정다", 4);
        Job j3("현수", 5);
        Job j4("유미", 7);
        Job j5("채원", 8);
        Job j6("시원", 10);

        printer.addNewJob(j1);
        printer.addNewJob(j2);
        printer.addNewJob(j3);
        printer.addNewJob(j4);
        printer.addNewJob(j5);
        printer.addNewJob(j6);      // 인쇄 대기열이 가득 차 있어서 추가할 수 없음
        printer.startPrinting();

        printer.addNewJob(j6);      // 인쇄 대기열이 비었으므로 추가 가능
        printer.startPrinting();
    }
```

**6.** 지금까지 작성한 코드를 실행하면 다음과 같은 출력이 나타납니다.

```
인쇄 대기열에 추가: id: 1, 사용자: 광희, 페이지수: 10장
인쇄 대기열에 추가: id: 2, 사용자: 정다, 페이지수: 4장
인쇄 대기열에 추가: id: 3, 사용자: 현수, 페이지수: 5장
인쇄 대기열에 추가: id: 4, 사용자: 유미, 페이지수: 7장
인쇄 대기열에 추가: id: 5, 사용자: 채원, 페이지수: 8장
인쇄 대기열에 추가 실패: id: 6, 사용자: 시원, 페이지수: 10장
인쇄 중: id: 1, 사용자: 광희, 페이지수: 10장
인쇄 중: id: 2, 사용자: 정다, 페이지수: 4장
인쇄 중: id: 3, 사용자: 현수, 페이지수: 5장
인쇄 중: id: 4, 사용자: 유미, 페이지수: 7장
인쇄 중: id: 5, 사용자: 채원, 페이지수: 8장
인쇄 대기열에 추가: id: 6, 사용자: 시원, 페이지수: 10장
인쇄 중: id: 6, 사용자: 시원, 페이지수: 10장
```

# A.2 2장 트리, 힙, 그래프

## A.2.1 실습 문제 4: 파일 시스템 자료 구조 만들기

이번 실습 문제에서는 *N*-항 트리를 이용하여 파일 시스템 표현을 위한 자료 구조를 만들어보겠습니다. 실습 문제를 해결하기 위해 다음 단계를 따라하세요.

**1.** 필요한 헤더 파일을 포함합니다.

```
#include <iostream>
#include <vector>
#include <algorithm>
```

**2.** 디렉터리/파일 정보를 저장할 노드 구조체를 작성합니다.

```
struct n_ary_node
{
    std::string name;
    bool is_dir;
    std::vector<n_ary_node*> children;
};
```

**3.** 사용하기 편리하도록 n_ary_node를 사용하여 트리를 구성합니다. 그리고 현재 디렉터리를 저장할 변수를 추가합니다.

```
struct file_system
{
    using node = n_ary_node;
    using node_ptr = node*;

private:
    node_ptr root;
    node_ptr cwd;
```

**4.** 생성자에서는 루트 디렉터리를 만들고, 이를 현재 디렉터리로 설정합니다.

```
public:
    file_system()
    {
```

```
        root = new node {"/", true, {}};
        cwd = root;     // 처음에는 루트를 현재 디렉터리로 설정
    }
```

**5.** 디렉터리/파일을 찾는 find() 함수를 추가합니다.

```
    node_ptr find(const std::string& path)
    {
        if (path[0] == '/')     // 절대 경로
        {
            return find_impl(root, path.substr(1));
        }
        else                    // 상대 경로
        {
            return find_impl(cwd, path);
        }
    }

private:
    node_ptr find_impl(node_ptr directory, const std::string& path)
    {
        if (path.empty())
            return directory;
        auto sep = path.find('/');
        std::string current_path = sep == std::string::npos ? path : path.substr(0, sep);
        std::string rest_path = sep == std::string::npos ? "" : path.substr(sep + 1);
        auto found = std::find_if(directory->children.begin(), directory->children.end(),
            [&](const node_ptr child) {
                return child->name == current_path;
            });
        if (found != directory->children.end())
        {
            return find_impl(*found, rest_path);
        }
        return NULL;
    }
```

**6.** 디렉터리를 생성하는 add() 함수를 추가합니다.

```
public:
    bool add(const std::string& path, bool is_dir)
    {
        if (path[0] == '/')
```

```
            {
                return add_impl(root, path.substr(1), is_dir);
            }
            else
            {
                return add_impl(cwd, path, is_dir);
            }
        }

private:
    bool add_impl(node_ptr directory, const std::string& path, bool is_dir)
    {
        if (not directory->is_dir)
        {
            std::cout << directory->name << "은(는) 파일입니다." << std::endl;
            return false;
        }

        auto sep = path.find('/');

        // path에 '/'가 없는 경우
        if (sep == std::string::npos)
        {
            auto found = std::find_if(directory->children.begin(), directory-
>children.end(), [&](const node_ptr child) {
                return child->name == path;
                });

            if (found != directory->children.end())
            {
                std::cout << directory->name << "에 이미 " << path << " 이름의 파일/디렉
터리가 있습니다." << std::endl;
                return false;
            }

            directory->children.push_back(new node {path, is_dir, {}});
            return true;
        }

        // path에 '/'가 있는 경우, 즉, 디렉터리 이름을 포함하고 있는 경우
        std::string next_dir = path.substr(0, sep);
        auto found = std::find_if(directory->children.begin(), directory->children.
end(), [&](const node_ptr child) {
```

```
                return child->name == next_dir && child->is_dir;
            });

        if (found != directory->children.end())
        {
            return add_impl(*found, path.substr(sep + 1), is_dir);
        }

        // path에 디렉터리 이름이 포함되어 있지만, 해당 디렉터리가 없는 경우
        std::cout << directory->name << "에 " << next_dir << " 이름의 디렉터리가 없습니
다." << std::endl;
        return false;
    }
```

**7.** 디렉터리를 이동하는 change_dir() 함수를 추가합니다. 이미 앞에서 find() 함수를 구현했기 때문에 change_dir() 함수는 쉽게 구현할 수 있습니다.

```
public:
    bool change_dir(const std::string& path)
    {
        auto found = find(path);
        if (found && found->is_dir)
        {
            cwd = found;
            std::cout << "현재 디렉터리를 " << cwd->name << "로 이동합니다." << std::endl;
            return true;
        }

        std::cout << path << " 경로를 찾을 수 없습니다." << std::endl;
        return false;
    }
```

**8.** 이번에는 디렉터리와 파일 목록을 출력하는 show_path() 함수를 추가합니다. 함수 인자로 파일이 전달되면 단순히 파일 이름을 출력하고, 디렉터리가 인자로 전달되면 해당 디렉터리의 하위 디렉터리와 파일을 모두 출력합니다.

```
public:
    void show_path(const std::string& path)
    {
        auto found = find(path);
        if (not found)
```

```cpp
        {
            std::cout << path << " 경로가 존재하지 않습니다." << std::endl;
            return;
        }

        if (found->is_dir)
        {
            for (auto child : found->children)
            {
                std::cout << (child->is_dir ? "d " : "- ") << child->name << std::endl;
            }
        }
        else
        {
            std::cout << "- " << found->name << std::endl;
        }
    }
};
```

**9.** 앞에서 만든 기능을 사용하는 main( ) 함수를 작성합니다.

```cpp
int main()
{
    file_system fs;
    fs.add("usr", true);         // "/"에 usr 디렉터리 추가
    fs.add("etc", true);         // "/"에 etc 디렉터리 추가
    fs.add("var", true);         // "/"에 var 디렉터리 추가
    fs.add("tmp_file", false);   // "/"에 tmp_file 파일 추가

    std::cout << "\"/\"의 파일/디렉터리 목록:" << std::endl;
    fs.show_path("/");           // "/"의 파일/디렉터리 목록 출력

    std::cout << std::endl;
    fs.change_dir("usr");
    fs.add("gilbut", true);
    fs.add("gilbut/Downloads", true);
    fs.add("gilbut/Downloads/newFile.cpp", false);

    std::cout << "현재 디렉터리에서 usr의 파일/디렉터리 목록: " << std::endl;
    fs.show_path("usr"); // 현재 디렉터리에는 usr 디렉터리가 없으므로 정상적으로 출력하지 못
합니다.
```

```
    std::cout << "\"/usr\"의 파일/디렉터리 목록:" << std::endl;
    fs.show_path("/usr");

    std::cout << "\"/usr/gilbut/Downloads\"의 파일/디렉터리 목록" << std::endl;
    fs.show_path("/usr/gilbut/Downloads");
}
```

이 프로그램을 실행하면 다음과 같은 출력을 확인할 수 있습니다.

```
"/"의 파일/디렉터리 목록:
d usr
d etc
d var
- tmp_file

현재 디렉터리를 usr로 이동합니다.
현재 디렉터리에서 usr의 파일/디렉터리 목록:
usr 경로가 존재하지 않습니다.
"/usr"의 파일/디렉터리 목록:
d gilbut
"/usr/gilbut/Downloads"의 파일/디렉터리 목록
- newFile.cpp
```

## A.2.2 실습 문제 5: 힙을 이용한 데이터 리스트 병합

이번 실습 문제에서는 다수의 정렬된 배열을 합쳐서 하나의 정렬된 배열을 만들어보겠습니다. 실습 문제를 해결하기 위해 다음 단계를 따라하세요.

1. 필요한 헤더 파일을 포함합니다.

```
#include <iostream>
#include <algorithm>
#include <vector>
```

2. 이제 병합을 위한 merge() 함수를 구현하겠습니다. 이 함수는 int로 구성된 벡터의 벡터를 인자로 받으며, 여기서 각 벡터는 정렬된 정수 값을 가지고 있습니다. merge() 함수는 병합한 int의 벡터를 반환합니다. 먼저 힙 노드를 정의합니다.

```cpp
struct node
{
    int data;
    int listPosition;
    int dataPosition;
};

std::vector<int> merge(const std::vector<std::vector<int>>& input)
{
    auto comparator = [](const node& left, const node& right) {
        if (left.data == right.data)
            return left.listPosition > right.listPosition;
        return left.data > right.data;
    };
```

힙 노드는 데이터와 입력 리스트 인덱스, 그리고 해당 입력 리스트에서의 데이터 인덱스를 저장합니다.

3. 힙을 구성합니다. 각각의 리스트에서 가장 작은 원소를 추출하여 최소 힙을 구성할 것입니다. 따라서 힙에서 원소를 꺼내면 전체 리스트에서 가장 작은 원소가 추출됩니다. 이 원소를 삭제한 후, 같은 리스트에서 다음 번 원소를 꺼내어 힙에 추가합니다.

```cpp
std::vector<node> heap;
for (int i = 0; i < input.size(); i++)
{
    heap.push_back({input[i][0], i, 0});
    std::push_heap(heap.begin(), heap.end(), comparator);
}
```

4. 이제 출력 벡터를 만들겠습니다. 힙에서 원소 하나를 꺼내어 출력 벡터에 추가하고, 해당 원소가 있던 리스트에서 다음 원소가 있다면 이를 다시 힙에 넣습니다. 그리고 힙이 완전히 빌 때까지 이 작업을 반복합니다.

```cpp
std::vector<int> result;
while (!heap.empty())
{
    std::pop_heap(heap.begin(), heap.end(), comparator);
    auto min = heap.back();
    heap.pop_back();
```

```
            result.push_back(min.data);
            int nextIndex = min.dataPosition + 1;
            if (nextIndex < input[min.listPosition].size())
            {
                heap.push_back({input[min.listPosition][nextIndex], min.listPosition,
    nextIndex});
                std::push_heap(heap.begin(), heap.end(), comparator);
            }
        }
    }

    return result;
}
```

**5.** 이제 main() 함수를 만들고 merge() 함수를 사용하는 코드를 작성합니다.

```
int main()
{
    std::vector<int> v1 = {1, 3, 8, 15, 105};
    std::vector<int> v2 = {2, 3, 10, 11, 16, 20, 25};
    std::vector<int> v3 = {-2, 100, 1000};
    std::vector<int> v4 = {-1, 0, 14, 18};

    auto result = merge({v1, v2, v3, v4});

    for (auto i : result)
        std::cout << i << ' ';
    std::cout << std::endl;

    return 0;
}
```

지금까지 작성한 프로그램을 실행하면 다음과 같은 출력을 확인할 수 있습니다.

```
-2 -1 0 1 2 3 3 8 10 11 14 15 16 18 20 25 100 105 1000
```

# A.3 3장 해시 테이블과 블룸 필터

## A.3.1 실습 문제 6: 긴 URL을 짧은 URL로 매핑하기

이번 실습 문제에서는 짧은 길이의 URL과 긴 URL을 서로 매핑하는 프로그램을 만들어보겠습니다. 실습 문제를 해결하기 위해 다음 단계를 따라하세요.

1. 필요한 헤더 파일을 포함합니다.

```
#include <string>
#include <iostream>
#include <unordered_map>
```

2. URLService 구조체를 만들어서 필요한 기능을 구현하겠습니다.

```
struct URLService
{
    using ActualURL = std::string;
    using TinyURL = std::string;

private:
    std::unordered_map<TinyURL, ActualURL> data;
```

짧은 URL과 원본 URL을 함께 저장할 맵을 생성합니다. 이 예제에서는 짧은 URL을 이용하여 긴 원본 URL을 찾을 것입니다. 맵은 키를 기반으로 매우 빠른 룩업 연산을 수행합니다. 그러므로 짧은 URL을 키로 사용하고, 원본 URL을 데이터 값으로 사용할 것입니다. 코드 가독성을 높이기 위해 문자열 타입을 ActualURL과 TinyURL로 이름 재정의하여 사용하겠습니다.

3. 룩업 함수를 추가합니다.

```
public:
    std::pair<bool, ActualURL> lookup(const TinyURL& url) const
    {
        auto it = data.find(url);
        if (it == data.end())    // 단축 URL이 등록되어 있지 않은 경우
        {
            return std::make_pair(false, std::string());
```

```
        }
        else
        {
            return std::make_pair(true, it->second);
        }
    }
```

**4.** 원본 URL과 이에 대응하는 짧은 URL을 함께 등록하는 함수를 작성합니다.

```
bool registerURL(const ActualURL& actualURL, const TinyURL& tinyURL)
{
    auto found = lookup(tinyURL).first;
    if (found)
    {
        return false;
    }

    data[tinyURL] = actualURL;
    return true;
}
```

만약 이미 같은 이름의 짧은 URL이 존재하면 registerURL() 함수는 false를 반환합니다. 등록이 성공하면 true를 반환합니다.

**5.** 등록된 URL을 제거하는 함수도 작성합니다.

```
bool deregisterURL(const TinyURL& tinyURL)
{
    auto found = lookup(tinyURL).first;
    if (found)
    {
        data.erase(tinyURL);
        return true;
    }

    return false;
}
```

여기서는 검색 기능을 다시 만드는 대신 앞서 구현한 lookup() 함수를 사용했으며, 덕분에 코드가 더 읽기 편해졌습니다.

**6.** 현재 등록되어 있는 URL을 모두 출력하는 함수를 작성합니다.

```cpp
void printURLs() const
{
    for (const auto& entry : data)
    {
        std::cout << entry.first << " -> " << entry.second << std::endl;
    }
    std::cout << std::endl;
}
};
```

**7.** main() 함수를 만들고, 지금까지 만든 기능을 이용하여 코드를 추가합니다.

```cpp
int main()
{
    URLService service;

    if (service.registerURL("https://www.gilbut.co.kr/book/view?bookcode=BN002245",
"https://py_dojang"))
    {
        std::cout << "https://py_dojang 등록" << std::endl;
    }
    else
    {
        std::cout << "https://py_dojang 등록 실패" << std::endl;
    }

    if (service.registerURL("https://www.gilbut.co.kr/book/view?bookcode=BN001484",
"https://c_dojang"))
    {
        std::cout << "https://c_dojang 등록" << std::endl;
    }
    else
    {
        std::cout << "https://c_dojang 등록 실패" << std::endl;
    }

    if (service.registerURL("https://www.gilbut.co.kr/book/view?bookcode=BN002402",
"https://opencv4"))
    {
        std::cout << "https://opencv4 등록" << std::endl;
    }
    else
    {
```

```
        std::cout << "https://opencv4 등록 실패" << std::endl;
    }

    auto pythonBook = service.lookup("https://py_dojang");
    if (pythonBook.first)
    {
        std::cout << "https://py_dojang 원본 URL: " << pythonBook.second << std::endl;
    }
    else
    {
        std::cout << "https://py_dojang 원본 URL을 찾을 수 없습니다." << std::endl;
    }

    auto cppBook = service.lookup("https://cpp_dojang");
    if (cppBook.first)
    {
        std::cout << "https://cpp_dojang 원본 URL: " << cppBook.second << std::endl;
    }
    else
    {
        std::cout << "https://cpp_dojang 원본 URL을 찾을 수 없습니다." << std::endl;
    }

    if (service.deregisterURL("https://c_dojang"))
    {
        std::cout << "c_dojang 책 URL 등록 해제" << std::endl;
    }
    else
    {
        std::cout << "c_dojang 책 URL 등록 해제 실패" << std::endl;
    }

    auto findQtBook = service.lookup("https://c_dojang");
    if (findQtBook.first)
    {
        std::cout << "https://c_dojang 원본 URL: " << findQtBook.second << std::endl;
    }
    else
    {
        std::cout << "https://c_dojang 원본 URL을 찾을 수 없습니다." << std::endl;
    }

    std::cout << "등록된 URL 리스트:" << std::endl;
    service.printURLs();
}
```

**8.** 지금까지 작성한 프로그램을 실행하면 다음과 같은 출력을 확인할 수 있습니다.

```
https://py_dojang 등록
https://c_dojang 등록
https://opencv4 등록
https://py_dojang 원본 URL: https://www.gilbut.co.kr/book/view?bookcode=BN002245
https://cpp_dojang 원본 URL을 찾을 수 없습니다.
c_dojang 책 URL 등록 해제
https://c_dojang 원본 URL을 찾을 수 없습니다.
등록된 URL 리스트:
https://py_dojang -> https://www.gilbut.co.kr/book/view?bookcode=BN002245
https://opencv4 -> https://www.gilbut.co.kr/book/view?bookcode=BN002402
```

출력 결과에서 등록이 해제된 URL은 제외되었고, 현재 등록되어 있는 URL은 모두 출력된 것을 볼 수 있습니다.

## A.3.2 실습 문제 7: 이메일 주소 중복 검사

이번 실습 문제에서는 사용자가 입력한 이메일 주소가 이미 사용 중인지를 검사하는 프로그램을 만들어보겠습니다. 실습 문제를 해결하기 위해 다음 단계를 따르세요.

**1.** 필요한 헤더 파일을 포함합니다.

```cpp
#include <iostream>
#include <vector>

#include <openssl/md5.h>
```

**2.** 블룸 필터 클래스를 추가합니다.

```cpp
class BloomFilter
{
    int nHashes;
    std::vector<bool> bits;

    static constexpr int hashSize = 128 / 8;    // 128비트(16바이트)

    unsigned char hashValue[hashSize];
```

**3.** 생성자를 추가합니다.

```cpp
public:
    BloomFilter(int size, int hashes) : bits(size), nHashes(hashes)
    {
        if (nHashes > hashSize)
        {
            throw("해시 함수 개수가 너무 많습니다.");
        }

        if (size > 255)
        {
            throw("블룸 필터 크기가 255보다 클 수 없습니다.");
        }
    }
```

해시 값 버퍼의 각각의 바이트를 서로 다른 해시 함수처럼 사용할 것이고, 해시 값 버퍼의 크기가 16바이트(128비트)이기 때문에 이 이상의 해시 함수를 사용할 수 없습니다. 각 해시 값은 1바이트이므로 0부터 255까지의 값을 가질 수 있습니다. 그러므로 블룸 필터 크기는 255를 초과할 수 없으며, 더 큰 크기를 지정하면 예외를 발생시킵니다.

**4.** 해시 함수를 작성합니다. 여기서는 간단히 MD5() 함수를 사용하여 해시 값을 계산하겠습니다.

```cpp
void hash(const std::string& key)
{
    MD5(reinterpret_cast<const unsigned char*>(key.data()), key.length(), hashValue);
}
```

**5.** 이메일 주소를 추가하는 함수를 작성합니다.

```cpp
void add(const std::string& key)
{
    hash(key);
    for (auto it = &hashValue[0]; it < &hashValue[nHashes]; it++)
    {
        bits[*it % bits.size()] = true;
    }

    std::cout << "블룸 필터에 추가: " << key << std::endl;
}
```

해시 값 버퍼를 0부터 nHashes까지 반복하면서 각 비트를 true로 설정합니다.

**6.** 이메일 주소를 검색하는 함수를 작성합니다.

```cpp
bool mayContain(const std::string& key)
{
    hash(key);
    for (auto it = &hashValue[0]; it < &hashValue[nHashes]; it++)
    {
        if (!bits[*it % bits.size()])
        {
            std::cout << key << " : 사용할 수 있는 이메일입니다." << std::endl;
            return false;
        }
    }

    std::cout << key << " : 이미 사용 중입니다." << std::endl;
    return true;
};
```

**7.** main() 함수를 작성합니다.

```cpp
int main()
{
    BloomFilter bloom(128, 5);

    bloom.add("abc@gilbut.com");
    bloom.add("xyz@gilbut.com");

    bloom.mayContain("abc");
    bloom.mayContain("xyz@gilbut.com");
    bloom.mayContain("xyz");

    bloom.add("abcd@gilbut.com");
    bloom.add("ab@gilbut.com");

    bloom.mayContain("abcd");
    bloom.mayContain("ab@gilbut.com");
}
```

지금까지 작성한 코드를 실행하면 다음과 같은 출력을 확인할 수 있습니다.

블룸 필터에 추가: abc@gilbut.com
블룸 필터에 추가: xyz@gilbut.com

abc : 사용할 수 있는 이메일입니다.
xyz@gilbut.com : 이미 사용 중입니다.
xyz : 사용할 수 있는 이메일입니다.
블룸 필터에 추가: abcd@gilbut.com
블룸 필터에 추가: ab@gilbut.com
abcd : 사용할 수 있는 이메일입니다.
ab@gilbut.com : 이미 사용 중입니다.

MD5는 무작위 알고리즘이기 때문에 이는 가능한 출력 중 하나입니다. 블룸 필터 크기와 함수 개수를 신중하게 지정하면 MD5 알고리즘으로 높은 정확도를 얻을 수 있습니다.

# A.4 4장 분할 정복

## A.4.1 실습 문제 8: 예방 접종

이번 실습 문제에서는 예방 접종 기록을 확인하여 예방 접종이 필요한 학생을 찾아내려고 합니다. 다음과 같은 순서로 실습 문제 솔루션을 작성하세요.

**1.** 필요한 헤더 파일을 포함합니다.

```cpp
#include <iostream>
#include <vector>
#include <chrono>
#include <random>
#include <algorithm>
```

**2.** 학생을 표현하는 Student 클래스를 작성합니다.

```cpp
class Student
{
private:
    std::pair<int, int> name;    // 학생 ID, <이름, 성>
    bool vaccinated;             // 예방 접종 여부

public:
    // 생성자
```

```cpp
    Student(std::pair<int, int> n, bool v):
        name(n), vaccinated(v) {}

    // 정보 검색
    auto get_name() { return name; }
    auto is_vaccinated() { return vaccinated; }

    // 이름이 같으면 같은 사람으로 취급
    bool operator ==(const Student& p) const
    {
        return this->name == p.name;
    }

    // 이름을 이용하여 정렬하도록 설정
    bool operator< (const Student& p) const
    {
        return this->name < p.name;
    }

    bool operator> (const Student& p) const
    {
        return this->name > p.name;
    }
};
```

3. 다음 코드는 임의의 학생 정보를 생성하는 함수입니다.

```cpp
// 1부터 max 사이의 ID를 갖는 임의의 학생 정보를 생성합니다.
auto generate_random_Student(int max)
{
    std::random_device rd;
    std::mt19937 rand(rd());

    // 학생 ID 범위는 [1, max]로 지정
    std::uniform_int_distribution<std::mt19937::result_type> uniform_dist(1, max);

    // 임의의 학생 정보 생성
    auto random_name = std::make_pair(uniform_dist(rand), uniform_dist(rand));
    bool is_vaccinated = uniform_dist(rand) % 2 ? true : false;

    return Student(random_name, is_vaccinated);
}
```

**4.** 다음 함수는 예방 접종이 필요한지를 판별하여 true 또는 false를 반환합니다.

```
bool needs_vaccination(Student P, std::vector<Student>& people)
{
    auto first = people.begin();
    auto last = people.end();

    while (true)
    {
        auto range_length = std::distance(first, last);
        auto mid_element_index = std::floor(range_length / 2);
        auto mid_element = *(first + mid_element_index);

        // 목록에 해당 학생이 있고, 예방 접종을 받지 않았다면 true를 반환
        if (mid_element == P && mid_element.is_vaccinated() == false)
            return true;
        // 목록에 해당 학생이 있는데 이미 예방 접종을 받았다면 false를 반환
        else if (mid_element == P && mid_element.is_vaccinated() == true)
            return false;
        else if (mid_element > P)
            std::advance(last, -mid_element_index);
        if (mid_element < P)
            std::advance(first, mid_element_index);

        // 목록에 해당 학생이 없다면 true를 반환
        if (range_length == 1)
            return true;
    }
}
```

**5.** 다음 코드는 임의의 학생 목록을 생성하고, 특정 학생의 예방 접종 필요 여부를 테스트하는 함수입니다.

```
void search_test(int size, Student p)
{
    std::vector<Student> people;

    // 임의의 학생 정보 목록 생성
    for (auto i = 0; i < size; i++)
        people.push_back(generate_random_Student(size));

    std::sort(people.begin(), people.end());
```

```cpp
    // 이진 검색 실행 및 시간 측정
    auto begin = std::chrono::steady_clock::now();

    bool search_result = needs_vaccination(p, people);

    auto end = std::chrono::steady_clock::now();
    auto diff = std::chrono::duration_cast<std::chrono::microseconds>(end - begin);

    std::cout << "이진 검색 소요 시간: " << diff.count() << "us" << std::endl;

    if (search_result)
        std::cout << "(" << p.get_name().first << " " << p.get_name().second << ") "
        << "학생은 예방 접종이 필요합니다." << std::endl;
    else
        std::cout << "(" << p.get_name().first << " " << p.get_name().second << ") "
        << "학생은 예방 접종이 필요하지 않습니다." << std::endl;
}
```

**6.** 마지막으로 main() 함수를 작성하고 테스트 코드를 추가합니다.

```cpp
int main()
{
    // 임의의 학생 정보 생성
    auto p = generate_random_Student(1000);

    search_test(1000, p);
    search_test(10000, p);
    search_test(100000, p);

    return 0;
}
```

> **Note ≡** 이번 실습 문제에서는 임의의 학생 정보를 생성하여 사용하기 때문에 출력 결과는 매번 다르게 나타나게 됩니다.

## A.4.2 실습 문제 9: 부분 정렬

부분 퀵 정렬은 연습 문제 20에서 설명했던 퀵 정렬 알고리즘을 변형하여 만들 수 있습니다. 연습 문제 20과 비교하면 4단계가 다릅니다. 다음 구현 코드를 참고하세요.

**1.** 필요한 헤더 파일을 포함합니다.

```
#include <iostream>
#include <vector>
#include <chrono>
#include <random>
#include <algorithm>
```

**2.** 다음과 같은 형태로 분할 연산을 구현합니다.

```
template <typename T>
auto partition(typename std::vector<T>::iterator begin,
    typename std::vector<T>::iterator end)
{
    auto pivot_val = *begin;
    auto left_iter = begin + 1;
    auto right_iter = end;

    while (true)
    {
        // 벡터의 첫 번째 원소부터 시작하여 피벗보다 큰 원소를 찾습니다.
        while (*left_iter <= pivot_val && std::distance(left_iter, right_iter) > 0)
            left_iter++;

        // 벡터의 마지막 원소부터 시작하여 역순으로 피벗보다 작은 원소를 찾습니다.
        while (*right_iter > pivot_val && std::distance(left_iter, right_iter) > 0)
            right_iter--;

        // 만약 left_iter와 right_iter가 같다면 교환할 원소가 없음을 의미합니다.
        // 그렇지 않으면 left_iter와 right_iter가 가리키는 원소를 서로 교환합니다.
        if (left_iter == right_iter)
            break;
        else
            std::iter_swap(left_iter, right_iter);
    }

    if (pivot_val > *right_iter)
```

```
        std::iter_swap(begin, right_iter);

        return right_iter;
    }
```

**3.** 출력 결과에서 전체 퀵 정렬의 결과도 확인할 것이므로 퀵 정렬 함수를 작성합니다.

```
template <typename T>
void quick_sort(typename std::vector<T>::iterator begin,
    typename std::vector<T>::iterator last)
{
    // 만약 벡터에 하나 이상의 원소가 있다면
    if (std::distance(begin, last) >= 1)
    {
        // 분할 작업을 수행
        auto partition_iter = partition<T>(begin, last);

        // 분할 작업에 의해 생성된 벡터를 재귀적으로 정렬
        quick_sort<T>(begin, partition_iter - 1);
        quick_sort<T>(partition_iter, last);
    }
}
```

**4.** 부분 퀵 정렬 함수를 작성합니다.

```
template <typename T>
void partial_quick_sort(typename std::vector<T>::iterator begin,
    typename std::vector<T>::iterator last,
    size_t k)
{
    // 벡터에 하나 이상의 원소가 남아 있는 경우
    if (std::distance(begin, last) >= 1)
    {
        // 분할 연산을 수행
        auto partition_iter = partition<T>(begin, last);

        // 분할 연산에 의해 생성된 두 벡터를 재귀적으로 정렬
        partial_quick_sort<T>(begin, partition_iter - 1, k);

        // 만약 마지막 피벗 위치가 k보다 작으면 오른쪽 부분 벡터도 정렬
        if (std::distance(begin, partition_iter) < k)
            partial_quick_sort<T>(partition_iter, last, k);
    }
}
```

**5.** 벡터의 모든 원소를 출력하는 함수와 임의의 정수 벡터를 생성하는 함수를 작성합니다.

```cpp
template <typename T>
void print_vector(std::vector<T> arr)
{
    for (auto i : arr)
        std::cout << i << " ";

    std::cout << std::endl;
}


// [1, size] 범위에 속하는 임의의 정수를 생성합니다.
template <typename T>
auto generate_random_vector(T size)
{
    std::vector<T> V;
    V.reserve(size);

    std::random_device rd;
    std::mt19937 rand(rd());

    std::uniform_int_distribution<std::mt19937::result_type> uniform_dist(1, size);

    for (T i = 0; i < size; i++)
        V.push_back(uniform_dist(rand));

    return std::move(V);
}
```

**6.** 부분 퀵 정렬과 전체 퀵 정렬을 실행하고 성능을 평가하는 테스트 함수를 작성합니다.

```cpp
template <typename T>
void test_partial_quicksort(size_t size, size_t k)
{
        // 임의의 벡터를 생성하고, 복사본을 만들어 두 알고리즘에 각각 테스트 진행
        auto random_vec = generate_random_vector<T>(size);
        auto random_vec_copy(random_vec);

        std::cout << "입력 벡터: " << std::endl;
        print_vector<T>(random_vec);

        // 부분 퀵 정렬 알고리즘 수행 시간 측정
        auto begin1 = std::chrono::steady_clock::now();
```

```
    partial_quick_sort<T>(random_vec.begin(), random_vec.end() - 1, k);
    auto end1 = std::chrono::steady_clock::now();
    auto diff1 = std::chrono::duration_cast<std::chrono::microseconds>(end1 - begin1);

    std::cout << std::endl;
    std::cout << "부분 퀵 정렬 수행 시간: " << diff1.count() << "us" << std::endl;

    std::cout << "(처음 " << k << "개 원소만) 부분 정렬된 벡터: ";
    print_vector<T>(random_vec);

    // 전체 퀵 정렬 알고리즘 수행 시간 측정
    auto begin2 = std::chrono::steady_clock::now();
    quick_sort<T>(random_vec_copy.begin(), random_vec_copy.end() - 1);
    auto end2 = std::chrono::steady_clock::now();
    auto diff2 = std::chrono::duration_cast<std::chrono::microseconds>(end2 - begin2);

    std::cout << std::endl;
    std::cout << "전체 퀵 정렬 수행 시간: " << diff2.count() << "us" << std::endl;

    std::cout << "전체 정렬된 벡터: ";
    print_vector<T>(random_vec_copy);
}
```

**7.** 마지막으로 main() 함수를 작성하고, 테스트 함수를 호출합니다.

```
int main()
{
    test_partial_quicksort<unsigned>(100, 10);
    return 0;
}
```

## A.4.3 실습 문제 10: 맵리듀스를 이용하여 워드카운트 구현하기

이번 실습 문제에서는 맵리듀스 모델을 이용하여 워드카운트 문제를 풀어보겠습니다.

**1.** map_task 구조체를 다음과 같이 구현합니다.

```
struct map_task : public mapreduce::map_task<
    std::string,                          // MapKey (filename)
    std::pair<char const*, std::uintmax_t>> // MapValue (memory mapped file contents)
```

```
{
    template<typename Runtime>
    void operator()(Runtime& runtime, key_type const& key, value_type& value) const
    {
        bool in_word = false;
        char const* ptr = value.first;
        char const* end = ptr + value.second;
        char const* word = ptr;

        for (; ptr != end; ++ptr)
        {
            char const ch = std::toupper(*ptr, std::locale::classic());

            if (in_word)
            {
                if ((ch < 'A' || ch > 'Z') && ch != '\'')
                {
                    runtime.emit_intermediate(std::pair<char const*, std::uintmax_
t>(word, ptr - word), 1);
                    in_word = false;
                }
            }
            else if (ch >= 'A' && ch <= 'Z')
            {
                word = ptr;
                in_word = true;
            }
        }

        if (in_word)
        {
            assert(ptr > word);
            runtime.emit_intermediate(std::pair<char const*, std::uintmax_t>(word,
ptr - word), 1);
        }
    }
};
```

앞의 맵 함수는 입력 디렉터리의 각 파일에 개별적으로 적용됩니다. 입력 파일 내용은 value를 통해 접근할 수 있습니다. 그런 다음 안쪽 for 문에서 파일 내용으로부터 단어를 추출하고 <key, value> 쌍을 생성합니다. 여기서 key는 단어이고 value는 1로 설정됩니다.

**2.** reduce_task 구조체를 다음과 같이 구현합니다.

```
template<typename KeyType>
struct reduce_task : public mapreduce::reduce_task<KeyType, unsigned>
{
    using typename mapreduce::reduce_task<KeyType, unsigned>::key_type;

    template<typename Runtime, typename It>
    void operator()(Runtime& runtime, key_type const& key, It it, It const ite) const
    {
        runtime.emit(key, std::accumulate(it, ite, 0));
    }
};
```

맵 함수에서 생성된 모든 〈key, value〉 쌍에 리듀스 작업을 수행할 수 있습니다. 앞에서 value 값을 1로 설정했으므로 std::accumulate() 함수를 사용하여 입력 쌍에서 key에 해당하는 단어가 나타나는 총 횟수를 구할 수 있습니다.

# A.5 / 5장 그리디 알고리즘

## A.5.1 실습 문제 11: 작업 스케줄링 문제

이번 실습 문제에서는 완료할 수 있는 작업 개수를 최대로 만드는 최적의 작업 스케줄을 구해보겠습니다. 다음과 같은 순서로 실습 문제 솔루션을 작성하세요.

**1.** 필요한 헤더 파일을 포함하고, 작업 표현을 위한 구조체를 정의합니다.

```
#include <list>
#include <algorithm>
#include <iostream>
#include <random>

// 모든 작업은 ID와 〈시작 시간, 종료 시간〉 쌍으로 표현됨
struct Task
{
```

```
        unsigned ID;
        unsigned start_time;
        unsigned end_time;
    };
```

**2.** 임의의 시작 시간과 종료 시간을 갖는 *N*개의 작업을 생성합니다.

```
    auto initialize_tasks(int num_tasks, int max_end_time)
    {
        std::random_device rd;
        std::mt19937 rand(rd());
        std::uniform_int_distribution<std::mt19937::result_type> uniform_dist(1, max_end_
    time);

        std::list<Task> tasks;

        for (unsigned i = 0; i < num_tasks; i++)
        {
            auto start_time = uniform_dist(rand);
            auto end_time = uniform_dist(rand);

            if (start_time == end_time) end_time++;
            if (start_time > end_time) std::swap(start_time, end_time);

            tasks.push_back({i + 1, start_time, end_time});
        }

        return tasks;
    }
```

**3.** 작업 스케줄링 알고리즘을 다음과 같이 구현합니다.

```
    auto job_scheduling(std::list<Task> tasks)
    {
        // 작업 종료 시간을 기준으로 정렬
        tasks.sort([](const auto& lhs, const auto& rhs) {
                return lhs.end_time < rhs.end_time;
            });

        for (auto curr_task = tasks.begin(); curr_task != tasks.end(); curr_task++)
        {
            auto next_task = std::next(curr_task, 1);
```

```
                    // 현재 작업과 시간이 겹치는 작업은 제거
                    while (next_task != tasks.end() &&
                        next_task->start_time < curr_task->end_time)
                    {
                        next_task = tasks.erase(next_task);
                    }
                }

                return tasks;
            }
```

4. main() 함수를 작성하고, 작업 스케줄링 테스트 코드를 추가합니다. 더불어 작업 목록을 출력 하는 함수도 작성합니다.

```
void print(std::list<Task>& tasks, int max_end_time)
{
    for (auto t : tasks) {
        std::cout << "[" << t.ID << "] " << t.start_time << " -> " << t.end_time << "\t|";

        int i = 0;
        for (; i < t.start_time; i++) std::cout << " ";
        for (; i < t.end_time; i++) std::cout << "*";
        for (; i < max_end_time; i++) std::cout << " ";
        std::cout << "|" << std::endl;
    }
}

int main()
{
    int num_tasks = 10;
    int max_end_time = 20;

    auto tasks = initialize_tasks(num_tasks, max_end_time);
    std::cout << "[전체 작업]" << std::endl;
    print(tasks, max_end_time);

    auto scheduled_tasks = job_scheduling(tasks);
    std::cout << "\n[스케줄 조정한 작업]" << std::endl;
    print(scheduled_tasks, max_end_time);
}
```

## A.5.2 실습 문제 12: 웰시-포웰 알고리즘

이번 실습 문제에서는 웰시-포웰 알고리즘을 이용한 그래프 컬러링을 구현해보겠습니다.

**1.** 필요한 헤더 파일을 포함합니다.

```
#include <string>
#include <vector>
#include <iostream>
#include <set>
#include <map>
#include <unordered_map>
#include <algorithm>

using namespace std;
```

**2.** 그래프의 에지를 표현하는 Edge 구조체를 정의하고, 에지 리스트로 그래프를 표현하는 Graph 클래스를 정의합니다. Edge 구조체와 Graph 클래스 정의는 '연습 문제 26: 크루스칼 MST 알고리즘'에서 구현했던 코드를 그대로 재사용하겠습니다. 자세한 구현 코드는 연습 문제 26의 5단계와 6단계 소스 코드를 참고하기 바랍니다.

**3.** 해시 맵을 이용하여 그래프 컬러링에 사용할 색상을 표현합니다.

```
unordered_map<unsigned, string> color_map = {
    {1, "Red"},
    {2, "Blue"},
    {3, "Green"},
    {4, "Yellow"},
    {5, "Black"},
    {6, "White"}
};
```

**4.** 웰시-포웰 그래프 컬러링 알고리즘을 다음과 같이 작성합니다.

```
template <typename T>
auto welsh_powell_coloring(const Graph<T>& G)
{
    auto size = G.vertices();
    vector<pair<unsigned, size_t>> degrees;

    // 각 정점의 차수를 <정점 ID, 차수>의 쌍으로 취합
    for (unsigned i = 1; i < size; i++)
```

```
        degrees.push_back(make_pair(i, G.edges(i).size()));

    // 정점의 차수 기준으로 내림차순 정렬
    sort(degrees.begin(), degrees.end(), [](const auto& a, const auto& b) {
        return a.second > b.second;
        });

    cout << "[색상 지정 순서 (괄호는 차수)]" << endl;
    for (auto const i : degrees)
        cout << "" << i.first << " (" << i.second << ")" << endl;

    vector<unsigned> assigned_colors(size);
    auto color_to_be_assigned = 1;

    while (true)
    {
        for (auto const i : degrees)
        {
            // 이미 색칠이 칠해져 있으면 다음 정점을 검사
            if (assigned_colors[i.first] != 0)
                continue;

            auto outgoing_edges = G.edges(i.first);

            // i번째 정점과 인접해 있는 정점들의 현재 색상
            set<unsigned> neighbours;

            for (auto& e : outgoing_edges)
            {
                neighbours.insert(assigned_colors[e.dst]);
            }

            // i번째 정점과 인접한 정점이 color_to_be_assigned 색상을 가지고 있지 않다면
            // i번째 정점에 color_to_be_assigned 색상을 지정
            if (neighbours.find(color_to_be_assigned) == neighbours.end())
                assigned_colors[i.first] = color_to_be_assigned;
        }

        color_to_be_assigned++;

        // 모든 정점에 색칠이 칠해졌으면 종료
        if (find(assigned_colors.begin() + 1, assigned_colors.end(), 0) ==
            assigned_colors.end())
            break;
    }
```

```
        return assigned_colors;
    }
```

**5.** 그래프 컬러링 결과를 화면에 출력하기 위한 함수를 추가합니다.

```
template <typename T>
void print_colors(vector<T>& colors)
{
    for (auto i = 1; i < colors.size(); i++)
    {
        cout << i << ": " << color_map[colors[i]] << endl;
    }
}
```

**6.** main() 함수에서 그래프를 정의하고, 그래프 컬러링 알고리즘 구현 함수를 호출합니다.

```
int main()
{
    using T = unsigned;

    // 그래프 객체 생성
    Graph<T> G(9);

    map<unsigned, vector<pair<unsigned, T>>> edge_map;
    edge_map[1] = {{2, 0}, {5, 0}};
    edge_map[2] = {{1, 0}, {5, 0}, {4, 0}};
    edge_map[3] = {{4, 0}, {7, 0}};
    edge_map[4] = {{2, 0}, {3, 0}, {5, 0}, {6, 0}, {8, 0}};
    edge_map[5] = {{1, 0}, {2, 0}, {4, 0}, {8, 0}};
    edge_map[6] = {{4, 0}, {7, 0}, {8, 0}};
    edge_map[7] = {{3, 0}, {6, 0}};
    edge_map[8] = {{4, 0}, {5, 0}, {6, 0}};

    for (auto& i : edge_map)
        for (auto& j : i.second)
            G.add_edge(Edge<T>{ i.first, j.first, j.second });

    cout << "[입력 그래프]" << endl;
    cout << G << endl;

    auto colors = welsh_powell_coloring<T>(G);
    cout << endl << "[그래프 컬러링]" << endl;
    print_colors(colors);
}
```

실습 문제 풀이

# A.6 / 6장 그래프 알고리즘 I

## A.6.1 실습 문제 13: 이분 그래프 판별하기

이번 실습 문제에서는 DFS를 이용하여 주어진 그래프가 이분 그래프인지 확인하는 프로그램을
작성해보겠습니다.

**1.** 먼저 필요한 헤더 파일을 포함합니다.

```
#include <string>
#include <vector>
#include <iostream>
#include <set>
#include <map>
#include <stack>

using namespace std;
```

**2.** 그래프의 에지를 표현하는 Edge 구조체를 정의하고, 에지 리스트로 그래프를 표현하는 Graph
클래스를 정의합니다. Edge 구조체와 Graph 클래스 정의는 연습 문제 28의 2단계와 3단계에
서 작성한 코드를 그대로 사용하겠습니다.

**3.** 그림 6-17에 나타난 그래프를 입력으로 사용할 것이며, 이러한 그래프를 생성하는 함수를 다
음과 같이 작성합니다.

```
template <typename T>
auto create_bipartite_reference_graph()
{
    Graph<T> G(10);

    map<unsigned, vector<pair<unsigned, T>>> edge_map;
    edge_map[1] = { {2, 0} };
    edge_map[2] = { {1, 0}, {3, 0} , {8, 0} };
    edge_map[3] = { {2, 0}, {4, 0} };
    edge_map[4] = { {3, 0}, {6, 0} };
    edge_map[5] = { {7, 0}, {9, 0} };
    edge_map[6] = { {4, 0} };
    edge_map[7] = { {5, 0} };
```

```
        edge_map[8] = { {2, 0}, {9, 0} };
        edge_map[9] = { {5, 0}, {8, 0} };

        for (auto& i : edge_map)
            for (auto& j : i.second)
                G.add_edge(Edge<T>{ i.first, j.first, j.second });

        return G;
    }
```

**4.** 6장 본문에서 설명한 이분 그래프 판별 알고리즘 구현 함수를 다음과 같이 작성합니다.

```
template <typename T>
auto bipartite_check(const Graph<T>& G)
{
    stack<unsigned> stack;
    set<unsigned> visited;      // 방문한 정점
    stack.push(1);              // 1번 정점부터 시작

    enum class colors { NONE, BLACK, RED };
    colors current_color { colors::BLACK };     // 다음 정점에 칠할 색상

    vector<colors> vertex_colors(G.vertices(), colors::NONE);

    while (!stack.empty())
    {
        auto current_vertex = stack.top();
        stack.pop();

        // 현재 정점을 이전에 방문하지 않았다면
        if (visited.find(current_vertex) == visited.end())
        {
            visited.insert(current_vertex);
            vertex_colors[current_vertex] = current_color;

            if (current_color == colors::RED)
            {
                cout << current_vertex << "번 정점: 빨간색" << endl;
                current_color = colors::BLACK;
            }
            else
            {
                cout << current_vertex << "번 정점: 검정색" << endl;
```

```
                current_color = colors::RED;
            }

            // 인접한 정점 중에서 방문하지 않은 정점이 있다면 스택에 추가
            for (auto e : G.edges(current_vertex))
                if (visited.find(e.dst) == visited.end())
                    stack.push(e.dst);
        }
        // 현재 정점이 이미 방문한 정점이고,
        // 현재 칠할 색상과 같은 색상이 칠해져 있다면 이분 그래프가 아님
        else if (vertex_colors[current_vertex] != colors::NONE &&
            vertex_colors[current_vertex] != current_color)
            return false;
    }

    // 모든 정점에 색상이 칠해졌으면 이분 그래프가 맞음
    return true;
}
```

5. main() 함수에서는 그래프를 생성하고, 이분 그래프 판별 알고리즘을 실행합니다. 그리고 그 결과를 화면에 출력합니다.

```
int main()
{
    using T = unsigned;

    // 그래프 객체 생성
    auto BG = create_bipartite_reference_graph<T>();
    cout << "[입력 그래프]" << endl;
    cout << BG << endl;

    if (bipartite_check<T>(BG))
        cout << endl << "이분 그래프가 맞습니다." << endl;
    else
        cout << endl << "이분 그래프가 아닙니다." << endl;
}
```

## A.6.2 실습 문제 14: 뉴욕에서 최단 경로 찾기

이번 실습 문제에서는 뉴욕시의 다양한 장소를 그래프로 구성하고, 두 지점의 최단 경로를 찾는 문제를 풀어보겠습니다. 실습 문제를 해결하기 위해 다음 단계를 따르세요.

**1.** 필요한 헤더 파일을 포함합니다.

```
#include <string>
#include <vector>
#include <iostream>
#include <set>
#include <map>
#include <limits>
#include <queue>
#include <fstream>
#include <sstream>
#include <algorithm>

using namespace std;
```

**2.** 그래프의 에지를 표현하는 Edge 구조체를 정의하고, 에지 리스트로 그래프를 표현하는 Graph 클래스를 정의합니다. Edge 구조체와 Graph 클래스 정의는 연습 문제 28의 2단계와 3단계에서 작성한 코드를 그대로 사용하겠습니다.

**3.** USA-road-d.NY.gr 파일을 읽어서 그래프 객체를 생성하는 함수를 다음과 같이 작성합니다.

```
template <typename T>
auto read_graph_from_file()
{
    ifstream infile("USA-road-d.NY.gr");
    unsigned num_vertices, num_edges;

    string line;

    // 'p'로 시작하는 문제 설명 행 읽기
    // p <num_vertices> <num_edges>
    while (getline(infile, line))
    {
        if (line[0] == 'p')
        {
            istringstream iss(line);
```

```cpp
            char p;
            string sp;
            iss >> p >> sp >> num_vertices >> num_edges;
            cout << "정점 개수: " << num_vertices << endl;
            cout << "에지 개수: " << num_edges << endl;
            break;
        }
    }

    Graph<T> G(num_vertices + 1);

    // 'a'로 시작하는 에지 표현 행 읽기
    // a <source_vertex> <destination_vertex> <weight>
    while (getline(infile, line))
    {
        if (line[0] == 'a')
        {
            istringstream iss(line);

            char p;
            unsigned source_vertex, dest_vertex;
            T weight;
            iss >> p >> source_vertex >> dest_vertex >> weight;

            G.add_edge(Edge<T>{source_vertex, dest_vertex, weight});
        }
    }

    infile.close();
    return G;
}
```

4. 시작 정점으로부터의 각 정점까지의 최소 거리 정보를 저장하기 위해 사용할 Label 구조체를 정의합니다.

```cpp
template <typename T>
struct Label
{
    unsigned ID;
    T distance;

    // Label 객체 비교는 거리(distance) 값을 이용
    inline bool operator> (const Label<T>& l) const
```

```
        {
            return this->distance > l.distance;
        }
    };
```

**5.** 다익스트라 알고리즘을 구현합니다. 이 함수는 연습 문제 31에서 구현한 것과 거의 같으며, 다만 알고리즘 동작 확인을 위한 문자열 출력 코드는 주석 처리했습니다.

```cpp
template <typename T>
auto dijkstra_shortest_path(const Graph<T>& G, unsigned src, unsigned dst)
{
    // 최소 힙
    priority_queue<Label<T>, vector<Label<T>>, greater<Label<T>>> heap;

    // 모든 정점에서 거리 값을 최대로 설정
    vector<T> distance(G.vertices(), numeric_limits<T>::max());

    set<unsigned> visited;                  // 방문한 정점
    vector<unsigned> parent(G.vertices());  // 이동 경로 기억을 위한 벡터

    heap.emplace(Label<T>{src, 0});
    parent[src] = src;

    while (!heap.empty())
    {
        auto current_vertex = heap.top();
        heap.pop();

        // 목적지 정점에 도착했다면 종료
        if (current_vertex.ID == dst)
        {
            //cout << current_vertex.ID << "번 정점(목적 정점)에 도착!" << endl;
            break;
        }

        // 현재 정점을 이전에 방문하지 않았다면
        if (visited.find(current_vertex.ID) == visited.end())
        {
            //cout << current_vertex.ID << "번 정점에 안착!" << endl;

            // 현재 정점과 연결된 모든 에지에 대해
            for (auto& e : G.edges(current_vertex.ID))
            {
                auto neighbor = e.dst;
```

```
                auto new_distance = current_vertex.distance + e.weight;

                // 인접한 정점의 거리 값이 새로운 경로에 의한 거리 값보다 크면
                // 힙에 추가하고, 거리 값을 업데이트함
                if (new_distance < distance[neighbor])
                {
                    heap.emplace(Label<T>{neighbor, new_distance});

                    parent[neighbor] = current_vertex.ID;
                    distance[neighbor] = new_distance;
                }
            }

            visited.insert(current_vertex.ID);
        }
    }

    // 백트래킹 방식으로 시작 정점부터 목적 정점까지의 경로 구성
    std::vector<unsigned> shortest_path;
    auto current_vertex = dst;

    while (current_vertex != src)
    {
        shortest_path.push_back(current_vertex);
        current_vertex = parent[current_vertex];
    }

    shortest_path.push_back(src);
    reverse(shortest_path.begin(), shortest_path.end());

    return shortest_path;
}
```

6. main() 함수를 작성하고 다익스트라 알고리즘 구현 함수를 호출합니다.

```
int main()
{
    using T = unsigned;

    // 파일로부터 그래프 객체 생성
    auto G = read_graph_from_file<T>();

    unsigned src_id = 913;
    unsigned dst_id = 542;
```

```
    auto shortest_path = dijkstra_shortest_path<T>(G, src_id, dst_id);

    cout << endl << "[" << src_id << " 정점에서 " << dst_id << " 정점까지의 최단 경로]"
<< endl;
    for (auto v : shortest_path)
        cout << v << " ";
    cout << endl;
}
```

# A.7 / 7장 그래프 알고리즘 II

## A.7.1 실습 문제 15: 욕심쟁이 로봇

이번 실습 문제는 '연습 문제 33: 음수 가중치 사이클 찾기'에서 구현한 코드를 거의 그대로 사용하여 해결할 수 있습니다. 여기서 중요한 부분은 필요한 작업을 올바르게 해석하고 주어진 문제를 그래프로 적절하게 표현하는 것입니다.

1. 첫 번째 단계는 연습 문제 33과 거의 같습니다. 필요한 헤더 파일을 포함하고, Edge 구조체와 UNKNOWN 상수를 정의합니다.

```
#include <vector>
#include <iostream>
#include <climits>
#include <fstream>

using namespace std;

struct Edge
{
    int src;
    int dst;
    int weight;
};

const int UNKNOWN = INT_MAX;
```

텍스트 파일로 저장된 테스트 케이스를 읽기 위해 〈fstream〉 헤더 파일을 추가로 포함했습니다.

2. 테스트 케이스 내용이 적혀 있는 텍스트 파일을 불러와 그래프의 에지 리스트를 만드는 함수를 작성합니다. 여기서 테스트 케이스 파일은 첫 번째 줄에 격자의 크기 N이 저장되어 있고, 이후 $N * N - 1$줄에서는 각각의 격자에서 나가는 이동 방향을 나타내는 문자열 directions와 전력 소모량을 나타내는 정수 값 power가 각각 적혀 있습니다.

```
bool ReadTestCase(string filename, int& N, vector<Edge>& edges)
{
    ifstream infile(filename);

    if (!infile.is_open())
    {
        cout << " 테스트 케이스 파일을 열 수 없습니다!" << endl;
        return false;
    }

    infile >> N;

    for (int i = 0; i < N * N - 1; i++)
    {
        string directions;
        int power;

        infile >> directions >> power;

        ...
    }

    return true;
}
```

3. 이제 연결 관계를 표현하는 방법에 대해 생각해보겠습니다. 보통의 경우 바둑판 모양의 격자 코스를 2차원 배열처럼 다루고 싶은 생각이 있겠지만 이번 실습 문제를 해결하는 데 가장 적합한 방법은 아닙니다. 격자 형태의 코스와 인접 관계를 1차원으로 재해석할 수 있습니다. 이를 위해 2차원 격자 좌표 이동 시 1차원 인덱스 i가 다음과 같이 변경된다는 점을 이해해야 합니다.

```
〈현재 셀〉: (x, y) —〉 i
〈북쪽〉: (x, y - 1) —〉 i - N
〈남쪽〉: (x, y + 1) —〉 i + N
〈동쪽〉: (x + 1, y) —〉 i + 1
〈서쪽〉: (x - 1, y) —〉 i - 1
```

**4.** 범위 기반 for 반복문을 이용하여 directions 문자열의 각 문자를 받아오고, 이후 switch~ case 문법으로 각 방향에 해당하는 정점 번호를 계산합니다.

```
for (int i = 0; i < N * N - 1; i++)
{
    string directions;
    int power;

    infile >> directions >> power;

    int next = i;
    for (auto d : directions)
    {
        switch (d)
        {
        case 'N': next = i - N; break;
        case 'E': next = i + 1; break;
        case 'S': next = i + N; break;
        case 'W': next = i - 1; break;
        }

        ...
    }
}
```

**5.** 두 번째로 전력 소모량 표현 방법에 대해 생각해보겠습니다. 이는 당연히 인접한 셀 사이의 에지 가중치로 정의되지만, 이 문제의 맥락에서 입력을 다소 잘못 이해할 수 있습니다. 문제 정의에 의하면 목적지까지 에너지(전력)를 최대로 유지할 수 있는 경로를 찾아야 합니다. 이를 잘못 해석할 경우, 전력 값을 에지 가중치로 여겨서 완전히 반대의 결과를 얻게 될 수도 있습니다. 에너지를 최대로 유지한다는 것은 반대로 이동 시 에너지 손실을 최소로 하는 것과 같은 의미입니다. 즉, 각 셀에서 음수 값은 에너지 소비를 나타내고, 양수 값은 에너지 충전을 의미합니다. 그러므로 실제 구현에서는 전력 값의 부호를 바꿔줘야 합니다.

```
        for (auto d : directions)
        {
            switch (d)
            {
                ...
            }

            // power 값의 부호를 바꿔서 에지 가중치로 사용
            edges.push_back(Edge {i, next, -power});
        }
```

**6.** 이제 벨만-포드 알고리즘 구현 함수를 추가합니다. 벨만-포드 구현 함수는 연습 문제 33에서 구현했던 BellmanFord() 함수와 완전히 같습니다. 다만 BellmanFord() 함수를 호출할 때 정점의 개수를 전체 셀 개수인 N * N으로 지정해야 합니다.

```
vector<int> BellmanFord(vector<Edge> edges, int V, int start)
{
    vector<int> distance(V, UNKNOWN);
    distance[start] = 0;

    // (V - 1)번 반복
    for (int i = 0; i < V - 1; i++)
    {
        // 전체 에지에 대해 반복
        for (auto& e : edges)
        {
            // 에지의 시작 정점의 거리 값이 UNKNOWN이면 스킵
            if (distance[e.src] == UNKNOWN)
                continue;

            // 인접한 정점의 거리 값이 새로운 경로에 의한 거리 값보다 크면
            // 거리 값을 업데이트함
            if (distance[e.dst] > distance[e.src] + e.weight)
            {
                distance[e.dst] = distance[e.src] + e.weight;
            }
        }
    }

    // 음수 가중치 사이클이 있는지 검사
    for (auto& e : edges)
    {
```

```
        if (distance[e.src] == UNKNOWN)
        {
            continue;
        }

        if (distance[e.dst] > distance[e.src] + e.weight)
        {
            //cout << "음수 가중치 사이클 발견!" << endl;
            return {};
        }
    }
}

return distance;
}
```

7. 이제 main() 함수에서 테스트 케이스 파일로부터 그래프를 구성하고, BellmanFord() 함수를 호출합니다.

```
int main()
{
    int N;
    vector<Edge> edges;        // 에지 리스트

    // testcase1~5.txt 파일로부터 테스트 입력을 받아 결과 확인
    if (ReadTestCase("testcase1.txt", N, edges))
    {
        vector<int> distance = BellmanFord(edges, N * N, 0);

        if (distance.empty() || distance[N * N - 1] == UNKNOWN)
            cout << "탐색 중단" << endl;
        else
            cout << -1 * distance[N * N - 1] << endl;
    }
}
```

A

실습 문제 풀이

BellmanFord() 함수는 그래프에 음수 가중치 사이클이 있으면 비어 있는 벡터를 반환합니다. 그리고 목적지 셀에 이동하는 경로가 없을 경우 $N^2 - 1$ 셀의 거리 값은 UNKNOWN으로 결정됩니다. 이 두 경우에 대해서는 "탐색 중단" 문자열을 출력하고, 그렇지 않은 경우에는 계산된 최소 거리 값에 −1을 곱해서 출력합니다.

## A.7.2 실습 문제 16: 무작위 그래프 통계

이번 실습 문제에서는 7장에서 설명한 바와 같이 기술 인터뷰에서 사용할 그래프를 무작위로 생성하고, 유효한 그래프에 대한 통계를 계산합니다.

**1.** 필요한 헤더 파일을 포함하고, 7장 연습 문제에서 사용한 것과 같이 Edge 구조체와 UNKNOWN 상수를 정의합니다.

```cpp
#include <vector>
#include <iostream>
#include <climits>
#include <iomanip>
#include <algorithm>
#include <queue>

using namespace std;

struct Edge
{
    int src;
    int dst;
    int weight;
};

const int UNKNOWN = 1e9;
```

**2.** 이번 실습 문제에서는 여러 개의 그래프를 생성해야 합니다. 그러므로 그래프를 표현할 Graph 구조체를 만들어 사용하겠습니다.

```cpp
struct Graph
{
    int V, E;
    int maxWeight = -UNKNOWN;

    vector<Edge> edges;
    vector<vector<int>> adj;
    vector<vector<int>> weight;

    Graph(int v, int e) : V(v), E(e)
    {
    ...
    }
};
```

**3.** Graph 구조체 생성자에서는 인접 행렬을 활용하여 새로운 에지 정보를 생성할 때마다 유효성을 판단합니다. 이미 에지가 존재하는 두 정점 사이에 다시 에지를 만들려고 하면 무시하고 새로 만듭니다. 모든 정점에서 들어오거나 나가는 에지가 적어도 하나 존재하는지를 확인하기 위하여 유효한 에지의 양 끝 정점 번호에 해당하는 인접 행렬 대각 원소도 true로 설정합니다. E개의 에지를 생성한 후, 만약 인접 행렬의 대각 원소가 하나라도 false로 설정되어 있다면 이 그래프는 유효하지 않은 그래프입니다. 이러한 경우 Graph 구조체의 멤버 변수 V를 -1로 설정합니다.

```
Graph(int v, int e) : V(v), E(e)
{
    vector<vector<bool>> used(V, vector<bool>(V, false));

    adj.resize(V);
    weight.resize(V, vector<int>(V, UNKNOWN));

    while (e)
    {
        // 에지 정보 생성
        int u = rand() % V;
        int v = rand() % V;
        int w = rand() % 100;

        if (rand() % 3 == 0)
        {
            w = -w;
        }

        // 유효한 에지인지 확인
        if (u == v || used[u][v])
            continue;

        // 에지 정보를 추가하고 used 배열 값을 설정
        edges.push_back(Edge {u, v, w});
        adj[u].push_back(v);
        weight[u][v] = w;
        maxWeight = max(maxWeight, w);

        used[u][u] = used[v][v] = used[u][v] = used[v][u] = true;
        e--;
    }
```

```
            for (int i = 0; i < V; i++)
            {
                // 유효하지 않은 그래프에 대해 V 값을 -1로 설정
                if (!used[i][i])
                {
                    V = -1;
                    break;
                }
            }
        }
```

**4.** 그래프의 세 가지 타입 VALID, INVALID, INTERESTING을 열거형 상수로 정의합니다.

```
enum RESULT
{
    VALID,
    INVALID,
    INTERESTING
};
```

**5.** main() 함수 앞부분에서는 콘솔로부터 그래프 정보를 입력받습니다. 그리고 주어진 iterations 횟수만큼 그래프를 생성하고 TestGraph() 함수를 호출하여 그래프 타입을 확인합니다. 각각의 그래프 타입 개수를 세어 정수형 변수 invalid, valid, interesting에 저장합니다.

```
int main()
{
    long seed;
    int iterations, V, E;

    cin >> seed;
    cin >> iterations;
    cin >> V >> E;

    int invalid = 0;
    int valid = 0;
    int interesting = 0;

    srand(seed);

    while (iterations--)
    {
        Graph G(V, E);
```

```
            switch (TestGraph(G))
            {
            case INVALID: invalid++; break;
            case VALID: valid++; break;
            case INTERESTING:
            {
                valid++;
                interesting++;
                break;
            }
            }
        }

        ...
    }
```

6. TestGraph( ) 함수는 먼저 각 그래프 객체의 V 멤버 변수 값이 −1인지를 확인하여, 만약 −1이 맞으면 INVALID를 반환합니다. 그렇지 않은 경우에는 존슨 알고리즘을 이용하여 최단 거리를 계산합니다. 존슨 알고리즘의 첫 번째 단계에서는 벨만-포드 알고리즘을 이용하여 에지 가중 치를 재설정합니다.

```
RESULT TestGraph(Graph G)
{
    if (G.V == -1)
        return INVALID;

    vector<int> distance = BellmanFord(G);
    ...
}
```

7. 벨만-포드 알고리즘 구현 함수는 7장의 연습 문제 34에서 구현했던 것과 거의 유사하며, 다만 인자로 Graph 객체 하나만 전달받습니다.

```
vector<int> BellmanFord(Graph G)
{
    vector<int> distance(G.V + 1, UNKNOWN);

    int s = G.V;

    for (int i = 0; i < G.V; i++)
    {
```

```
        G.edges.push_back(Edge {s, i, 0});
    }

    distance[s] = 0;

    for (int i = 0; i < G.V; i++)
    {
        for (auto& e : G.edges)
        {
            if (distance[e.src] == UNKNOWN)
                continue;

            if (distance[e.dst] > distance[e.src] + e.weight)
            {
                distance[e.dst] = distance[e.src] + e.weight;
            }
        }
    }

    for (auto& e : G.edges)
    {
        if (distance[e.src] == UNKNOWN)
            continue;

        if (distance[e.dst] > distance[e.src] + e.weight)
        {
            return {};
        }
    }

    return distance;
}
```

8. 연습 문제 34에서 했던 것처럼 BellmanFord() 함수가 거리 벡터를 반환하면, 이 벡터가 비어 있는지를 확인합니다. 만약 반환된 벡터가 비어 있다면 VALID를 반환합니다. 이는 주어진 그 래프가 유효하지만, 흥미로운 그래프는 아니라는 의미입니다. 반환된 벡터가 비어 있지 않다 면 존슨 알고리즘을 계속 수행합니다. 즉, 에지 가중치를 재설정하고 각각의 정점에서 다익스 트라 알고리즘을 수행합니다.

```
RESULT TestGraph(Graph G)
{
    if (G.V == -1)
```

```
        return INVALID;

    vector<int> distance = BellmanFord(G);

    if (distance.empty())
        return VALID;

    for (auto& e : G.edges)
    {
        G.weight[e.src][e.dst] += (distance[e.src] - distance[e.dst]);
    }

    double result = 0;

    for (int i = 0; i < G.V; i++)
    {
        vector<int> shortest = Dijkstra(i, G);

        ...
    }

    ...
}
```

9. 다익스트라 알고리즘의 효율적인 동작을 위해 최소 힙을 사용하겠습니다. 힙에 추가할 정보는 정점 번호와 거리 값입니다. 이를 위해 std::pair<int, int>를 사용할 수 있으며, 이를 State라는 이름으로 재정의하겠습니다. 최소 힙이 거리 값을 기준으로 동작해야 하기 때문에 State의 첫 번째 정수에는 거리 값을 지정해야 합니다. 최소 힙은 std::priority_queue를 이용하여 구현할 수 있고, 이때 데이터 타입, 컨테이너, 비교자를 각각 지정해야 합니다.

```
vector<int> Dijkstra(int src, Graph G)
{
    typedef pair<int, int> State;        // {distance, id}

    priority_queue<State, vector<State>, greater<State>> heap;
    vector<bool> visited(G.V, false);
    vector<int> distance(G.V, UNKNOWN);

    heap.push({0, src});
    distance[src] = 0;

    while (!heap.empty())
```

```
    {
        State top = heap.top();
        heap.pop();

        int dist = top.first;
        int node = top.second;

        visited[node] = true;

        for (auto next : G.adj[node])
        {
            if (visited[next])
            {
                continue;
            }

            if (dist != UNKNOWN && distance[next] > dist + G.weight[node][next])
            {
                distance[next] = dist + G.weight[node][next];

                heap.push({distance[next], next});
            }
        }
    }

    return distance;
}
```

10. 이제 TestGraph() 함수에서 각 정점에서의 평균 최단 거리를 계산하겠습니다. Dijkstra() 함수가 반환한 거리 벡터에서 시작 정점에 해당하는 원소와 UNKNOWN인 원소를 제외하여 거리 합을 계산합니다. 그리고 이때 사용된 거리의 개수를 세어 두었다가 최종적으로 평균 계산할 때 사용합니다. 모든 정점에 대해서 평균 거리를 계산하여 더한 후, 그 결과를 다시 그래프의 전체 정점 개수로 나눕니다. 정확한 거리 값을 계산하기 위해 가중치 재설정 작업이 필요하다는 점을 잊지 말아야 합니다.

```
    double result = 0;

    for (int i = 0; i < G.V; i++)
    {
        vector<int> shortest = Dijkstra(i, G);
```

```
        double average = 0;
        int count = 0;

        for (int j = 0; j < G.V; j++)
        {
            if (i == j || shortest[j] == UNKNOWN)
                continue;

            shortest[j] += (distance[j] - distance[i]);
            average += shortest[j];
            count++;
        }

        average = average / count;
        result += average;
    }

    result = result / G.V;
```

**11.** 마지막으로 result와 최대 가중치의 비율을 계산합니다. 만약 이 비율이 0.5보다 작으면 INTERESTING을 반환합니다. 그렇지 않으면 VALID를 반환합니다.

```
    double ratio = result / G.maxWeight;

    return (ratio < 0.5) ? INTERESTING : VALID;
```

**12.** 다시 main( ) 함수로 돌아와서 결과를 출력하겠습니다. 이 프로그램은 첫 번째 줄에 유효하지 않은 그래프 개수를 출력해야 하므로 invalid 변수 값을 출력합니다. 두 번째 줄에는 interesting / valid 값에 100을 곱하여 흥미로운 그래프 생성 비율을 퍼센트 단위로 출력합니다. 이때 interesting 변수를 실수형으로 형변환하여 계산함으로써 소수점 아래가 잘려나가지 않도록 해야 합니다. 화면 출력 시에는 cout << fixed << setprecision(2) 코드를 이용하여 흥미로운 그래프 생성 비율을 소수점 두 번째 자리까지만 출력하도록 합니다.

```
    double percentInteresting = (double)interesting / valid * 100;

    cout << "유효하지 않은 그래프 개수: " << invalid << endl;
    cout << "흥미로운 그래프 생성 비율: " << fixed << setprecision(2) << percentInteresting
<< "%" << endl;

    return 0;
```

## A.7.3 실습 문제 17: 미로-순간이동 게임

이번 실습 문제는 7장에서 논의했던 알고리즘의 구현에서 크게 벗어나지는 않지만, 몇 가지 수정 사항이 있습니다.

문제 설명에서 나왔던 미로, 방, 순간이동장치, 점수 등의 개념은 쉽게 그래프, 정점, 에지, 가중 치로 바꿔 생각할 수 있습니다. 플레이어가 점수를 무한히 낮출 수 있는 상황은 그래프에 음수 가중치 사이클이 존재하는 경우입니다. 다음 순서에 따라 실습 문제를 해결해보겠습니다.

1. 먼저 필요한 헤더 파일을 포함하고, 사용할 구조체와 전역 변수를 선언하겠습니다.

```cpp
#include <vector>
#include <stack>
#include <algorithm>
#include <iostream>
#include <climits>
#include <fstream>

using namespace std;

struct Edge
{
    int src;
    int dst;
    int weight;
};

const int UNKNOWN = INT_MAX;
```

2. 입력 데이터는 벨만-포드 구현과 비슷한 방식으로 받겠습니다. 다만 입력 편의를 위해 별도의 텍스트 파일로부터 정점, 에지, 가중치 정보를 읽어볼 것이며, 그 결과를 인접 리스트 adj에 저장하겠습니다.

```cpp
int main()
{
    int V;
    vector<Edge> edges;

    ReadTestCase("testcase1.txt", V, edges);

    vector<vector<int>> adj(V + 1);
```

```
    for (auto& e : edges)
    {
        adj[e.src].push_back(e.dst);
    }

    vector<int> results;
```

3. 첫 번째 확인해야 하는 문제는 '연습 문제 32: 벨만-포드 알고리즘 구현하기'에서 작성했던 코드를 이용하여 해결할 수 있습니다. 다만 distance 배열 전체를 반환하는 대신, 시작 정점에서 모든 정점 사이의 최단 거리 하나만 반환하도록 변경하겠습니다. 만약 음수 가중치 사이클이 있다면 UNKNOWN을 반환하겠습니다.

```
int BellmanFord(vector<Edge> edges, int V, int start)
{
    vector<int> distance(V, UNKNOWN);
    distance[start] = 0;

    // (V - 1)번 반복
    for (int i = 0; i < V - 1; i++)
    {
        // 전체 에지에 대해 반복
        for (auto& e : edges)
        {
            // 에지의 시작 정점의 거리 값이 UNKNOWN이면 스킵
            if (distance[e.src] == UNKNOWN)
                continue;

            // 인접한 정점의 거리 값이 새로운 경로에 의한 거리 값보다 크면
            // 거리 값을 업데이트함
            if (distance[e.dst] > distance[e.src] + e.weight)
            {
                distance[e.dst] = distance[e.src] + e.weight;
            }
        }
    }

    // 음수 가중치 사이클이 있으면 UNKNOWN 반환
    if (HasNegativeCycle(edges, distance))
    {
        return UNKNOWN;
    }
```

```
        int result = UNKNOWN;

        for (int i = 0; i < V; i++)
        {
            if (i == start) continue;

            result = min(result, distance[i]);
        }

        return result;
    }
```

4. 이제 main() 함수에서 BellmanFord() 함수를 호출하고 그 결과를 정수형 벡터 results에 저장하겠습니다. 만약 BellmanFord() 함수가 UNKNOWN을 반환하면 "유효하지 않은 미로" 문자열을 출력하고 프로그램을 종료합니다. 만약 시작 정점에서 다른 정점으로 이동하는 에지가 하나도 없을 경우, BellmanFord() 함수 호출을 생략하고 단순히 results 벡터에 UNKNOWN을 추가합니다. 최종 결과 출력 시, results 벡터 값이 UNKNOWN이면 '고립된 방' 문자열을 출력합니다.

```
        vector<int> results;

        for (int i = 0; i < V; i++)
        {
            if (adj[i].empty())
            {
                results.push_back(UNKNOWN);
                continue;
            }

            int shortest = BellmanFord(edges, V, i);

            if (shortest == UNKNOWN)
            {
                cout << "유효하지 않은 미로" << endl;
                return 0;
            }

            results.push_back(shortest);
        }

        for (int i = 0; i < V; i++)
        {
            if (results[i] == UNKNOWN)
```

```
            cout << i << ": 고립된 방" << endl;
        else
            cout << i << ": " << results[i] << endl;
    }
```

**5.** 이제 플레이어가 미로의 다른 구역으로 이동하지 못하는 방들을 찾는 작업이 남았습니다. 이 문제는 그래프의 연결 요소 개념을 사용합니다. 즉, 주어진 그래프의 강한 연결 요소 중에서 다른 연결 요소로 나가는 에지가 없는 것들을 모두 찾아야 합니다. 일단 강한 연결 요소를 모두 찾은 상태라면 문제의 방들을 찾는 것이 그리 어렵지는 않지만, 여기서는 프로그램 효율성을 생각해서 기존 코사라주 알고리즘 구현 코드에 필요한 로직을 추가하는 형태로 구현해보겠습니다.

이를 위해 새로운 벡터 두 개를 선언하겠습니다. 하나는 bool 타입의 벡터 isStuck이고, 다른 하나는 int 타입의 벡터 inComponent입니다. inComponent에는 각 정점이 속한 강한 연결 요소의 번호를 저장할 것이고, isStuck에는 특정 연결 요소가 그래프 다른 구역으로 이동할 수 있는지 여부를 저장할 것입니다.

구현의 편의를 위해 다음 세 변수를 전역으로 선언하겠습니다.

```
vector<bool> isStuck;
vector<int> inComponent;
int componentIndex;
```

**6.** Kosaraju() 함수 앞부분에 다음과 같이 전역 변수 초기화 코드를 추가합니다.

```
        isStuck.resize(V, true);
        inComponent.resize(V, UNKNOWN);
        componentIndex = 0;
```

**7.** 이제 while 반복문에서 스택을 사용한 DFS 순회를 수행하고 componentIndex를 증가시킵니다.

```
        while (!stack.empty())
        {
            int node = stack.top();
            stack.pop();

            if (!visited[node])
            {
                vector<int> component;
```

```
            CollectConnectedComponents(node, visited, transpose, component);
            connectedComponents.push_back(component);
            componentIndex++;
        }
    }
```

8. 이제 CollectConnectedComponents() 함수를 작성하겠습니다. 일단 inComponent 벡터에서 node 인덱스에 해당하는 원소 값을 componentIndex로 설정합니다. 그리고 각 정점의 이웃 중에서 이미 방문했던 정점에 대해서는 별도의 처리 코드를 추가합니다.

```
void CollectConnectedComponents(int node, vector<bool>& visited,
    vector<vector<int>>& adj, vector<int>& component)
{
    visited[node] = true;
    component.push_back(node);

    inComponent[node] = componentIndex;

    for (auto next : adj[node])
    {
        if (!visited[next])
        {
            CollectConnectedComponents(next, visited, adj, component);
        }
        else if (inComponent[node] != inComponent[next])
        {
            isStuck[inComponent[next]] = false;
        }
    }
}
```

기본적으로 이전에 방문한 각 이웃의 연결 요소가 현재 정점의 연결 요소와 일치하는지 확인합니다. 만약 두 연결 요소의 ID가 다르면 이웃의 연결 요소에 그래프의 다른 부분으로 연결된 경로가 있다고 판단할 수 있습니다.

방향 그래프에서 현재 정점에서 나가는 에지가 존재한다는 사실이 어째서 이웃 정점이 자신의 연결 요소 바깥으로 나가는 경로를 가지고 있음을 나타내는지가 궁금할 수 있습니다. 이 논리가 '반대로' 보이는 이유는 그래프가 전치되어 있기 때문입니다. 전치 그래프에서 에지의 방향은 모두 반전되어 있다는 점을 기억하십시오!

**9.** DFS 순회가 끝나면 components 벡터를 반환하고, 이를 이용하여 결과를 출력합니다.

```
auto components = Kosaraju(V, adj);

for (int i = 0; i < components.size(); i++)
{
    if (isStuck[i])
    {
        for (auto node : components[i])
        {
            cout << node << " ";
        }

        cout << endl;
    }
}
```

# A.8  8장 동적 계획법 I

## A.8.1 실습 문제 18: 여행 경로

먼저 기저 조건과 재귀 관계식부터 구해보겠습니다. 8장에서 살펴봤던 다른 예제와는 달리 이 문제는 하나의 기저 조건만 가지고 있습니다. 즉, 목적지에 도착했는지를 판단하면 됩니다. 중간 단계 상태 또한 매우 간단하게 나타낼 수 있습니다. i번째 도시의 이동 거리 제한이 x인 경우, (i + 1)번째 도시부터 (i + x)번째 도시 사이의 어디로든 이동할 수 있습니다. 예를 들어 다음 두 도시의 경우를 살펴보겠습니다.

```
1번 도시: distance[1] = 2
2번 도시: distance[2] = 1
```

이 경우 3번 도시로 이동할 수 있는 방법의 수를 계산하려고 합니다.

1번 도시와 2번 도시에서 모두 한 번에 3번 도시로 이동할 수 있으므로 3번 도시까지 이동할 수 있는 방법의 가짓수는 1번 도시에 도달하는 방법의 수와 2번 도시에 도착하는 방법의 수를 합한 것과 같습니다. 이러한 재귀 관계는 피보나치 수열과 매우 비슷해 보입니다. 다만 현재 상태를 결정하기 위해 고려해야 할 이전 상태의 개수가 distance 배열 값에 의해 결정된다는 점이 다릅니다.

이번에는 다음과 같이 네 개의 도시가 있는 경우에 대해 생각해보겠습니다.

    1번 도시: distance[1] = 5
    2번 도시: distance[2] = 3
    3번 도시: distance[3] = 1
    4번 도시: distance[4] = 2

이 경우 5번 도시에 도달할 수 있는 방법의 수를 계산해보겠습니다. 이를 위해 다음과 같은 부분 구조를 고려할 수 있습니다.

    1번 도시에서 이동할 수 있는 도시 -> { 2 3 4 5 6 }
    2번 도시에서 이동할 수 있는 도시 -> { 3 4 5 }
    3번 도시에서 이동할 수 있는 도시 -> { 4 }
    4번 도시에서 이동할 수 있는 도시 -> { 5 6 }

이제 관점을 바꿔서 각 도시에 도달하기 바로 직전의 도시를 찾아보겠습니다.

    1번 도시로 이동할 수 있는 도시 번호 -> START
    2번 도시로 이동할 수 있는 도시 번호 -> { 1 }
    3번 도시로 이동할 수 있는 도시 번호 -> { 1 2 }
    4번 도시로 이동할 수 있는 도시 번호 -> { 1 2 3 }
    5번 도시로 이동할 수 있는 도시 번호 -> { 1 2 4 }

한 단계 더 나아가서 다음과 같은 상태 변화 로직을 유도할 수 있습니다.

    1번 도시에 도달하는 방법 수 = 1 (시작 지점)

    2번 도시에 도달하는 방법 수 = 1
        1 " 2

    3번 도시에 도달하는 방법 수 = 2
        1 " 2 " 3
        1 " 3

    4번 도시에 도달하는 방법 수 = 4
        1 " 2 " 3 " 4
        1 " 2 " 4
        1 " 3 " 4
        1 " 4

508

```
5번 도시에 도달하는 방법 수 = 6
    1 " 2 " 3 " 4 " 5
    1 " 2 " 4 " 5
    1 " 2 " 5
    1 " 3 " 4 " 5
    1 " 4 " 5
    1 " 5
```

그러므로 다음과 같은 수식을 유도할 수 있습니다.

- **기저 조건**: $F(1) = 1$(목적지에 도착 완료)
- **재귀 관계**: $F(i) = \sum_{j=1}^{i-1} F(j) \text{ if } j + distance(j) \geq i$

즉, 특정 도시에 도착할 수 있는 방법의 수는 해당 도시로 이동할 수 있는 도시들에 도착할 수 있는 방법의 수를 모두 합한 것과 같습니다. 이러한 논리를 이용하여 문제 해결을 위한 재귀 함수를 다음과 같이 작성할 수 있습니다.

```
F(n) -> n번째 도시에 도착하는 방법의 수

F(i) =
    if i = N:
        return 1

    Otherwise:
        result = 0

        for j = 1 to distance[i]:
            result = result + F(i + j)

        return result
```

주어진 문제의 상태 전이 함수를 정의했으니, 이제 실제 프로그램 코드를 작성하겠습니다.

**1.** 필요한 헤더 파일을 포함하고 std 네임스페이스를 사용하도록 선언합니다.

```
#include <vector>
#include <algorithm>
#include <iostream>

using namespace std;
```

**2.** 이 문제의 출력은 32비트로 표현할 수 있는 범위를 벗어날 수 있으므로 결과 저장을 위해 long long int 자료형을 사용해야 합니다. typedef 문장을 이용하여 긴 자료형 이름을 LL이 라는 이름으로 줄여서 사용하겠습니다.

```
typedef long long LL;
```

**3.** 나머지 연산을 위한 상수 MOD를 지정합니다.

```
const LL MOD = 1000000007;
```

**4.** main() 함수에서는 입력을 처리하고 문제를 해결한 후, 결과를 출력합니다.

```
int main()
{
    int n;
    cin >> n;

    vector<int> distance(n);

    for(int i = 0; i < n; i++)
    {
        cin >> distance[i];
    }

    LL result = TravelItinerary(n, distance);
    cout << result << endl;
}
```

**5.** TravelItinerary() 함수를 새로 정의하겠습니다. 이 함수는 정수 n과 거리 값 벡터 distance 를 인자로 받고, long long 타입의 정수를 반환합니다.

```
LL TravelItinerary(int n, vector<int> distance)
{
    ...
}
```

**6.** 이제 앞에서 제시했던 재귀 반복식을 상향식 접근 형태로 변환해야 합니다. 의사 코드는 다음 과 같습니다.

```
DP -> N + 1 크기의 배열
```

```
DP[0] = 1 (시작 지점에 도달 방법은 하나입니다.)

for i = 0 to N - 1:
    for j = 1 to distance[i]:
        DP[i + j] += DP[i]

return DP[N]
```

7. 의사 코드를 실제 C++ 코드로 변환하기 위해, 먼저 (n + 1) 크기의 1차원 DP 테이블을 선언하고, 이를 0으로 초기화합니다. 그리고 첫 번째 원소를 기저 조건에 맞게 설정합니다.

```
vector<LL> DP(n + 1, 0);

DP[0] = 1;
```

8. 앞에서 설명한 재귀 반복식을 구현하기 위해 먼저 distance 배열을 역순으로 변환합니다. 이로써 목적지 위치부터 계산을 수행할 수 있습니다. 여기에는 여러 가지 이유가 있지만 가장 주된 이유는 현재 상태의 결과로부터 미래 상태를 계산하는 것과는 반대로 이전 상태의 결과를 이용하여 현재 상태를 계산하기 위함입니다. 의사 코드에 기술한 로직도 올바른 결과를 생성할 수 있지만, 보통은 이전 상태 해답을 이용하여 중간 단계 상태를 구하는 상향식 로직을 사용하는 것이 바람직합니다.

```
reverse(distance.begin(), distance.end());

DP[0] = 1;

for (int i = 1; i <= n; i++)
{
    int dist = distance[i - 1];
    for(int j = 1; j <= dist; j++)
    {
        DP[i] = (DP[i] + DP[i - j]) % MOD;
    }
}

return DP[n];
```

이 구현은 대부분의 경우에 아주 잘 동작하는 해답 코드입니다. 그러나 동적 계획법은 무엇보다도 최적화 기술이기 때문에 더 나은 접근 방식이 있는지 고민해봐야 합니다.

## 추가 점수를 위한 테스트 케이스 처리하기

n과 최대 거리 값이 증가함에 따라 앞서 구현한 알고리즘도 비효율적인 것으로 판명될 것입니다. 만약 **n = 10000000**이고 거리 값이 1에서 10000 사이의 정수일 경우, 안쪽 for 반복문은 최악의 경우 100000000000번 실행하게 합니다. 다행히 간단한 기법을 이용하여 안쪽 for 반복문을 완전히 제거할 수 있습니다. 이 경우, 입력이 무엇이든 정확히 n번의 반복만 수행하면 됩니다.

이를 위해 **구간 합 배열**(prefix sum array)을 만들어 사용할 것이며, 이를 이용하면 앞서 안쪽 for 반복문으로 계산했던 구간 합을 상수 시간에 계산할 수 있습니다. 이 기법의 기본 개념은 다음과 같습니다.

- 합을 구할 전체 데이터 개수보다 하나 큰 길이의 배열 sum을 선언하고, 모든 원소를 0으로 초기화합니다.
- 0에서 n 사이의 인덱스 i에 대해 sum[i + 1] = sum[i] + distance[i] 수식을 적용합니다.
- 일단 sum 배열 값을 모두 설정했다면, [L, R] 구간의 원소 합은 sum[R+1] - sum[L] 수식으로 구할 수 있습니다.

다음 예제를 살펴보겠습니다.

```
            0  1  2  3  4
distance = { 3  1 10  2  5 }

           0  1  2  3  4  5
sums = { 0  3  4 14 16 21 }

range(1, 3) = distance[1] + distance[2] + distance[3]
            = 1 + 10 + 2
            = 13

sums[4] - sums[1] = 16 - 3 = 13

range(3, 4) = A[3] + A[4]
            = 2 + 5
            = 7

sums[5] - sums[3] = 21 - 14 = 7
```

**9.** 구간 합 배열을 사용하여 TravelItinerary() 함수를 다음과 같이 작성할 수 있습니다.

```
LL TravelItinerary(int n, vector<int> distance)
{
    reverse(distance.begin(), distance.end());

    vector<LL> DP(n + 1, 0);
    vector<LL> sums(n + 2, 0);

    DP[0] = sums[1] = 1;

    for (int i = 1; i <= n; i++)
    {
        int dist = distance[i - 1];
        LL sum = sums[i] - sums[i - dist];

        DP[i] = (DP[i] + sum) % MOD;
        sums[i + 1] = (sums[i] + DP[i]) % MOD;
    }

    return DP[n];
}
```

**10.** 한 가지 더 직면할 수 있는 문제가 있습니다. 즉, 앞서 구현한 TravelItinerary() 함수가 음수를 반환하는 경우가 발생할 수 있습니다. 왜냐하면 나머지 연산에 의해 sum 배열에서 높은 인덱스 원소 값이 낮은 인덱스 원소 값보다 작아지는 경우가 발생할 수 있고, 이로 인해 뺄셈 연산 결과가 음수가 될 수 있기 때문입니다. 이러한 현상은 나머지 연산을 사용하는 경우에 충분히 발생할 수 있는 문제이며, return 문장을 조금 수정하여 문제를 해결할 수 있습니다.

```
return (DP[n] < 0) ? DP[n] + MOD : DP[n];
```

위와 같이 수정하면 음수가 반환되는 경우가 사라집니다. 이로써 대규모 입력 배열에 대해서도 단 1초 안에 문제를 해결할 수 있는 훌륭한 솔루션을 완성했습니다.

## A.8.2 실습 문제 19: 메모이제이션을 이용하여 최장 공통 부분 시퀀스 찾기

1. 부분집합의 합 문제에서 했던 것처럼, 최장 공통 부분 시퀀스 찾기 문제에도 각각의 접근 방법을 하나의 소스 코드에 구현하고 각 성능을 비교해보겠습니다. 이를 위해 GetTime() 함수를 다시 정의하겠습니다.

```
vector<string> types =
{
    "BRUTE FORCE",
    "MEMOIZATION",
    "TABULATION"
};

const int UNKNOWN = INT_MAX;

void GetTime(clock_t& timer, string type)
{
    timer = clock() - timer;

    cout << type << " 방법 경과 시간: ";
    cout << fixed << setprecision(5) << (float)timer / CLOCKS_PER_SEC << endl;

    timer = clock();
}
```

2. 새로운 함수 LCS_Memoization()을 정의하겠습니다. 이 함수의 인자 구성은 LCS_BruteForce() 와 거의 같고, 다만 마지막 인자 subsequence를 2차원 정수 벡터 참조형 memo로 변경했습니다.

```
int LCS_Memoization(string A, string B, int i, int j,
                    vector<vector<int>>& memo)
{
...
}
```

3. LCS_Memoization() 함수 코드 구성은 LCS_BruteForce()와 거의 유사합니다. 다만 두 문자열의 부분 문자열을 재귀적으로 탐색하고, 각 단계에서 memo 테이블에 결과를 저장합니다.

```
// 기저 조건 - 빈 문자열에 대해서는 0을 반환
if (i == 0 || j == 0)
{
    return 0;
```

```
        }

        // 두 문자열의 부분 문자열에 대해 결과가 저장되어 있으면 반환
        // Have we found a result for the prefixes of the two strings?
        if (memo[i - 1][j - 1] != UNKNOWN)
        {
            return memo[i - 1][j - 1];
        }

        // A와 B의 두 부분 문자열에서 맨 마지막 문자가 같은지 확인
        if (A[i - 1] == B[j - 1])
        {
            // 이 경우 A와 B의 부분 문자열에서 구한 LCS 길이는 각 부분 문자열에서
            // 마지막 한 문자를 제외한 문자열로부터 구한 LCS 길이에 1을 더한 것과 같음

            memo[i - 1][j - 1] = 1 + LCS_Memoization(A, B, i - 1, j - 1, memo);

            // 테이블에 저장된 결과를 반환
            return memo[i - 1][j - 1];
        }

        // A와 B의 두 부분 문자열에서 맨 마지막 문자가 같지 않다면
        // A의 부분 문자열에서 마지막 문자를 제외한 것과 B의 부분 문자열에서 구한 LCS 길이,
        // B의 부분 문자열에서 마지막 문자를 제외한 것과 A의 부분 문자열에서 구한 LCS 길이 중
        // 최댓값을 선택하여 지정

        memo[i - 1][j - 1] = max(LCS_Memoization(A, B, i - 1, j, memo),
            LCS_Memoization(A, B, i, j - 1, memo));

        return memo[i - 1][j - 1];
```

4. 이제 main() 함수에 각각의 함수 호출 코드를 작성하고, 연산 시간을 화면에 출력합니다.

```
    int main()
    {
        string A, B;
        cin >> A >> B;

        int tests = 2;


        for (int i = 0; i < tests; i++)
        {
```

```cpp
        int LCS;

        clock_t timer = clock();

        switch (i)
        {
        case 0:
        {
            LCS = LCS_BruteForce(A, B, 0, 0, {});

#if DEBUG
            PrintSubsequences(A, B);
#endif
            break;
        }
        case 1:
        {
            vector<vector<int>> memo(A.size(), vector<int>(B.size(), UNKNOWN));
            LCS = LCS_Memoization(A, B, A.size(), B.size(), memo);
            break;
        }
        }
        cout << A << "와 " << B << "의 최장 공통 부분 시퀀스 길이: " << LCS << endl;

        GetTime(timer, types[i]);
        cout << endl;
    }
}
```

5. 이제 프로그램을 실행하고, 두 문자열 ABCABDBEFBA와 ABCBEFBEAB를 입력하세요. 그러면 다음
   과 같은 출력을 확인할 수 있습니다.

```
SIZE = 3
        ABC_____ ABC_____
SIZE = 4
        ABC_B_____ ABCB_____
        ABC_B_____ ABC___B____
        ABC_B_____ ABC_____B
        ABC___B_____ ABC_____B
        ABC____E____ ABC____E___
        ABC_____B__ ABC___B____
        ABC_____B__ ABC_____B
        ABC_____A ABC_____A_
```

```
SIZE = 5
        ABCAB_____  ABC_____AB
        ABC_B_B____  ABCB_____B
        ABC_B__E___  ABCB___E__
        ABC_B____B_  ABCB__B___
        ABC_B____B_  ABCB_____B
        ABC_B_____A  ABCB____A_
        ABC_B_B____  ABC___B__B
        ABC_B__E___  ABC___BE__
        ABC_B____B_  ABC___B__B
        ABC_B_____A  ABC___B_A_
        ABC___BE___  ABC___BE__
        ABC____E_B_  ABC____E_B
        ABC____E__A  ABC____EA_
        ABC_____FB_  ABC__FB___
        ABC_____BA  ABC___B_A_
SIZE = 6
        ABC_B_BE___  ABCB__BE__
        ABC_B__E_B  ABCB___E_B
        ABC_B__E__A  ABCB___EA_
        ABC_B___FB_  ABCB_FB___
        ABC_B____BA  ABCB__B_A_
        ABC_B__E_B  ABC___BE_B
        ABC_B__E__A  ABC___BEA_
        ABC___BE_B  ABC___BE_B
        ABC___BE__A  ABC___BEA_
        ABC____EFB_  ABC_EFB___
        ABC_____FBA  ABC__FB_A_
SIZE = 7
        ABC_B_BE_B_  ABCB__BE_B
        ABC_B_BE__A  ABCB__BEA_
        ABC_B__EFB_  ABCBEFB___
        ABC_B___FBA  ABCB_FB_A_
        ABC____EFBA  ABC_EFB_A_
SIZE = 8
        ABC_B__EFBA  ABCBEFB_A_
```
ABCABDBEFBA와 ABCBEFBEAB의 최장 공통 부분 시퀀스 길이: 8
BRUTE FORCE 방법 경과 시간: 0.00242

ABCABDBEFBA와 ABCBEFBEAB의 최장 공통 부분 시퀀스 길이: 8
MEMOIZATION 방법 경과 시간: 0.00003

**6.** 앞의 결과에서 전수 조사 연산 시간은 당연히 추가적인 부분 문자열 출력 때문에 더 오래 걸린 결과입니다. 소스 코드에서 DEBUG 값을 0으로 변경하여 다시 실행하면 다음과 같은 결과를 확인할 수 있습니다.

```
ABCABDBEFBA와 ABCBEFBEAB의 최장 공통 부분 시퀀스 길이: 8
BRUTE FORCE 방법 경과 시간: 0.00055
ABCABDBEFBA와 ABCBEFBEAB의 최장 공통 부분 시퀀스 길이: 8
MEMOIZATION 방법 경과 시간: 0.00002
```

**7.** 이번에는 좀 더 긴 문자열을 입력으로 사용해보겠습니다. 프로그램을 실행하고 ABZCYDABAZADAEA와 YABAZADBBEAAECYACAZ 문자열을 지정하세요. 그러면 다음과 같은 결과를 확인할 수 있습니다.

```
ABZCYDABAZADAEA와 YABAZADBBEAAECYACAZ의 최장 공통 부분 시퀀스 길이: 10
BRUTE FORCE 방법 경과 시간: 8.47842

ABZCYDABAZADAEA와 YABAZADBBEAAECYACAZ의 최장 공통 부분 시퀀스 길이: 10
MEMOIZATION 방법 경과 시간: 0.00008
```

> **Note ≡**  실제 출력 시간은 사용하고 있는 시스템 성능에 따라 다르게 나타날 수 있습니다. 여기서는 시간 차이에 주목하기 바랍니다.

실행 결과를 통해 메모이제이션 방법이 훨씬 빠르게 동작하는 것을 확인할 수 있습니다.

## A.8.3 실습 문제 20: 타뷸레이션을 이용하여 최장 공통 부분 시퀀스 찾기

실습 문제 19에서 작성했던 소스 코드에 이번에는 LCS_Tabulation() 함수를 추가하겠습니다.

**1.** LCS_Tabulation() 함수는 두 개의 문자열 A와 B를 인자로 받고, 최장 공통 부분 시퀀스 문자열을 반환합니다.

```
string LCS_Tabulation(string A, string B)
{
...
}
```

**2.** LCS_Tabulation( ) 함수에서는 먼저 DP 테이블을 정의하겠습니다. 이 테이블은 2차원 정수 벡터로 표현할 수 있습니다. 이때 첫 번째 차원 크기는 문자열 A의 길이보다 1 크게 지정하고, 두 번째 차원 크기는 문자열 B 길이보다 1 크게 설정합니다.

```
vector<vector<int>> DP(A.size() + 1, vector<int>(B.size() + 1));
```

**3.** 부분집합의 합 문제와 비슷하게, 전체 로직은 이중 for 반복문을 이용합니다. 바깥쪽 for 반복문은 0부터 A의 크기만큼 반복하고, 안쪽 for 반복문은 0부터 B의 크기만큼 반복합니다.

```
for (int i = 0; i <= A.size(); i++)
{
    for (int j = 0; j <= B.size(); j++)
    {
        ...
    }
}
```

**4.** 부분집합의 합 문제와는 달리 기저 조건은 for 반복문 전에 처리하지 않고 매번 반복문 안에서 처리합니다. A 또는 B 문자열이 비어 있는 경우가 기저 조건이고, 이는 i = 0 또는 j = 0인 경우이기 때문입니다. 기저 조건을 처리하는 소스 코드는 다음과 같습니다.

```
if (i == 0 || j == 0)
{
    DP[i][j] = 0;
}
```

**5.** 이제 A의 부분 문자열과 B의 부분 문자열의 맨 마지막 문자가 같을 경우에 대한 처리가 필요합니다. 이러한 경우에 LCS 길이는 맨 마지막 문자를 제외한 두 부분 문자열의 LCS 길이에 1을 더한 값입니다. 이를 소스 코드로 표현하면 다음과 같습니다.

```
else if (A[i - 1] == B[j - 1])
{
    DP[i][j] = DP[i - 1][j - 1] + 1;
}
```

**6.** 마지막으로 두 부분 문자열의 마지막 문자가 같지 않은 경우를 처리해야 합니다. 이 경우 LCS 길이는 A의 부분 문자열에서 마지막 문자를 제외한 것과 B의 부분 문자열에서 구한 LCS 길이, 그리고 B의 부분 문자열에서 마지막 문자를 제외한 것과 A의 부분 문자열에서 구한 LCS 길이 둘 중의 최댓값입니다. 타뷸레이션 기법을 사용할 경우, 특정 상태의 LCS 길이는 한 행 위의 LCS 길이와 한 열 왼쪽의 LCS 길이의 최댓값과 같습니다.

```
        else
        {
            DP[i][j] = max(DP[i - 1][j], DP[i][j - 1]);
        }
```

**7.** 알고리즘이 모두 동작한 후, 최장 공통 부분 시퀀스의 길이는 DP[A.size()][B.size()]를 참조하여 알 수 있습니다. 지금까지 설명한 소스 코드를 모아 LCS_Tabulation() 함수를 완성하면 다음과 같습니다.

```
string LCS_Tabulation(string A, string B)
{
    vector<vector<int>> DP(A.size() + 1, vector<int>(B.size() + 1));

    for (int i = 0; i <= A.size(); i++)
    {
        for (int j = 0; j <= B.size(); j++)
        {
            if (i == 0 || j == 0)
            {
                DP[i][j] = 0;
            }
            else if(A[i - 1] == B[j - 1])
            {
                DP[i][j] = DP[i - 1][j - 1] + 1;
            }
            else
            {
                DP[i][j] = max(DP[i - 1][j], DP[i][j - 1]);
            }
        }
    }

    int length = DP[A.size()][B.size()];
    ...
}
```

지금까지 최장 공통 부분 시퀀스의 길이를 구하는 몇 가지 방법을 소개했지만 만약 실제 시퀀스(문자열)를 출력하고 싶다면 어떻게 해야 할까요? 물론 전수 조사 방식은 최장 공통 부분 시퀀스 자체를 출력할 수 있지만, 너무 비효율적입니다. 다행히도 앞서 구한 DP 테이블에 대해 백트래킹을 수행함으로써 최장 공통 부분 시퀀스를 쉽게 구할 수 있습니다. 다음 그림은 DP 테이블에서 최장 공통 부분 시퀀스를 구하기 위해 역으로 이동하는 경로를 표현한 것입니다.

A
실습 문제 풀이

▼ 그림 A-1 실습 문제 20에서 사용된 DP 테이블

| | "" | A | B | C | B | E | F | B | E | A | B |
|---|---|---|---|---|---|---|---|---|---|---|---|
| "" | 0 | 0 | 0 | 0 | 0 | 0 | 0 | 0 | 0 | 0 | 0 |
| A | 0 | 1 | 1 | 1 | 1 | 1 | 1 | 1 | 1 | 1 | 1 |
| B | 0 | 1 | 2 | 2 | 2 | 2 | 2 | 2 | 2 | 2 | 2 |
| C | 0 | 1 | 2 | 3 | 3 | 3 | 3 | 3 | 3 | 3 | 3 |
| A | 0 | 1 | 2 | 3 | 3 | 3 | 3 | 3 | 3 | 4 | 4 |
| B | 0 | 1 | 2 | 3 | 4 | 4 | 4 | 4 | 4 | 4 | 5 |
| D | 0 | 1 | 2 | 3 | 4 | 4 | 4 | 4 | 4 | 4 | 5 |
| B | 0 | 1 | 2 | 3 | 4 | 4 | 4 | 5 | 5 | 5 | 5 |
| E | 0 | 1 | 2 | 3 | 4 | 5 | 5 | 5 | 6 | 6 | 6 |
| F | 0 | 1 | 2 | 3 | 4 | 5 | 6 | 6 | 6 | 6 | 6 |
| B | 0 | 1 | 2 | 3 | 4 | 5 | 6 | 7 | 7 | 7 | 7 |
| A | 0 | 1 | 2 | 3 | 4 | 5 | 6 | 7 | 7 | 8 | 8 |

DP 테이블 값이 증가하는 위치의 문자를 모아서 나타내면 ABCBEFBA 문자열을 얻을 수 있고, 이것이 최장 공통 부분 시퀀스입니다.

**8.** A, B, i, j를 인자로 받는 새로운 함수 ReconstructLCS()를 정의하겠습니다. 이 함수는 다음과 같은 백트래킹 기법을 이용하여 최장 공통 부분 시퀀스(문자열)를 구합니다.

```
만약 i = 0 또는 j = 0:
    빈 문자열을 반환합니다.
```

```
만약 A의 부분 문자열과 B의 부분 문자열 맨 마지막 문자가 같다면:
    두 부분 문자열에서 한 문자씩 뺀 부분 문자열에서 LCS를 구하고, 공통 문자를 뒤에 추가합니다.
그렇지 않으면:
    만약 DP(i - 1, j) 값이 DP(i, j - 1)보다 크면:
        A의 부분 문자열에서 한 문자를 제외한 부분 문자열과 B의 부분 문자열의 LCS를 구합니다.
    그렇지 않으면:
        B의 부분 문자열에서 한 문자를 제외한 부분 문자열과 A의 부분 문자열의 LCS를 구합니다.
```

이 의사 코드를 C++로 구현하면 다음과 같습니다.

```cpp
string ReconstructLCS(vector<vector<int>> DP, string A, string B, int i, int j)
{
    if (i == 0 || j == 0)
    {
```

```
        return "";
    }

    if (A[i - 1] == B[j - 1])
    {
        return ReconstructLCS(DP, A, B, i - 1, j - 1) + A[i - 1];
    }
    else if (DP[i - 1][j] > DP[i][j - 1])
    {
        return ReconstructLCS(DP, A, B, i - 1, j);
    }
    else
    {
        return ReconstructLCS(DP, A, B, i, j - 1);
    }
}
```

9. LCS_Tabulation() 함수 뒷부분 코드를 ReconstructLCS() 함수 사용 방식으로 변경하면 다음과 같습니다.

```
string LCS_Tabulation(string A, string B)
{
    ...

    string lcs = ReconstructLCS(DP, A, B, A.size(), B.size());

    return lcs;
}
```

10. main() 함수를 수정하여 LCS_Tabulation() 함수를 호출하고, 연산 시간을 출력하도록 합니다.

```
int main()
{
    string A, B;
    cin >> A >> B;

    int tests = 3;


    for (int i = 0; i < tests; i++)
    {
        int LCS;
```

```
        clock_t timer = clock();

        switch (i)
        {
        ...
        case 2:
        {
            string lcs = LCS_Tabulation(A, B);

            LCS = lcs.size();

            cout << A << "와 " << B << "의 최장 공통 부분 시퀀스: " << lcs << endl;
            break;
        }
        }

        cout << A << "와 " << B << "의 최장 공통 부분 시퀀스 길이: " << LCS << endl;

        GetTime(timer, types[i]);
        cout << endl;
    }
}
```

11. 이제 프로그램을 실행하고 두 문자열 ABCABDBEFBA와 ABCBEFBEAB를 입력하면 다음과 같은 출력을 확인할 수 있습니다.

```
ABCABDBEFBA와 ABCBEFBEAB의 최장 공통 부분 시퀀스 길이: 8
BRUTE FORCE 방법 경과 시간: 0.00060

ABCABDBEFBA와 ABCBEFBEAB의 최장 공통 부분 시퀀스 길이: 8
MEMOIZATION 방법 경과 시간: 0.00005

ABCABDBEFBA와 ABCBEFBEAB의 최장 공통 부분 시퀀스: ABCBEFBA
ABCABDBEFBA와 ABCBEFBEAB의 최장 공통 부분 시퀀스 길이: 8
TABULATION 방법 경과 시간: 0.00009
```

> Note ≡  실제 출력 시간은 사용하고 있는 시스템 성능에 따라 다르게 나타날 수 있습니다. 여기서는 시간 차이에 주목하기 바랍니다.

지금까지 서로 다른 기법을 이용하여 같은 문제에 여러 로직을 적용하는 예제를 살펴봤고, 그로 인해 연산 시간이 얼마나 달라지는지 살펴봤습니다.

## A.8.4 실습 문제 21: 멜로디 순열

먼저 이 문제에서 상태를 구성하는 것이 무엇인지를 생각해야 합니다.

기저 조건 --> 공집합:

1. 멜로디에 있는 각각의 음을 고려합니다.

2. 이전에 구한 각 음의 부분집합에 대해 현재 음을 추가하거나 또는 아무 작업도 하지 않습니다.

3. 부분집합이 목표와 일치한다면 해답에 추가합니다.

이전의 부분집합에 음을 추가하거나 또는 그대로 놔두는 두 가지 방법이 가능하므로, 로직을 다음과 같이 작성할 수 있습니다.

"멜로디에 있는 특정 음에 대해, 해당 음을 포함하고 크기가 |n|인 부분집합의 개수는 해당 음을 포함하지 않고 크기가 |n - 1|인 모든 부분집합의 개수와 같습니다."

그러므로 각각의 상태는 2차원으로 표현될 수 있습니다.

- **첫 번째 차원**: 지금까지 고려한 멜로디의 길이(length)
- **두 번째 차원**: 이전에 발견된 부분집합에 멜로디의 [length - 1]번째 음을 추가하거나 또는 아무것도 추가하지 않은 부분집합

이러한 로직은 다음과 같은 의사 코드로 표현할 수 있습니다.

```
i = 1부터 멜로디 길이까지 반복:

    이전에 찾은 부분집합에 대해:
        DP(i, subset) = DP(i, subset) + DP(i - 1, subset)
        DP(i, subset ∪ melody[i - 1]) = DP(i, subset ∪ melody[i - 1]) + DP(i - 1,
subset)
```

이제 이러한 상태를 어떻게 표현할 것인가에 대해 생각해보겠습니다.

$n$개의 원소가 있는 집합에 대해 전체 $2^n$개의 부분집합이 있을 수 있습니다. 예를 들어 네 개의 원소로 구성된 집합이라면 $2^4 = 16$개의 부분집합을 만들 수 있습니다.

S = { A, B, C, D }

{ } → { _ _ _ _ }

```
{ A }  ─>  { # _ _ _ }
{ B }  ─>  { _ # _ _ }
{ C }  ─>  { _ _ # _ }
{ D }  ─>  { _ _ _ # }

{ A, B }  ─>  { # # _ _ }
{ A, C }  ─>  { # _ # _ }
{ A, D }  ─>  { # _ _ # }
{ B, C }  ─>  { _ # # _ }
{ B, D }  ─>  { _ # _ # }
{ C, D }  ─>  { _ _ # # }

{ A, B, C }  ─>  { # # # _ }
{ A, B, D }  ─>  { # # _ # }
{ A, C, D }  ─>  { # _ # # }
{ B, C, D }  ─>  { _ # # # }

{ A, B, C, D }  ─>  { # # # # }
```

만약 0부터 $(2^4 - 1)$까지 숫자를 이진수로 나타내면 다음과 같습니다.

```
 0  ─>  0000  ─>  { _ _ _ _ }
 1  ─>  0001  ─>  { # _ _ _ }
 2  ─>  0010  ─>  { _ # _ _ }
 3  ─>  0011  ─>  { # # _ _ }
 4  ─>  0100  ─>  { _ _ # _ }
 5  ─>  0101  ─>  { # _ # _ }
 6  ─>  0110  ─>  { _ # # _ }
 7  ─>  0111  ─>  { # # # _ }
 8  ─>  1000  ─>  { _ _ _ # }
 9  ─>  1001  ─>  { # _ _ # }
10  ─>  1010  ─>  { _ # _ # }
11  ─>  1011  ─>  { # # _ # }
12  ─>  1100  ─>  { _ _ # # }
13  ─>  1101  ─>  { # _ # # }
14  ─>  1110  ─>  { _ # # # }
15  ─>  1111  ─>  { # # # # }
```

0부터 $2^n$까지의 이진수 표현에서 숫자 1이 나타나는 위치의 원소를 선택하여 부분집합을 구성할 수 있습니다. 하나의 음계에 12개의 음이 있으므로 전체 $2^{12} = 4096$개의 음 부분집합이 만들어질 수 있습니다. 한 음계의 각각의 음을 2의 승수로 간주하고 C++ 비트 단위 연산을 이용하여 각 상태에 해당하는 부분집합을 표현할 수 있습니다.

다음의 과정을 통해 실습 문제의 해답을 구해보겠습니다.

**1.** 먼저 필요한 헤더 파일을 포함합니다.

```cpp
#include <string>
#include <vector>
#include <map>
#include <iostream>

using namespace std;
```

**2.** main() 함수에서 입력을 처리하는 코드를 먼저 작성하겠습니다.

```cpp
int main()
{
    int melodyLength;
    int setLength;

    cin >> melodyLength;

    vector<string> melody(melodyLength);

    for (int i = 0; i < melodyLength; i++)
    {
        cin >> melody[i];
    }

    cin >> setLength;

    vector<string> set(setLength);

    for (int i = 0; i < setLength; i++)
    {
        cin >> set[i];
    }

    ...
}
```

**3.** 새로운 함수 ConvertNotes()를 정의하겠습니다. 이 함수는 음이름을 담고 있는 문자열 벡터를 인자로 받고, 이에 대응하는 정수 벡터를 반환합니다. A부터 시작하는 전체 12개 음에 대해, 특정 비트가 1로 설정되어 있는 12비트 정수 값을 만들어 매핑합니다. 이때 같은 음을 표현하는 서로 다른 음이름에 대해 같은 정수로 매핑되도록 처리해야 합니다. 이를 위해 std::map을 사용합니다.

```cpp
vector<int> ConvertNotes(vector<string> notes)
{
    map<string, int> M =
    {
        {"A", 0},
        {"A#", 1},
        {"Bb", 1},
        {"B", 2},
        {"Cb", 2},
        {"B#", 3},
        {"C", 3},
        {"C#", 4},
        {"Db", 4},
        {"D", 5},
        {"D#", 6},
        {"Eb", 6},
        {"E", 7},
        {"Fb", 7},
        {"E#", 8},
        {"F", 8},
        {"F#", 9},
        {"Gb", 9},
        {"G", 10},
        {"G#", 11},
        {"Ab", 11}
    };

    vector<int> converted;

    for (auto note : notes)
    {
        converted.push_back(1 << M[note]);     // 2의 승수로 매핑
    }

    return converted;
}
```

실습 문제 풀이

**4.** 이번에는 CountMelodicPermutations() 함수를 새로 정의하겠습니다. 이 함수는 멜로디와 음 이름 집합을 나타내는 두 개의 정수 벡터를 인자로 받고, 정수 하나를 반환합니다.

```
int CountMelodicPermutations(vector<int> melody, vector<int> set)
{
    ...
}
```

**5.** 첫 번째 단계는 목표 값을 정의하는 것입니다. 목표 값은 비트 단위 연산자를 이용하여 계산합니다.

```
unsigned int target = 0;

for (auto note : set)
{
    target |= note;
}
```

**6.** 예를 들어 음이름 집합이 { C, F#, A }이면, 목표 값은 다음과 같이 계산됩니다.

```
C  = 3
F# = 9
A  = 0

변환결과 = { 23, 29, 20 } = { 8, 512, 1 }

목표치 = (8 | 512 | 1) = 521

    0000001000
  + 0000000001
  + 1000000000
  = 1000001001
```

**7.** 이제 2차원 DP 테이블을 정의하겠습니다. dp는 2차원 정수 벡터이며, 첫 번째 차원 크기는 (멜로디 길이 + 1)로 지정하고, 두 번째 차원 크기는 최대 부분집합 값보다 1 큰 정수로 지정합니다. 즉, 최대 부분집합 표현 값은 $111111111111 = 2^{12} - 1$이고, 이보다 1 큰 정수는 $2^{12} = 4096$입니다.

```
vector<vector<int>> DP(melody.size() + 1, vector<int>(4096, 0));
```

**8.** 기저 조건과 재귀 순환식은 다음과 같이 정의할 수 있습니다.

기저 조건:
```
DP(0, 0) —> 1
```

재귀 순환식:
```
DP(i, subset) —> DP(i, subset) + DP(i - 1, subset)
DP(i, subset ∪ note[i-1]) —> DP(i, subset ∪ note[i]) + DP(i - 1, subset)
```

여기서 인덱스 i는 1부터 멜로디 길이까지 증가합니다. 이 의사 코드를 C++ 코드로 바꿔 쓰면 다음과 같습니다.

```cpp
// 기저 조건 -> 공집합
DP[0][0] = 1;

for (int i = 1; i <= melody.size(); i++)
{
    for (unsigned int subset = 0; subset < 4096; subset++)
    {
        // (i - 1)에서의 결과 더하기
        DP[i][subset] += DP[i - 1][subset];

        // melody[i - 1]을 포함한 부분집합을 고려
        DP[i][subset | melody[i - 1]] += DP[i - 1][subset];
    }
}

// 최종 해답
return DP[melody.size()][target];
```

**9.** 이제 다시 main() 함수에 CountMelodicPermutations() 함수를 호출하고 그 결과를 출력하는 코드를 추가합니다.

```cpp
int count = CountMelodicPermutations(ConvertNotes(melody), ConvertNotes(set));

cout << count << endl;
```

# A.9 9장 동적 계획법 II

## A.9.1 실습 문제 22: 최대 이익

이번 실습 문제에서는 수익을 극대화하기 위해 상품 구매 목록을 최적화할 것입니다.

**1.** 헤더 파일을 포함하는 것부터 시작하겠습니다.

```cpp
#include <vector>
#include <algorithm>
#include <iostream>

using namespace std;
```

**2.** 각 상품 정보를 표현할 Product 구조체를 정의하겠습니다.

```cpp
struct Product
{
    int quantity;
    int price;
    int value;

    Product(int q, int c, int v)
        : quantity(q), price(c), value(v) {}
};
```

**3.** main() 함수에서 입력 데이터를 처리하는 코드를 추가하겠습니다. 입력된 데이터는 Product 자료형 벡터에 저장됩니다.

```cpp
int main()
{
    int N, budget, capacity;
    cin >> N >> budget >> capacity;

    vector<Product> products;

    for (int i = 0; i < N; i++)
    {
        int quantity, cost, value;
```

```
            cin >> quantity >> cost >> value;

            products.push_back(Product(quantity, cost, value));
        }
        ...
    }
```

4. 다른 동적 계획법 문제와 마찬가지로 기저 조건과 상태를 정의해야 합니다. 선택된 상품들은 다음 조건을 만족해야 합니다.

- 선택된 상품의 가격 합은 정해진 예산(budget)을 넘지 않아야 합니다.

- 선택된 상품의 수량은 창고 용량(capacity)을 넘지 않아야 합니다.

- 선택된 상품의 이익 합이 최대가 되어야 합니다.

이러한 조건이 주어졌을 때, 각각의 상태는 다음과 같은 매개변수를 이용하여 정의할 수 있습니다.

- 현재 고려하고 있는 상품

- 이전에 구입한 상품 개수

- 구입한 상품의 전체 가격

- 상품을 소매로 판매했을 때 얻을 수 있는 전체 이익

탐색을 종료할 수 있는 기준은 다음과 같습니다.

- 모든 상품을 고려한 경우

- 전체 금액이 예산(budget)을 초과한 경우

- 전체 수량이 용량(capacity)을 초과한 경우

0-1 배낭 문제와 마찬가지로 이 문제도 0에서 (N - 1)까지의 항목을 선형으로 고려해야 합니다. i번째 인덱스 항목에 대해, 상태 변환은 현재 상품을 선택하거나 또는 그대로 놔두는 방법 중 하나를 선택할 수 있습니다. 상태 변환 로직을 의사 코드로 작성하면 다음과 같습니다.

```
F(i, count, cost, total):

i        -> 현재 아이템 인덱스
cost     -> 현재까지 구매한 상품 금액
count    -> 현재까지 구매한 상품 수량
total    -> 현재 선택한 상품에서 얻을 수 있는 전체 이익
```

기저 조건:
    만약 i = N이면: return total
    만약 cost > budget이면: return 0
    만약 count > capacity이면: return 0

순환식:
    F(i, count, cost, total) = 다음 중 최댓값:
        - F(i + 1, count + quantity[i], cost + price[i], total + value[i]) - 현재 상품 포함하기
        - F(i + 1, count, cost, total) - 그대로 놔두기

앞에 나온 코드처럼 순환식은 i, count, cost, total 값에 의해 결정됩니다. 이러한 하향식 로직을 상향식으로 변경하면 다음과 같습니다.

기저 조건:
    DP(0, 0, 0) = 0 [아무 상품도 선택되지 않은 상태]

For i = 1 to N:

    Product -> quantity, price, value

    For cost = 0 to budget:

        For count = 0 to capacity:

            만약 price가 cost보다 크거나 또는 quantity가 count보다 크면:
                DP(i, cost, count) = DP(i - 1, cost, count)

            그렇지 않으면:
                DP(i, cost, count) = 다음 중 최댓값:
                    DP(i - 1, cost, count)
                    DP(i - 1, cost - price, count - quantity) + value

즉, 각각의 상태는 현재 인덱스, 상품 구매 비용, 상품 개수에 의해 정의됩니다. 유효한 cost와 count 값에 대해 i번째 상품에서의 이익은 같은 cost와 count 값에 대한 i - 1번째 상품에서의 이익(DP[i - 1][cost] [count])과 같거나 또는 i번째 상품을 추가할 경우에 나타날 수 있는 이익(DP[i - 1][cost - price][count - quantity] + value)과 같습니다.

**5.** 지금까지 설명한 로직을 구현하면 다음과 같습니다.

```
        vector<vector<vector<int>>> DP(N + 1, vector<vector<int>>(budget + 1,
    vector<int>(capacity + 1, 0)));

        for (int i = 1; i <= N; i++)
        {
            Product product = products[i - 1];

            for (int cost = 0; cost <= budget; cost++)
            {
                for (int count = 0; count <= capacity; count++)
                {
                    if (cost < product.price || count < product.quantity)
                    {
                        DP[i][cost][count] = DP[i - 1][cost][count];
                    }
                    else
                    {
                        DP[i][cost][count] = max(DP[i - 1][cost][count],
                            DP[i - 1][cost - product.price][count - product.quantity] +
    product.value);
                    }
                }
            }
        }

        cout << DP[N][budget][capacity] << endl;
    }
```

이번 실습 문제 구현 코드는 0-1 배낭 문제 풀이에서 차원이 하나 추가된 형태임을 확인할 수 있습니다.

## A.9.2 실습 문제 23: 도로 건설

이번 실습 문제는 신중하게 접근하지 않으면 많은 어려움을 겪을 수 있습니다. 가장 어려운 점은 여러 단계가 필요하다는 사실이며, 부주의한 실수에 의해 전체 프로그램이 실패할 수도 있습니다. 따라서 각 단계를 차근차근 풀어나가는 과정이 필요합니다. 필요한 기본 단계는 다음과 같습니다.

1. 입력 처리하기

2. 그래프 구성하기(인접 정점 찾기, 가중치 설정하기 등)

**3.** 그래프 정점 사이의 최단 거리 찾기

**4.** 경로 재구성

**5.** 지도 다시 그리기

이번 실습 문제 풀이는 이전에 나왔던 실습 문제보다 상당히 길기 때문에 각 단계를 개별적으로 공략해보겠습니다.

## 0단계: 선행 작업

입력과 관련된 코드를 작성하기에 앞서 데이터를 어떻게 표현할 것인지를 미리 결정해야 합니다. 입력으로 주어지는 값은 다음과 같습니다.

- 지도의 높이와 너비를 나타내는 두 개의 정수 H와 W

- 단지 내 주택 수를 나타내는 정수 N

- 단지 내 지도를 나타내는 H개의 문자열. 각 문자열의 길이는 W입니다. 이 데이터를 H개의 문자열 벡터에 저장할 수 있습니다.

- 지반의 강도를 나타내는 정수 행렬. 각각의 정수는 한 줄에 W개씩, H줄로 구성됩니다. 이 값들은 정수 행렬에 저장할 수 있습니다.

- 주택의 좌표를 나타내는 N행. 각 행은 두 개의 정수 x와 y로 구성됩니다. 이 데이터를 저장하기 위해 Point라는 간단한 구조체를 만들어 사용할 수 있습니다.

이제 실제 구현 코드를 살펴보겠습니다.

**1.** 필요한 헤더 파일을 포함하고, 몇몇 상수와 전역 변수를 선언합니다. 편의를 위해 몇몇 변수를 전역으로 선언하지만, 프로그래밍 관점에서 전역 변수를 많이 사용하는 것은 좋지 않다는 점을 기억하기 바랍니다.

```
#include <vector>
#include <iostream>

using namespace std;

const int UNKNOWN = 1e9;
const char EMPTY_SPACE = '.';
const string roads = "-¦/\\";
```

```
struct Point
{
    int x;
    int y;

    Point() : x(0), y(0) {}
    Point(int x, int y) : x(x), y(y) {}
};

int H, W;
int N;

vector<string> grid;
vector<vector<int>> terrain;
vector<vector<int>> cost;
vector<Point> houses;
```

## 1단계: 입력 처리하기

**2.** 입력으로 처리할 것들이 많으므로 별도의 함수 Input( )을 만들어 사용하겠습니다.

```
void Input()
{
    cin >> H >> W;
    cin >> N;

    grid.resize(H);
    houses.resize(N);
    terrain.resize(H, vector<int>(W, UNKNOWN));
    cost.resize(N, vector<int>(N, UNKNOWN));

    // 지도 정보
    for (int i = 0; i < H; i++)
    {
        cin >> grid[i];
    }

    // 지반 강도 정보
    for (int i = 0; i < H; i++)
    {
        for (int j = 0; j < W; j++)
        {
```

```
            cin >> terrain[i][j];
        }
    }

    // 주택 좌표
    for (int i = 0; i < N; i++)
    {
        cin >> houses[i].x >> houses[i].y;

        // 주택 레이블 설정
        grid[houses[i].y][houses[i].x] = char(i + 'A');
    }
}
```

## 2단계: 그래프 구성하기

문제 설명은 다음과 같습니다.

- 도로는 수평, 수직, 대각선 경로에 있는 두 집 사이에만 건설할 수 있습니다.
- 도로는 강, 산, 숲 등을 가로질러 건설할 수 없습니다.
- 두 집 사이에 도로를 건설하는 데 필요한 비용은 두 집을 잇는 경로상의 지반 강도 합과 같습니다.

첫 번째 조건을 확인하려면 두 집의 좌표를 비교하여 다음 조건이 참인지를 검사하면 됩니다.

- A.x = B.x (수평 위치)
- A.y = B.y (수직 위치)
- | A.x - B.x | = | A.y - B.y | (대각 위치)

이제 다시 소스 코드 작성으로 돌아가겠습니다.

3. 이를 위해 두 집의 좌표 a와 b를 인자로 받고, 부울 값을 반환하는 DirectLine() 함수를 작성하겠습니다.

```
bool DirectLine(Point a, Point b)
{
    return a.x == b.x || a.y == b.y || abs(a.x - b.x) == abs(a.y - b.y);
}
```

536

**4.** 두 번째와 세 번째 조건은 지도상의 좌표 a에서 좌표 b로 단순히 이동하면서 처리할 수 있습니다. 즉, 이동 경로를 따라 지반 강도 행렬 terrain에 들어 있는 값의 합을 누적하여 비용을 계산합니다. 이와 동시에 grid[a.y][a.x] 행렬에 들어 있는 문자가 EMPTY_SPACE, 즉 '.' 문자인지를 검사하여, '.' 문자가 아니면 이동을 즉시 종료합니다. 최종적으로 좌표 a가 좌표 b와 같아지면 지반 강도의 합 cost를 반환합니다. 만약 a와 b가 같지 않으면 경로 중간에 장애물이 있는 것으로 간주할 수 있고, 이 경우에는 UNKNOWN을 반환합니다. 이러한 작업을 GetCost() 함수로 구현하겠습니다. 이 함수는 두 주택의 인덱스를 나타내는 정수 start와 end를 인자로 받고, 하나의 정수 값을 반환합니다.

```
int GetCost(int start, int end)
{
    Point a = houses[start];
    Point b = houses[end];

    int x_dir = 0;
    int y_dir = 0;

    if (a.x != b.x)
    {
        x_dir = (a.x < b.x) ? 1 : -1;
    }

    if (a.y != b.y)
    {
        y_dir = (a.y < b.y) ? 1 : -1;
    }

    int cost = 0;

    do {
        a.x += x_dir;
        a.y += y_dir;

        cost += terrain[a.y][a.x];
    } while (grid[a.y][a.x] == EMPTY_SPACE);

    return (a != b) ? UNKNOWN : cost;
}
```

**5.** GetCost() 함수 마지막 줄은 Point 구조체에 대해 != 연산자 정의가 필요합니다.

```
struct Point
{
    ...

    bool operator !=(const Point& other) const
    {
        return x != other.x || y != other.y;
    }
};
```

**6.** 이번에는 BuildGraph() 함수를 다음과 같이 정의하겠습니다.

```
void BuildGraph()
{
    for (int i = 0; i < N; i++)
    {
        for (int j = 0; j < i; j++)
        {
            if (i == j) continue;

            // 두 집이 수평, 수직, 대각 위치에 있는지 확인
            if (DirectLine(houses[i], houses[j]))
            {
                // 두 집 사이의 도로 건설에 필요한 비용 계산
                cost[i][j] = cost[j][i] = GetCost(i, j);
            }
        }
    }
}
```

## 3단계: 그래프 정점 사이의 최단 거리 찾기

이 문제에서는 모든 집이 단지 입구까지 가장 낮은 비용으로 이동할 수 있도록 도로가 건설되어야 합니다. 이를 위해 플로이드-워셜 알고리즘을 사용할 수 있습니다.

**7.** 새로운 함수 GetShortestPaths()를 정의하겠습니다. 이 함수는 플로이드-워셜 알고리즘 구현과 경로 재구성을 담당합니다. 경로 재구성을 위해 $N \times N$ 크기의 정수 행렬 next를 생성하고, 여기에 두 정점 a와 b 사이의 최단 경로상에 있는 다음 좌표 인덱스를 저장할 것입니다. 기본적으로 이 행렬의 원소 값은 이동 가능한 정점 인덱스로 설정합니다.

```
void GetShortestPaths()
{
    vector<vector<int>> dist(N, vector<int>(N, UNKNOWN));
    vector<vector<int>> next(N, vector<int>(N, UNKNOWN));

    for (int i = 0; i < N; i++)
    {
        for (int j = 0; j < N; j++)
        {
            dist[i][j] = cost[i][j];

            if (dist[i][j] != UNKNOWN)
            {
                next[i][j] = j;
            }
        }

        dist[i][i] = 0;
        next[i][i] = i;
    }
    ...
}
```

8. 그런 다음 일반적인 플로이드-워셜 알고리즘을 구현합니다. 이때 가장 안쪽 for 문에서 start 와 end 사이의 최단 거리가 갱신될 때마다 next[start][end] 값도 next[start][mid] 값으로 갱신합니다.

```
for (int mid = 0; mid < N; mid++)
{
    for (int start = 0; start < N; start++)
    {
        for (int end = 0; end < N; end++)
        {
            if (dist[start][end] > dist[start][mid] + dist[mid][end])
            {
                dist[start][end] = dist[start][mid] + dist[mid][end];
                next[start][end] = next[start][mid];
            }
        }
    }
}
```

## 4단계: 경로 재구성

LCS 또는 0-1 배낭 문제에서 사용되었던 재구성 방식과 next 행렬에 저장된 값을 이용하여 각 경로상의 좌표를 재구성할 수 있습니다. 이를 위해 새로운 함수 GetPath()를 정의하겠습니다. 이 함수는 두 개의 정수 start와 end, 그리고 next 행렬 참조를 인자로 받고, 경로상의 정점 인덱스를 저장한 정수형 벡터를 반환합니다.

```cpp
vector<int> GetPath(int start, int end, vector<vector<int>>& next)
{
    vector<int> path = {start};

    do {
        start = next[start][end];

        path.push_back(start);
    } while (next[start][end] != end);

    return path;
}
```

9. 다시 GetShortestPaths() 함수로 돌아와서 플로이드-워셜 알고리즘 구현 코드 아래에 GetPath() 함수를 호출하고 이동 경로상의 두 지점을 잇는 선을 그리는 반복문 코드를 추가합니다.

```cpp
for (int i = 0; i < N; i++)
{
    vector<int> path = GetPath(i, N - 1, next);

    int curr = i;

    for (auto neighbor : path)
    {
        DrawPath(curr, neighbor);
        curr = neighbor;
    }
}
```

## 5단계: 지도 다시 그리기

**10.** 출력을 위한 지도 그리기 기능을 구현하겠습니다. 이를 위해 DrawPath() 함수를 새로 정의하겠습니다. 이 함수는 start와 end 정수를 인자로 받습니다.

```
void DrawPath(int start, int end)
{
    Point a = houses[start];
    Point b = houses[end];

    int x_dir = 0;
    int y_dir = 0;

    if (a.x != b.x)
    {
        x_dir = (a.x < b.x) ? 1 : -1;
    }

    if (a.y != b.y)
    {
        y_dir = (a.y < b.y) ? 1 : -1;
    }
    ...
}
```

**11.** 각 도로의 방향에 따라 올바른 문자를 선택해야 합니다. 이를 위해 GetDirection() 함수를 정의하겠습니다. 이 함수는 도로 방향에 따라 처음에 정의했던 "-¦/\" 문자열에서 선택할 문자의 인덱스를 반환합니다.

```
int GetDirection(int x_dir, int y_dir)
{
    if (y_dir == 0) return 0;
    if (x_dir == 0) return 1;
    if (x_dir == -1)
    {
        return (y_dir == 1) ? 2 : 3;
    }
    return (y_dir == 1) ? 3 : 2;
}

void DrawPath(int start, int end)
{
```

```
...
int direction = GetDirection(x_dir, y_dir);
char mark = roads[direction];
...
}
```

12. 이제 a 지점부터 b 지점까지 이동하면서 지도상의 각 셀 값이 EMPTY_SPACE이면 적절한 도로 문자로 설정합니다. 만약 이미 다른 도로가 건설되어 있는 경우라면 '+' 문자로 교체합니다.

```
do {
    a.x += x_dir;
    a.y += y_dir;

    if (grid[a.y][a.x] == EMPTY_SPACE)
    {
        grid[a.y][a.x] = mark;
    }
    else if (!isalpha(grid[a.y][a.x]))
    {
        // 만약 두 도로가 교차하면 '+' 문자로 대체
        grid[a.y][a.x] = (mark != grid[a.y][a.x]) ? '+' : mark;
    }
} while (a != b);
```

13. 이제 main() 함수에서 앞서 구현한 함수들을 호출하고, 그 결과를 화면에 출력합니다.

```
int main()
{
    Input();
    BuildGraph();
    GetShortestPaths();

    for (auto it : grid)
    {
        cout << it << "\n";
    }

    return 0;
}
```

## 번호